권상진 권순걸 김영우 김창욱 오경주 윤현수
이영훈 정병도 정봉주 조영상 지용구 공저

Introduction to
Industrial Engineering

이프레스

■ 머리말

항상 새로운 시대를 상상하고 만들어 갑니다.

기술을 비즈니스화하여 새로운 산업사회를 구축해 갑니다.

산업공학은 기술과 생각을 합하여 새로운 경제활동을 만들고 운영합니다.

인공지능의 새로운 시대를 산업공학이 이끌어 갑니다.

산업공학을 전공하는 분들에게 산업공학의 개략적 그림을 소개합니다.

대한산업공학회에서 발간한 "스마트세상을 여는 산업공학(시즌 2)"이 큰 그림을 잘 소개하였습니다.

"산업공학개론"은 산업공학 내의 각 분야별 세부 지식을 기초적인 내용으로 소개합니다.

이 책은 연세대학교 산업공학과 10분의 교수가 주축이 되어 각 분야별로 소개합니다. 우선 12개 분야에 대한 소개부터 시작하여 처음 산업공학을 공부하기에 유용합니다.

매 장마다 제시된 어렵지 않은 연습문제를 통해 공부의 재미를 터득하기 바랍니다. 다소 일부 심도 깊은 내용도 포함하지만 어려우면 나중을 기약하고 넘어가도 좋습니다.

산업공학이 여러분을 미래에 최고의 산업 전문가로 인도할 것입니다.

산업공학자가 되는 일에 성공하시기 바랍니다.

2025. 12. 30.

산업공학개론 저자 일동

■ 차례

CHAPTER 12 금융공학

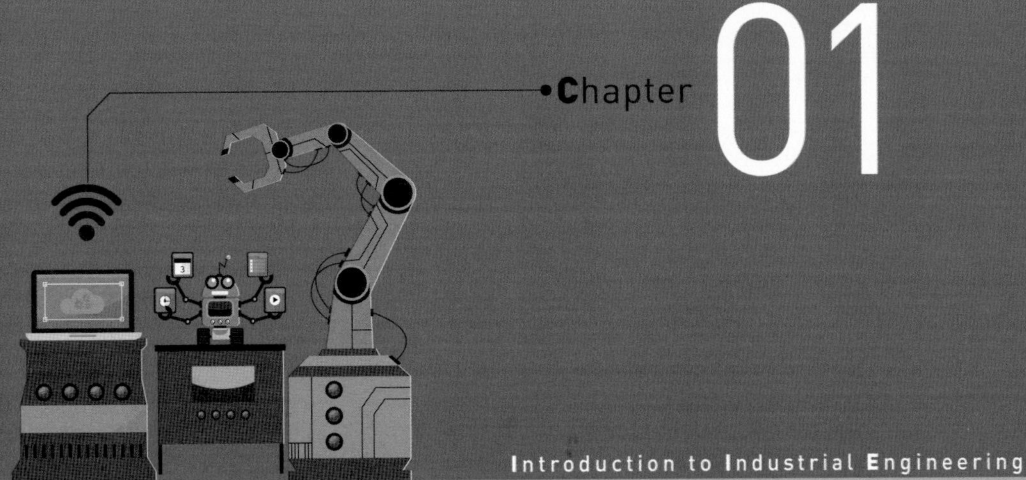

경영과학(확정모형)

1. 의사결정: "문제의 구성"
2. 의사결정의 대부분은 자원 배분의 문제이다
3. 모든 의사결정문제는 그림으로 해를 구할 수 있다
4. 선형계획법에서 가장 많이 사용되는 심플렉스 해법은 한동안 군사기밀이었다
5. 대부분 경영과학문제는 "엑셀"로 해를 구할 수 있다
6. 제약조건이 조화롭게 구성되면 쉬운 해법으로 해를 구할 수 있다

Chapter

01 경영과학(확정모형)

1 의사결정: "문제의 구성"

페르시아의 수수께끼 하나의 예를 들자. 한 아버지가 10디르햄의 유산을 남기고 죽었다. 유산을 받을 아들이 둘, 큰아들과 작은아들이 있었고 아버지의 유산은 유언에 따라 두 아들과 친한 친구 한 명을 포함하여 3명에게 공평하게 나누어야 한다. 문제는 이미 큰아들은 아버지에게 10디르햄의 빚이 있었고 그 당시 페르시아에는 모든 빚은 자신의 재산범위에서 갚도록 하는 법이 시행되고 있었다. 따라서 빚이 가지고 있는 재산보다 많으면 재산을 초과하는 빚은 갚지 않아도 되었다. 이 경우 두 아들과 친구는 각각 얼마의 유산을 받아야 하는가?

아버지의 재산은 큰아들의 빚을 포함하여 20디르햄이니 각각 20/3디르햄을 유산으로 받는 것이 옳다고 생각할 수 있다. 이 경우 큰아들이 다른 재산이 없다면 페르시아의 법 위반이 된다. 받을 수 있는 20/3디르햄보다 갚아야 되는 10디르햄이 크기 때문이다. 둘째 아들과 친구가 받아야 하는 20/3디르햄씩 총 40/3디르햄은 현재 가지고 있는 10디르햄보다 크기 때문에 유산으로 줄 수도 없다. 몇 번의 시행착오방식으로 답을 구해 볼 수 있다. 유산으로 받을 수 있는 금액은 이론적으로 20/3디르햄보다 클 수는 없기에 큰아들은 어차피 유산으로 받는 금액이 곧 갚는 빚의 금액이 된다. 8디르햄이라면? 6디르햄이라면? 이와 같이 시도하면 5디르햄이 정답임을 알 수 있다. 큰아들은 5디르햄을 갚는 동시에 유산을 받은 상황이 되고 둘째 아들과 친구는 유산으로 남긴 10디르햄으로 5디르햄씩 받으면 된다. 페르시아의 법이 적용되는 유일한 해법이다.

이러한 문제에 대해서 옛날 수학자들은 미지수라는 것을 생각해 냈다. [그림 1-1]과 같이 미지수 x를 3명의 상속자가 공평하게 받는 유산이라고 정의하면 큰아들의 경우에 적용하여 $(10+x)/3=x$라는 식이 성립하고 이 식을 풀면 $x=5$라는 해가 구해진다. 하나의 등식을 사용할 수 있는 배경에는 유산 가능한 총액이 최대 20디르햄이기 때문에 큰아들은 빚 이상으로 유산을 받을 수 없다는 전제로 하고 있다. 만약에 아버지의 유산이 적어도 20디르햄 이상이었다면 이 등식은 성립하지 않는다. 미지수의 발견은 수학에서 0의 발견만큼이나 획기적인 사건으로 인식되고 있으며 미지의 수도 일반 숫자처럼 동일하게 모든 연산이 가능하도록 정의되었다. 미지수를 x라고 정의함에 따라 주어진 상황을 미지수를 포함하는 수리식으로 정의하고 적절한 방식으로 미지수의 값을 알아낼 수 있었다.

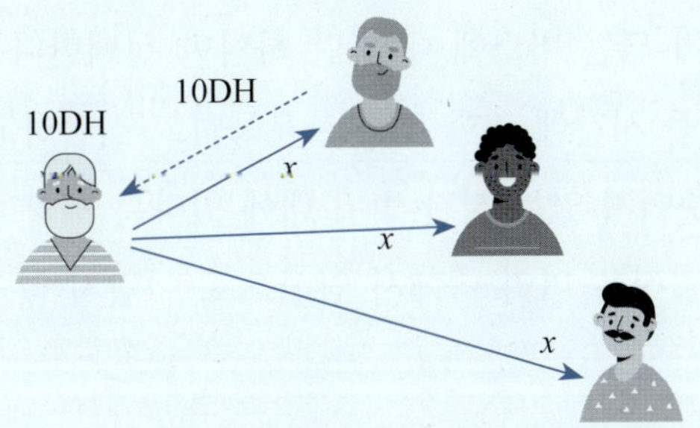

| 그림 1-1 | 페르시안 수수께끼

의사결정은 알지 못하는 어떤 내용에 대해 값을 정하는 일이다. 대표적인 의사결정은 어떤 일에 대해 할 것인지 아닌지 결정하는 선택의 결정과 어떤 일을 얼마나 할 것인지에 대한 값을 결정하는 두 가지 종류로 구분할 수 있다. 이를 더 간략히 정의하면 미지수 x의 값을 0 또는 1 중에서 결정하는 문제와 미지수 x의 실수 값을 결정하는 문제의 유형 두 가지로 정의할 수 있다. 오늘 목적지에 가기 위하여 타야 하는 버스의 선택은 버스 정류장을 지나가는 각각의 버스에 대해 선택 여부에 따른 0 또는 1의 값을 결정하는 문제이며 오늘 얼마 동안 책을 읽을지 결정하는 일은 독서 시간의 값 x의 값을 결정하는 일이다. 결국은 모든 의사결정은 미지수 x의 값을 결정하는 문제로서 결정해야 할 사항이 많아지면 x_1, x_2, $\cdots$, x_n의 값을 결정하는 확장된 문제일 뿐이다. 의사결정은 결정하고자 하는 대상, 즉 미지수를 정의하는 것으로 출발한다. 이는 문제의 구성, 첫 번째 단계이다.

대부분의 의사결정문제는 미지수의 값을 알아내는 일이 간단하지 않기 때문에 어렵다고 생각한다. 이는 미지수를 포함한 상황이 복잡하거나 또는 여러 미지수가 서로 연관되어 있어 이를 명확히 묘사하거나 표현하는 것이 난해할 수 있어 어렵다고 생각할 수 있다. 위의 페르시아 유산상속문제에서도 큰 아들이 처한 상황이 다소 복잡하다고 생각될 수 있으나 이 상황이 문제의 구성에서 중요한 역할을 한다. 이러한 상황을 제약조건(Constraints)이라고 하고 대부분 이를 수식으로 표현할 수 있다. 미지수와 주변상황, 또는 미지수 간의 상호연관관계를 정의할 수 있으면 문제를 구성하는 제약조건을 완성하게 된다. 예를 들면 내가 탑승해야 하는 버스의 선택 문제는 각 버스에 대해 0 또는 1을 선택하면서 또한 탑승 대상이 되는 버스에 대해 단 하나만 선택한다는 제약조건이 필요하다. 오늘 책을 읽을 시간에 대한 결정은 운동하고 식사하고 이동하는 시간 각각의 합이 나에게 주어져 있는 시간 범위 내에 있다는 제약조건이 필요하다. 물론 이러한 종류의 결정은 머리 속에서 암산으로 어렵지 않게 생각하면서 판단할 것이다.

문제의 구성 세 번째 단계는 의사결정이 좋은 것인지 나쁜 것인지 판단해 줄 근거를 만든 것이다. 이는 결국 가장 좋은 의사결정을 하기 위하여 좋다고 하기 위한 기준을 결정하는 것이며 이를 통상 목적함수라고 한다. 앞에서 예시한 페르시아의 유산상속문제는 구하고자 하는 해답, 곧 페르시아의 법을 만족시키는 해답이 하나만 존재하기 때문에 이보다 더 좋은 해답이 있을 수는 없다. 그러나 일반적으로 의사결정문제는 제약조건을 만족시키는 해답이 수없이 많이 존재하고 그중에서 가장 좋은 결정을 선택하고자 한다. 탑승할 버스의 선택에도 목적지까지 가장 빠르게 갈수 있는 버스가 무엇인지, 또는 가장 안락하게 갈 수 있는 버스가 무엇인지, 또는 가장 저렴한 방법으로 갈 수 있는 버스가 무엇인지 좋은 선택에 대한 기준, 목적함수에 따라 답은 달라진다. 가장 대표적인 목적함수는 이익의 최대화 또는 비용의 최소화로서 즉 여러 미지수, 여러 행동에 대한 의사결정으로 얻어지는 매출, 또는 이익을 최대화하거나 이로 인하여 발생하는 비용을 최소화하는 것이다. 그 외에도 분배를 공평하게 한다든지 원하는 목표에 가장 근접하는 의사결정을 하도록 하는 다양한 형태의 목적함수가 있을 수 있다.

결론적으로 의사결정 프로세스는 결정하려는 의사결정변수(흔히 미지수)의 결정, 이를 포함하는 제약조건의 정의, 그리고 좋은 의사결정을 결정하는 목적함수의 결정이라고 할 수 있다. 이를 미지수를 포함하는 수식으로 표현하면 수리계획법(Mathematical Programming)이라고 한다. 세상에는 모든 의사결정이 수리적인 의사결정만 있는 것은 아니지만 대부분의 의사결정에서 좋고 나쁨이 존재하고 이는 좋고 나쁨이 어떠한 기준에서 큰 값인가 작은 값인가로 판별하게 된다. 모든 정성적인 의사결정도 사실은 목적함수의 기준에 따른 크고 작음에 기반한다고 할 수 있다. 어떤 영화가 감명 깊었다고 느낄 때 상당히 복합적인 판단이지만 실제로 영화감상으로 인한 감명은 스토리, 배우의 연기, 영상의 화려함, 감동적인 장면의 구성, 영화감상의 환경 등에 의한 복합체이며 각각에 대한 평가기준을 수치화할 수 있거나 적어도 상대적으로 비교하여 좋고 나쁨을 다소 주관적이라 하여도 판단가능하다. 모든 의사결정문제가 가능하다고 할 수는 없지만 수치에 기반한 의사결정문제는 매우 보편적이며 이를 기준으로 문제를 구성할 수 있다.

예로 카페를 운영하는 바리스타의 의사결정 문제를 살펴보자. 가장 많이 팔리는 아메리카노 커피는 에티오피아, 케냐, 콜롬비아, 브라질 총 4가지 원두를 블렌딩하여 사용하고 있다. 커피의 맛을 결정하는 여러가지 요소가 있지만 바리스타는 커피의 산도(Acidity)와 바디감(Body)을 제일 중요하게 여기고 있으며 주 고객층의 선호하는 산도는 (85~90) 수준이며 바디감은 (270~280)이라고 판단하여 4종류의 커피를 적절히 블렌딩하여 주 고객층이 선호하는 블렌딩커피를 만들고자 한다. 각 커피원두의 산도와 바디감은 〈표 1-1〉과 같다.

표 1-1 원두커피의 데이터

커피원두	에디오피아	케냐	콜롬비아	브라질
산도(Acidity)	99	80	78	91
바디감(Body)	210	330	280	240
원가(단위: 원)	32,000	45,000	39,000	36,000

바리스타는 블렌딩에 대한 의사결정을 어떻게 내려야 할까? 문제의 구성 첫 번째 단계, 무엇을 결정할 것인가를 정의한다. 각 종류의 커피를 어떠한 비율로 구성하여 블렌딩을 할 것인가이다. 즉, (x_1, x_2, x_3, x_4)를 각각 에티오피아, 케냐, 콜롬비아, 브라질 커피의 구성 비율이라고 정의하고 최종적으로 이러한 미지수의 값을 알고자 할 것이다. 일정기간의 수요가 결정되면 구성비율대로 분배하면 된다. 두 번째 단계 제약조건의 구성과 세번째 단계 목적함수의 정의는 정해진 순서가 없다. 비지수 또는 결정변수가 정의되면 이를 이용하여 정의하면 된다. 목적함수부터 정의해 보자. 비즈니스 차원에서 원하는 블렌딩원두를 만들되 최소의 비용으로 운영하고자 할 것이며 좋은 의사결정은 비용으로 판별할 수 있다. 따라서 이 문제의 목적함수는 비용, $32,000x_1+45,000x_2+39,000x_3+36,000x_4$을 최소화는 것이다. 바리스터가 원하는 산도와 바디감을 만족시킬 수 있는 제약조건은 다음과 같이 정의할 수 있다.

$$85 \le 99x_1+80x_2+78x_3+91x_4 \le 90$$
$$270 \le 210x_1+330x_2+280x_3+240x_4 \le 280$$

또한 결정변수는 구매하고자 하는 원두의 구성비율이므로 4개의 미지수의 합이 1이어야 한다는 조건을 포함하여 정리하면 다음과 표시할 수 있다.

$$Max\ z=32,000x_1+45,000x_2+39,000x_3+36,000x_4$$
$$s.t.\quad 99x_1+80x_2+78x_3+91x_4 \ge 85$$
$$99x_1+80x_2+78x_3+91x_4 \le 90$$

$$210x_1+330x_2+280x_3+240x_4 \geq 270$$

$$210x_1+330x_2+280x_3+240x_4 \leq 280$$

$$x_1+x_2+x_3+x_4=1$$

$$x_1, x_2, x_3, x_4 \geq 0$$

이와 같이 수리적 형태로 구성하는 것이 문제의 구성이며 이를 수리계획법이라고 한다. 일반적인 관행을 따라 목적함수를 제일 먼저 제시하고 제약조건을 나열하되 왼쪽에는 미지수를 포함한 수식을 표기하고 부등호 또는 등호 오른쪽에는 상수만이 오도록 정리한다. s.t.(Subject To)는 제약조건이라는 의미이다. 추가되어야 할 조건은 비음조건(Non-Negativity)이라고 하여 미지수의 값이 0 또는 양수이어야 함을 의미하는 $x_1, x_2, x_3, x_4 \geq 0$.을 추가한다. 이 문제의 경우 제약조건을 만족하는 해는 무수히 많다. 그중에서 목적함수의 값을 최대화하는 해를 구할 수 있다. 해를 구하는 방법은 차후에 논의하기로 한다.

의사결정은 문제에 대한 여러 요소를 체계적으로 정리하는 것이며 이는 결정변수의 결정, 제약조건과 목적함수를 정의하는 3단계 요소로 구성되어 있다. 문제가 어렵다는 것은 통상적으로 해에 대한 예측이 어려워 보이기 때문이지만 해를 구하는 것은 대부분 수학자와 컴퓨터가 고민할 문제이며 중요한 것은 문제의 상황을 명확하게 정리하는 것이며 이를 문제의 구성이라고 한다.

연/습/문/제

1-1 ("수학의 정석" 문제) 어느 공장에서 두 가지 제품 A와 B를 생산하고 있다. 제품 A를 한 개 생산하는데 원료 p, q는 각각 3, 1단위가 필요하고 제품 B를 한 개 생산하는데 원료는 각각 1, 2단위가 필요하다. 또한 원료의 하루 최대 공급량은 각각 150, 100단위라고 한다. 두 제품 A, B를 생산하여 얻게 되는 이익이 한 개에 각각 3,000원, 2,000원이라 할 때 이익을 최대로 하려면 제품 A, B를 하루에 몇 개씩 생산하여야 하며 그때의 하루 이익

은 얼마인지 알기 위하여 문제의 구성을 수리식으로 제시하시오.

1-2 12억 원의 투자금을 국내주식과 해외주식에 투자하고 있다. 국내주식은 연 5%, 해외 주식은 연 8%의 수익을 예상하고 있다. 내부의 운영 규정에 의해 국내주식은 연 10억 원 이상 투자할 수 없고 해외주식은 연 7억 원 이상 투자할 수 없다. 또한 투자의 균형을 위해 어느 한 부분의 투자는 다른 부분의 투자의 50% 이상 투자되어야 한다. 최대 수익을 얻기 위하여 국내주식과 해외주식에 각각 얼마씩 투자해야 하는지를 구하기 위한 수리식을 제시함으로 문제를 구성하시오.

1-3 와이너리에서 4가지 종류의 와인을 생산하고 있다. 와인 생산과정에서 필요한 노동력은 일반작업과 탱크작업으로 구분되며 작업자의 수와 각각 1년 동안 작업일수를 고려하여 가용한 작업시간은 일반작업의 경우 15,000시간이며 탱크작업시간은 36,000시간이다. 와이너리는 지역의 다른 와이너리와의 협력규정에 의해 최대 50,000리터를 생산할 수 있다. 각 와인은 숙성창고에서 와인(1, 2, 3, 4)가 각각 (0.5, 1, 2, 3)년 정도의 기간 동안 숙성해야 한다. 숙성창고의 용량은 70,000리터이다. 각 와인별 일반작업과 탱그작업의 1리터당 작업 소요시간과 각 와인의 판매수익은 아래의 표와 같다. 최대수익을 얻기 위하여 각 와인별 생산량을 구하고자 한다. 결정변수를 정의하고 이에 대한 수리식을 완성하여 문제를 구성하시오.

	와인 1	와인 2	와인 3	와인 4	전체 자원
수익(원/리터)	600	1200	2000	3000	
일반작업(시간/리터)	0.2	0.3	0.3	0.5	15,000시간
탱크작업(시간/리터)	0.5	0.5	0	1.5	36,000시간
숙성필요시간(년)	0.5	1	2	3	70,000리터/년

2 의사결정의 대부분은 자원 배분의 문제이다

무언가를 결정하고자 할 때 비즈니스에서든 사회적인 문제이든, 크게는 국가적인 문제이든, 작게는 일상생활에서 필요한 결정이든, 한정된 자원에 대한 적절한 할당 문제가 대부분이다. 오늘 아침식사로 무엇을 먹을지, 만남의 장소까지 이동할 때 어떤 교통수단을 이용해야 할지, 오늘 헬스장에서 얼마 동안 운동을 해야 할지 결정하는 일은 기본적으로 이에 사용 가능한 자원이 한정되어 있기 때문에 발생하는 문제이다. 사용 가능한 시간이 충분하거나 사용 가능한 금전적 자원이 충분하거나 또는 나의 신체적상황이 수용 가능한 용량이 충분하다면 문제 자체가 되지 않으며 원하는 수준 또는 가능한 수준까지 실행하면 된다. 모든 의사결정은 사용가능한 자원, 즉, 시간, 돈, 수용범위에 한계가 있기 때문에 주어진 제약범위 내에서 적절한 의사결정이 필요한 문제가 된다. 비즈니스에서도 마찬가지로 사용 가능한 재정이 한정되어 있고 생산 가능한 능력의 한계가 있고 시간과 투입 가능한 자원이 제한되어 있기 때문에 주어진 범위 내에서의 최적의 의사결정을 할 필요가 있게 된다. 이러한 자원배분의 문제를 수식으로 정리하면 다음과 같은 가장 보편적인 모형이 구성된다.

$$
\begin{aligned}
&Max(Min)\ z = c_1x_1 + c_2x_2 + c_3x_3 + \cdots + c_nx_n \\
&\quad s.t. \quad a_{11}x_1 + a_{12}x_2 + a_{13}x_3 + \cdots + a_{1n}x_n \leq (\geq)\ b_1 \\
&\qquad\qquad \vdots \\
&\qquad\qquad a_{m1}x_1 + a_{m2}x_2 + a_{m3}x_3 + \cdots + a_{mn}x_n \leq (\geq)\ b_m \\
&\qquad\qquad x_1, x_2, x_3, \cdots, x_n \geq 0.
\end{aligned}
$$

우선 결정하고자 하는 내용(결정변수)을 활동(Activity)이라 하고 통상 (x_1, x_2, x_3, ⋯, x_n)로 표현한다. 또한 좋은 의사결정인지를 결정하는 목적함수(z)는 활동의 함수로 표현된다. 즉 각 의사결정의 가중합(Weighted Sum)으로 표현될 수 있으며 목적함수의 성격에 따라 이를 최대화 또는 최소화하게 된다. 전체 수익이나 매출 또는 이로 인하여 얻을 수 있는 이점을 목적함수로 택한다면 최대화하게 되고 비용이나 지출, 또는 이로 인한 소비의 내용을 목적함수로 택한다면 최소화 하게 된다. 다음의 부등식으로 표현된 식들은 제약조건을 나타낸 것으로 부등호의 방향은 제약조건에 따라 정해지며 때로는 등호로 표시되기도 한다. 일반적인 자원배분의 문제는 모든 활동이 양수 또는 0의 값을 가져야 의미가 있기 때문에 비음조건(Non-Negativity)을 필요로 한다. 모형은 결정변수의 함수로 정의하되 일반적으로 결정변수의 일차함수(선형식, Linear Function)로 표현하는데 대부분의 문제는 이 관계가 성립하기 때문이고 비록 선형관계가 아니더라도 선형식으로 표현할 수 있는 방법이 있거나 근사적으로 선형식으로 변화할 수 있다. 선형식으로 표현하는 가장 큰 이유는 선형식으로 표현된 문제가 해를 구하기 쉽기 때문이다. 이를 선형계획법(Linear Programming)이라고 한다.

1절에서 제시한 바리스타의 블렌딩문제가 대표적인 자원배분의 문제이다. 일상생활에서 가장 보편적으로 풀고 있는 문제 중 하나는 최단거리 찾기이다. 길 찾기를 네비 앱을 사용하기도 하지만 대개는 무의식적으로 항상 최단거리로 또는 최단시간 내 목적지에 도착하기 위한 방법을 모색하는데 이는 수많은 단편적인 경로의 조합으로 구성되며 전체경로의 거리 또는 이동시간을 목적함수로 택하게 된다. 선택되는 경로에 적용된 제약조건은 단편적인 경로가 서로 연결되어야 한다는 것이며 또한 단 하나의 경로가 구성되어야 한다는 사항이다. 결국 한 명의 인력이 어느 경로에 할당되어야 할 것인가의 자원배분 문제이다. 인생진로의 선택에 관한 문제도 나에게 주어져 있는 시간, 내가 가지고 있는 제한적인 자원(경제적인 자원, 능력적인 자원)을 어느 진로에 투자하는 것이 그로 인한 이득이 가장 클 것인가에 대한 대표적인 자원배분 문제이다. 무언가에 대한 계획을 세우는 프로세스를 살펴보면 정해진 시간 축에 내가 가지고 있는 자원을 적절하게 할당하는 자원배분 프로세스이다.

비즈니스 상에서 필요한 의사결정은 거의 모두 자원배분의 문제이다. 판매를 위한 생산량을 결정하고자 할 때 수요의 범위 내에서 최대한 많은 양을 생산하는 것이 수익을 극대화하는 일이지만 생산공장의 설비능력, 생산라인에 투입가능한 인력, 투입가능한 원자재의 양, 설비별 고장 또는 점검을 위한 일정, 생산라인의 보관 또는 이동의 공간적 제약 등이 고려되는 자원배분의 문제이다. 대부분의 기업에서 팀장급 관리자가 제일 중요하게 풀고 있는 문제는 팀원의 업무할당이다. 다양하게 진행되는 프로젝트, 다양한 업무, 업무별 특성 및 필요 능력 등을 고려하여 매주 또는 매일 업무를 할당하는 일은 결국 관리자의 업무능력 그 자체이며 이러한 의사결정의 결과가 회사 또는 기업의 성과로 나타나는 것이다. 대형 시스템, 예를 들면 공공기관, 국방기관, 서비스기관 모두의 문제도 어떻게 인력과 시간과 재정을 어떻게 분배하여 최대의 효용을 얻느냐의 문제이다. 정치의 영역도 결국은 국가의 자원을 어떠한 형태로 분배할 것인가에 대한 논의이며 다만 구성하는 집단마다의 목적함수가 다를 뿐이다.

문제의 유형은 비슷한데 어떤 문제는 쉽게 해결되고 어떤 문제는 어려운 문제가 되는가? 문제의 복잡성, 해를 구할 수 있는 과정의 어려움은 크게 두 가지 이유로 볼 수 있다. 첫째, 결정해야 하는 결정변수의 수가 많은 경우이고, 둘째, 문제를 구성하고 있는 제약조건에서 상호 얽혀 있는 제약사항이 복잡한 경우이다. 우선 결정변수가 많다는 이야기는 결정해야 할 결정변수를 단독으로 결정하지 못하고 다양한 결정변수가 서로 연관되어 있어서 동시에 결정해야 할 내용이 많은 경우이다. 결정변수 간에 서로 연관성이 없다면 이는 별도의 문제로 구성할 수 있고 문제의 복잡성이 줄어든다. 설비 A와 설비 B에 할당할 작업량을 동시에 결정해야 하는 것은 두 설비에 생산할당하는 제품이 동일하게 공유하기 때문일 것이고 예를 들면 각 설비에서 단위생산량이 다르기 때문에 설비 A와 설비 B에 각각 얼마씩 할당해야 총생산목표를 달성할 수 있을지 서로 연관되어 있어 한꺼번에 결정해야 할 것이다.

실제로 문제의 복잡성을 결정하는 더 중요한 내용은 제약사항에 있다. 여러 제약사항이 매우 큰 연관성을 가지고 있다면 한 결정변수의 결정이 다른 결정변수의 결정에 직접적으로 연관되어 있어 해를 구하는 과정이 더 어렵다. 상호 연관성을 표현하는 것은 명확한 데이터가 필요한데 그 데이터 자체의 정확성이 약하거나 실제로는 이를 명확하게 규정하는 것이 어려운 경우이다. 예를 들면 설비 A에서 단위시간당 생산할 수 있는 양이 시간에 비례한다고 선형식으로 정의하지만 실제로는 시간이 누적되면 기계의 기본적인 성능의 단위시간당 생산량이 감소하기도 하여 설비 A와 설비 B에서 생산하는 양의 합을 총생산량으로 정의하지만 동일 설비에서 생산하는 제품이 바뀌면 교체하는 시간의 손실이 발생하고 교체가 많을수록 이로 인한 손실은 단순히 선형식으로 표현하기 어렵다. 또한 제품 하나가 설비 2~3개에서 생산될 때와 설비 10개에서 생산될 때의 상황이 동일할 수 없다. 이러한 제약사항으로 고려되는 상황이 복잡해지면 이에 관한 문제의 정의가 모호해지고 불확실성이 높아지면 문제에 대한 의사결정이 어려워진다.

따라서 의사결정문제의 중요한 과정은 역시 문제의 구성이다. 문제가 구성되면 여러 상황에 따라 해를 구하는 과정이 필요하지만 이는 통상적으로 수학자와 컴퓨터 과학자가 만들어 놓은 해법에 따라 풀게 된다. 문제의 유형이나 사이즈가 크면 해를 구하는 시간이 많이 걸리겠지만 (어떤 경우는 컴퓨터가 24시간 이상 구동되어야 한다.) 이는 별도의 문제이며 중요한 것은 결정변수와 이를 구성하는 제약조건들, 그리고 해의 수준을 결정하는 목적함수의 정의이다. 해를 구하는 알고리즘은 의사결정자의 관심은 아니며 이미 사용되고 있는 수많은 알고리즘이 해결할 것이며 경우에 따라서는 적절한 시간 내에 구할 수 있는 근사값으로 해를 대신할 수도 있다. 근사해도 과학적으로 구성된 문제에 대해서는 문제를 제대로 정의하지 못한 경우에 비하면 비교할 수도 없을 정도의 좋은 수준으로 최적해에 가깝다. 경영과학의 대부분의 문제는 "엑셀"에 내장되어 있는 "해찾기"의 알고리즘을 통해 최적해 또는 근사해를 구할 수 있다. 문제의 사이즈가 커지면 전문적인 소프트웨어를 사용하게 되는데 이 경우 경영과학 전문분석가가 담당하여 문제의 구성 및 해찾기의 과정을 진행한다.

대표적인 자원배분의 문제를 살펴보자. 공장에서 의자와 책상을 생산하고 있다([그림 1-2]). 의자와 책상은 각각 5만 원, 10만 원에 판매되고 있다. 제조공정은 부품생산, 조립공정, 페인트공정 등의 3단계로 구성되어 있다. 조립공정은 의자와 책상이 각각 독립적인 공장에서 이루어지지만 부품생산과 페인트공정은 동일한 생산라인에서 생산능력을 공유하며 작업이 이루어진다. 부품생산은 (의자, 책상)의 경우 각각 일일 (200, 80)개의 수준으로 생산되며 페인트공정은 (의자, 책상)의 경우 각각 일일 (150, 110)개의 수준으로 생산된다. 독립적으로 운영되는 조립공정은 의자의 경우 일일 120개, 책상의 경우 60개를 조립할 수 있다. (x_1, x_2)를 각각 (의자, 책상)의 생산량이라고 정의하면 문제는 아래 수식과 같이 정의할 수 있다.

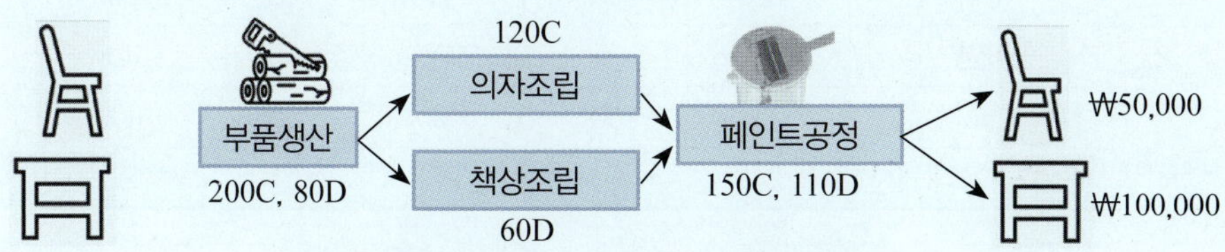

| 그림 1-2 | 의자와 책상 생산공정

$$
\begin{aligned}
&Max\ Z = 5x_1 + 10x_2 \\
&\quad s.t.\quad x_1 \le 120 \\
&\qquad\quad\ x_2 \le 60 \\
&\qquad\quad\ \frac{x_1}{200} + \frac{x_2}{80} \le 1, \\
&\qquad\quad\ \frac{x_1}{150} + \frac{x_2}{110} \le 1, \\
&\qquad\quad\ x_1,\ x_2 \ge 0.
\end{aligned}
$$

연/습/문/제

2-1 한 베이커리에서는 두 종류의 케이크를 만들고 있다. 홈메이드 케이크는 하나당 2만 원에 판매하고 있으며 프리미엄 케이크는 5만 원에 판매하고 있다. 홈메이드 케이크는 하루 최대 400개 판매 가능하다고 판단되며 또한 전체 판매량의 최소 60% 이상으로 만들고 있다. 케이크를 만드는 데 사용되는 휘핑크림은 하루에 140병을 공급받고 있는데 홈메이드 케이크는 하나당 0.2병의 휘핑크림이 사용되며 프리미엄 케이크는 하나당 0.4병의 휘핑크림이 사용된다. 전체 매출을 최대로 하기 위하여 각 케이크의 생산량을 얼마로 해야 하는가? 문제에 대한 수리식을 제시하시오.

2-2 새로운 합금을 생산하고자 한다. 새로운 합금은 주석 40%, 아연 35%, 납 25%로 구성되어야 한다. 현재 사용 가능한 5종류의 합금이 있으며 각 합금의 구성성분과 단위당 구매

가격은 다음과 같다. 새로운 합금은 합금 1, 2, 3, 4, 5를 어떤 비율로 합금하는 것이 가장 저렴한지 알기 위하여 문제를 수리식으로 구성하시오.

	합금 1	합금 2	합금 3	합금 4	합금 5
주석	60	25	45	20	50
아연	10	15	45	50	40
납	30	60	10	30	10
단위당 가격(원)	22	20	25	24	27

2-3 대형히터를 생산하는 회사는 매 분기별 생산량을 결정하고자 한다. 대형히터의 수요는 (1, 2, 3, 4)분기당 각각 (70, 20, 10, 100)단위이며 대형히터의 수요가 많은 1분기, 4분기는 대형히터 단위당 500만 원의 판매수익이 있고 수요가 적은 2, 3분기는 단위당 350만 원의 판매수익이 있다. 공장의 생산능력은 매분기당 40단위로서 시장수요를 모두 충족시킬 수는 없으며 재고 유지비용은 단위당 40만 원이다. 1분기의 초기재고와 4분기의 기밀재고는 0이다. 생산과 재고를 통하여 판매수익을 최대화하기 위한 4분기 동안의 판매계획을 수리모형으로 작성하고자 한다. 결정변수를 정하고 수리모형을 제시하시오.

3 모든 의사결정문제는 그림으로 해를 구할 수 있다

모든 의사결정문제는 그림으로 도형화할 수 있다. 따라서 도형상의 형태를 보고 최적해를 구할 수 있다. 그러나 그림으로 구하는 것이 항상 효율적이라는 말은 아니다. 수리모형으로 표현된 문제는 이에 상응하는 그림이 존재하고 사이즈가 작은 문제에서는 실제로 그림을 그려서 최적해를 구할 수 있다. 다만 결정변수의 수가 많아지면 이에 상응하는 그림을 그리는 것이 가능하지도 않고 효율적이지도 않다. 다만 최적해가 어떠한 형태로 존재하고, 해를 구하는 알고리즘이 어떠한 순서로 작용하여 최적해를 찾아가는지에 대한 이해를 도울 수 있다.

2절에서 제시한 의자와 책상 공장의 예를 그림을 통하여 해를 구할 수 있다. 공장의 자원배분 문제의 수식표현을 다시 정리하면 다음과 같다.

$$
\begin{aligned}
&Max\ Z = 5x_1 + 10x_2 \\
&\quad s.t. \quad x_1 \leq 120 \\
&\qquad\quad\ \ x_2 \leq 60 \\
&\qquad\quad\ \ 2x_1 + 5x_2 \leq 400, \\
&\qquad\quad\ \ 11x_1 + 15x_2 \leq 1650, \\
&\qquad\quad\ \ x_1,\ x_2 \geq 0.
\end{aligned}
$$

이를 2차원공간에서 그래프로 그리면 [그림 1-3]과 같다. 수식에서의 결정변수 x_1, x_2가 취할 수 있는 가능한 해의 공간은 양의 실수를 표현하는 제약식을 포함하여 6개의 제약식으로 표현할 수 있고 그림에서 6각형 형태의 도형으로 나타낼 수 있다. 6각형의 내부에 있는 모든 x_1, x_2의 값은 수식으로 표현된 모든 제약식을 만족한다. 따라서 목적함수 $Z=5x_1+10x_2$의 값을 최대로 하는 값은 $(x_1,\ x_2)=(90,44)$이며 그 때의 목적함수의 값 Z는 890이 된다.

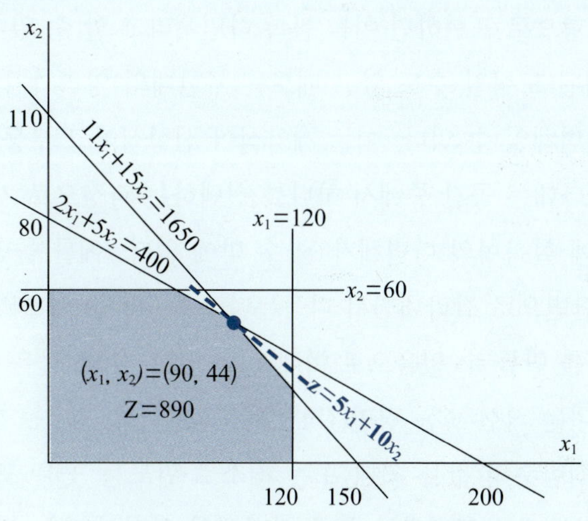

그림 1-3 의자와 책상 생산 모형

그러나 결정변수가 3개인 경우 3차원 공간에서 해를 구하는 것은 가능할지라도 편리하지는 않다. 더군다나 4개 이상의 결정변수를 가지고 있는 문제는 그림을 그리는 것조차 가능하다고 할 수 없다. 그러나 이러한 도형을 이용한 해찾기의 과정은 수리모형의 해를 찾는 데 중요한 단서를 제공한다. 수리모형을 구성하는 모든 식이 1차식인 경우(이를 선형식이라고 함) 최적해는 항상 제약식이 만드는 접점(모서리, Vertex)에 존재한다. 정확히 표현하면 접점에 해당하는 최적해가 존재한다. 문제에 따라서는 접점이 아닌 경계선에 해당하는 최적해가 존재할 수 있지만 그 경우에도 경계선의 끝에 해당하는 최소한 하나 이상의 접점에 해당하는 최적해가 존재한다. 접점 최적해의 원리는 선형 수리모형에 대한 해찾기 과정을 효율적으로 만들 수 있게 해준다. 우선 위 그림에서 알 수 있듯이 모든 해는 제약조건을 나타내는 범위 내에 존재하기 때문에 가능한 해(Feasible Solution)는 일반적으로 무한대의 수만큼 존재한다. 따라서 모든 존재하는 해를 검증하여 그중에서 최적해를 선택하는 방식은 불가능하다. 그러나 최적해가 접점에 존재한다면 접점은 항상 유한한 수의 개수가 존재하고 그중에서 선택하면 되기 때문에 물리적으로 시간만 주어지면 구할 수 있는 문제가 된다.

선형식으로 구성된 문제, 즉 선형계획법 문제에서 제약식으로 표현되는 가능해의 범위를 도형으로 표현하면 이를 볼록 다면체라고 할 수 있다. 제약식의 경우에 따라 한정된 모형일 수도 있고 때로는 무한대의 영역까지 포함하는 열린 공간의 볼록 다면체일 수 있다. 이는 제약식이 선형식이고 부등호의 방향에 따라 제약식이 나타내는 공간 중에서 하나를 선택하는 과정으로 가능해의 범위가 정해지기 때문에 볼록형의 다면체가 될 수 밖에 없다. 예를 들면 무를 칼로 자를 때 하나의 단면으로 잘라내면서 다듬는다고 할 때 항상 결과물은 볼록형이며 오목한 형태를 만들 수 없음으로 이해할 수 있다. 이와 같은 특징 때문에 목적함수를 나타내는 직선 또는 평면(결정변수가 그 이상일 경우는 개념상의 평면)을 이동하면서 목적함수의 값을 최대 또는 최소로 만드는 곳은 모서리일 수밖에 없다. 때로는 가능해를 표현하는 볼록 다면체의 경계선 또는 경계면과 우연히 겹칠 수도 있지만 그 경우에도 모서리는 포함하고 있다.

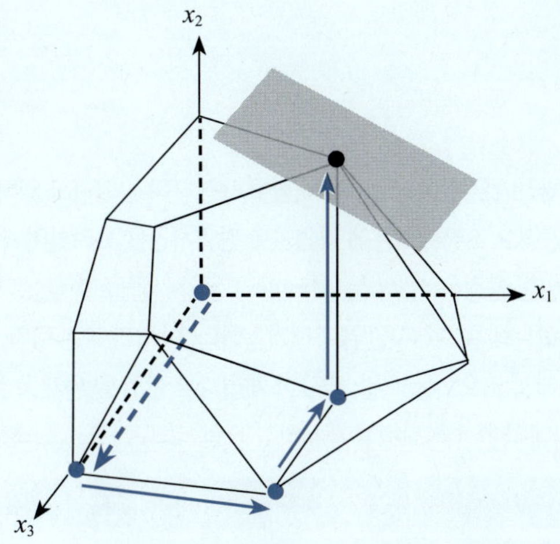

| 그림 1-4 | 3차원 공간에서의 해찾기

[그림 1-4]는 3개의 결정변수를 가지는 문제에 대한 3차원 공간의 가능해 영역과 목적함수를 나타내는 평면을 그린 것인데 유한한 개수의 모서리가 존재하고 그 중에서 목적함수의 값을 최대 또는 최소로 하는 모서리 접점을 표현하고 있다. 그림을 그리면 목적함수를 통해 쉽게 최적 접점을 알 수 있지만 일반적인 문제에 대해 최적해를 찾아가는 과정은 모든 접점에 대해 목적함수의 값을 구하는 것이 아니라 효율적인 방법(알고리즘)으로 빠르게 최적해에 도달하기 위해 최소한의 집짐만을 방문하는 경로를 찾는 과정이라고 할 수 있나. 또한 최적해에 도달했을 때 도착한 접점이 최적해임을 쉽게 알 수 있는 것은 가능해가 만드는 공간이 볼록 다면체이기 때문이다. 선형계획법의 이러한 특징을 이용하여 구성된 알고리즘이 심플렉스(Simplex) 해법이며 현재까지 실용적인 측면에서 가장 효율적인 알고리즘으로 알려져 있다. 사실 심플렉스는 기하학적 용어이다. (의미설명은 생략한다.) 수리모형에 대한 해법을 기하학을 통해 찾는 알고리즘을 구성할 수 있었던 가장 큰 이유는 모든 수리모형이 그림으로 표현할 수 있으며 그림에서의 특징을 통해 해를 구하는 해법이 도출된 것이라고 할 수 있다.

연/습/문/제

3-1 가구회사에서 체리나무로 탁자, 의자, 책장을 생산하여 판매하고 있다. 생산공정은 조립공정과 페인팅공정으로 진행되는데 작업자와 작업시간을 고려하여 조립공정은 8,100분(Minutes), 페인팅 공정은 4,500분(Minutes) 동안 작업을 할 수 있다. 체리나무는 가공된 상태로 구매하는데 총 9,000단위 구매가능하다. 아래의 표는 탁자, 의자, 책장을 생산하는데 각 공정에서 소요되는 시간, 필요한 체리나무 단위 및 완제품 한 단위당 판매수익을 나타낸다. 이에 대한 수리모형을 제시하고 그림(그래프)으로 최적해를 구하시오.

	탁자	의자	책장	가용량
조립공정(분)	80	40	50	8,100분
페인팅공정(분)	30	20	30	4,500분
체리나무 소요량	80	10	50	9,000단위
단위 판매수익(원)	36,000	12,500	30,000	

3-2 코리아나 항공사는 김포에서 출발하는 진주행과 군산행 2가지 종류의 항공편을 증설하고자 하여 하루 12시간 운영할 수 있는 탑승구 하나를 확보하였으며 항공편 1회 운행마다 탑승구는 1시간 운영가능하다. 현재의 승무원 현황에 의해 승무원의 근무시간은 추가로 15시간 활용할 수 있으며 진주행 항공편은 승무원이 평균 1.5시간 근무하고 군산행은 승무원이 1시간 근무한다. 단, 진주행 항공편은 최대 9회 증설할 수 있다. 진주행 항공편은 1회 평균 250만 원의 이익이 예상되며 군산행 항공편은 1회 평균 200만 원의 수익이 예상된다. 항공사의 이익을 최대화할 수 있는 항공편 증설계획을 결정하기 위하여 그림(그래프)으로 해를 구하시오.

 선형계획법에서 가장 많이 사용되는 심플렉스 해법은 한동안 군사기밀이었다

경영과학의 의사결정문제의 대부분을 차지하는 모형은 선형계획법이다. 선형계획법의 체계적 해법을 제시한 사람은 조지 단치히(George Dantzig) 교수로서 선형계획법의 아버지라고 불리우고 있다. 단찌히 교수는 1937년 미국 캘리포니아 대학(버클리)에서 박사과정에 입학하여 공부하던 중 당시 통계학의 석학 저지 네이만(Jerzy Neyman) 교수의 수업에서, 당시 통계학의 대표적 미제문제(Unsolved Problem) 2개를 수업의 숙제로 착각하여 답안을 제출함으로 주위를 놀라게 하였고 이 에피소드는 나중에 배우 맷데이먼 주연의 영화 "굿윌헌팅"의 모티브가 되었다고 알려졌다. 단치히 교수는 박사과정 중에 제2차 세계대전 시 미공군에서 만든 통계운영본부의 "전투분석(Combat Analysis)"의 책임으로 1941년부터 6년간 근무하였다. 군사관련 문제의 대표적 모형인 선형계획법에 대해 심플렉스 해법을 개발하였고 이 알고리즘은 미공군 내에서 군사기밀로 공개하지 않을 만큼 효율적인 해법이었으며 1947년에야 공식적으로 공개되었다.

단치히 교수는 공군에서 다시 버클리 대학으로 돌아와 저지 네이만 교수의 미제 문제의 해법으로 1946년 박사학위를 받고 모교에서 교수자리를 제안받았으나 다시 공군으로 돌아가 군사문제에 대한 연구를 계속하다가 1960년에야 버클리 캘리포니아 대학의 산업공학과 교수로 부임한다. 선형계획법의 대표적 해법인 심플렉스 해법도 군사문제에서 출발하였지만 경영과학의 원래 이름인 Operations Research도 사실은 영국에서 제2차 세계대전 중에 군사작전연구(Military Operations Research)를 하면서 탄생하였다. 영국 최초의 융합적인 군사작전연구 조직은 패트릭 블라켓(Patrick Blackett) 교수로서 당시 물리학자가 수학자, 분석가, 천문학자 및 현역장교 등으로 팀을 구성하여 전쟁 중에 핵심적인 군사문제를 해결하였고 이러한 연구는 미국 등으로 확산되어 현재의 경영과학(Operations Research)의 기초가 되었다. 블라켓 교수는 그후 물리학에서 노벨상을 받았는데 미국에서 원자폭탄을 만드는 맨하탄 프로젝트의 총책임자 오펜하이며 박사의 석사과정 지도교수였으며 영화 "오펜하이머"에서도 석사과정 중에 지도교수와의 갈등관계가 그려지기도 했다.

심플렉스 해법이 적용되는 선형계획법은 결정변수와 제약조건, 그리고 목적함수로 구성된 문제로서 모형의 구성에 의사결정해야 되는 상황이 대부분 선형관계로 표현되거나 선형관계로 근사화하여 표현되는 경우이며 대부분의 의사결정문제에 해당한다. (목적함수가 포함된 표준적인 모형으로 일반화한 것도 조지 단치히 교수이다). 일반적인 제약조건은 부등식으로 표현되지만 적절하게 결정변수를 추가하면 아래와 같은 표준모형으로 만들 수 있다.

$$
\begin{aligned}
Max(Min)\ z &= c_1x_1 + c_2x_2 + c_3x_3 + \cdots + c_nx_n \\
s.t.\quad & a_{11}x_1 + a_{12}x_2 + a_{13}x_3 + \cdots + a_{1n}x_n = b_1 \\
& \vdots \\
& a_{m1}x_1 + a_{m2}x_2 + a_{m3}x_3 + \cdots\ a_{mn}x_n = b_m \\
& x_1,\ x_2,\ x_3\ \cdots,\ x_n \geq 0.
\end{aligned}
$$

현실적인 대부분의 문제는 제약조건의 개수 m보다 결정변수의 개수 n이 크다. 그렇지 않다면, 즉 제약식의 개수가 결정변수보다 많다면 대개는 이를 만족하는 결정변수, 즉 미지수가 존재하지 않는 경우가 대부분이다. 이는 곧 선형계획법의 해는 제약식을 만족하는 수많은 또는 무한대의 수만큼 존재하는 해 중에서 목적함수의 값을 최대화하는 해를 찾는 것이다. 모든 가능한 해를 일일이 점검해 보고 그들 중에서 가장 좋은 목적함수의 값을 가지는 해를 선택하는 것은 현재와 같은 고성능의 계산능력을 가지는 컴퓨터로도 상당한 시간이 걸리는 문제이기 때문에 효율적이면서 최적임을 보장해 주는 해찾기의 알고리즘이 필요하다.

단치히 교수가 개발한 심플렉스 해법은 간단히 정의하면 연립방정식을 여러 번 푸는 것이다. 우선 제약식만을 살펴보면 제약식의 수가 결정변수보다 적기 때문에 해가 많지만 제약식의 수를 초과하는 수만큼의 결정변수에 대해서 0(Zero)이라고 가정하면, m개의 결정변수에 대해 m개의 결정변수이므로 전형적인 연립방정식이 되며 유일한 해가 존재한다(단, 제약식이 서로 독립적이라는 수학적 조건이 필요). 이렇게 구해진 해는 그림으로 표현되는 선형계획법에서 가능해를 표현하는 볼록 다면체의 모서리에 해당한다. 기하학적으로 볼 때 최적해가 이 도형의 모서리에 존재하기 때문에 모서리 해만 탐색하기 위한 연립방정식을 정의하고 이에 대한 하나의 해를 찾는 것이다. 선형계획법 모형이 만드는 기하학적 도형은 볼록 다면체이기 때문에 현재의 모서리 해가 최상의 해가 아니면 그 이웃하는 해 중에 더 좋은 해가 존재할 것이고 역시 모서리에 해당하는 더 좋은 해로 이동할 수 있다.

현재 구해진 연립방정식의 해와 이웃하는 해는 사실 매우 밀접한 관계가 있는데 유일한 모서리 해를 구하기 위해 0(Zero)라고 정의한 결정변수를 하나만 교체함으로 이웃해를 구할 수 있다. 또한 매 단계마다 구한 해가 최적해인지 아닌지 알 수 있는데 이는 등산할 때 정상에 도달했는지 알 수 있는 방법은 주위의 모든 지점이 도착한 지점보다 낮으면 정상임을 알 수 있는 것과 동일하다. 구해진 해가 목적함수 관점에서 최적해인지, 즉 더 좋은 해가 존재할 가능성이 있는지 확인하고 그렇다면 더 좋은 해에 해당하는 모서리를 찾아 이동하고 이와 같은 탐색과정을 순차적으로 반복하여 진행하는 과정이 심플렉스 해법의 전부이다.

심플렉스 해법의 탁월함은 우선 최적해가 존재하는 모서리 지점만을 탐색하도록 하여 한정된 수 범위 안에서 탐색과정을 진행하도록 고안되었다는 점이고 연립방정식을 구할 수 있는 결정변수의 집합의 선택과정에서 하나의 결정변수만을 교체함으로 새로운 모서리 해를 구하는 과정을 반복하여 최적해까지 점차적으로 접근하여 최종적으로 해를 구할 수 있도록 설계되었다는 점이다. 선형계획법의 해를 구할 수 있는 방법이 많이 있겠지만(실제로 다양한 방법이 있음) 이 과정을 수리적으로 정의하여 그 과정을 누구나 설계하여 구현할 수 있도록 쉽게 알고리즘을 구성한 것은 해법 체계가 개발된 지 70여년이 지난 지금까지도 현실적으로 가장 효율적인 해법으로 사용되고 있는 이유이다. 간단히 말하면 심플렉스 해법은 연립방정식을 순차적으로 여러 번 풀면 되는 해법이다. 다만 하나의 해에서 다음의 해로 이동하는 과정의 규칙과 각 단계의 최적해임을 판정하는 과정이 수리적인 이해가 필요하겠지만 어려운 수학이 아니라 산술적인 규칙일 뿐이다. 우리가 중학교 때 배운 연립방정식의 풀이과정만으로 이해할 수도 있는 알고리즘의 구성이다. 심플렉스 해법은 대부분의 스프레드 시트(Spread Sheet) 소프트웨어에 구현되어 있으며, 예를 들면 MS사 엑셀(Excel)에 해찾기(Solver) 기능에 내재되어 있어 누구라도 선형계획법을 모형화하고 해를 쉽게 구할 수 있도록 되어 있다.

연립방정식의 순차적 풀이로 구성된 심플렉스 해법의 전개과정을 다음과 같은 선형계획법 모형을 통해 살펴보도록 한다.

$$Max\ z = 3x_1 + 5x_2$$

$$\begin{aligned} s.t.\quad & 2x_1 - x_2 \leq 8 && (1) \\ & -x_1 + 2x_2 \leq 10 && (2) \\ & 3x_1 + 2x_2 \leq 18 && (3) \\ & x_1,\ x_2 \geq 0. && (4) \end{aligned}$$

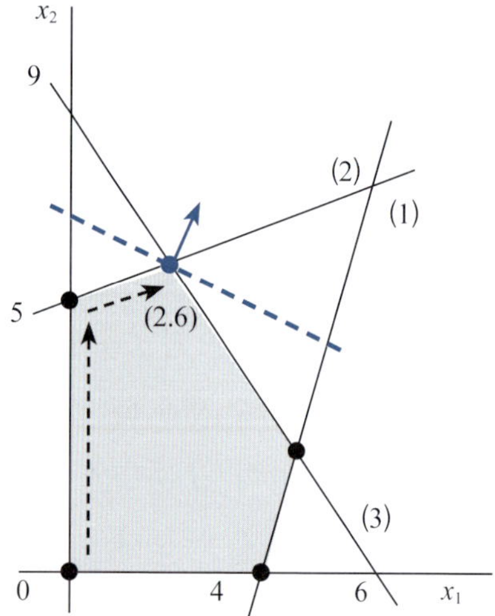

| 그림 1-5 | 그래프로 해찾기

이 모형은 [그림 1−5]와 같이 최적해를 구하면 $(x_1,\ x_2) = (2,\ 6)$이고 목적함수의 값은 $z=36$이다. 위 모형에서 비음조건을 제외한 3개의 제약식에 각각 미지수(이를 여유변수, Slack Variable이라고 함)를 추가하여 다음과 같이 등호를 가진 모형으로 변환할 수 있다.

$$
\begin{aligned}
& Max\ z=3x_1+5x_2 \\
& \quad s.t.\ \ 2x_1-x_2+x_3=8 \qquad (5) \\
& \qquad\quad -x_1+2x_2+x_4=10 \qquad (6) \\
& \qquad\quad 3x_1+2x_2+x_5=18 \qquad (7) \\
& \qquad\quad x_1,\ x_2,\ x_3,\ x_4,\ x_5 \geq 0
\end{aligned}
$$

3개의 제약식으로 5개의 미지수(결정변수)가 연립방정식은 이를 만족하는 해는 무한대의 수만큼 존재하며 모든 결정변수가 비음(0 또는 양수)조건을 만족하는 해는 그림에서와 같이 오각형 내의 좌표일 것이다. 그러나 선형계획법의 특성상 최적해는 이 볼록 다면체의 모서리 5개 중에 존재함을 알 수 있고 이 중에서 선택하면 된다. 사실 일반적인 선형계획법의 모서리의 수도 상당히 큰 수이기는 하지만 심플렉스 해법은 모든 모서리를 탐색하는 것은 아니다.

위 문제에서 가장 쉽게 찾을 수 있는 모서리 또는 꼭지점은 $(x_1,\ x_2)=(0,0)$으로 그림에서 원점에 해당한다. 이 해는 당연히 모든 제약식을 만족하는 가능해이며 5개의 변수 중에서 2개를 x_1, x_2으로 정의하였기 때문에 식 (5), (6), (7)은 나머지 세 개의 변수 x_3, x_4, x_5기준으로 3원 연립방정식이며 유일한 해가 존재한다. 아직은 목적함수의 측면에서 좋은 해가 아님을 알 수 있고 이웃하는 모서리 $(x_1,\ x_2)=(0,5)$로 이동하는데 이는 2개를 x_1, x_4으로 정의한 것에 해당하며 이렇게 정의된 연립방정식을 풀면 $(x_1,\ x_2)=(0,5)$의 해를 구할 수 있게 된 것이다. 최적해에 해당하는 $(x_1,\ x_2)=(2,6)$에 도달하기 위해서는 한 번 더 이웃하는 모서리로 이동하게 되는데 이는 x_4, x_5를 0으로 정의한 것에 해당하는 연립방정식을 풀어 해를 구할 수 있다.

이러한 과정은 실제적으로 가능한 모서리의 수, 즉 5개의 변수 중에서 2개를 선택할 수 있는 경우의 수 $\binom{5}{2}=10$개 중에서 단 3개만을 탐색함으로 최적해에 도달할 수 있다. 그림상으로는 5개의 모서리가 존재하지만 5개의 모서리는 모든 제약식을 만족하는 가능 범위 내의 모서리이고 실제 수식상으로는 어느 모서리가 가능범위인지 쉽게 알 수는 없다. 다만 심플렉스의 해법상에서 어느 모서리로 이동할지에 대한 결정과 또한 도달한 모서리가 최적상태인지에 대한 판별에 관한 내용 등 조금 더 복잡한 절차를 포함하고 있다. 이를 정리하면 모든 선형계획법 모형은 이에 상응하는 도형이 존재하고 (실제 그리거나 상상하기는 쉽지 않지만) 유한개의 숫자로 존재하는 최적의 모서리를 적은 수의 모서리만 방문하고도 최적해를 찾게 해주는 알고리즘이 존재한다.

연/습/문/제

4-1 다음과 같은 선형계획법 모형에 대해 적절한 미지수(여유변수)를 추가하여 등호형태의 제약식으로 변환하고 그림(그래프)상에서 최적해에 도달하는 과정의 모서리에 해당하는 연립방정식의 조합과 해를 구하시오.

$$\begin{aligned} Max\ z &= 5x_1+4x_2 \\ s.t.\ \ 3x_1-2x_2 &\le 12 \\ x_1+2x_2 &\le 6 \\ -x_1+x_2 &\le 1 \\ x_1,\ x_2 &\ge 0. \end{aligned}$$

4-2 다음과 같은 선형계획법 모형에 대해서 원래의 수리모형에 변수를 추가하여 등호로 구성된 표준형 수리모형을 만들수 있다. 그림(그래프)상에서 최적해에 도달하는 과정의 모서리에 해당하는 연립방정식의 조합과 해를 구하시오.

$$\begin{aligned} Min\ z &= 3x_1+2x_2 \\ s.t.\ \ 2x_1+x_2 &\ge 10 \\ -3x_1-2x_2 &\le 6 \end{aligned}$$

$$x_1+x_2 \geq 6$$

$$x_1,\ x_2 \geq 0.$$

(표준형 수리모형)

$$Min\ z=3x_1+2x_2$$

$$\begin{aligned} s.t.\ \ & 2x_1+x_2-x_3 && =10 \\ & -3x_1+2x_2+x_4 && =6 \\ & x_1+x_2 \qquad +x_5 && =6 \\ & x_1,\ x_2,\ x_3,\ x_4,\ x_5 \geq 0 \end{aligned}$$

5 대부분 경영과학문제는 “엑셀”로 해를 구할 수 있다

문제를 정의하는 것과 이에 대한 해법, 해를 구하는 과정은 별개의 과정이다. 때로는 해를 구하는 과정을 고려하여 문제를 구성하는 과정에 이를 반영하지만 일반적으로는 별 관계가 없다. 문제의 구성은 의사결정해야 하는 모든 사람이 그 문제에 대한 가장 많은 정보를 가지고 있기에 직접 모형화해야 하지만 해를 구하는 과정은 효율적인 해법을 만든 수학자나 컴퓨터 과학자가 담당하고 대부분 해를 구하는 도구 또는 소프트웨어를 사용한다. 경영과학이 학문적으로 체계화되어 모든 영역에서 비약적인 발전을 해오다 1980~1990년대에 한동안 딜레마에 빠졌는데, 이는 문제를 구성하였지만 컴퓨터가 이에 대한 해를 구하는데 너무 많은 시간이 걸려서 실용성이 떨어졌기 때문이다. 그러나 그후 컴퓨터의 성능이 비약적으로 발전하고 (연산능력과 메모리 능력 모두에서) 또한 해법의 효율성이 발전하여 또다시 사회의 전분야에서 활성화되었다.

일반적으로 구성된 대부분의 경영과학문제는 PC에 대부분 내장되어 있는

MS "엑셀"에서 해를 구할 수 있다. 엑셀의 "해찾기(Solver)" 기능을 이용하면 의사결정변수의 수가 100여 개 이상되는 문제에 대해서도 1분 내에 해를 찾아준다. 해를 찾는 구체적인 알고리즘의 논리를 이해하지 못해도 내장된 프로그램(대부분 심플렉스 해법)으로 해를 구할 수 있다. 이는 우리가 계산기(Calculator)를 사용하여 일상생활에서 필요한 산술계산을 쉽게 하듯이 경영과학문제를 엑셀이라는 계산기를 사용하면 해를 구할 수 있다. 계산기를 사용할 때도 쉽기는 하지만 사용법을 알아야 하듯이 엑셀을 통하여 구성된 문제를 어떻게 입력하는지에 대한 사용법을 알 필요가 있다. 사용법을 아는 것은 때로는 이를 근거로 문제의 구성에 대한 나름대로의 절차를 적용할 수 있어서 도움이 된다.

1절에서 예시된 바리스타의 커피원두 블렌딩문제에 대해 엑셀을 통해 해를 구해보고자 한다. 커피원두 네 종류의 구매비율을 x_1, x_2, x_3, x_4이라고 하면 이에 대한 수리모형은 아래와 같다.

$$
\begin{aligned}
Max\ z = &32{,}000x_1 + 45{,}000x_2 + 39{,}000x_3 + 36{,}000x_4 \\
s.t.\ \ &99x_1 + 80x_2 + 78x_3 + 91x_4 \geq 85 \\
&99x_1 + 80x_2 + 78x_3 + 91x_4 \leq 90 \\
&210x_1 + 330x_2 + 280x_3 + 240x_4 \geq 270 \\
&210x_1 + 330x_2 + 280x_3 + 240x_4 \leq 280 \\
&x_1 + x_2 + x_3 + x_4 = 1 \\
&x_1,\ x_2,\ x_3,\ x_4 \geq 0.
\end{aligned}
$$

이 모형을 엑셀 스프레드시트에 구현한 형태는 [그림 1-6]과 같다.

	A	B	C	D	E	F	G	H
1	커피블렌딩							
2		x1	x2	x3	x4			
3	비용	32,000	45,000	39,000	36,000			
4								
5	제약조건	99	80	78	91		>=	85
6		99	80	78	91		<=	90
7		210	330	280	240		>=	270
8		210	330	280	240		<=	280
9		1	1	1	1		=	1
10								
11		x1	x2	x3	x4	z		
12	해							

|그림 1-6| 커피블렌딩 문제의 엑셀 모형

우선 결정하고자 하는 결정변수의 값이 표현될 장소를 정의하는데 이를 변수셀이라고 하고 엑셀의 (B12, C12, D12, E12)로 정의한다(엑셀에서는 각 셀의 주소를 2차원좌표로 정의한다). 준비단계에서는 아직 해를 알지 못하기 때문에 빈 공간이다. 두 번째로, 문제에서 주어진 데이터를 입력하는데 결정변수의 계수(Coefficient)로서 정의된 부분과 상수를 구별하여 입력한다. 예를 들면 목적함수의 계수와 제약조건의 계수를 결정변수와 연계하여 입력한다. 위 엑셀모형의 3, 5, 6, 7, 8, 9행의 B, C, D, E열에 해당한다. 결정변수의 계수가 아닌 상수는 H의 5~9행에 입력한다. 세 번째로 목적함수의 값이 나타날 장소(셀)를 정의하되 위 모형에서는 F12에 위치하였다. 엑셀에 입력하는 방식은 정해진 규칙이 있는 것은 아니며 단지 문제를 효율적으로 표현하고 누구라도 쉽게 이해할 수 있는 형태의 디자인을 따르면 된다. 따라서 문제에서 엑셀이 구동하는 과정에 직접적으로 사용되는 데이터 외의 내용은 단지 이해를 돕기 위한 보조 설명을 원하는 대로 추가할 수 있다. 예를 들면 위 모형의 x_1, x_2, x_3, x_4 및 z와 부등호 및 등호는 해찾기 과정에서 직접 사용되지는 않지만 이해를 돕기 위한 추가설명일 뿐이다.

다음은 입력된 데이터와 결정변수 및 제약조건의 상호관계를 정의하는 과정으로서 제약식의 부등호관계 또는 등호관계가 성립하도록 규정하는 과정이다. 예를 들면 첫번째 제약식 $99x_1+80x_2+78x_3+91x_4 \geq 85$이 성립하도록 하기 위하여 좌변 $99x_1+80x_2+78x_3+91x_4$의 값이 계산되어 셀 F5에 위치하고자 하면

F5 셀에 엑셀함수=SUMPRODUCT(B5:E5,B12:E12)를 입력하면 제약조건의 좌변에 해당하는 값이 계산된다. (엑셀함수에 대한 설명은 생략한다). 마찬가지 방법으로 다른 제약조건의 좌변의 값들을 각각 F6, F7, F8, F9에 나타나도록 엑셀함수를 입력할 수 있다. (동일한 엑셀함수를 쉽게 복사하여 입력하는 방법도 있으나 자세한 설명은 생략하지만 인터넷 서치를 통하여 쉽게 활용할 수 있다). 마찬가지 방법으로 목적함수의 값도 계산될 수 있도록 목적함수의 셀 F12에 =SUMPRODUCT(B3:E3,B12:E12)를 입력함으로 목적함수의 값 $z=32,000x_1+45,000x_2+39,000x_3+36,000x_4$을 구할 수 있도록 한다. 이제 해찾기 과정을 위한 준비모형작업은 마무리되었다.

이제 주어진 문제에 대한 해를 찾는 해찾기(Solver) 과정을 진행하기 위하여 엑셀의 상단 메뉴에서 "데이터"를 클릭하고 하위 메뉴 중에 "해찾기"를 클릭한다. (엑셀에서 해찾기를 처음 실행할 경우 기능이 활성화되지 않을 경우도 있는데 다음과 같이 활성화 할 수 있다. 엑셀 메뉴의 "파일"을 클릭하고 "옵션"을 선택하면 팝업창이 뜨는데 그 중에 "추가기능"을 클릭하고 하단의 "Excel 추가기능" "이동" "해찾기 추가기능"을 클릭하면 엑셀메뉴에서 "해찾기" 메뉴가 나타난다.) 해찾기 팝업창에서 작성된 모형에 대한 구체적 상황을 다음과 같이 정의할 수 있다. "목표설정"은 목적함수의 셀을 클릭하고 "대상"은 목적함수가 Max 또는 Min에 따라 "최대값" 또는 "최소값"을 선택한다. "변수 셀 변경"에는 결정변수의 셀, 즉 위 문제에서는 (B12, C12, D12, E12)를 클릭하여 표시한다. "제한조건에 종속" 창에는 정의된 제약식을 입력하는데 "추가" 메뉴를 클릭하면 각 제약식의 관계를 입력할 수 있는 팝업창이 뜨고 하나의 제약식을 입력한 후 "추가" 과정을 통해 5개의 제약식을 입력할 수 있다. "해법선택"은 선형계획법 문제에 대해 "단순 LP" 를 선택한다. 해찾기 팝업창을 통해 입력 과정을 완성하면 다음과 같다.

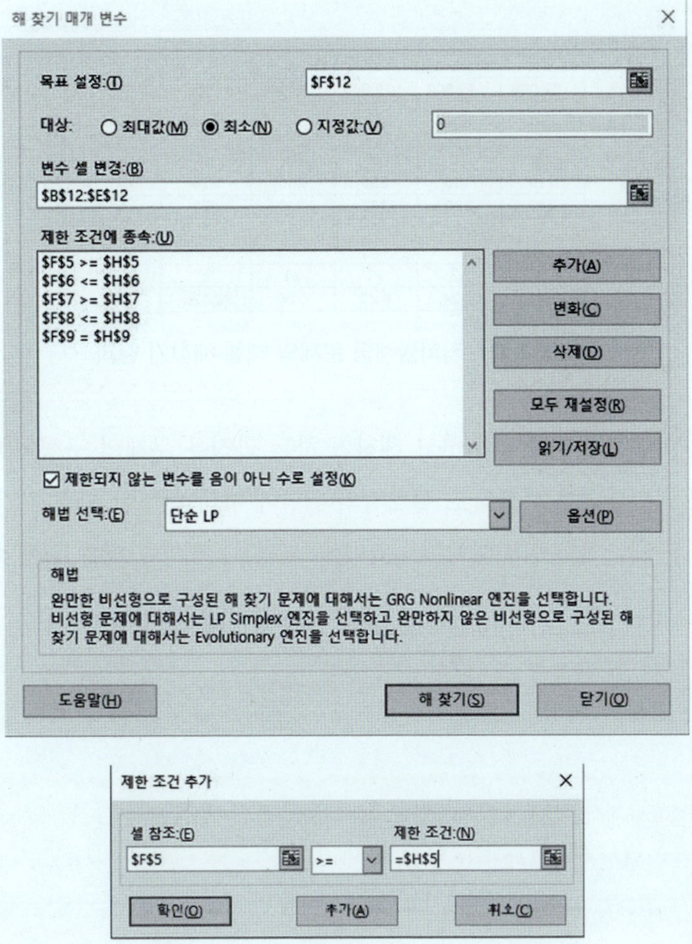

|그림 1-7| 커피블렌딩 문제의 엑셀 해찾기

이제 완성된 모형에 대해 제시된 제약식들을 만족하는 결정변수의 값들 중에서 목적함수의 셀 F12의 값을 최소로 하는 결정변수의 값들, 즉 최적해를 찾는 것으로 "해찾기" 팝업창의 하단의 "해찾기"를 클릭하면 원 엑셀모형의 결정변수 셀과 목적함수 셀에 최적해를 구해준다. [그림 1-8]과 같이 이 문제의 최적해는 $(x_1, x_2, x_3, x_4) = (0.31, 0.24, 0.45, 0)$이고 목적함수의 값은 $z = 38,235$임을 알 수 있다.

	A	B	C	D	E	F	G	H
1	커피블렌딩							
2		x1	x2	x3	x4			
3	비용	32,000	45,000	39,000	36,000			
4								
5	제약조건	99	80	78	91	85	>=	85
6		99	80	78	91	85	<=	90
7		210	330	280	240	270	>=	270
8		210	330	280	240	270	<=	280
9		1	1	1	1	1	=	1
10								
11		x1	x2	x3	x4	z		
12	해	0.31	0.24	0.45	0.00	38,235		

| 그림 1-8 | 커피블렌딩 문제의 엑셀 해찾기 결과

엑셀을 통해 모델링을 완성하고 해찾기 하는 과정은 문제의 구성에 따라 다양한 형태의 엑셀함수를 사용하고 설계자의 취향에 따라 다양한 형태가 가능하지만 일반적인 절차는 비슷하며 대체적으로 매우 빠른 시간 내에 해를 구할 수 있다.

연/습/문/제

5-1 4절에서 제시된 다음 선형계획법 문제에 대해 엑셀로 해를 구하시오.

$$Max\ z = 3x_1 + 5x_2$$

$$s.t.\quad 2x_1 - x_2 \leq 8$$

$$-x_1 + 2x_2 \leq 10$$

$$3x_1 + 2x_2 \leq 18$$

$$x_1,\ x_2 \geq 0.$$

5-2 2절에 제시된 연습문제 3번 와이너리 생산계획 문제에 대해 엑셀을 통하여 해를 구하시오.

	와인 1	와인2	와인 3	와인 4	전체 자원
수익(원/리터)	600	1200	2000	3000	
일반작업(시간/리터)	0.2	0.3	0.3	0.5	15,000 시간
탱크작업(시간/리터)	0.5	0.5	0	1.5	36,000 시간
숙성필요시간(년)	0.5	1	2	3	70,000 리터/년

6 제약조건이 조화롭게 구성되면 쉬운 해법으로 해를 구할 수 있다

수송문제(Transportation Problem)로 알려진 대표적인 자원할당 문제의 예를 살펴보자. 3개의 공장에서 자동차를 생산하여 4개의 지역영업센터에 공급하고 있다([그림 1-9]). 공장 1,2,3은 각각 (12,17,11)의 생산능력이 있고 지역영업센터 1,2,3,4는 동일하게 10개의 수요가 있다. 각 공장에서 각 지역영업센터로 수송하기 위한 단위수송비는 거리와 도로 여건에 따라 다르며 〈표 1-2〉와 같다.

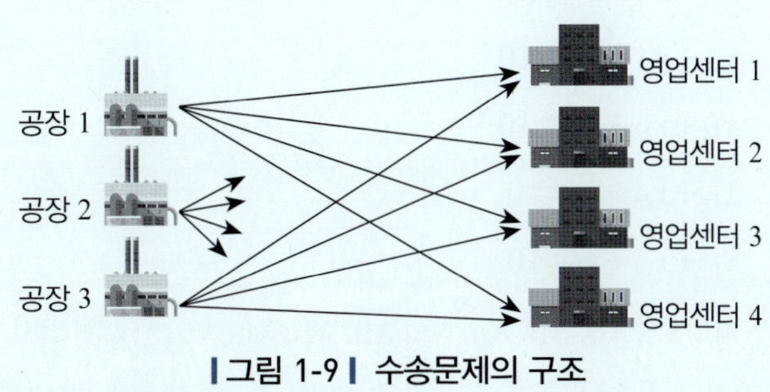

[그림 1-9] 수송문제의 구조

표 1-2 수송문제의 데이터

(단위수송비)	영업센터1	영업센터2	영업센터3	영업센터4	생산능력
공장 1	5	7	3	4	12
공장 2	6	8	4	6	17
공장 3	4	7	5	5	11
수요	10	10	10	10	

이와 같은 문제유형은 비즈니스 영역, 공공적인 영역, 및 일상생활의 모든 영역에서 가장 대표적으로 발생하는 문제이다. 제한된 자원, 즉 시간, 사용물자, 재정, 인력 등의 주어진 양의 자원을 다양한 형태의 활동 또는 영역에 할당되어야 할 때 각각의 할당에 소요되는 비용이 다를 경우 전체 비용을 최소화하

는 할당방식을 구하고자 하는 경우이다. 공급을 담당하고 있는 각 공장은 공급능력범위 내에서 공급가능하고 수요처에 해당하는 각 영업센터는 수요량 범위 내에서 공급받고자 하는 제약이 있기 때문에 다소 타이트한 제약조건이지만 이는 매우 균형잡히고 조화스러운 제약조건이라고 할 수 있다. x_{ij}를 공장 i에서 영업센터 j에 수송하는 양이라고 하면 이에 대한 수리모형은 다음과 같다.

$$\begin{aligned}
Min \quad & z=5x_{11}+7x_{12}+3x_{13}+4x_{14}+6x_{21}+8x_{22}+4x_{23}+6x_{24}+4x_{31}+7x_{32}+5x_{33} \\
& \quad +5x_{34} \\
s.t. \quad & x_{11}+x_{12}+x_{13}+x_{14}=11 \\
& x_{21}+x_{22}+x_{23}+x_{24}=17 \\
& x_{31}+x_{32}+x_{33}+x_{34}=11 \\
& x_{11}+x_{21}+x_{31}=10 \\
& x_{12}+x_{22}+x_{32}=10 \\
& x_{13}+x_{23}+x_{33}=10 \\
& x_{14}+x_{24}+x_{34}=10 \\
& x_{11},\ x_{12},\ x_{13},\ x_{14},\ x_{21},\ x_{22},\ x_{23},\ x_{24},\ x_{31},\ x_{32},\ x_{33},\ x_{34} \geq 0.
\end{aligned}$$

위 문제는 수리모형에서 알 수 있듯이 제약식의 형태가 특이한 형태를 가지고 있는데 제약식의 모든 계수가 1이며 실제로는 행(공장)을 나타내는 3개의 제약식과 열(영업센터)을 나타내는 4개의 제약식 가운데 실제로는 1개의 제약식이 불필요한 형태이다. (임의의 하나의 제약식은 나머지 6개의 제약식을 적절히 조합하면 얻어진다.) 이와 같이 잘 조화된 제약식의 형태는 비록 행과 열 사이에 꼭 맞는 제약사항을 요구하지만 실제로 쉽게 해를 구할 수 있는 알고리즘을 만들 수 있다. 위 문제 또한 선형계획법 문제이기 때문에 일반적인 심플렉스 해법으로도 해를 구할 수 있지만 행과 열 사이의 독특한 상호관계를 활용한 수송심플렉스(Transportation Simplex) 해법이라는 좀더 쉬운 해법이 가능하다.

위 문제에 대해 경험과 직관(Intuition)에 의해 해를 구한다면 이를 통상 발견적 기법(Heuristic)이라고 하는데 문제의 목표가 총비용을 최소화하는 것이므로 가장 비용이 저렴한 경로부터 차례대로 할당하는 방식을 고려할 수 있다. 즉, 가장 비용이 저렴한 공장 1과 영업센터 3을 연결하는 경로로 최대한 할당하면 생산능력 12와 영업센터 3의 수요량 10의 최솟값 10을 할당한다. (이때 공장 1의 생산능력은 12 중에서 10을 소진하였으므로 2만큼의 잔여생산능력이 있게 된다). 영업센터 3의 수요는 충족되었으므로 해당 열은 제외하고 나머지 경로 중에서 가장 저렴한 경로를 선택하여 생산능력과 수요량의 최솟값에 해당하는 양을 할당한다. 이와 같은 할당 과정을 반복하여 진행하면 아래 그림의 왼쪽과 같이 할당된 해를 구하게 되고 총비용은 205이다. 최소비용 우선선택에 의한 해는 가장 좋은 해가 아닐 수 있는데 이는 주어진 제약조건을 만족하기 위해서 마지막에 수송비용이 가장 비싼 경로(공장 2와 영업센터 2)에 10의 할당을 하게 되기 때문이다. 최적해는 아래 그림의 오른쪽에 예시된 2가지 할당해와 같으며 이 때의 총비용은 197이다. 그러나 이와 같이 직관에 의해 구한 해에 대하여 행과 열의 제약을 만족시키는 가운데 총비용을 감소시킬 수 있는 조정을 할 수 있고 이를 반복적으로 시행하면 최적해를 구할 수 있는데 이와 같은 순차적 해의 개선 방법을 알고리즘화한 것이 수송심플렉스 해법이다.

	1	2	3	4
1			10	2
2		10		7
3	10			1

(최소비용 우선선택에 의한 해)

	1	2	3	4
1			2	10
2		9	8	
3	10	1		

	1	2	3	4
1		2		10
2		7	10	
3	10	1		

(최적해)

| 그림 1-10 | 수송문제의 해찾기

수송 문제와 함께 더욱 조화스러운 제약식을 가지고 있는 문제는 1대1 할당

(Assignment) 문제이다. 한 예로 제조라인에서 4개의 작업을 4대의 기계에 할당하여 작업해야 한다. 각 작업은 4대의 모든 기계에서 작업할 수 있지만 작업을 위한 준비작업에 〈표 1-3〉과 같은 비용이 소요된다. 각 기계에 각각 하나의 작업을 할당할 수 있으며 전체 준비작업 소요비용을 최소화하기 위한 할당을 구하고자 한다. 위 문제에 대한 수리모형은 다음과 같다.

표 1-3 할당문제의 데이터

(준비작업비용)	작업 1	작업 2	작업 3	작업 4
기계 1	14	5	8	7
기계 2	2	12	6	5
기계 3	7	8	3	9
기계 4	2	4	6	10

x_{ij}를 기계 i에 작업 j를 할당하면 1, 아니면 0인 결정변수라고 정의하면 이에 대한 수리모형은 다음과 같다.

$$\begin{aligned} Min \quad z = & 14x_{11}+5x_{12}+8x_{13}+7x_{14}+2x_{21}+12x_{22}+6x_{23}+5x_{24}+7x_{31}+8x_{32} \\ & +3x_{33}+9x_{34}+2x_{41}+4x_{42}+6x_{43}+10x_{44} \end{aligned}$$

$$\begin{aligned} s.t. \quad & x_{11}+x_{12}+x_{13}+x_{14}=1 \\ & x_{21}+x_{22}+x_{23}+x_{24}=1 \\ & x_{31}+x_{32}+x_{33}+x_{34}=1 \\ & x_{41}+x_{42}+x_{43}+x_{44}=1 \\ & x_{11}+x_{21}+x_{31}+x_{41}=1 \\ & x_{12}+x_{22}+x_{32}+x_{42}=1 \\ & x_{13}+x_{23}+x_{33}+x_{43}=1 \\ & x_{14}+x_{24}+x_{34}+x_{44}=1 \\ & x_{11}, x_{12}, x_{13}, x_{14}, x_{21}, x_{22}, x_{23}, x_{24}, x_{31}, x_{32}, x_{33}, x_{34}, x_{41}, x_{42}, x_{43}, x_{44} \geq 0. \end{aligned}$$

위 할당문제는 수송문제보다 더욱 특이한 형태의 제약식을 가지고 있는데 서로 할당 또는 매칭되는 대상의 수가 같고 제약식의 모든 계수가 1이며 또한 오른쪽 상수의 값도 모두 1이다. 이와 같은 할당문제는 제조나 서비스산업 등 실제현장에서 빈번히 나타나는 문제이다. 예를 들면 팀원을 각 프로젝트에 할당하거나 설비마다 성능에 다를 경우 주어진 작업을 어느 설비에 할당하느냐에 따라 작업소요시간이 다른 경우에 할당하는 문제, 항공편에 파일럿 기장을 할당하는 문제, 각 프로스포츠 게임을 어느 경기장에 할당하는가, 다양한 형태의 수술을 각 수술실에 할당하는 등 대부분의 할당문제는 이에 해당한다. 학교에서도 가장 어려운 문제 중의 하나는 모든 강의를 적절한 강의실에 배정하는 것으로 문제가 잘 정의되지 못하기 때문에 현재 대부분 임의로 배정하며 비효율적인 할당 결과로 운영하고 있다. 또는 학생의 입장에서 수강과목 선정시 일주일의 시간대별로 어떻게 할당하는가의 문제도 기본적으로 할당문제의 확장문제라고 할 수 있다. 이 문제에 대한 해법은 헝가리안 해법(Hungarian Method)이라는 효율적 해법이 존재한다.

연/습/문/제

6-1 본문에서 제시한 수송문제에서 최소비용 우선선택에 의한 해는 생산능력과 수요의 조건을 맞추다보니 공장 2에서 영업센터 2로 수송하는 경우 가장 비용이 비싼 경로에 10단위를 수송하게 되어 우수한 해라고 볼 수 없다. 이보다 개선된 해를 구하기 위한 방법으로 다음과 같이 해를 수정한다. 어느 경로의 할당량에 변화가 생기면 행과 열의 생산능력 및 수요의 제약조건을 유지되기 위하여 연속적으로 동일 행 또는 동일 열의 할당량이 변화가 연속적으로 이루어져야 하고 이 과정을 연속적으로 수행하기 위하여 형성된 사이클(루프)이 처음 변화가 시작된 경로에 연결되어야 한다. 또한 이러한 변화로 인한 총비용이 감소하는 사이클을 찾아 해를 수정한다. 총비용의 감소로 이어지는 사이클을 찾아 개선된 해를 구하시오. (이 과정을 가능할 때까지 수행하면 최적해가 구해진다.)

6-2 자동차를 울산, 아산, 광주 공장에서 생산하여 전국에 판매하고 있는데 이를 전국 대리점에 분배하기 위해 중간 분배센터 기흥, 안산, 대구, 김해로 수송하고 있다. 이번 주의 각

공장에서의 생산량과 각 분배센터의 수요량 및 공장과 분배센터 간 단위수송비는 다음과 같다. 전체 수송비를 최소로 하기 위하여 각 공장에서 각 분배센터로 수송해야 하는 수송량을 구하기 위하여 이에 대한 수리모형을 세우고 엑셀을 통해 해를 구하시오.

(단위수송비)	기흥 (1)	안산 (2)	대구 (3)	김해 (4)	생산능력
울산공장 (1)	9	10	5	6	3,000
아산공장 (2)	4	4	6	5	2,500
광주공장 (3)	7	6	5	4	1,500
수요	2,000	2,500	1,500	1,000	

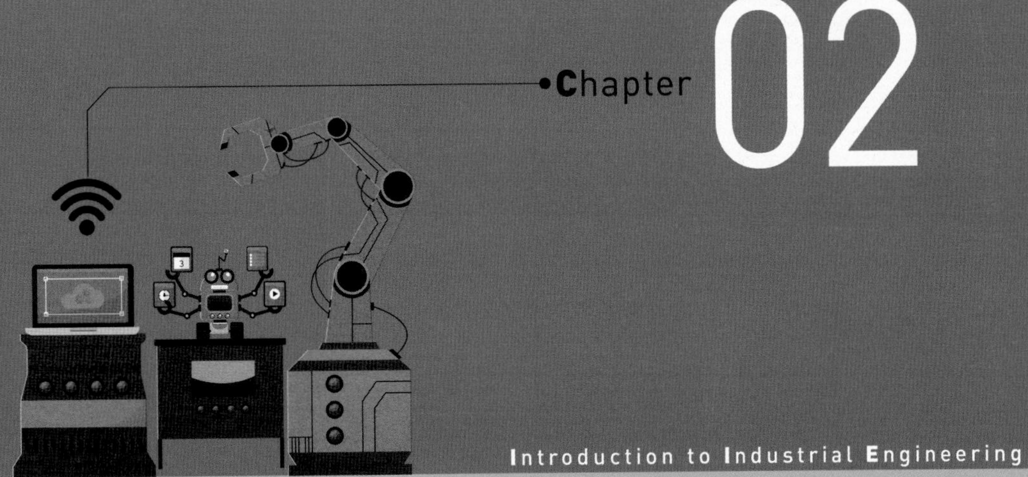

경영과학(확률모형)

1. 확률 변수와 확률 분포
2. 확률 이론의 기초와 조건부 확률
3. 지수 분포(Exponential Distribution)와 포아송 프로세스(Poisson Process)
4. 마코브체인(Markov Chain)
5. 대기 행렬 이론(Queueing Theory)

Chapter

02 경영과학(확률모형)

1 확률 변수와 확률 분포

반도체 공장에서는 매일 수천 장의 동그란 웨이퍼가 만들어지고, 각 웨이퍼 위에는 수백 개에서 수천 개의 작은 반도체 칩들이 빼곡하게 들어차 있다. 반도체 제조 과정은 매우 많은 공정 단계로 이루어지며, 어느 한 단계라도 잘못되면 최종 제품 품질에 치명적인 영향을 미칠 수 있다. 따라서 포토 공정, 식각 공정, 증착 공정 등 주요 공정 사이마다 계측 공정이 수행된다. 계측 공정은 각 단계가 올바르게 수행되었는지, 특정 물리적 · 화학적 · 전기적 특성 값이 목표 범위 안에 있는지를 정밀하게 측정하고 평가하는 역할을 한다. 하지만 반도체 공정의 복잡성과 매우 미세한 조정 필요성 때문에 계측 공정에서 얻어지는 값들은 항상 일정하지 않다. 아주 미세한 오염, 온도나 압력의 변화, 사용되는 재료의 작은 불균형 등 다양한 이유로 계측 값에는 늘 약간의 변동과 불확실성이 따른다. 그렇다면 품질 관리자는 이러한 불확실성이 존재하는 계측 데이터를 기반으로 어떻게 공정의 안정성을 판단하고, 수율을 예측하며, 개선점을 찾을 수 있을까? 특정 계측 값이 지속적으로 목표 범위를 벗어난다면, 어떤 공정을 점검해야 하고 어떤 조치를 취해야 할까? 이러한 질문에 답하기 위해서는 계측 데이터의 불확실성을 수학적으로 다루고 분석할 수 있는 도구가 필요하며, 여기서 바로 확률 변수(Random Variable)와 확률 분포(Probability Distribution)라는 개념을 적용할 수 있다.

1) 확률 변수

확률 변수란 간단히 말해 어떤 실험이나 관찰의 결과에 따라 그 값이 확률적으로 결정되는 변수이다. 더 정확하게는, 실험에서 나타날 수 있는 모든 가능한 결과들의 집합(표본 공간, Sample Space)에 각 결과를 실수로 대응시키는 함수로 정의할 수 있다. 확률 변수는 다음 두 가지 유형으로 나뉜다.

(1) 이산 확률 변수(Discrete Random Variables)

셀 수 있는 값을 갖는 확률 변수이다. 마치 물건의 개수를 세는 것처럼 0, 1, 2, 3…과 같은 값만 가진다. 예를 들어, 한 장의 웨이퍼에서 계측을 통해 불량으로 판정된 칩의 개수를 확률 변수 X로 정의할 수 있다.

- 표본 공간 S: 한 웨이퍼 검사 시 가능한 모든 칩의 정상/불량 조합.
- 확률 변수 X: 검사에서 발견된 불량 칩의 개수(예: $X=3$개)

(2) 연속 확률 변수(Continuous Random Variables)

특정 구간 내에서 모든 실수 값을 가질 수 있는 확률 변수를 말한다. 길이, 무게, 시간처럼 연속적으로 변화할 수 있는 물리적 양이 이에 해당한다. 예를 들어 반도체 제조 과정에서는, 웨이퍼 표면에 분자 또는 원자 단위 물질을 매우 얇게($1\mu m$ 이하) 입히는 증착 공정(Thin Film Deposition)이 수행된다. 이 과정에서는 지나치게 두껍지 않으면서도 균일한 두께의 막을 형성하는 것이 매우 중요하다. 따라서 증착 공정 이후에는 박막의 두께를 계측하게 되며, 이때 박막의 두께 값을 연속 확률 변수 X로 정의한다면,

- 표본 공간 S: 계측 장비로 측정 가능한 모든 두께 값.

- 확률 변수 X: 측정된 두께 값(예: $X=500\text{nm}$)

2) 확률 분포

확률 변수를 정의한 후에는, 해당 변수가 어떤 값 또는 값의 범위를 얼마나 자주 산출하는지를 체계적으로 기술할 필요가 있다. 이러한 확률 변수의 전반적 패턴을 규정하는 개념이 바로 확률 분포(Probability Distribution)이다. 확률 분포는 확률 변수가 특정 값을 취하거나 특정 구간에 속할 확률을 정량적으로 제시하는 함수적 도구이다.

(1) 이산 확률 변수의 확률 분포: 확률 질량 함수(PMF)

이산 확률 변수 X가 특정 값 a를 가질 확률을 나타내는 함수를 확률 질량 함수(Probability Mass Function, PMF)라고 하며, 보통 $p(a)=\mathrm{P}(X=a)$로 표기한다. 이 함수는 X가 취할 수 있는 모든 가능한 값 x_i에 대해 $p(x_i)\geq 0$이어야 하며, 그 외의 값에 대해서는 $p(x)=0$이다. 또한 모든 가능한 값들에 대한 확률의 합은 반드시 1이 되어야 한다($\Sigma_i p(x_i)=1$). 예를 들어, 한 로트의 웨이퍼 검사 결과가 모두 정상일 수도 있고 일부는 불량일 수도 있다고 하자. 이때 로트 내 불량 웨이퍼의 개수를 확률 변수 X로 정의하고, p를 확률변수 X의 PMF라고 하면, 정확히 두 개의 웨이퍼가 불량일 확률은 다음과 같이 표현된다.

$$p(X=2)=2\text{개의 웨이퍼가 불량일 확률}$$

(2) 연속 확률 변수의 확률 분포: 확률 밀도 함수(PDF)

연속 확률 변수 X의 경우에는 특정한 하나의 값에 대한 확률이 0이다($P(X=a)=0$). 따라서 X가 취할 수 있는 구간에 대한 확률을 다루게 되며, 이는 확률 밀도 함수(Probability Density Function, PDF) $f(x)$를 이용해 다음과 같이 표현한다.

$$P(a \leq X \leq b) = \int_a^b f(x)dx$$

PDF $f(x)$는 다음 두 조건을 만족해야 한다.

1. $f(x) \geq 0$
2. 전체 실수 구간에서의 적분값이 1이어야 한다.

예를 들어, 이상적인 박막 두께가 500nm라고 가정해 보자. 실제 공정에서는 장비가 아무리 정밀하더라도 박막 두께가 정확히 500nm가 될 확률은 사실상 0이다. 그러나 품질 관리 기준이 "두께가 450nm에서 500nm 사이면 양품"이라고 정해져 있다면, 이 구간에 속할 확률은 PDF를 해당 구간에서 적분함으로써 구할 수 있다.

$$P(450 \leq X \leq 500) = \int_{450}^{500} f(x)dx$$

또한 어떤 제조 조건에서 박막 두께가 1000nm 이상이면 불량으로 판단한다고 하면, 불량이 발생할 확률은 다음과 같이 계산된다.

$$P(X \geq 1000) = \int_{1000}^{\infty} f(x)dx$$

(3) 누적 분포 함수(Cumulative Distribution Function, CDF)

확률 변수 X가 특정 값 a보다 작거나 같을 확률을 나타내는 함수를 누적 분포 함수(Cumulative Distribution Function, CDF)라고 하며, 다음과 같이 정의한다.

$$F(a) = P(X \leq a)$$

CDF는 다음과 같은 중요한 성질을 가진다.

- $F(a)$는 비감소 함수(Non–Decreasing)이다.
- $\lim_{a \to -\infty} F(a) = F(-\infty) = 0$
- $\lim_{a \to -\infty} F(a) = F(\infty) = 1$

CDF는 확률 변수의 종류에 따라 다음과 같이 표현된다.

- 이산 확률 변수: $F(a) = \sum_{xi \leq a} p(x_i)$
- 연속 확률 변수: $F(a) = \int_{-\infty}^{a} f(x)dx$

또한 CDF가 주어지면 PMF 또는 PDF를 역으로 구할 수도 있다. 특히 연속형 확률 변수의 경우 다음 관계가 성립한다.

$$f(x) = \frac{dF(x)}{dx}$$

CDF는 특정 값 이하의 확률뿐 아니라, 특정 값 이상의 확률이나 두 값 사이의 확률을 계산할 때에도 매우 유용하게 사용된다. 예를 들어, 웨이퍼에서 불량 칩의 개수가 5개 이상일 확률은 전체 확률 1에서 불량 칩 개수가 4개 이하일 확률(CDF 값)을 빼서 구할 수 있다.

$$P(X > 5) = 1 - P(X \leq 4)$$

또한 두 값 a와 b 사이의 확률은 다음과 같이 두 CDF 값의 차이로 계산된다.

$$P(a < X \leq b) = F(b) - F(a)$$

예를 들어, 불량 칩 개수가 3개 초과 7개 이하일 확률은 다음과 같이 계산된다.

$$P(3 < X \leq 7) = F(7) - F(3)$$

3) 기댓값과 분산

확률 분포는 확률 변수에 대한 모든 정보를 포함하고 있지만, 실무나 분석 목적에서는 이 전체 분포를 항상 직접 다루기보다, 그 핵심적 특성만을 요약한 지표를 사용하는 경우가 많다. 이러한 요약 통계량을 통해 확률 변수의 전반적인 경향을 보다 간결하게 파악할 수 있다. 특히 분포의 위치(중심)와 산포(흩어짐)를 정량적으로 표현하는 데 가장 기본적이면서도 중요한 지표가 기댓값(Expected Value)과 분산(Variance)이다.

(1) 기댓값(Expected Value)

기댓값은 확률 변수가 갖는 값들을 무수히 반복된 실험을 통해 관찰했을 때 수렴하게 되는 장기 평균(Long-Run Average)으로 이해할 수 있다. 따라서 확률 변수 X의 기댓값은 X가 평균적으로 어떤 값을 취하는지를 나타내는 중심 경향의 지표이며, 보통 $E[X]$ 또는 μ_X으로 표기한다. 기댓값은 확률 변수가 취할 수 있는 각 값에 해당 값이 발생할 확률을 가중치로 곱한 뒤 이를 모두 더하여 계산한다.

- 이산 확률 변수의 경우 $E[X]=\sum_x x \cdot p(x)$
- 연속 확률 변수의 경우 $E[X]=\int_{-\infty}^{\infty} x \cdot f(x)dx$

즉, 기댓값은 확률 분포의 '중심'을 정량적으로 나타내는 핵심 요약 통계량이며, 이후 분산과 표준편차와 함께 확률 변수의 전체 분포를 이해하는 데 중요한 역할을 한다.

(2) 분산(Variance) 및 표준편차(Standard Deviation)

확률 변수 X의 분산(Variance)은 X의 값들이 기댓값 $E[X]$로부터 평균적으로 얼마나 떨어져 분포하는지를 나타내는 지표이다. 분산은 $\mathrm{Var}(X)$ 또는 σ_x^2으로 표기하며, 편차의 제곱에 대한 기댓값으로 정의된다.

$$Var(X)=E[(X-E[X])^2]$$

실제 계산에서는 다음의 등가 공식이 더 자주 사용된다.

$$Var(X)=E[X^2]-(E[X])^2$$

여기서

- 이산 확률 변수의 경우 식 $E[X^2]=\sum_x x^2p(x)$
- 연속 확률 변수의 경우 식 $E[X^2]=\int_{-\infty}^{\infty} x^2 f(x)dx$

으로 계산한다.

표준편차(Standard Deviation)는 분산의 제곱근으로 다음과 같이 정의된다.

$$\sigma_X=\sqrt{Var(X)}$$

표준편차는 원래 확률 변수와 동일한 단위를 가지므로 분산보다 해석이 직관적인 경우가 많다.

- 분산이나 표준편차가 작을수록, 값들이 기댓값 주변에 밀집되어 있어 결과가 더 일관적이고 예측 가능하다.
- 반대로 분산이나 표준편차가 클수록, 값들이 넓게 흩어져 불확실성이 크다는 의미이다.

연/습/문/제

1-1 한 반도체 제조 공장에서는 특정 식각 공정을 마친 웨이퍼의 품질을 검사하기 위해 미리 정해진 3개의 서로 다른 검사 영역(A, B, C 지점)에서 결함 유무를 계측한다. 각 검사 영역은 계측 장비에 의해 '정상(P)' 또는 '결함(F)'로 판정된다. 이 계측 과정에서 한 웨이퍼의 3개 검사 영역(A, B, C)에 대해 발생할 수 있는 모든 가능한 결과의 조합을 나타내는 표본 공간(Sample Space)을 정의하고, 각 원소를 나열하시오.

1-2 반도체 식각 공정에서는 식각(Etching)을 통해 웨이퍼에 공극을 파낸다. 식각 공정 후 계측 결과 식각 깊이 는 다음 확률 밀도 함수(PDF)를 따른다.

$$f(x)=\begin{cases} \frac{1}{36}(x-94), & 94 \le x \le 100 \\ \frac{1}{36}(106-x), & 100 < x \le 106 \\ 0, & otherwise \end{cases}$$

a. 품질관리(QC)팀은 식각 깊이가 102 이하일 확률을 0.95 이상으로 유지하는 것을 목표로 삼았다. 위 공정이 QC 목표를 달성하고 있는지 판단하고 그 이유를 설명하시오.

b. 식각 깊이의 기댓값 $E[X]$를 구하시오.

c. 분산 $Var(x)$과 표준편차 σ_x를 구하시오.

2 확률 이론의 기초와 조건부 확률

병원에서 검사를 받고 "양성" 판정을 받으면, 우리는 흔히 그 결과를 그대로 받아들이기 쉽다. 검사 정확도가 90%라고 들었다면 자연스럽게 "높은 확률로 질병에 걸린 것 아닐까?"라고 생각하게 된다. 그러나 실제로 양성 판정을 받은 사람들의 실제 감염 확률이 70%에 불과하다는 설명을 들으면 직관과 결과 사이의 모순 때문에 당황하게 된다. 검사 정확도는 90%인데, 왜 양성인 사람 중 실제 감염자는 70%뿐일까? 이러한 직관과 실제 사이의 간극은 의외로 흔하게 나타나며, 올바른 판단을 어렵게 만든다. 주어진 정보를 바탕으로 정확한 결론을 도출하기 위해서는 조건부 확률(Conditional Probability)과 베이즈 정리(Bayes' Theorem)와 같은 정량적 도구가 필요하다. 이 절에서는 주사위와 같은 단순한 예제를 통해 확률의 기초 개념을 익히고, 이어 질병 진단과 같은 실제 사례를 통해 조건부 확률과 베이즈 정리를 살펴본다.

1) 표본공간, 사건, 그리고 확률

확률 모형의 출발점은 표본공간(Sample Space)이다. 표본공간은 어떤 실험이나 관찰을 통해 나올 수 있는 모든 가능한 결과들의 집합을 의미한다. 예를 들어,

- 공정한 주사위를 한 번 던질 때의 표본공간: S = {1,2,3,4,5,6}
- 짝수(Event): {2, 4, 6}
- 3 이하의 수(Event): {1, 2, 3}
- 특정 값 6이 나올 사건(Event): {6}
- 아무 결과도 포함하지 않는 사건: 공집합(Φ)

확률은 사건에 대해 0과 1 사이의 값을 부여하는 함수이며, 다음 세 가지 공리를 만족한다.

1. 모든 사건 A에 대해 $P(A) \geq 0$으로 수정
2. 전체 표본공간에 대해 $P(S) = 1$
3. 서로 배반인(Disjoint) 사건 A, B에 대해 $P(A \cup B) = P(A) + P(B)$

예를 들어, 공정한 주사위의 각 면은 1/6의 확률로 나타나며, 짝수가 나올 확률은 $3 \times (1/6) = 1/2$이다. 앞서 언급한 질병 검사 사례로 돌아가면, 검사 결과가

"양성" 또는 "음성" 두 가지로만 구분된다면 표본공간은 $S=\{양성, 음성\}$ 이 된다. 또한 전체 인구 중 20%가 양성 판정을 받는다면, 나머지 80%는 음성 판정이어야 전체 확률이 1이 된다. 이처럼 가능한 결과와 그 확률이 명확히 주어지면 이를 하나의 확률 모형으로 표현할 수 있다.

2) 조건부 확률과 독립성

실생활에서는 특정 정보가 주어졌을 때 그 정보를 바탕으로 다른 사건의 발생 가능성을 판단해야 하는 경우가 매우 많다. 예를 들어 "양성 판정을 받았다"는 정보가 있을 때, "실제로 감염되었을 확률"을 계산해야 하는 상황이 대표적이다. 이를 위해 조건부 확률(Conditional Probability) 개념을 사용한다. 진단 검사에서 가능한 네 가지 결과는 다음과 같다.

- 진양성(True Positive): 실제 감염→검사 양성
- 위양성(False Positive): 비감염→검사 양성
- 진음성(True Negative): 비감염→검사 음성
- 위음성(False Negative): 실제 감염→검사 음성

예를 들어 다음과 같은 데이터가 있다고 하자.

- 양성 판정자 중 실제 감염자는 70%
- 음성 판정자 중 실제 감염자는 5%

이러한 정보는 "어떤 사건 A가 주어졌을 때, 사건 B가 발생할 확률"을 계산할 수 있음을 보여준다. 조건부 확률의 정의는 다음과 같다.

$$P(B|A)=\frac{P(A\cap B)}{P(A)},\ P(A)>0$$

예시에서 A="양성", B="감염"이라 하면 $P(B|A)=0.7$ 즉, 양성 판정자 100

명 중 70명은 실제 감염자이며, 나머지 30명은 위양성이다.

또한 조건부 확률은 사건 간의 관계, 특히 독립 여부를 분석하는 데에도 사용된다. 두 사건 A, B가 서로 독립이라는 것은 한 사건의 발생 여부가 다른 사건의 발생 확률에 전혀 영향을 주지 않는다는 의미로 다음과 같이 정의할 수 있다.

$P(B|A)=P(B)$ 또는 동치로 $P(A\cap B)=P(A)*P(B)$

3) 베이즈 정리(Bayes' Theorem)

현실의 대부분의 사건들은 독립적이지 않기 때문에, 우리는 주어진 정보를 바탕으로 원인을 역추론해야 할 때가 많다. "양성 판정을 받았다"는 정보로부터 "실제로 감염되었을 확률"을 계산하는 문제가 바로 그 예이다. 이를 가능하게 해주는 도구가 베이즈 정리이며, 다음과 같이 정의할 수 있다.

$$P(B|A)=\frac{P(A|B)^{*}P(B)}{P(A)},\ P(A)>0$$

각 항의 의미는 다음과 같다.

- $P(A|B)$: 감염 상태일 때 양성 판정이 나올 확률(민감도, Sensitivity)
- $P(B)$: 전체 인구 중 감염자의 비율(사전확률, Prior)
- $P(A)$: 전체 인구 중 양성 판정 비율(증거 확률, Marginal Probability)

이 세 값을 알면 "양성 판정을 받은 사람이 실제 감염자일 확률", 즉 사후확률(Posterior)을 계산할 수 있다. 예를 들어, 어떤 지역에서 질병의 유병률(사전확률)이 10%라고 하자.

- $P(B)=0.10$(감염자 비율)
- $P(A|B)=0.90$(감염자의 90%가 양성→민감도)

- $P(A \mid B^C) = 0.05$(비감염자의 5%가 양성 → 위양성률)

이때 전체 양성 판정 비율 $P(A)$는 다음과 같이 계산된다.

$$P(A) = P(A \mid B)P(B) + P(A \mid B^C)P(B^C) = (0.90)(0.10) + (0.05)(0.90) = 0.135$$

즉, 전체 인구의 13.5%가 양성 판정을 받는다는 의미이다. 이제 베이즈 정리를 이용해 "양성 판정을 받은 사람이 실제 감염자일 확률"은 다음과 같이 계산할 수 있다.

$$P(B|A) = \frac{P(A|B)P(B)}{P(A)} = \frac{0.90 \times 0.10}{0.135} \approx 0.67$$

즉, $P(B \mid A) \approx 0.67$이고, 이는 검사 정확도가 높더라도 유병률(사전확률)이 낮은 상황에서는 양성 판정자를 실제 감염자로 볼 확률이 예상보다 크게 낮아질 수 있음을 보여준다. 이러한 현상은 의료 진단뿐 아니라 품질 관리, 결함 검사 등 다양한 실제 문제에서도 매우 자주 나타나므로 반드시 이해해야 하는 핵심 개념이다.

4) 조건부 기댓값(Conditional Expectation)

조건부 기댓값은 어떤 사건이나 확률 변수에 대한 정보가 주어졌을 때, 그 조건하에서 다른 확률 변수의 평균값을 의미한다. 이는 주어진 정보를 바탕으로 예측을 갱신하고, 조건부 분포의 평균적 경향을 파악할 때 활용되는 중요한 개념이다. 이산 확률변수 X와 사건 A가 있을 때, X의 조건부 기댓값은 다음과 같이 정의된다.

$$E[X \mid A] = \sum_{x} x * P(X = x \mid A)$$

조건부 기댓값은 전체 기댓값을 구성하는 기반이 된다. 확률변수 X와 Y에 대해, Y의 값에 따른 조건부 기댓값을 평균 내면 X의 전체 기댓값과 일치한다. 이를 총기대법칙(Law of Total Expectation)이라 하며, 다음과 같이 정의된다.

$$E[X]=E[E[X \mid Y]]$$

이는 조건부 정보를 통해 분포를 세분화한 뒤, 이를 다시 가중 평균하여 전체 평균을 복원할 수 있음을 의미한다.

또한 조건부 확률 역시 여러 하위 사건에 따라 분해할 수 있으며, 이를 전체 확률의 법칙(Law of Total Probability)이라 한다. 사건 A가 반드시 서로 배반인 사건들 B_i 중 하나와 동시에 발생한다면 다음이 성립한다.

$$P(A)=\sum_i P(A \mid B_i) * P(B_i)$$

이는 확률을 조건부로 분해한 뒤 다시 결합하는 기본 원리를 설명한다. 질병 검사와 조건부 기댓값 이제 앞서 살펴본 질병 검사 사례를 조건부 기댓값으로 확장해 보자.

- 감염된 사람의 치료비: 100만 원
- 감염되지 않은 사람도 예방 비용으로 10만 원 발생

또한 검사 결과에 따른 조건부 확률이 다음과 같이 주어졌다고 하자.

- P(감염|양성)=0.7(진양성 비율, True Positive Rate)
- P(비감염|양성)=0.3(위양성 비율, False Positive Rate)
- P(비감염|음성)=0.95(진음성 비율, True Negative Rate)
- P(감염|음성)=0.05(위음성 비율, False Negative Rate)

이 경우, 양성 판정자의 기대 치료비는 다음과 같이 계산된다.

$$E[\text{치료비}\,|\,\text{양성}] = 100*0.7 + 10*0.3 = 73(\text{만 원})$$

음성 판정자의 기대 치료비는 다음과 같이 계산된다.

$$E[\text{치료비}\,|\,\text{음성}] = 100*0.05 + 10*0.95 = 14.5(\text{만 원})$$

전체 인구의 기대 치료비 전체 인구 중 양성 판정 비율이 20%, 음성이 80%라고 하면 총기대법칙에 따라 전체 기대 치료비는 다음과 같이 계산된다.

$$E[\text{치료비}] = 73*0.2 + 14.5*0.8 = 26.2(\text{만 원})$$

조건부 기댓값은 특정 정보(양성/음성)에 기반하여 평균적 비용(또는 손실)을 정밀하게 추정할 수 있게 해주며, 총기대법칙은 이러한 조건부 평균들을 전체 인구 수준의 평균으로 통합할 수 있는 수학적 기반을 제공한다.

5) 연속형 확률변수의 조건부 확률과 기댓값

조건부 확률 개념은 이산형 확률변수뿐 아니라 연속형 확률변수에도 동일한 구조로 적용된다. 연속형 확률변수 X와 Y가 있을 때, $Y=y$라는 조건이 주어지면 X의 조건부 확률 밀도 함수는 다음과 같이 정의된다.

$$f_{X|Y}(x\,|\,y) = \frac{f_{X,Y}(x,\,y)}{f_Y(y)},\; f_Y(y) > 0$$

여기서 $f_{X|Y}(x\,|\,y)$는 X와 Y의 결합 확률 밀도 함수, $f_Y(y)$는 Y의 주변 확률 밀도 함수이다.

이 정의는 이산형 조건부 확률과 동일한 구조를 가지며, "결합 분포를 주변 분포로 정규화한 분포"라는 의미를 가진다. 또한 조건부 확률 밀도는 조건부 기댓값, 조건부 분산 등 여러 통계량 계산의 기반이 된다. 연속형 확률변수에서 조건부 기댓값은 다음과 같이 적분으로 정의된다.

$$E[X \mid Y=y]=\int_{-\infty}^{\infty} x * f_{X \mid Y}(x \mid y) dx$$

전체확률법칙과 총기대법칙도 연속형 변수에 대해 동일하게 성립한다. 예를 들어, 연속형 확률변수 X와 Y의 결합 밀도 함수가 다음과 같이 주어졌다고 하자.

$$f(x, y)=\begin{cases} 6xy(2-x-y), & 0<x<1, 0<y<1 \\ 0, & otherwise \end{cases}$$

이때 조건부 기댓값 $E[X \mid Y=y]$를 계산해 보자. 먼저 Y의 주변 확률 밀도 함수 $f_Y(y)$를 계산한다.

$$f_Y(y)=\int_0^1 6xy(2-x-y)dx=4-3y$$

따라서 조건부 확률 밀도 함수는 다음과 같다.

$$f_{X \mid Y}(x \mid y)=\frac{6xy(2-x-y)}{\int_0^1 6xy(2-x-y)dx}=\frac{6xy(2-x-y)}{4-3y}$$

다음으로 조건부 기댓값은 다음과 같이 계산된다.

$$E[X \mid Y=y]=\int_0^1 x * \frac{6x(2-x-y)}{4-3y} dx=\frac{5-4y}{8-6y}$$

이 예제에서 보듯이, 연속형 확률변수의 조건부 기댓값은 결합 확률 밀도 함수, 주변 확률 밀도 함수, 조건부 확률 밀도 함수를 차례대로 계산한 뒤 적분을 통해 구체적인 값을 도출한다. 이는 이산형 조건부 기댓값과 동일한 구조를 가지며, 연속형 분포에서는 적분 형태로 표현된다는 점만 다르다.

연/습/문/제

2-1 반도체 제조 과정에서 생산된 제품은 출하 전 1차 검사 장비를 통해 정상 또는 불량으로 분류된다. 실제로 전체 생산품 중 5%는 불량이며, 나머지 95%는 정상이다. 검사 장비는 완벽하지 않아, 정상 제품 중 2%가 불량으로 잘못 판정되며, 불량 제품 중 10%는 정상으로 잘못 판정된다.

(a) 하나의 제품에 대해 실제 상태와 검사 결과를 모두 고려한 표본공간을 기술하시오.

(b) 제품이 불량 판정을 받았을 때, 실제로 불량일 조건부 확률을 구하시오.

2-2 제품은 출하 전 품질검사를 통해 상, 중, 하 세 등급으로 분류된다. 상급 제품은 출하 시 수익이 100만 원, 중급은 60만 원, 하급은 20만 원이다. 실제 등급은 상: 30%, 중: 50%, 하: 20%의 비율로 나타난다. 검사 장비는 완벽하지 않기 때문에, 실제 등급과 검사 결과가 일치하지 않을 수 있다. 아래 표는 '실제 등급이 주어졌을 때' 검사 결과가 상/중/하로 나올 조건부 확률을 나타낸 것이다.

실제 등급	검사 결과: 상	검사 결과: 중	검사 결과: 하
상	0.80	0.15	0.05
중	0.10	0.75	0.15
하	0.05	0.20	0.75

(a) 검사 결과가 "중"일 때, 실제로 중급 제품일 조건부 확률을 구하시오.

(b) 검사 결과가 "중"인 제품의 기대 수익을 계산하시오.

2-3 기계의 가동시간 X는 $0<X<\infty$, 해당 기계가 위치한 작업장의 온도 Y는 $20<Y<30$의 범위를 가진다고 하자. 이 때 두 변수의 결합 확률 밀도 함수는 다음과 같다.

$$f(x, y)=\begin{cases} k \cdot xe^{-x} \cdot (y-20), & x>0 \text{ and } 20<y<30 \\ 0, & \text{otherwise} \end{cases}$$

(a) 상수 k의 값을 구하시오.

(b) 조건부 기댓값 $E[X \mid Y=25]$를 구하시오.

3 지수 분포(Exponential Distribution)와 포아송 프로세스 (Poisson Process)

현실 세계의 다양한 현상을 수학적으로 모델링할 때에는, 실제 상황을 과도하게 단순화하지 않으면서도 수학적으로 다룰 수 있을 만큼의 적절한 단순화가 필요하다. 지수 분포와 포아송 프로세스는 이러한 균형을 잘 충족하는 대표적인 확률 모델로, 분석이 용이하면서도 현실을 비교적 잘 근사한다는 장점을 가진다.

1) 지수분포(Exponential Distribution)

어떤 확률 변수가 매개변수 $\lambda>0$을 갖는 지수분포를 따른다고 하자. 이때 X의 기댓값과 분산은 다음과 같다.

$$E[X]=1/\lambda,\ Var(X)=1/\lambda^2$$

지수분포가 특히 유용한 이유는 Memoryless(무기억성) 성질 때문이다. 이는 "시간이 지났다고 해서 남은 성능이 달라지지 않는다"는 특성을 의미한다. 확률변수 X가 지수분포를 따른다면,

$$P\{X>s+t\,|\,X>t\}=P\{X>s\}\ for\ all\ s,\ t\geq 0$$

즉, 어떤 기기의 수명이 지수분포를 따른다면 이미 t시간동안 정상 작동했다 하더라도, 앞으로 s시간 이상 더 작동할 확률은 처음부터 사용했을 때와 동일하다. 기기는 "이미 t시간 사용했다"는 사실을 기억하지 않는 것처럼 행동한다. 이를 수식 구조로 보면 다음과 같다.

$$\frac{P\{X>s+t,\ X>t\}}{P\{X>t\}}=P\{X>s\}$$

$$P\{X>s+t\}=P\{X>s\}P\{X>t\}$$

지수분포의 생존함수도($e^{-\lambda(s+t)}=e^{-\lambda s}e^{-\lambda t}$)로 분해되므로 memoryless 성질을 만족한다. 예를 들어, 스타벅스에서 음료를 주문한 사람이 이미 10분 동안 기다렸다고 하자. 대기시간이 지수분포를 따른다면, "앞으로 5분 이상 더 기다릴 확률"은 "막 들어온 사람이 5분 이상 기다릴 확률"과 동일하다. 즉, 이미 기다린 시간과 상관없이 남은 대기시간 분포가 동일하다.

2) 포아송 프로세스(Poisson Process)

포아송 프로세스는 시간의 흐름에 따라 발생한 사건의 누적 횟수를 나타내는 카운팅 프로세스이다. 일반적으로 다음과 같은 성질을 갖는다.

- N(0) = 0
- 사건 발생 횟수는 시간에 따라 감소하지 않고 증가한다.
- 불연속적으로 정수 단위로 증가한다.
- 겹치지 않는 시간 구간의 사건 발생 수는 서로 독립이다.

예를 들어, 매장 방문 고객 수, 태어난 아기의 수, 축구 선수의 득점 수 등을 카운팅 프로세스로 정의할 수 있다.

카운팅 프로세스 중에서 일정 시간 동안 발생한 사건의 수가 포아송 분포를 따른다면 이를 포아송 프로세스(Poisson Process)라고 한다. 포아송 프로세스에서는 서로 다른 시간 구간에서 발생하는 사건 수가 서로 독립이므로, 사건이 발생한 이후 다음 사건이 발생하기까지의 대기시간(간격)은 지수분포의 memoryless 성질을 갖는다. 따라서 포아송 프로세스는 다음 두 개의 묘사를 동시에 갖는다.

- 단위시간당 평균 발생 횟수(rate): λ
- 사건 간 시간 간격(Interarrival Time): $\tau \sim \text{Exp}(\lambda)$, $E[\tau]=1/\lambda$

예를 들어, 한 매장에 손님이 평균 5분 간격으로 도착한다고 하자. 이 경우 평균 간격이 $1/\lambda=5$분이므로, $\lambda=0.2$명/분 즉, "5분마다 평균 1명 도착"이라는 의미이며, 시간당 약 12명의 손님이 도착하는 과정이라고 해석할 수 있다. i번째 사건과 $(i+1)$번째 사건 사이의 간격을 τ_i라고 하면,

$$\tau_i \sim \text{Exp}(\lambda)=\text{Exp}(0.2)$$

즉, 각 도착 간격은 평균 5분을 갖는 지수분포를 따르며, 포아송 프로세스에서 관찰되는 사건 간 간격이 모두 독립적이며 동일한 분포를 가진다는 점을 그림을 통해 직관적으로 확인할 수 있다.

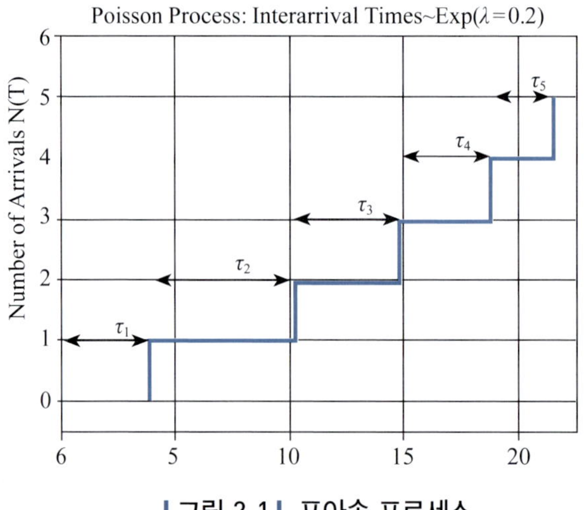

| 그림 2-1 | 포아송 프로세스

지수 분포와 포아송 프로세스에 관해 구체적인 예시를 통해 더 알아보자. 실제 스타벅스 매장에는 고객이 여러 채널을 통해 도착한다고 가정해 보자.

- 워크인(Walk-In): 매장에 직접 들어오는 고객

- 드라이브 스루(Drive-Through): 차량으로 주문 · 픽업하는 고객
- 앱 주문(App Order): 모바일 앱으로 미리 주문 후 방문하는 고객

세 채널의 고객 도착이 서로 독립적이며, 각각의 평균 도착률이 λ_W, λ_D, λ_A라고 하면, 각 도착 흐름은 다음과 같은 포아송 프로세스로 모델링할 수 있다.

$$N_W(t) \sim Poisson(\lambda_W \cdot t),\ N_D(t) \sim Poisson(\lambda_D \cdot t),\ N_A(t) \sim Poisson(\lambda_A \cdot t)$$

지수분포의 memoryless 성질에 따르면, 이미 일정 시간 동안 고객이 도착하지 않았다고 하더라도 그 이후 첫 고객이 도착하기까지의 추가 대기시간은 여전히 동일한 지수분포를 따른다. 따라서 각 채널의 도착 간 시간 간격(interarrival time)은 모두

$$\tau_i \sim \mathrm{Exp}(\lambda_i),\ E[\tau_i] = \frac{1}{\lambda}$$

가 된다. 또한 세 채널의 전체 도착 수는 다음과 같이 합성된다.

$$N(t) = N_W(t) + N_D(t) + N_A(t)$$

포아송 프로세스는 합에 대해 닫혀(Closed Under Addition) 있으므로 이 합성 과정 $N(t)$ 역시 포아송 프로세스가 되며, 그 강도(Rate)는 각 채널의 발생률을 더한 값이다.

$$\lambda = \lambda_W + \lambda_D + \lambda_A$$

따라서 전체 매장의 평균 도착 간격은

$$1/(\lambda_W + \lambda_D + \lambda_A)$$

로 주어진다.

연/습/문/제

3-1 워크인 $\lambda_W = 5$명/시간, 드라이브 스루 $\lambda_D = 3$명/시간, 앱 주문 $\lambda_A = 2$명/시간일 때, 1시간 동안 총 12명 이상 도착할 확률을 구하시오.

3-2 각 채널에서 첫 고객이 도착할 때까지 걸리는 시간을 확률 변수 T_W, T_D, T_A라 할 때 세 채널 중 가장 먼저 도착하는 고객이 어느 채널일 확률을 구하시오.

4 마르코브체인(Markov Chain)

주식 시장에서 어떤 기업의 주가는 매일 오르거나 내리기도 하고, 때로는 큰 변화 없이 그대로 유지되기도 한다. 이러한 주가의 움직임은 정확히 예측하기 어렵지만, 일정한 패턴이 존재한다고 가정하면 확률적으로 미래의 상태를 예측할 수 있다. 예를 들어, 오늘 주가가 올랐다면 내일도 오를 가능성이 더 높을까, 아니면 떨어질 가능성이 더 높을까? 이러한 질문을 다루기 위해 사용하는 도구가 바로 확률과정(Stochastic Process)이다. 확률과정은 시간의 흐름에 따라 시스템의 상태가 확률적으로 변화하는 현상을 수학적으로 모델링한 것이다. 이때 특정 시점에서 시스템이 놓인 상황을 상태(State)라고 하며, 가능한 모든 상태들의 집합을 상태공간(State Space)이라고 한다. 예를 들어, 매일의 주가가 오름, 내림, 유지 중 하나의 상태를 가진다면, 상태공간은 {오름, 내림, 유지}와 같이 정의할 수 있다. 각 날짜에서 주가는 이 세 상태 중 하나에 위치한다고 가정한다. 시간이 $t=0, 1, 2, \ldots$와 같이 이산적인 단위로 진행되는 경우를 이산

시간 확률과정(Discrete−Time Stochastic Process)이라고 한다. 주가와 같이 매일 변하는 상황은 이산시간 확률과정으로 자연스럽게 모델링할 수 있다.

1) 마르코프 연쇄(Markov Chain)

이산시간 확률과정 중에서도 특히 중요한 모델이 마르코프 연쇄(Markov Chain)이다. 마르코프 연쇄는 마르코프 성질(Markov Property)이라고 불리는 조건을 만족하는 확률과정이다. 마르코프 성질(Markov Property)은 과거의 전체 상태열 (s_1, s_2,⋯, s_{t-1})이 주어졌더라도, 미래 상태(s_{t+1})는 오직 현재 상태(s_t)에 의해서만 결정된다는 성질이다.

$$P(s_{t+1} | s_t) = P(s_{t+1} | s_1,\ s_2, \cdots,\ s_{t-1})$$

즉, 미래 상태는 과거의 상세한 경로를 기억하지 않고, 현재 상태만을 이용해 예측할 수 있다. 이러한 이유로 마르코프 연쇄는 무기억성(Memorylessness)을 가진다고도 한다. 예를 들어, 주가가 오늘 "오름" 상태라면, 내일의 상태는 "어제"나 "그제의 상태"와는 무관하며, 오직 "오늘 오름 상태"라는 정보만으로 결정된다.

2) 상태 전이(Transition)와 전이확률

현재 주가가 어떤 상태에 있을 때, 다음 날 어떤 상태로 바뀔지에 대해 관심을 가진다. 이러한 상태 변경을 전이(Transition)라고 하며, 특정 상태에서 다른 상태로 이동할 확률을 상태 전이 확률(Transition Probability)이라고 한다. 시간 t에서 상태 i에 있고, $t+1$에서 상태 j로 바뀔 확률을 다음과 같이 정의한다.

$$P_{i,j} = P(X_{t+1} = j | X_t = i)$$

이 확률을 모든 상태쌍 (i, j)에 대해 정리하면 하나의 전이확률 행렬(Transition Probability Matrix)을 구성할 수 있다. 어떤 주가 상태가 오름(0), 내림(1), 유지(2)의 세 상태를 가질 수 있고, 상태 변화가 아래의 전이확률을 따른다고 하자.

$$P=\begin{bmatrix} 0.5 & 0.3 & 0.2 \\ 0.2 & 0.6 & 0.2 \\ 0.1 & 0.3 & 0.6 \end{bmatrix}$$

- 첫 번째 행은 오늘 상태가 오름(0)일 때 다음 날 오름 · 내림 · 유지로 전이될 확률을 의미한다. 예: 오늘 오름이면 내일도 오를 확률은 0.5, 내릴 확률은 0.3, 유지될 확률은 0.2.
- 두 번째 행은 오늘 내림(1) 상태일 때의 전이확률,
- 세 번째 행은 오늘 유지(2) 상태일 때의 전이확률이다.

전이확률 행렬은 모든 원소가 0 이상이며, 각 행(Row)의 합은 반드시 1이다. 이는 현재 어떤 상태에 있든, 다음 시점에는 상태공간 내의 어느 한 상태로 반드시 전이된다는 의미다.

3) 상태도(State Diagram)

전이행렬만 보고 전이 구조를 이해하기 어려울 때는 상태도(State Diagram)를 활용할 수 있다. 상태도는 다음과 같은 방법으로 그릴 수 있다.

- 각 상태를 원(Circle)으로 표현하고,
- 상태 i에서 j로 전이가 가능하면 i에서 j로 화살표(→)를 그린다.
- 화살표 위에 해당 전이확률 $P_{i,j}$을 표기한다.
- 특정 상태가 자기 자신으로 전이될 확률이 있다면(예: 유지→유지),

원을 향해 돌아오는 loop 화살표를 그린다. 예를 들어, 유지 상태(2)에서 다시 유지 상태로 전이될 확률이 0.6이면, 상태 2로 들어오는 고리(Loop)에 "0.6"이라고 표시한다. 상태도는 전이확률 행렬의 숫자만 보는 것보다 상태 간 연결 구조를 직관적으로 파악하는 데 유용하다.

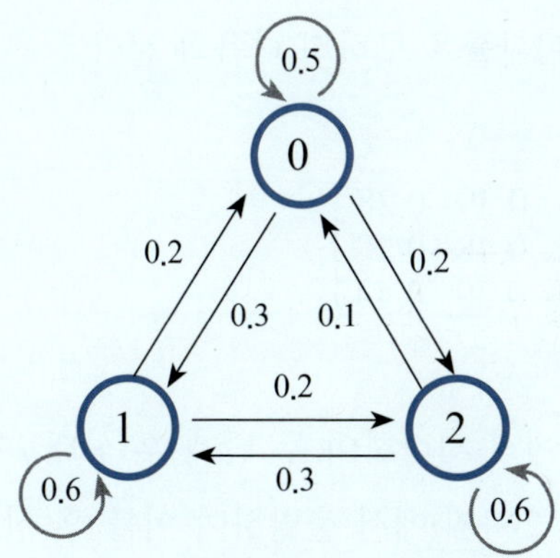

| 그림 2-2 | 전이확률

4) 마르코프체인—다단계 전이와 초기 상태분포

지금까지는 하루 뒤(1단계)의 상태 변화만을 고려하였다. 그러나 실제 분석에서는 이틀 후, 사흘 후, 혹은 더 먼 미래의 상태가 어떻게 될지를 알고 싶은 경우가 많다. 이러한 경우에는 전이확률 행렬을 반복해서 곱함으로써 다단계(K−Step) 후의 전이확률을 계산할 수 있다.

(1) 다단계 전이확률(K−Step Transition Probability)

전이확률행렬을 P라고 하면,

- 2단계 전이확률은 $P^{(2)}=P\times P$
- 일반적으로 k단계 전이확률은 $P^{(k)}=P^k$

로 계산된다.

예를 들어, 전이확률 행렬이 다음과 같다고 하자.

$$P=\begin{bmatrix}0.5 & 0.3 & 0.2\\ 0.2 & 0.6 & 0.2\\ 0.1 & 0.3 & 0.6\end{bmatrix}$$

이를 이용해 2단계 전이확률을 구하면 다음과 같다.

$$P^{(2)}=P\times P=\begin{bmatrix}0.33 & 0.39 & 0.28\\ 0.24 & 0.48 & 0.28\\ 0.44 & 0.39 & 0.44\end{bmatrix}$$

여기서 $P_{i,j}^{(2)}$는 "상태 i에서 시작하여 두 단계 후 상태 j에 도달할 확률"을 의미한다. 예를 들이, 상태 2(유지)에서 출빌하여 이틀 후 상태 0(오름)에 있을 확률은 0.17이 된다. 이와 같이 다단계 전이확률을 이용하면 여러 날 후의 주가 상태를 확률적으로 예측할 수 있다.

(2) 초기 상태가 확률적으로 주어지는 경우(Initial Distribution)

지금까지는 "현재 상태가 정확히 어디인지"가 주어져 있었다. 하지만 현실에서는 현재 상태가 확률적으로만 주어지는 경우도 많다.

예를 들어 오늘 주가 상태가 다음과 같은 확률을 가진다고 하자.

- 오름 상태일 확률: 0.2
- 내림 상태일 확률: 0.3
- 유지 상태일 확률: 0.5

이러한 정보를 초기 상태 확률벡터(Initial Distribution)로 표현한다.

$$\pi(0)=[0.2,\ 0.3,\ 0.5]$$

이 벡터는 “현재 시점($t=0$)에서 각 상태에 있을 확률”을 나타낸다.

미래 상태의 분포는 다음과 같이 계산된다.

- 다음 날(1단계 후) 상태 분포: $\pi^{(1)}=\pi^{(0)}P$
- 이틀 후(2단계 후) 상태 분포: $\pi^{(2)}=\pi^{(0)}P^2$

즉, 초기 상태확률×전이확률행렬(거듭제곱)을 통해 임의의 시점에서의 상태 분포를 계산할 수 있다. 이 과정은 “각 출발 상태에서 두 단계 후 특정 상태로 갈 확률”을 초기 상태의 확률로 가중평균하는 것과 동일하다.

(3) 마르코프체인의 활용

마르코프 연쇄는 “현재 상태만으로 미래 상태를 예측할 수 있다”는 단순하고 강력한 구조 덕분에 다양한 분야에서 매우 널리 사용된다.

- 주가 예측(오름/내림/유지 패턴 모델링)
- 날씨 모델링(맑음/흐림/비 등 상태전이)
- 고객 행동 분석(구매/미방문/재방문 상태)
- 게임 상태 변화(보드/전략게임 진행 상태)
- 생산 공정의 장비 상태 모델링(정상/경고/고장 등)

시간에 따라 상태가 변화하는 복잡한 시스템을 상대적으로 단순한 수학적 구조로 표현할 수 있다는 점이 마르코프체인의 가장 큰 장점이다.

연/습/문/제

4-1 어떤 지역의 날씨는 매일 맑음, 흐림 중 하나로 바뀐다. 다음은 오늘의 날씨에 따른 내일 날씨의 전이확률 행렬이다. 오늘 날씨가 맑음(0)일 때, 이틀 후 날씨가 흐림(1)일 확률을 얼마인가?

$$P=\begin{bmatrix}0.8 & 0.2\\0.4 & 0.6\end{bmatrix}$$

4-2 오늘 주가가 오름 상태(0)일 확률이 0.2, 내림 상태(1)일 확률이 0.3, 유지 상태(2)일 확률이 0.5라고 하자. 아래와 같은 전이확률 행렬에서 내일 주가가 오름 상태일 확률은 얼마인가?

$$P=\begin{bmatrix}0.4 & 0.4 & 0.2\\0.1 & 0.7 & 0.2\\0.2 & 0.3 & 0.5\end{bmatrix}$$

5 대기 행렬 이론(Queueing Theory)

우리는 일상에서 다양한 형태의 '대기'를 경험한다. 기숙사에서 엘리베이터를 기다릴 때, 통학 중 버스를 기다릴 때, 카페에서 커피를 주문할 때, 심지어 수강신청 시간에도 대기해야 한다. 예를 들어 친구들과 '인생네컷'을 찍기 위해 매장에 방문했다고 생각해 보자. 모든 부스는 이미 사용 중이고, 그 외에도 사진을 찍기 위해 두 팀이 대기하고 있다면, 우리는 자연스럽게 "앞으로 얼마나 더 기다려야 할까?", "앞으로 손님이 몇 명 더 올까?", "내 차례는 언제쯤 올까?"와 같은 질문을 하게 된다. 이러한 질문들에 정량적으로 답할 수 있도록 하는 이론이 바로 대기 행렬 이론(Queueing Theory)이다.

1) 대기 행렬 이론

대기 행렬(Queue)이란 시간에 따라 작업(Work)이 도착하고, 서버(Server)가 해당 작업을 처리하는 시스템에서, 서버가 작업을 처리하기 위해 기다리는 작업들이 이루는 줄을 의미한다.

- 인생네컷 매장이 시스템
- 손님은 작업(Job)
- 사진 부스는 서버(Server)
- 사진을 찍기 위해 기다리는 공간은 대기 행렬(Queue)

대기 행렬 이론은 이러한 시스템을 수학적으로 모델링하고 분석하는 학문이다. 이를 통해 다음과 같은 시스템 성능지표를 계산할 수 있다.

- 평균 대기시간
- 시스템 내 체류시간
- 서버 가동률
- 평균 줄 길이

대기 행렬 이론의 목적은 한정된 서버(서비스 자원)를 효율적으로 운영하여 대기시간을 최소화하고 시스템 효율성을 극대화하며 서버 가동률을 최적화하는 것이다. 예를 들어 인생네컷 매장에 대기 행렬 이론을 적용하면 다음 질문들에 답할 수 있다.

- 현재 매장의 효율성은 어느 정도인가?
- 손님은 평균적으로 얼마나 기다려야 하는가?
- 사진 부스를 몇 대 운영하는 것이 적절한가?

2) 대기 행렬의 구성 요소

대기 행렬 이론을 적용하기 위해서는 시스템을 구성하는 주요 요소를 명확히 정의해야 한다. 일반적으로 대기 행렬 시스템은 다음 세 요소로 구성된다.

(1) 도착 과정(Arrival Process)

작업(손님)이 언제, 어떤 빈도, 얼마나 자주 시스템에 도착하는지를 나타내는 과정이다. 인생네컷 매장에서는

- 손님이 언제 도착하는가?
- 시간당 몇 명이 도착하는가?
- 도착 간격은 일정한가, 랜덤한가?

이러한 도착 패턴은 포아송 분포나 지수분포 등 다양한 확률 분포를 통해 수리적으로 모델링할 수 있다.

(2) 서비스 과정(Service Process)

서버가 작업을 처리하는 과정, 즉 서비스 시간(Service Time)의 특성을 나타낸다. 인생네컷 매장의 경우

- 사진 부스는 몇 개가 있는가?
- 한 팀이 사진 촬영 및 출력까지 걸리는 시간은 얼마인가?
- 손님마다 서비스 소요시간이 일정한가, 아니면 촬영 옵션(사진 개수, 꾸미기 등)에 따라 달라지는가? 서비스 시간 역시 다양한 확률 분포(대표적으로 지수분포)를 이용해 모델링한다.

(3) 대기 행렬의 특징(Queue Characteristics)

대기 행렬에는 다음과 같은 규칙(Rules)과 행동(Behaviors)이 존재한다.

대기 규칙(Queue Discipline)

- FIFO(First-Come First-Served): 가장 일반적이며 선착순 규칙
- LCFS(Last-Come First-Served)
- 우선순위(Priority) 기반 규칙
- 랜덤 서비스(Random Selection) 등

대기행동(Queue Behaviors)

- 대기 가능 인원 제한: 혼잡도 감소 또는 물리적 제약으로 인해 줄의 길이에 제한이 있는 경우
- 대기 포기(Reneging): 대기시간이 너무 길면 줄에서 이탈하는 고객
- Balking: 줄이 너무 길어 처음부터 줄에 서지 않는 고객
- Queue Switching: 여러 줄이 있을 때 줄을 옮겨가는 행동

대기 행렬 규칙과 행동을 정확히 정의해야만 현실의 대기 시스템을 올바르게 모델링하고 분석할 수 있다.

3) 리틀의 법칙(Little's Law)

리틀의 법칙은 안정 상태(Steady-State)에 있는 대기 시스템에서 시스템 내 평균 작업 수, 작업의 평균 체류시간, 작업의 평균 도착률 이 세 가지가 서로 어떤 관계를 갖는지를 나타내는 매우 중요한 법칙이다. 인생네컷 매장을 예로 들어 보자. 매일 매장의 총 매출은 다음과 같이 계산할 수 있다. 하루 총매출 = 평균 결제금액 × 시간당 도착 손님 수 × 24 이때 평균 결제금액 × 시간당 도착 손님 수는 "시간당 매출"을 의미한다. 이 개념을 일반화하면 다음의 수리적 관계를 얻을 수 있으며, 이를 Little's Law라고 한다.

$$L = \lambda \times W$$

여기서

- L: 시스템 내 평균 작업 수(*Average Number in System*)
- W: 작업의 평균 체류시간(*Average Time in System*)
- λ: 평균 도착률(*Arrival Rate*) 을 의미한다.

(1) 리틀의 법칙의 직관적 이해

손님이 매장에 머무는 동안 단위시간당 1원을 지불한다고 가정해보자. 그렇다면 단위시간당 매출은 단위시간당 매장 안에 머무르는 손님 수와 동일하며, 이는 L에 해당한다. 또한 손님 한 명이 매장에 지불하는 총 금액은 매장에서 머무른 시간과 동일하며, 이는 W에 해당한다. 손님이 단위시간당 λ명 도착한다면, 총 매출과 동일한 관계를 통해 자연스럽게 $L = \lambda \times W$이 성립함을 이해할 수 있다. 즉, 평균 머무는 시간×시간당 도착하는 손님 수=매장 안 평균 손님 수라는 매우 직관적인 결과이다.

(2) 리틀의 법칙의 활용성

리틀의 법칙은 다음과 같은 장점이 있다.

- 세 변수 중 두 개만 알면 나머지 하나를 쉽게 계산할 수 있다.
- 어떤 요소를 개선하고 싶다면 다른 요소를 어떻게 조정해야 하는지 명확하게 파악할 수 있다.
- 무엇보다, 도착 과정의 분포, 서비스 패턴, 서버 수, 대기 규칙 등의 세부 구조와 상관없이 안정 상태의 모든 시스템에 적용된다는 범용성을 가진다. 이 때문에 리틀의 법칙은 대기행렬이론뿐 아니라 생산관리, 서비스 운영, 물류, 재고관리 등 다양한 시스템을 이해하고 설계하는 데 필수적인 도구로 사용된다.

4) 대기 행렬 모델

앞에서 설명한 대기 행렬 이론의 구성요소에 따라 다양한 대기 행렬 모델이 정의될 수 있다. 가장 대표적인 대기 행렬 모델은 M/M/1 대기 행렬 모델이다. 이 모델은 작업의 도착 간격과 서버의 처리 시간이 모두 지수분포(마르코프 특징)를 따르고, 1개의 서버가 존재하는 시스템을 수리적으로 정의한 모델이다. 이렇게 수리적으로 정의가 된 대기 행렬 모델로 다양한 분석을 할 수 있다. 예를 들어 도착 간격은 평균이 1/λ인 지수분포를 따르고, 처리 시간은 평균이 1/μ인 지수분포를 따르며 서버가 1개인 M/M/1 시스템이 있다고 가정하자. 시스템 내 n명이 존재하는 안정 상태 확률 P_n은 $\left(\frac{\lambda}{\mu}\right)^n P_0$임을 정의할 수 있다. 모든 안정 상태 확률의 합은 1이어야 하므로 $P_0=1-\frac{\lambda}{\mu}$ 임을 알 수 있다. 이를 이용하면 시스템의 작업 수에 대한 안정 상태 확률을 알면 리틀의 법칙을 적용하여 시스템 내 평균 작업 수, 작업이 시스템에 체류하는 시간을 구할 수 있다. 시스템 내 평균 작업 수는 작업의 개수와 안정 상태 확률을 곱한 값의 합으로 나타낼 수 있으므로,

$$L=\sum_{n=0}^{\infty} n\cdot P_n=\sum_{n=0}^{\infty} n\left(\frac{\lambda}{\mu}\right)^n\left(1-\frac{\lambda}{\mu}\right)=\frac{\lambda}{\mu-\lambda}$$

임을 알 수 있다. 이를 다시 리틀의 법칙에 대입하면, 작업의 평균 체류 시간은

$$W=\frac{L}{\lambda}=\frac{1}{\mu-\lambda}$$

임을 알 수 있다. 리틀의 법칙을 사용하면 시스템뿐만 아니라 대기 행렬 자체도 분석할 수 있다. 대기 행렬에서 작업이 기다리는 시간은 시스템의 체류 시간에서 평균 서비스 시간 $E[S]$을 뺀 값이므로 작업의 대기 시간은

$$W_Q=W-E[S]=\frac{1}{\mu-\lambda}-\frac{1}{\mu}=\frac{\lambda}{\mu(\mu-\lambda)}$$

임을 알 수 있고, 대기 행렬에서 대기하는 작업 수는

$$L_Q=\lambda\cdot W_Q=\frac{\lambda^2}{\mu(\mu-\lambda)}$$

로 구할 수 있다. 이처럼 수리적으로 잘 정의된 대기 행렬 모델과 리틀의 법칙을 통해 시스템을 이해하고 분석할 수 있다.

연/습/문/제

5-1 반도체 공정의 생산 관리자는 신규 웨이퍼 처리 장비로 장비 A 또는 장비 B 중 하나를 도입하려고 한다. 장비 A의 공정 처리 시간은 지수 분포를 따르며 평균 시간당 20개의 웨이퍼를 처리하고 시간당 유지비용은 $3이다. 장비 B의 공정 처리 시간은 지수 분포를 따르며 평균 시간당 30개의 웨이퍼를 처리하고 시간당 유지 비용은 $C이다. 생산 라인에 투입된 웨이퍼 1개가 대기하는 동안에는 시간당 $1의 지연 비용이 발생한다고 가정하고, 웨이퍼는 포아송 분포를 따라 시간당 10개가 도착한다고 가정한다.

(a) 장비 A를 도입했을 때 시간당 예상 평균 총 비용은 얼마인가? 장비 B를 도입했을 때는 얼마인가?

(b) 두 장비를 도입했을 때 평균 시간당 총비용이 동일하도록 하는 $C의 값을 구하시오.

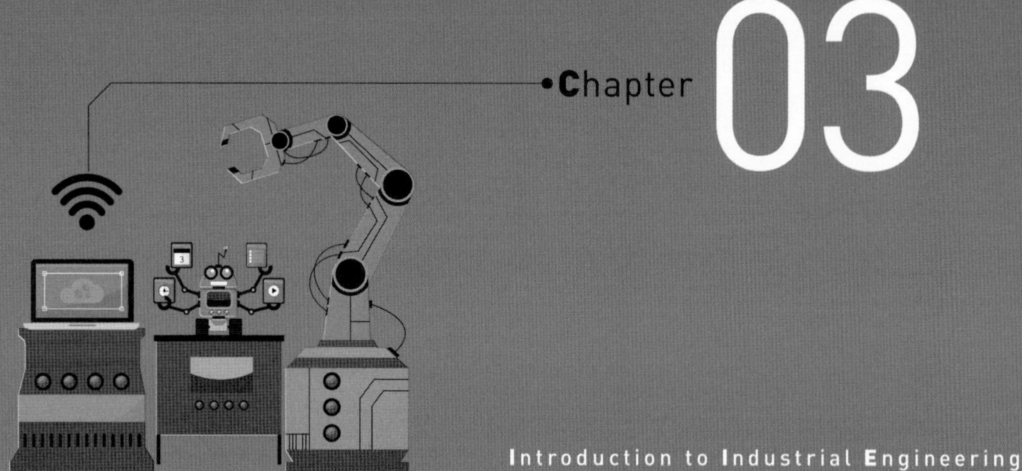

데이터분석

1. 동전 던지기의 확률은 정말 $\frac{1}{2}$일까
2. 가설 검정: 통계학적 판단
3. 엑셀 실습: 가장 간편한 계산기
4. 머신러닝의 이해: 규칙에서 학습으로
5. 일상 속 문제를 해결하는 머신러닝 알고리즘
6. 아이스크림 장사 데이터를 활용한 회귀분석 및 KNN 알고리즘 실습

Chapter

03 데이터분석

1 동전 던지기의 확률은 정말 $\frac{1}{2}$일까

흔히 동전 던지기를 공정한 확률 게임으로 생각한다. 수학적으로 완벽한 대칭성과 무작위성을 가정했을 때 이론적으로 동전의 앞면과 뒷면이 나올 확률이 각각 $\frac{1}{2}$임을 알기 때문이다. 하지만 실제로 동전을 던지다 보면 앞면과 뒷면이 나오는 경우가 정확히 반반이 아닌 경우가 많다. 일상생활에서 동전을 던질 때 정말로 앞면과 뒷면이 나오는 가능성이 50대 50일까?

우리가 알고자 하는 "일상생활에서의 동전 던지기"의 결과는 통계학에서의 모집단(Population)을 의미한다. 만약 사람이 무한히 많은 동전을 던질 수 있고 각각의 결과가 독립적이라면, 앞면과 뒷면이 나오는 전체 사건의 집단을 모집단이라 볼 수 있다. 그러나 무한히 많은 동전을 던져볼 순 없기 때문에, 실제 동전 던지기의 결과는 그중 일부만을 관찰하는 표본(Sample)에 해당한다. 예를 들어, 10번의 동전 던지기를 수행했을 때 앞면이 6번 나왔다면 앞면이 나올 표본 확률은 0.6으로, 이론적인 값 0.5와 0.1의 차이가 발생한다. 표본의 크기를 10개가 아닌 100개 그 이상으로 키우면 표본 확률은 모집단의 확률에 가까워질 수 있지만, 모집단의 정확한 확률은 알 수 없다.

일상생활에서의 동전 던지기의 진실을 설명하기 위해 확률변수(Random Variable)와 확률분포(Probability Distribution)에 대한 개념이 필요하다. 확률변수는 실험이나 관측으로 나타나는 결과에 수치를 할당할 수 있는 변수이다. 예를 들어 동전 던지기의 경우 앞면이 나오면 1, 뒷면이 나오면 0을 할당하는 식으로 수치를 부여할 수 있다. 확률분포란 어떤 확률변수가 취할 수 있는 모든 값들과 그에 대응하는 확률을 체계적으로 정리한 것으로, 동전 던지기에서는 앞면(1)과 뒷면(0)에 각각 어떤 확률이 할당되는지를 나타낸다.

실제 암스테르담 대학에서 진행한 연구에 따르면, 사람이 수행하는 동전 던지기에선 동전이 처음 보이는 면으로 돌아올 확률이 더 높다는 결과가 나왔다. 확률변수값을 처음 보이는 면을 (1), 반대면을 (0)으로 부여할 경우, 각각의 수치에 대한 확률이 확률변수가 1일 때 0.508, 0일 때 0.492의 분포를 따른다고 발표했다. 실험은 350,757번의 동전 던지기 데이터를 분석하였고, 동전이 완전히 무작위로 떨어지는 것이 아니라 회전축의 미세한 비대칭성 때문에 동전이 공중에서 원래 방향을 더 오래 유지한다는 사실을 알아냈다. 즉 동전이 시작한 면으로 다시 떨어질 확률, 즉 실제 모집단의 확률이 50%를 약간 초과한다는 연구 결과를 낸 것이다.

대학에서 발표한 $\hat{p}=0.508$은 이론적인 확률 $p=0.5$와 약간의 차이를 보였다. 따라서 동전 던지기는 공정한 확률게임이 아닌 것이다. 그렇다면 무한히 많은 실험을 하지 않았는데 모집단의 진짜 확률분포를 어떻게 데이터를 기반으로 추정할 수 있었을까? 실험에서 관찰된 확률은 35만번의 표본에서 추출된 값이며, 이를 통해 모집단에서의 처음 보이는 면이 나올 확률을 추정하였다. 이 과정에서 점추정(Point Estimation)과 신뢰구간(Confidence Interval) 개념이 등장한다. 점추정은 표본을 기반으로 모집단의 평균과 같은 특정 모수(Parameter)를 하나의 값으로 추정하는 방법이며, 신뢰구간은 표본 오차를 고려하여 모집단의 모수가 포함될 가능성이 높은 범위를 제시하는 방법이다. 동전 던지기 실험을 예로 들면 실험에서 구한 처음 보이는 면으로 떨어질 점추정된 확률은 $\hat{p}=0.508$이며 95% 신뢰구간은 [0.506,0.509]로, 이는 실제 모집단에서의 처음 보이는 면으로 동전이 떨어질 확률이 0.508로 추정되며 실제 확률 p는 0.506과 0.509

사이에 있을 가능성이 95%라는 의미이다. 이렇게 확률변수와 확률분포를 통해 알고자 하는 모집단에 대한 추정하는 과정은 데이터를 사용하는 통계분석의 기초가 된다.

몬티 홀 문제(Monty Hall Problem)는 확률분포를 추정하는 과정을 직관적으로 이해할 수 있는 흥미로운 사례 중 하나이다. 몬티 홀 문제에서 참가자는 세 개의 문 중 하나를 선택한다. 세 개의 문 중 하나 뒤에는 자동차가, 나머지 두 개의 문 뒤에는 염소가 숨겨져 있다. 참가자는 자동차가 뒤에 있는 문을 선택하면 승리하고 염소를 선택하면 지게 되는 문제이다. 참가자가 하나의 문을 선택한 후, 사회자가 나머지 두 문 중 염소가 있는 문 하나를 열어준다. 이후 참가자는 원래 선택한 문을 유지할지, 아니면 다른 문으로 바꿀지를 결정해야 한다.

이 문제에서 중요한 점은 처음 선택한 문 뒤에 자동차가 존재할 확률이 사회자가 염소가 있는 문을 알려줌으로써 바뀔 수 있다는 점이다. 이러한 사실이 받아들이기 어렵다면, 만약 사회자가 나머지 두 개의 문을 공개했다고 하자. 두 개의 문 뒤에 모두 염소가 있었다면 내가 고른 문 뒤에 자동차가 있을 확률은 1/3이 아닌 1, 즉 100퍼센트가 된다. 다시 문제로 돌아와 보자. 처음에 참가자가 자동차가 있는 문을 선택할 확률은 1/3이며, 염소가 있는 문을 선택할 확률은 2/3이다. 사회자가 염소가 있는 문을 열어준 후, 참가자가 선택을 바꾸게 되면, 처음에 염소를 선택했을 경우에만 선택을 바꿨을 때 자동차가 있는 문을 고르게 된다. 따라서 바꾸는 전략을 사용했을 때 승리할 확률은 처음에 염소를 선택했어야 하므로 확률이 2/3이다. 그러나 선택을 유지할 경우 처음부터 자동차를 선택하므로 승리 확률이 1/3이 된다. 대부분의 사람은 바꾸거나 바꾸지 않거나 확률이 동일할 것으로 여기나 실제 확률은 그렇지 않다는 점을 알 수 있다.

| 그림 3-1 | 몬티 홀 문제

이제 이 문제를 반복적으로 진행해 본다고 가정해 보자. 몬티 홀 게임을 10,000번 시뮬레이션 한다고 하면, 선택을 유지하는 경우 평균적으로 약 3,333번 승리하고, 선택을 바꾸는 경우 약 6,667번 승리할 것으로 예상할 수 있다. 실험을 여러 번 반복하면 승리 횟수는 단순히 위와 같은 값을 중심으로 분포하게 된다. 그러나 매번 정확히 3,333번 혹은 6,667번 승리하는 것은 아니며, 실험마다 약간의 차이가 발생한다. 이러한 차이는 확률분포를 따라 확률적으로 나타나게 된다.

이렇게 반복적인 실험에서의 승리 횟수에 대한 확률분포는 이항분포(Binomial Distribution)를 따른다고 알려져 있다. 이항분포는 승패가 결정되는 실험을 여러 번 반복할 때 따르는 확률분포로, 각 실험에서 승리할 확률을 p, 실험 횟수를 n이라 하면, 승리 횟수 X는 이항분포 $B(n, p)$를 따른다. 이항분포를 따르는 승리 횟수는 실험 횟수가 작을 땐 특정한 불연속적인 값을 가지지만, 실험 횟수가 충분히 커지면 분포의 형태가 점점 정규분포(Normal Distribution)에 가까워진다. 정규분포는 평균을 중심으로 좌우 대칭인 종 모양 연속분포로, 실험 횟수가 충분히 크고 이항분포로 계산하기 어려울 때 정규분포로 근사하여 활용할 수 있다. 몬티 홀 문제에서 선택을 바꿀 경우 승리확률은 $p=2/3$이므로, 실험 횟수가 $n=10,000$일 때 평균 승리 횟수를 정규분포로 근사하여 구하면, 평균 승리 횟수 μ는 실험횟수와 확률의 곱으로 $n \times p = 10,000 \times 2/3 = 6,667$이며, 실제 실험에서는 평균에서 벗어날 불확실성이 존재하므로 표준편차 σ는 $\sqrt{np(1-p)} \cong 47.16$으로 근사하여 계산할 수 있다.

이번엔 몬티 홀 게임을 100일에 걸쳐 100번씩 진행했다고 하자. 각 날의 실험 결과에서 얻은 승리 비율인 표본평균을 모으면, 총 100개의 표본평균이 생성된다. 이때 각 표본이 어떤 분포를 따르든, 표본의 크기가 충분히 크다면 이들 표본평균들의 분포는 정규분포에 가까워진다. 이는 중심극한정리(Central Limit Theorem, CLT)에 따른 현상으로, 모집단의 분포 형태와 관계없이 표본 크기가 충분할 경우 표본평균의 분포가 정규분포를 따른다는 강력한 통계 이론이다. 이러한 중심극한정리를 이용하면 반복 실험을 통해 얻은 표본평균으로 정규분포 기반의 추정이나 가설검정과 같은 통계적 추론이 가능해진다. 중심극

한정리는 표본평균은 모집단의 분포와 상관없이 정규분포를 따른다는 것을 보장하는 이론으로, 이후 가설검정 단계에도 주요하게 사용된다.

연/습/문/제

1-1 정육면체 주사위를 한 번 던졌을 때 나올 수 있는 눈의 수를 확률변수 X라고 하자. 이때 X는 1부터 6까지의 값을 가지며, 각각의 값이 나올 확률은 모두 1/6으로 나타낼 수 있다. 이처럼 확률변수 X가 가질 수 있는 각 값에 대응되는 확률을 표현한 관계를 무엇이라 하는가?

1-2 주사위의 눈이 3이 나올 횟수 X는 이항분포 $B(n, p)$를 따른다고 하자. 주사위를 1,000번 던졌을 때 평균 승리 횟수와 표준편차를 정규분포로 근사하여 구하시오.

2 가설 검정: 통계학적 판단

Y회사에 다니는 수연이는 주간 생산 동향 보고서를 작성하다가 흥미로운 사실을 하나 알게 되었다. 그것은 바로 새로운 공장장이 1공장에 부임한 후 1공장의 일일 생산량이 늘었다는 것이다. '공장의 일일 생산량이 4월 이후에 조금 늘어난 것 같은데? 공장장이 바뀐 게 4월 1일인데 그 이후에 늘어난 건가?' 수연이는 자신의 발견을 범석이에게 이야기했다. 그러나 범석이는 신중했다. "원래 어느 정도 수준이었는데요?", "원래 일 평균 520개 정도 생산했는데 4월 이후 평균 생산량이 573개더라고요!" 수연이는 이것이 기존에 비해 10% 가까이 늘어난 생산량임을 강조했지만 범석이는 이 정도 증가가 유의미한 변화가 맞는지, 생산 동향 보고서에 넣어야 하는 게 맞는지 여전히 확신이 없었다. 결국 수연이와 범석이는 더 많은 의견을 듣고자 창욱이에게 이 이야기를 전달했다. 이

야기를 들은 창욱이는 딱 한 마디를 했다. "가설 검정을 해보죠."

가설 검정은 표본 데이터를 바탕으로 기존 가설인 귀무가설(Null Hypothesis, H_0)과 새로운 가설인 대립가설(Alternative Hypothesis, H_1)을 비교하여 둘 중 어떤 가설이 맞는지 통계적으로 검증하는 과정이다. 가설 검정은 단측 검정과 양측 검정으로 나뉘며, 단측 검정은 표본에서 추출된 값이 기존 값보다 증가하거나 감소했는지를 검정하는 방식이고, 양측 검정은 표본에서 추출된 값이 기존 값과 유의미하게 다른지를 검정하는 방식이다. "그럼 우리는 단측 검정을 해야겠네요. 변화 여부보다는 증가 여부에 초점이 맞춰져 있으니까요." 여기까지 설명을 들은 범석이가 상황을 정리했다. "우리의 귀무가설과 대립가설은 뭐죠?" 그러자 창욱이가 상황을 요약해 줬다. "이 케이스에서는 표본평균이 520보다 유의미하게 큰 게 맞는지 살펴보는 거니까 귀무가설은 '새로운 공장장이 부임한 이후 생산된 일 평균 생산량은 520개 수준이다(H_0: $\mu=520$)', 대립가설은 '새로운 공장장이 부임한 이후 생산된 일 평균 생산량은 520개보다 많다(H_1: $\mu>520$)'로 세울 수 있겠죠. 이렇게 가설을 세우고 결론을 낼 때는 H_0을 기각하거나 혹은 H_0을 채택하는 방향으로 의사 결정을 할 수 있어요."

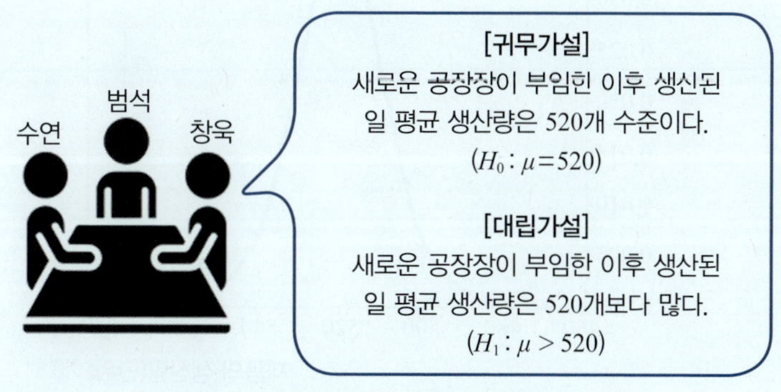

| 그림 3-2 | 귀무가설과 대립가설

"그런데 그 가설 중에 뭐가 맞는지는 어떻게 알죠?" 수연이가 핵심적인 질문을 했다. 고등학교 과정에서 귀류법을 배운 적이 있을 것이다. 이 방법은 하나의 가설을 참이라고 전제하고, 논리를 전개한 뒤 결과가 모순이라면 이 가설을 틀렸다고 결론내는 방법이다. 이와 유사하게 가설 검정은 귀무가설이 맞다는 전제하에 수립된 확률분포에서 표본평균 $\bar{X}$가 이 분포에서 나올 확률을 계산한다. 그리고 이 확률이 극히 작다면 귀무가설 하의 분포가 적합하지 않다고 판단되어 귀무가설을 기각할 것이다(즉 대립가설을 채택한다). 가설 검정에서는 판단의 기준이 되는 확률을 유의수준(Significance Level) α로 정의하며 통상적으로 $\alpha=0.05$를 사용하여 검정한다. 유의수준을 설정하고 나면 가설검정을 위해 사용하는 통계량인 검정통계량을 구해서 확률로써 이 상황을 판단할 수 있다. 긴 설명에 당황한 범석이었지만 침착하게 요약했다. "그러니까... 평균이 520인 확률분포를 그리고, 그 안에서 최근 관측된 생산량인 573이 나올 확률을 계산했을 때 그 확률이 5% 미만이면 평균이 520인 확률분포 자체가 틀렸다. 즉 평균 생산량이 늘어난 게 맞다. 이렇게 판단하는 거지요?", "예, 맞습니다. 여기서 말하는 이 확률을 p-value라고 하고, 이 값이 유의수준보다 크면 귀무가설을 기각하지 못하는 거죠. 즉, 평균 생산량은 기존과 비슷하다는 결론이 도출될 겁니다."

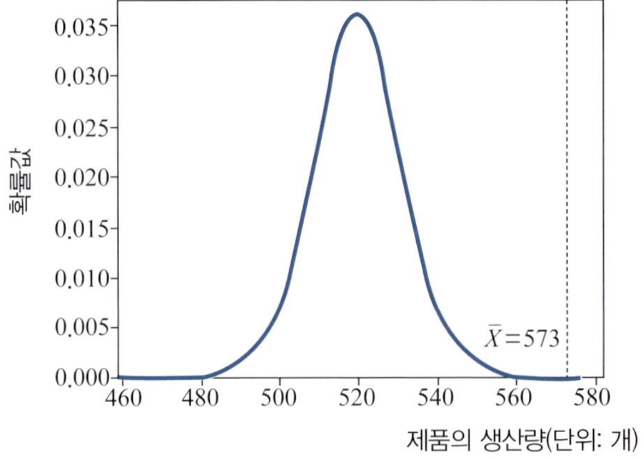

| 그림 3-3 | 가설 검정 도식화

그러자 수연이가 질문했다. "반대로 기존 확률분포에서 딱 5%가 되는 지점을 역으로 계산하고, 그 값을 기준으로 판단해도 되지 않아요?" 수연이의 말대로 유의수준이 정해지면 명확한 경계가 생기기 때문에 이러한 접근도 바람직하다.

확률분포에서 유의수준으로부터 나온 경계값을 임계치(Critical Value)라고 하고, 경계값을 넘어가는 영역을 기각할 수 있을 때 해당 영역을 기각역(Critical Region)이라고 한다. "그런데 여기서 주의사항이 있어요." 창욱이가 단측 검정과 양측 검정의 차이에 대해 설명하기 시작했다. "앞서 이야기했지만 지금은 표본평균이 특정한 값보다 큰지 검정하고 있으니까 단측 검정을 수행하고 있는 거예요. 그래서 확률분포의 오른쪽에서 전체 넓이의 5%가 되는 지점을 찾아 기각역으로 설정하고 있죠. 그렇지만 만약 단측 검정이 아니라 양측 검정을 한다면 찾아야 하는 지점이 달라져요. 단측 검정을 하건, 양측 검정을 하건 핵심은 확률분포에서 차지하는 공간이 5%가 되게 만드는 거예요. 그러니 양측 검정의 경우, 기각역이 확률분포의 왼쪽과 오른쪽에 각각 있고, 기각역의 합이 전체 넓이의 5%가 되도록 설정해야 해요. 따라서 확률분포 양쪽으로 2.5%씩 차지하는 영역이 기각역이 되도록 해야 합니다."

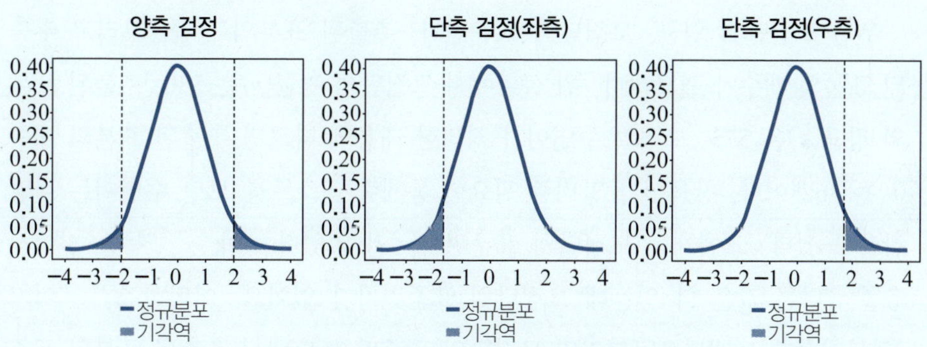

| 그림 3-4 | 양측 검정과 단측 검정

가설 검정 전체 과정을 정리하면 아래와 같다.

(1) 귀무가설 H_0와 대립가설 H_1을 정한다. (H_0: $\mu=520$, H_1: $\mu>520$)

(2) H_0를 기각(=H_1을 채택)할 유의수준 α를 정한다. ($\alpha=0.05$)

(3) 모집단에서 표본을 추출해서 검정통계량을 계산한다. (표본평균 $\bar{X}$)

(4) 검정통계량이 기각역에 속하면 대립가설을 채택하고, 그렇지 않으면 귀무가설을 기각하지 못한다.

"그럼 당장 시작해 보죠! 검정통계량부터 구해 볼까요?" 의욕이 가득한 수연이가 외쳤다. 이제 검정통계량을 구하기 위해서 필요한 정보를 알아보자. 여기서는 알려진 모집단 평균을 기준으로 관측된 표본이 알려진 평균과 통계적으로 유의미하게 다른지 검정한다. 이를 위해 표본평균을 이용해 확률변수를 표준화한 Z값을 계산하여 검정을 진행한다. 이때 표본의 크기가 충분히 크기 때문에 ($n \geq 30$) 중심극한정리(Central Limit Theorem)에 따라 표본평균의 분포는 표준정규분포에 근사하게 되어 Z검정을 사용할 수 있다. 검정통계량 Z는 다음과 같이 정의된다.

$$Z = \frac{\bar{X} - \mu}{\sigma / \sqrt{n}}$$

($\bar{X}$: 추출된 표본의 평균, μ: 모집단의 평균, σ: 모집단의 표준편차, n: 추출된 표본의 개수)

우선 모집단의 평균, 모집단의 표준편차, 추출된 표본의 평균, 그리고 추출된 표본의 개수가 필요하다. 위 상황에서 모집단의 평균(μ)은 520, 추출된 표본의 평균($\bar{X}$)은 573, 그리고 수연이가 정리한 내용에 따르면 추출된 표본의 개수(n)는 36개이다. 창욱이가 알려준 필요한 통계량 리스트를 보던 수연이는 절망감을 느꼈다. 그에게는 모집단의 표준편차(σ)가 없었다. "아...", "무슨 일이시죠?", "다른 값은 다 있는데 모집단의 표준편차가 없어요. 어떡하죠?", "이거 표본 개수가 36개지요? 그러면 모집단의 표준편차(σ) 대신 추출된 표본의 표준편차(S)를 사용해도 돼요." 표본의 크기가 큰 경우($n \geq 30$)에는 표본표준편차 S로 모표준편차 σ를 대체할 수 있다는 창욱이의 조언과 함께, 수연이는 추출된 표본의 표준편차인 124를 대입했다.

$$Z = \frac{\bar{X} - \mu}{\sigma / \sqrt{n}} = \frac{573 - 520}{124 / \sqrt{36}} = \frac{53}{20.67} \approx 2.56$$

"Z값이 2.56이 나왔습니다. 이제 어떻게 하죠?", "이제 표준정규분포표에서 유의수준 0.05에 해당하는 값이 얼마인지를 찾아야 해요. $Z_{0.05}=1.65$인데 지금 Z값은 이보다 훨씬 커요. 즉, 기각역에 속한 상태이니 귀무가설을 기각하고 대립가설을 채택해야 해요.", "그게 무슨 의미였죠?", "통계학적 관점에서도 평균 생산량은 증가한 게 맞다는 결론이 나왔다는 거죠!"

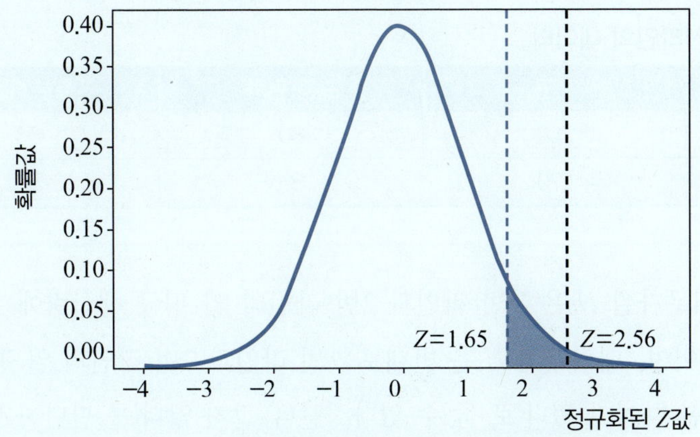

그림 3-5 | 4월 이후 일 생산량 가설검정 결과

신난 수연이는 보고서를 마무리하러 갔다. 범석이는 아직 해소되지 않은 의문점이 있어 창욱이에게 질문을 했다. "아까 표본 수가 30개를 넘어서 표본의 표준편차를 사용해도 된다고 했죠. 그럼 만약 표본 수가 30개보다 적었으면 검정을 할 수 없었던 겁니까?", "아, 그런 경우여도 검정은 할 수 있기는 해요. 이런 경우에는 Z검정이 아니라 t검정을 수행해야 해요. 그러면 식이 조금 변하고, 기각역을 찾는 방법도 t분포표를 보고 찾아야 해서 방법이 조금 달라져요." "그렇다면 모집단의 표준편차를 알거나 표본이 30개보다 많으면 Z검정을, 둘 다 만족하지 못하면 t검정을 수행하는 것이 적합하겠네요. 설명해 주셔서 감사합니다."

지금까지는 알려진 평균에 대해서 표본이 이를 따르는지 검정했다. 그렇다면 두 집단의 평균이 같은지 다른지도 비교할 수 있지 않을까? 수연이의 상황을 통해 다시 한번 알아보자. 수연이는 생산 동향 보고서를 마무리하는 중 2공장의 1번 라인과 2번 라인의 일 생산량이 다소 차이가 있다는 생각이 들었다. 현재 1번 라인의 일 생산량은 표본 개수 50일 기준 평균 250개, 표준 편차 80개이며 같은 표본 개수에서 2번 라인의 일 생산량은 평균 270개, 표준 편차 85개이다. 수연이는 1번 라인이 상대적으로 노후화되었기 때문에 분명히 두 집단 간 차이가 있을 것이라고 생각했다. 이렇게 두 개 집단의 평균을 비교하려면 어떻게 해야 할까?

표 3-1 생산라인의 데이터

	평균	표준 편차	표본 개수
1번 라인	250	80	50
2번 라인	270	85	50

이 경우 귀무가설 H_0은 '1번 라인과 2번 라인의 일 평균 생산량에 유의미한 차이가 없다'이며, 대립가설 H_1은 반대로 '1번 라인과 2번 라인의 일 평균 생산량에 유의미한 차이가 있다'로 둘 수 있다. '같다/같지 않다'를 판단하기 때문에 양측 검정으로 볼 수 있으며, 식으로 정리하면 H_0: $\mu_1=\mu_2$, H_1: $\mu_1 \neq \mu_2$이다. 이때, μ_1과 μ_2는 각각 1번 라인과 2번 라인의 일 평균 생산량이다. 유의수준도 똑같이 $\alpha=0.05$로 둔다. 이전 예제와 마찬가지로 표본의 크기가 충분히 크기 때문에(30개 이상) 표본평균의 분포는 표준정규분포에 근사하게 되어 Z검정을 사용할 수 있다. 두 집단 간 평균이 다른지 검정할 때 검정통계량 Z는 다음과 같이 정의된다.

$$Z=\frac{\bar{X}_1-\bar{X}_2-d_0}{\sqrt{\frac{\sigma_1^2}{n_1}+\frac{\sigma_2^2}{n_2}}}$$

$\bar{X}_1$, $\bar{X}_2$: 집단 1과 집단 2의 표본평균, d_0: 집단 1과 집단 2의 알려진 평균 차이,
σ_1^2, σ_2^2: 집단 1과 집단 2의 모표준편차, n_1, n_2: 집단 1과 집단 2에서 추출된 표본의 개수

이때, 일 평균 생산량은 귀무가설에서 1번 라인과 2번 라인에서 같다고 가정하고 있으므로 $d_0=0$이다. 이 문제에서 나온 수를 대입하면 이전과 비슷하게 전개할 수 있다.

$$Z = \frac{\bar{X}_1 - \bar{X}_2 - d_0}{\sqrt{\frac{\sigma_1^2}{n_1} + \frac{\sigma_2^2}{n_2}}} = \frac{270-250}{\sqrt{(80^2/50)+(85^2/50)}} = \frac{20}{\sqrt{128+144.5}} \approx 1.17$$

"Z값이 1.17이 나왔고, 현재 유의수준 0.05에서 단측 검정이 아니라 양측 검정을 했기 때문에 $Z_{0.05}$가 아니라 $Z_{0.025}$를 찾아야 한다고 하는군. 이는 확률분포 내에서 양쪽 기각역 면적을 합친 값이 전체의 5%가 돼야 하기 때문일 거야. 표준정규분포표에 나온 $Z_{0.025}=1.96$인데 지금 Z값은 이보다 훨씬 작으니 귀무가설을 기각할 수가 없네. 그렇다면 1번 라인과 2번 라인의 일 평균 생산량 사이에는 유의미한 차이가 없군."

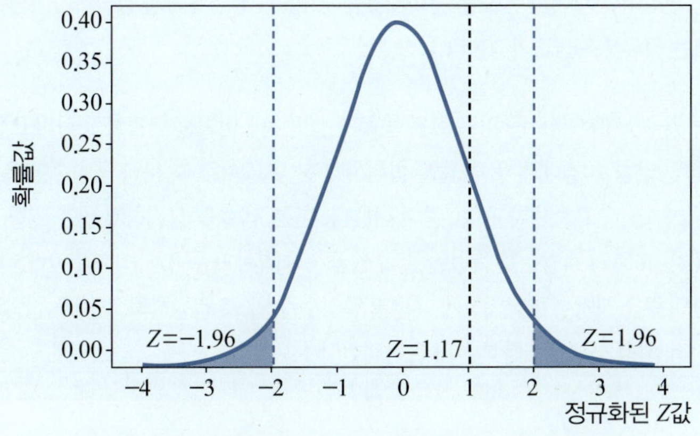

| 그림 3-6 | 라인별 일 생산량 차이 가설검정 결과

수연이의 예상과 다르게 1번 라인과 2번 라인의 일 평균 생산량 사이에는 유의미한 차이가 없었다. 다음 날, 수연이는 이러한 검정 과정을 범석이와 창욱이에게 들려주었다. 하루 만에 가설검정을 배운 수연이의 모습을 보며 창욱이는 조용히 웃었다. "이제 왜 제가 가설 검정을 하자고 했는지 알겠죠?", "네! 가설 검정을 활용하면 의사결정에 확실히 도움이 되네요. 겉으로 드러난 수치로는 판단하기 어려운 상황에서 판단의 기준을 제공해 주니까요!", "맞습니다. 단순한 수치 비교만으로는 판단하기 어려웠던 문제를, 통계적 검정을 통해 보다 객관적으로 접근할 수 있다는 것이 가설 검정의 핵심이에요."

연/습/문/제

2-1 한 대학의 학생들은 하루 평균 수면시간이 7.5시간으로 알려져 있다. 새로운 기숙사 통금이 도입된 후, 학생들의 수면시간이 변했을 가능성이 있다는 가설을 검정하기 위해 무작위로 50명의 학생을 조사한 결과, 평균 수면시간이 7.6시간이었고 표준편차는 0.8시간이었다. 새로운 기숙사 통금이 학생들의 평균 수면시간에 유의미한 변화를 가져왔는지 유의수준 5%에서 검정하라. (단, 모집단의 분포는 정규분포라고 가정한다.)

2-2 한 카페에서 기존 커피머신으로 만든 아메리카노의 평균 온도는 65°C였다. 새로운 커피머신을 도입한 후, 커피 온도가 달라졌는지 확인하기 위해 35잔의 아메리카노를 무작위로 선택하여 온도를 측정한 결과, 평균 온도가 67.5℃, 표준편차는 2.8℃로 나타났다. 새로운 커피머신이 커피 온도를 변화시켰는지 유의수준 5%에서 검정하라. (단, 모집단의 분포는 정규분포라고 가정한다.)

2-3 어느 연구소에서 새로운 피로 회복 음료가 심박수에 미치는 영향을 조사하고 있다. 건강한 성인 남성 40명에게 이 음료를 섭취하게 한 뒤, 2시간 후 분당 맥박수를 측정한 결과 평균 68회/분, 표준편차 10회/분이 나왔다. 한편, 음료를 섭취하지 않은 일반 성인 남성 또 다른 40명의 맥박수를 측정한 결과 평균 72회/분, 표준편차 10회/분이었다. 이때, 두 집단의 평균 맥박수가 유의하게 다른지 유의수준 5%로 검정하라. (단, 두 집단은 서로 독립이며, 각각 정규분포를 따른다고 가정한다.)

3 엑셀 실습: 가장 간편한 계산기

앞선 예시에서 Y회사의 사원 수연이는 가설 검정을 수행하기 위해서 다양한 통계량을 계산했다. 과연 그는 모든 값을 하나하나 계산기를 이용하여 계산했을까? 그의 업무 스킬을 고려했을 때 그럴 가능성은 매우 낮다. 아마도 그는 엑셀을 활용했을 것이다. 엑셀에는 여러 가지 함수가 있기 때문에 이를 활용하면 계산기를 사용하는 경우보다 더 효율적으로 계산할 수 있다. 간단하게는 평균부터 확률분포 계산, 나아가 가설 검정도 수행할 수 있다. 우선 기초 통계 문제를 엑셀로 풀어보자.

아래는 Y회사에서 하루 생산되는 제품 40개의 무게에 대한 데이터다. 이에 대한 평균, 분산, 표준편차를 구하라. 그리고 무게가 190g 이하일 확률을 구하라. (단, 제품의 무게는 정규분포를 따른다고 가정)

표 3-2 Y 회사의 생산제품 무게

제품 40개의 무게(단위: g)									
198	203	189	214	200	191	207	180	218	199
202	190	196	213	206	185	222	195	209	198
204	193	210	187	215	200	190	206	202	185
219	198	194	211	192	205	188	212	197	202

우선 평균을 구해보자. 평균을 구하는 엑셀 수식은 AVERAGE이다. 엑셀의 cell 안에 average라고입력하면 'AVERAGE( )'라고 나타나는데, 괄호 안에 데이터셋의 좌표를 넣으면 그 구간에 대한 평균이 계산된다. 예를 들어 첫 번째 칸이 D4이고, 마지막 칸의 위치가 M7이라면 AVERAGE(D4:M7)로 입력한 뒤 enter 키를 누르면 값을 구할 수 있다. 마찬가지로 분산은 VAR.P( )로, 표준편차는 STDEV.P( )로 구할 수 있다.

=AVERAGE(D4:M7)

D	E	F	G	H	I	J	K	L	M
제품 40개의 무게 (단위: g)									
198	203	189	214	200	191	207	180	218	199
202	190	196	213	206	185	222	195	209	198
204	193	210	187	215	200	190	206	202	185
219	198	194	211	192	205	188	212	197	202

평균	200.6
분산	103.7
표준편차	10.2

그림 3-7 엑셀 계산 결과

계산 결과, 평균은 200.6, 분산은 103.7, 표준편차는 10.2가 된다.

그렇다면 무게가 190g 이하일 확률은 어떻게 구할 수 있을까? 제품의 무게는 정규분포를 따른다고 가정하고 있다. 그러므로 방금 구한 평균과 표준편차로 정규분포를 그린 후, 180g에 해당하는 지점을 찾은 뒤 그보다 작은 값들이 정규분포에서 차지하는 넓이를 구하면 된다. 정규분포 식을 직접 구하는 방법도 있겠지만 우리는 엑셀 함수를 활용하여 무게가 180g 이하일 확률을 구해보자. 이번에 사용하는 함수는 NORM.DIST( )이다. 이 함수를 엑셀의 cell 안에 입력하면 아까와는 다르게 괄호 안에 구간이 아니라 4가지 값을 입력하라고 나타난다. 여기서 입력해야 하는 4가지 값은 ① 대상 값(190), ② 평균(200.6), ③ 표준편차(10.2), ④ 누적분포함수/확률밀도함수 선택이다. ④의 경우 전자는 정규분포 안에서 값이 몇 % 지점에 위치하는지 계산하며 후자는 값이 몇 % 확률로 발생하는지 계산한다. 따라서 이 경우 전자를 선택해야 하며, 전자를 선택하는 방법은 TRUE라는 값을 네 번째에 입력하는 것이다. 정리하면 함수의 최종 입력은 NORM.DIST(190,200.6,10.2,TRUE)이다. 혹은 아까 계산했던 평균과 표준편차의 cell 좌표를 끌어와서 NORM.DIST(190,E10,E12,TRUE)라고 쓸 수도 있다. 따라서 제품이 190g보다 가벼울 확률은 14.8%다.

이번에는 한 단계 나아가서 가설 검정을 해볼 수 있다.

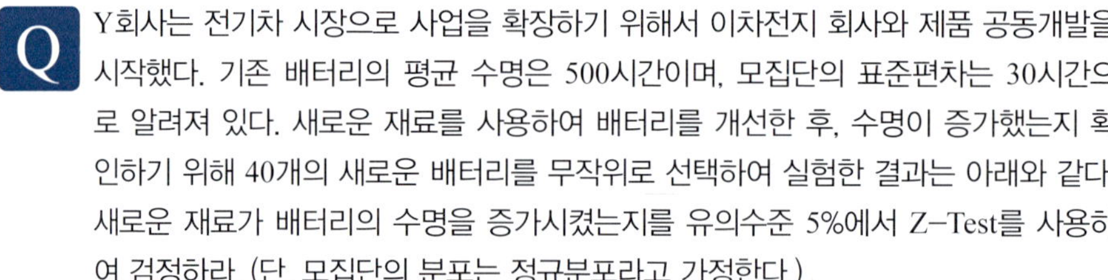
Q Y회사는 전기차 시장으로 사업을 확장하기 위해서 이차전지 회사와 제품 공동개발을 시작했다. 기존 배터리의 평균 수명은 500시간이며, 모집단의 표준편차는 30시간으로 알려져 있다. 새로운 재료를 사용하여 배터리를 개선한 후, 수명이 증가했는지 확인하기 위해 40개의 새로운 배터리를 무작위로 선택하여 실험한 결과는 아래와 같다. 새로운 재료가 배터리의 수명을 증가시켰는지를 유의수준 5%에서 Z-Test를 사용하여 검정하라. (단, 모집단의 분포는 정규분포라고 가정한다.)

표 3-3 Y회사의 배터리 수명

제품 40개의 무게 (단위: g)									
512.6	545.22	502.32	495.15	530.74	467.61	494.52	510.11	472.7	511.55
500.58	516.46	491.17	474.38	479.1	514.53	460.68	497.12	504.92	517.37
509.85	464.08	458.4	516.78	452.76	520.79	478.78	484.91	502.09	481.45
486.55	503.61	505.64	495.16	540.95	510.48	508.74	505.7	517.1	506.67

이러한 상황에서는 Z검정을 활용할 수 있다. Z단측검정 결과를 p-value로 출력해주는 함수는 Z.TEST이다. 이 함수에 입력해야 하는 3가지 값은 ① 샘플의 좌표, ② 모평균(500), ③ 모집단의 표준편차(30)다. 따라서 함수의 최종 입력은 Z.TEST(D24:M27(샘플의 좌표), 500, 30)이다.

=Z.TEST(D24:M27, 500, 30)

D	E	F	G	H	I	J	K	L	M
제품 40개의 수명 (단위: 시간)									
512.6	545.22	502.32	495.15	530.74	467.61	494.52	510.11	472.7	511.55
500.58	516.46	491.17	474.38	479.1	514.53	460.68	497.12	504.92	517.37
509.85	464.08	458.4	516.78	452.76	520.79	478.78	484.91	502.09	481.45
486.55	503.61	505.64	495.16	540.95	510.48	508.74	505.7	517.1	506.67
Q. 새로운 재료는 배터리의 수명을 증가시켰는가?					0.605				

그림 3-8 엑셀 계산 결과

이 경우 p-value가 0.605로 0.05보다 큰 값을 가진다. 따라서 귀무가설을 기각할 수 없으므로 평균 수명이 유의미하게 늘어나지 않았음을 알 수 있다.

연/습/문/제

3-1 아래는 한 병원의 체중 감량 프로그램에 참가한 50명 환자들의 프로그램 종료 후 체중 감소량(단위: kg) 데이터이다. 이 데이터의 평균, 분산, 표준편차를 구하라. 아래 값이 정규분포를 따른다고 가정할 때, 2kg 미만으로 체중이 감소했을 확률은?

환자 50명의 체중 감소량(단위: kg)									
5.32	5.89	4.78	4.85	4.56	4.29	4.16	5.03	5.71	6.71
4.91	4.07	4.16	5.75	5.22	5.5	5.1	4.53	7.1	6.96
3.77	5.07	4.29	3.39	5.96	5.12	6.11	3.97	6.48	5.25
5.6	5.67	6.07	6.48	4.6	6.19	6.34	4.84	4.79	2.83
3.35	4.23	6.68	5.82	3.81	4.07	5.36	4.23	4.31	3.93

3-2 Y병원은 새로운 치료제를 도입하여 환자의 회복 속도를 개선하고자 한다. 기존의 평균 회복 시간은 10일이며, 모집단의 표준편차는 2일로 알려져 있다. 새로운 치료제를 사용하여 40명의 환자를 대상으로 실험한 결과, 평균 회복 시간은 아래와 같다. 새로운 치료제가 회복 시간을 단축시켰는지 유의수준 5%에서 Z-Test를 사용하여 검정하라. (단, 회복 시간은 정규분포를 따른다고 가정한다.)

환자 40명의 회복 시간(단위: 일)							
8.99	9.1	8.85	9.34	9.21	9.05	9.07	9.12
9.26	9.04	9.11	9.19	9.13	8.97	9.06	8.99
9.3	9.08	9.14	9.17	9.13	8.98	9.06	9.09
9.22	9.15	9.24	9.07	9.2	9.23	9.05	9.09
9.1	9.18	9.16	9.21	9.25	9.08	9.12	9.1

4 머신러닝의 이해: 규칙에서 학습으로

민수는 오랜만에 중학교 친구들을 만나러 갔다. 몇 년 만에 보는 얼굴이었지만, 친구들을 보자마자 반가운 마음이 들었다. "와! 지수네! 머리가 길어졌네?", "어? 저 사람 익숙한데… 아! 승열이구나!" 민수는 친구들이 헤어스타일이 바뀌었거나, 키가 커졌어도 한눈에 알아볼 수 있었다. 그런데 가만히 생각해 보니 신기했다. "나는 대체 무슨 기준으로 친구들을 알아보는 걸까?" 머리카락 색이 같아서? 눈 모양이 비슷해서? 키가 비슷해서? 어떤 기준으로 사람을 알아보는지는 정확히 설명하기 어려웠지만, 어쨌든 민수의 뇌는 자연스럽게 친구들의 얼굴을 기억하고 구분하고 있었다. 그때 민수의 핸드폰이 울렸다. 스마트폰을 들고 잠금을 해제하려는데, 화면에 이런 문구가 나타났다. '얼굴을 인식할 수 없습니다. 다시 시도해 주세요.' "어라? 아까는 바로 풀렸는데?" 민수는 핸드폰을 조금 다른 각도로 기울여 다시 인식을 시도했다. 그러자 이번에는 정상적으로 잠금이 해제되었다. "이상하네… 그런데 스마트폰은 어떻게 내 얼굴을 알아보는 거지?" 스마트폰은 코나 눈의 위치를 확인하는 걸까? 아니면 얼굴의 전체적인 형태를 비교하는 걸까? 만약 친구들을 알아볼 때처럼, 스마트폰도 '무언가'를 기억하고 비교하는 방식이라면… 스마트폰은 어떻게 그런 작업을 하는 걸까? 민수는 문득 궁금해졌다. "스마트폰이 사람 얼굴을 알아보게 하려면 어떻게 해야 할까?"

민수는 스마트폰의 얼굴 인식 오류를 경험하고 나서, 스마트폰이 사람을 어떻게 인식하는지 궁금해졌다. 그는 컴퓨터 동아리에서 활동하는 친구인 지훈이를 찾아갔다. "지훈아, 스마트폰은 내 얼굴을 어떻게 알아보는 거야?" 지훈이는 살짝 고민하다가 간단한 설명을 시작했다. "일단 원래 컴퓨터 프로그래밍은 프로그래머가 직접 만든 규칙이나 수식을 컴퓨터가 실행하는 방식이야. 예를 들어 1부터 10까지 모든 숫자를 더하려면, 컴퓨터는 프로그래머가 만들어 준 명령을 통해 하나씩 더하는 작업을 반복하는 거지." 민수는 고개를 끄덕였다. "그러면 내 얼굴을 인식하는 것도 똑같이 프로그래머가 규칙을 정해 주는 방식이야?" 지훈이는 잠시 생각한 후 답했다. "그렇게 할 수도 있지. 예를 들어 네 왼쪽 볼에 큰 점이 있다면, 그 점의 위치를 좌표값으로 기록한 후, '이 위치에 점이 있으면 민수다' 라고 인식하도록 프로그래밍할 수도 있어. 또는 수염이 있는지 없는지를 좌표로 표현해서 수염 유무를 기준으로 사람을 구분하는 규칙을 만들 수도 있고."

민수는 듣자마자 바로 문제를 느꼈다. "근데, 그렇게 하면 잘 작동하지 않을 것 같은데? 카메라 각도가 조금만 바뀌어도 좌표가 달라지잖아." 지훈이는 웃으며 말했다. "맞아. 네가 잘 지적했어. 각도가 조금이라도 변하거나 조명이 조금만 어두워져도 픽셀값이나 좌표값이 달라져서 정확히 인식하기 힘들어. 또 사람마다 구분할 수 있는 특징을 프로그래머가 일일이 정하는 것도 매우 어렵고 비효율적이야." 민수는 다시 생각에 빠졌다. "그런데 사람은 그런 식으로 얼굴을 인식하지 않잖아? 예를 들어 너가 가발을 쓰거나 안경을 바꾸고 나타나도 나는 너를 금방 알아보지. 정확히 말로 설명하기는 어렵지만 뭔가 자연스럽게 사람을 구별하고 있단 말이야." 지훈이는 손가락을 튕기며 말했다. "바로 그거야! 사람은 규칙을 외우는 방식이 아니라, 무의식적으로 많은 특징을 동시에 파악해서 인식하는 거야. 사람의 뇌는 특징을 직접 지정하지 않고도 학습한 기억을 바탕으로 사람을 자연스럽게 알아보지. 이걸 컴퓨터한테 시키는 게 바로 머신러닝(Machine Learning)이야."

민수는 처음 듣는 단어에 관심을 보였다. "머신러닝? 그게 뭔데?" 지훈이는 자세히 설명하기 시작했다. "말 그대로 머신(Machine)과 러닝(Learning), 기계인 컴퓨터가 스스로 배운다는 뜻이야. 기존에는 프로그래머가 규칙을 정해 주고 컴퓨터가 이를 계산했다면, 머신러닝은 반대로 데이터를 먼저 주고 컴퓨터가 스스로 규칙이나 패턴을 찾도록 하는 방식이지." 민수는 흥미를 느꼈다. "그럼 컴퓨터가 스스로 배운다는 건 구체적으로 어떻게 하는 거야?" 지훈이는 잠시 고민하다가 민수가 잘 이해할 만한 예시를 떠올렸다. "고등학교 때 모의고사를 생각해봐. 우리가 모의고사를 왜 많이 풀었지?" 민수는 바로 답했다. "당연히 수능에서 더 좋은 점수를 받기 위해서지." "그렇지. 모의고사를 많이 푸는 건 결국 여러 가지 데이터를 경험해서 실제 수능에서 어떤 문제가 나오더라도 잘 맞히기 위해서야. 이게 바로 머신러닝에서 말하는 '학습(Learning)'과 '일반화(Generalization)'의 개념이야."

민수는 점점 이해가 되기 시작했다. "아, 그러니까 데이터를 가지고 학습해서 실제 상황에 적용하는 능력을 키우는 거네?" 지훈이가 고개를 끄덕이며 말했다. "맞아. 머신러닝의 핵심은 아무리 학습을 잘해도 실제 상황에서 맞지 않으면 소용없다는 거야. 마치 모의고사 문제를 달달 외워서 100점을 맞더라도, 실제 수능 문제 유형이 다르면 좋은 점수를 못 받을 수도 있는 것처럼 말이야." 민수는 이제 완전히 개념이 잡혔다. "그렇구나. 그러면 머신러닝은 결국 데이터를 많이, 그리고 잘 학습하는 게 중요한 거네?", "그렇지. 데이터의 양도 중요하고 데이터의 퀄리티도 중요해. 또 너무 특정 데이터만 학습하면 다른 데이터를 만났을 때 잘 맞히지 못하는데, 이걸 머신러닝에서는 과적합(Overfitting)이라고 불러. 모의고사를 달달 외웠지만, 수능 문제를 잘 풀지 못하는 게 과적합의 예시라고 생각하면 돼." 민수는 이제 머신러닝이 어떤 개념인지 감을 잡기 시작했다.

이해가 깊어지자, 그는 새로운 궁금증이 떠올랐다. "그럼, 얼굴 인식처럼 사람을 구분하는 것도 머신러닝인데, 이 외에도 머신러닝으로 해결할 수 있는 문제가 또 있을까?" 지훈이는 기다렸다는 듯 답했다. "물론이지! 머신러닝은 크게 두 가지 종류의 문제를 다뤄. 하나는 얼굴 인식처럼 정답이 명확하게 나눠진 클래스를 맞히는 분류(Classification) 문제야. 네 얼굴이 맞는지, 다른 사람인지 정확한 답이 정해져 있지?", "응, 그렇지.", "또 다른 하나는 정확한 답이 아닌 숫자 값을 예측하는 회귀(Regression) 문제야. 예를 들어 내일 강수량이 몇 mm인지 예측하거나, 내일 특정 주식이 얼마가 될지 예측하는 문제처럼, 답이 숫자로 나오는 문제를 말하지." 민수는 고개를 끄덕이며 말했다. "이제 좀 알 것 같아. 머신러닝은 단순한 계산을 넘어서, 사람처럼 배우고 판단하는 방법을 컴퓨터에 가르치는 기술이구나." 지훈이는 웃으며 대답했다. "정확해! 이제 너도 머신러닝 입문 준비는 끝났네."

앞선 두 사람의 대화를 통해 알 수 있듯이, 우리는 어떤 문제를 해결할 때 보통 규칙을 먼저 떠올린다. 예를 들어, 비가 오는 날엔 우산을 챙기고, 차가 막

힐 것을 예상하고 평소보다 일찍 출발하듯이, 머릿속에 들어 있는 규칙에 따라 움직인다. 컴퓨터도 마찬가지로, 사람이 정해준 규칙에 따라 작동하게 된다. 그러나, 이 방식은 어려운 문제 앞에서는 한계를 보인다. 앞선 예시처럼 얼굴을 인식하거나, 수신한 이메일이 스팸인지 아닌지 판단하거나, 내일 기온이 몇 도쯤 될지를 예측하는 문제처럼, 너무 복잡하고 어려우면 규칙에 따른 방식으로 해결하기 힘들다.

규칙 기반의 해결 방식을 공학적으로는 $Y=f(X)$로 표현할 수 있다. 입력값 X에 어떤 함수 f를 적용하면 결과값 Y가 나온다는 뜻이다. 여태까지는 이 함수 f를 사람이 직접 결정하였지만, 현실 세계에서는 이 함수 f가 정확히 무엇인지 모를 때가 훨씬 많다. 예를 들어, 어떤 제조 공정의 센서 값이 주어졌을 때, 제품의 두께가 얼마나 될지 예측하고 싶다고 하자. 이때 두께를 계산해주는 공식 f를 정확히 아는 사람은 없다. 그러나, 만약 센서 값과 그에 대응하는 두께가 기록된 데이터가 많다면 이야기가 달라진다. 머신러닝은 이 데이터를 가지고 학습하여 규칙을 가장 잘 표현하는 수식 $\hat{Y}=\hat{f}(X)$를 학습하는 것이다. 여기서 Hat(^) 기호는 데이터를 기반으로 예측하거나 추정한 값임을 의미한다.

만약 찾고자 하는 규칙과 관련된 데이터를 모두 가지고 있다면 함수 f를 정확히 구할 수 있지만, 현실에서는 모든 경우의 데이터를 모을 수는 없다. 즉, 학습과 관련된 모집단 데이터를 알 수 없으므로, 모집단으로부터 일부를 샘플링한 데이터를 가지고 학습하게 된다. 예를 들어 얼굴 인식을 하고자 할 때, 모집단 데이터는 모든 시간대와 각도에서 촬영한 얼굴 사진일 것이다. 하지만 이를 모두 구하는 것은 불가능하기 때문에, 단기간 동안 수집한 사진을 통해 학습을 하게 된다. 이렇게 일부의 사진을 모집단에서 뽑은 샘플 데이터로 볼 수 있고, 학습에 필요한 데이터라는 의미에서 학습 데이터(Train Data)라고 한다. 그렇다면 학습이 끝난 모델이 실제로 잘 작동하는지 확인하려면, 학습에 쓰이지 않은 데이터를 사용해 성능을 평가해야 한다. 이때 사용하는 데이터는 테스트를 위한 데이터라는 의미에서 테스트 데이터(Test Data)라고 한다.

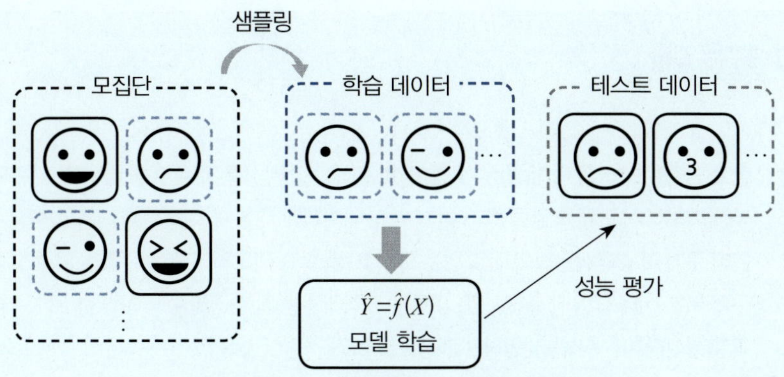

| 그림 3-9 | 모델 학습 과정 도식화

머신러닝의 궁극적인 목적은 학습 데이터를 통해 모델을 잘 학습하여, 한 번도 경험해보지 못한 테스트 데이터에 대한 예측 성능, 즉 일반화하는 능력을 극대화하는 것이다. 이를 잘 수행하기 위해서 학습 데이터를 모두 다 잘 예측하는 모델을 만드는 것이 일반화 성능도 우수할 것 같지만, 그렇지 않은 경우도 존재한다. 앞서 민수와 지훈이의 대화에서 나왔던 수능 예시처럼, 학습 데이터를 지나치게 잘 외우게 되면, 데이터의 특성이 조금만 변하게 되더라도 테스트 데이터에서 예측 성능이 많이 하락할 수 있다. 이를 과적합이라 부르며, 학습 데이터를 가지고 잘 학습하되 과적합이 일어나지 않는 선에서 적절하게 학습해야 한다.

이러한 배경을 바탕으로, 머신러닝이 실제로 다루는 문제 유형은 크게 두 가지로 나뉜다. 하나는 회귀로, 데이터가 주어졌을 때 연속형 변수를 출력하는 모델을 뜻한다. 즉 강수량이나 몸무게와 같이 연속형 숫자를 예측하는 모델이다. 다른 하나는 분류로, 데이터가 주어졌을 때 범주형 변수를 예측하는 모델이다. 어떤 사람이 핸드폰의 주인인지 아닌지를 얼굴 인식으로 구분하거나, 동물 사진이 주어졌을 때 주어진 사진이 강아지인지, 고양이인지, 늑대인지 구분하는 문제가 이에 해당한다. 두 유형 모두 테스트 데이터의 예측 결과와 실제 결과가 최대한 일치하도록 학습하는 것이 목표이며, 본격적으로 어떤 모델이 있는지, 어떻게 학습하는지는 다음 장에서 살펴볼 예정이다.

연/습/문/제

4-1 한 쇼핑몰은 고객의 나이, 방문 시간, 장바구니에 담은 상품 개수 등을 바탕으로 구매 여부를 예측하는 모델을 만들었다. 이후 학습 데이터에 대한 예측 성능을 더욱 향상시키기 위해 구매 여부와 상관성이 거의 없는 고객 ID를 학습 데이터에 포함시켰다. 기존 고객의 구매 여부는 더욱 잘 예측하지만, 새로운 고객에게는 예측 정확도가 훨씬 감소하는 현상이 발생했다. 이 문제를 설명하는 개념으로 가장 적절한 것은?

4-2 머신러닝은 사람이 직접 규칙을 정해주지 않고, 입력과 출력을 통해 규칙을 스스로 학습하는 방식이다. 이때 모델이 처음 보는 데이터에서도 잘 작동하는 능력을 (　)라고 한다. 빈칸에 들어갈 말을 작성하시오.

4-3 다음 중 분류 문제에 해당하는 예시는 무엇인가?
① 키와 몸무게를 통해 체질량지수(BMI)를 예측하는 문제
② 과거의 날씨 정보를 가지고 내일의 기온을 예측하는 문제
③ 설문 응답을 바탕으로 고객이 '만족'인지 '불만족'인지 분류하는 문제
④ 과거 판매 데이터를 바탕으로 다음 주에 팔릴 상품 수량을 예측하는 문제

5 일상 속 문제를 해결하는 머신러닝 알고리즘

더운 여름날, 아이스크림 가게를 운영하는 민석이는 깊은 고민에 빠졌다. 민석이 예상한 매출과 실제 매출의 차이가 너무 컸기 때문이다. 어느 날은 손님이 몰려와 재료가 일찍 떨어졌고, 또 다른 날은 재료를 넉넉히 준비했지만 손님이 별로 없어 많은 양이 남았다. 하루하루 가게 운영이 불확실하다는 점이 가장 큰 스트레스였다. "아이스크림 매출을 미리 예측할 수 있다면, 필요한 재료를 딱 맞게 준비할 수 있을 텐데…." 매출이 얼마나 될지 미리 알 수 있다면 재료 준비나 가게 운영이 훨씬 쉬워질 것이다. 그래서 민석이는 한 달 동안의 날씨와

매출 데이터를 꾸준히 기록하기 시작했다. 그러던 중, 날씨가 더운 날일수록 매출이 높아지는 경향이 있다는 사실을 발견했다. 이제 민석이는 이 데이터를 바탕으로 매출을 예측할 수 있는 방법을 찾기로 마음먹었다.

민석이가 할 수 있는 가장 쉬운 방법은 기온과 매출 데이터를 종이에 점으로 표시한 후, 이 데이터를 가장 잘 설명하는 직선을 그어보는 것이다. 실제로 민석은 여러 개의 직선을 그려보았고, 결과는 아래 [그림 3-10]과 같다.

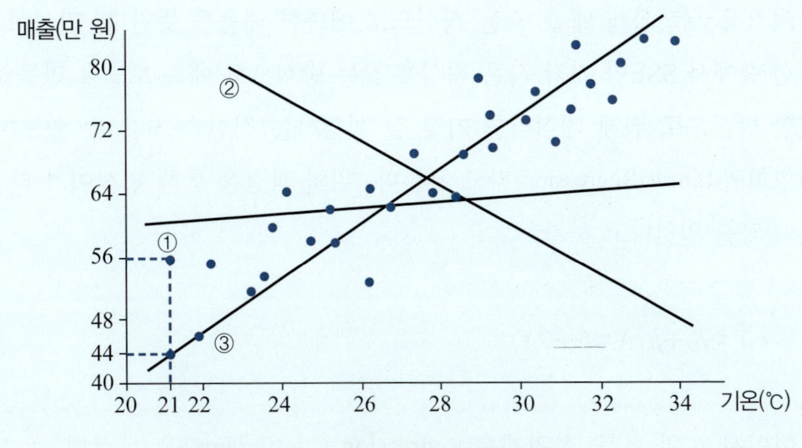

| 그림 3-10 | 기온에 따른 매출의 관계

그림을 그려놓고 보니 ②번 직선은 대부분의 점들과 거리가 멀고, ③번 직선은 점들 사이를 자연스럽게 관통하며 전체 데이터를 가장 잘 설명하는 것처럼 보였다. 직관적으로는 ③번 직선이 가장 적절해 보이지만, 왜 그런지 수식적으로 어떻게 보여줄 수 있을까?

어떤 동일한 입력 값에 대해 점에 해당하는 값과 직선에 대응하는 값과의 차이를 잔차(Residual)라고 한다. 위 그림의 경우 실제 매출과 직선이 예측한 매출의 차이를 의미하며, 기온이 약 21도인 경우에 실제 매출은 56만 원, 예측 값은 44만 원으로 잔차는 12만 원이 된다. 전체 데이터를 가장 잘 설명하는 직선을 찾기 위해서는, 각 점에 대해 이 잔차를 계산하고, 그 값이 가능한 한 작아지도록 만들어야 한다. 하지만 잔차는 양수도 있고 음수도 있기 때문에, 단순히 모두 더하면 서로 상쇄되어 정확한 평가가 어려워진다. 따라서 민석이는 각 잔차를 그대로 더하지 않고 모두 제곱해서 더한 후, 그 값이 가장 작은 직선을 찾고자 했다. 이렇게 잔차를 제곱해서 모든 데이터에 대해 더한 값을 SSE(Sum of Squared Errors)라고 부르고, 이를 수식으로 나타내면 다음과 같다.

$$SSE=\sum_{i=1}^{n}(y_i-\hat{y}_i)^2$$

여기서 y_i는 실제 매출, $\hat{y}_i$는 직선으로 예측한 매출을 뜻한다. 민석이는 여러 직선 중에서 SSE가 가장 작은 직선을 찾는 방식으로 예측 모델을 만들었다. 이러한 방식으로 전체 데이터를 가장 잘 설명하는 직선을 찾을 수 있으며, 이를 선형회귀(Linear Regression)라고 부른다. 위의 과정을 통해 민석이가 다음과 같은 결과를 얻었다고 하자.

$$\hat{Y}=\hat{\beta}_0+\hat{\beta}_1 X=5+2X$$

여기서 $\hat{\beta}_0$와 $\hat{\beta}_1$를 회귀계수(Regression Coefficients)라 부르며, $\hat{\beta}_0$는 절편(Intercept), $\hat{\beta}_1$은 기울기(Slope)를 뜻한다. 기온과 매출의 관계로 보면,

예상 매출=5+2×기온

으로도 해석할 수 있다. 만약 기온이 30도라면, 민석이는 약 65만 원(5+2×30) 정도의 매출을 예측할 수 있다. 또한, 회귀계수 $\hat{\beta}_1$은 기온(X)이 한 단위 증가했을 때 예상 매출($\hat{Y}$)의 변화량을 의미한다. 예를 들어, 기온이 1도 올라갈 때마다 매출이 평균적으로 2만 원 증가한다고도 해석할 수 있다. 즉 $\hat{\beta}_1$은 예측 값에 얼마나 영향을 주는지를 나타내므로 변수의 중요도로 간주할 수 있고, $\hat{\beta}_1$의 절댓값이 크면 X가 중요한 인자임을 알 수 있다.

그렇다면 SSE가 가장 작은 직선은 어떻게 찾을 수 있을까? SSE를 모든 데이터에 대해 다시 표현하면 다음과 같다.

$$SSE=\sum_{i=1}^{n}(y_i-\hat{y}_i)^2=(y_1-\hat{\beta}_0-\hat{\beta}_1x_1)^2+(y_2-\hat{\beta}_0-\hat{\beta}_1x_2)^2+\cdots+(y_n-\hat{\beta}_0-\hat{\beta}_1x_n)^2$$

x_i와 y_i는 i번째 학습 데이터의 입력값(예: 기온)과 출력값(예: 매출)을 의미한다. 데이터는 고정된 값이므로, 해당 식에서 변수는 회귀 계수인 $\hat{\beta}_0$와 $\hat{\beta}_1$이다. 따라서 SSE를 최소화하려면 두 계수 $\hat{\beta}_0$과 $\hat{\beta}_1$에 대해 편미분한 값을 0으로 두고 해를 구하면 된다. SSE를 $\hat{\beta}_0$과 $\hat{\beta}_1$으로 편미분하여 0으로 두면 다음과 같다.

$$\frac{\partial(SSE)}{\partial\hat{\beta}_0}=-2\sum_{i=1}^{n}(y_i-\hat{\beta}_0-\hat{\beta}_1x_i)=0, \quad \frac{\partial(SSE)}{\partial\hat{\beta}_1}=-2\sum_{i=1}^{n}(y_i-\hat{\beta}_0-\hat{\beta}_1x_i)x_i=0$$

두 식을 연립하여 풀면, 먼저 $\hat{\beta}_1$을 다음과 같이 구할 수 있다.

$$\hat{\beta}_1=\frac{\sum_{i=1}^{n}(x_i-\bar{x})(y_i-\bar{y})}{\sum_{i=1}^{n}(x_i-\bar{x})^2} \qquad where\ \bar{x}=\frac{1}{n}\sum_{i=1}^{n}x_i,\ \bar{y}=\frac{1}{n}\sum_{i=1}^{n}y_i$$

그리고 이 값을 이용해 $\hat{\beta}_0$을 구하면 다음과 같다.

$$\hat{\beta}_0=\bar{y}-\hat{\beta}_1\bar{x}$$

이와 같은 방식으로 $\hat{\beta}_0$과 $\hat{\beta}_1$을 구하는 방법을 최소자승법(Ordinary Least Squared Method, OLS)이라 하며, 이를 통해 주어진 데이터에 가장 잘 맞는 직선을 찾을 수 있다.

하지만 선형회귀 모델을 만들고 나서도, 여전히 매출 예측이 정확하지 않다는 사실을 알게 되었다. 특히 근처에 있는 경쟁 아이스크림 가게에서 할인 행사를 하는 날에는, 평소보다 매출이 줄어드는 경향이 있었다. 단순히 기온만으로는 매출을 충분히 설명할 수 없다는 것을 깨달은 민석이는, 경쟁 가게의 할인율이라는 새로운 변수를 추가해 분석을 시도했다. 이처럼 하나의 변수(기온)만이 아니라, 여러 가지 변수(경쟁사의 할인율 등)를 함께 고려해 예측하는 분석 기법을 다중선형회귀(Multiple Linear Regression)라고 한다. 다중선형회귀는 현실의 복잡한 상황을 더 정밀하게 모델링할 수 있으며, 더욱더 신뢰도 높은 예측을 가능하게 한다.

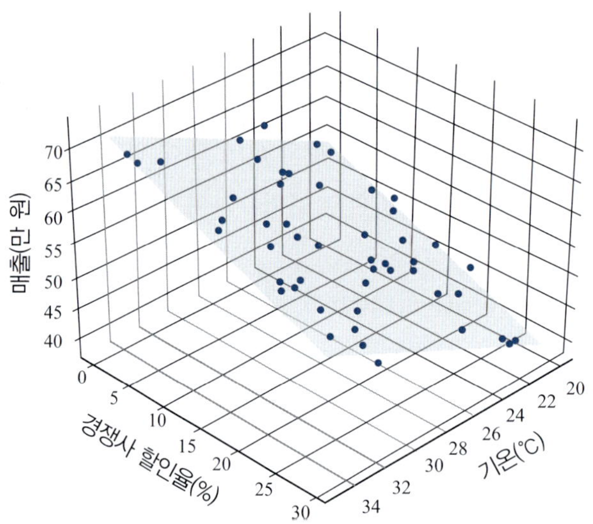

| 그림 3-11 | 기온과 경쟁사 할인율에 따른 매출의 관계

민석이는 기온과 할인율 외에도, 매출에 영향을 줄 수 있을 것 같은 다양한 변수를 하나 둘 추가해보기 시작했다. 손님 수, 아이스크림 종류, 시간대 등 많은 변수를 포함한 모델을 만들었다. 그러나 학습 데이터에서는 매우 정확한 예측 성능을 보여줬지만, 실제 새로운 상황에서는 오히려 성능이 떨어지는 결과가 나타났다. 이는 필요 없는 변수까지 추가하면 오히려 일반화 성능이 떨어지는 과적합 문제가 발생했기 때문이다. 변수가 많다고 항상 성능이 좋은 건 아니며, 예측하는데 꼭 필요한 핵심 변수를 신중하게 선택하는 것이 중요하다.

민석이는 회귀분석 덕분에 날씨에 따른 매출을 꽤 정확히 예측할 수 있게 되었다. 그런데 어느 날, 민석이는 가게 손님들의 취향을 좀 더 잘 이해하면 아이스크림 판매량이 더욱 늘어날 수 있겠다는 생각이 들었다. 민석이는 손님들의 성별과 나이, 좋아하는 맛을 기록해 보기 시작했고, 시간이 지나자 점점 많은 데이터가 쌓였다. 어느 날 가게에 15살의 새로운 여성 손님이 왔는데, 민석이는 이 손님이 어떤 맛의 아이스크림을 좋아할지 예측해 보고자 했다. 이 손님이 좋아할 맛을 예측하기 위해 민석이는 조금 색다른 방법을 사용했다. 새로운 손님과 나이가 비슷하고 성별이 동일한 손님을 찾아 그들이 좋아했던 아이스크림 맛을 참고하기로 한 것이다. 민석이는 15살 손님과 가장 나이가 비슷한 5명의 이전 여성 손님을 찾아봤다. 그 결과, 5명 중 4명이 초콜릿 맛을 선택하고, 나머지 1명은 딸기 맛을 선택했다. 민석이는 이 결과를 바탕으로 새로운 15살 손님에게 초콜릿 맛 아이스크림을 추천했고, 손님은 매우 만족스러워했다.

이렇게 비슷한 데이터를 찾아 그것을 기반으로 새로운 데이터를 예측하는 방법을 KNN(K−Nearest Neighbors) 알고리즘이라고 부른다. 여기서 K는 “가장 가까운 이웃”을 몇 개 사용할지를 나타내는 숫자로, 사용자가 사전에 정해야 하는 값이다. 민석이가 5명의 데이터를 사용했기 때문에 이 경우에 K=5이다. KNN은 새로운 데이터 포인트가 주어졌을 때, 기존의 학습 데이터들 중에서 K개의 가장 가까운 이웃을 찾고, 이 이웃들의 정보를 바탕으로 예측을 수행하는 방식이다. 이 ‘가까움’을 판단하는 기준으로는 일반적으로 유클리디안 거리(Euclidean Distance)가 사용되는데, 이는 두 점 사이의 직선 거리로 해석할 수 있다. 두 데이터 포인트 X_i(기존 학습 데이터)와 X_q(예측하고자 하는 새로운 데이터) 사이의 거리는 다음과 같이 계산한다.

$$d(X_q, X_i)=\sqrt{\sum_{r=1}^{p}(x_{qr}-x_{ir})^2}$$

여기서 p는 입력 변수의 총 개수를 의미하며, x_{qr}과 x_{ir}는 각각 r번째 입력 변수의 값이다. 즉, 모든 입력 변수에서의 차이를 제곱한 뒤 더하고, 그 총합의 제곱근을 취한 값을 거리로 계산한다. 위의 예시에서 입력변수는 여성 손님의 나이, 출력 변수는 여성 손님이 구매한 아이스크림 종류로 볼 수 있다. 이전에 초콜릿 맛을 구매한 손님의 나이가 17살이었다면, 두 데이터 간 거리는

$$d(X_q, X_i)=\sqrt{(15-17)^2}=\sqrt{4}=2$$

가 된다.

KNN은 알고리즘 자체는 단순하지만, 실제로 매우 다양하게 활용될 수 있다. 예를 들어 사람들이 자주 이용하는 넷플릭스나 유튜브 같은 동영상 플랫폼에서도 KNN 알고리즘을 활용할 수 있다. 사람들이 이전에 시청했던 영화나 드라마, 좋아요를 누른 콘텐츠와 비슷한 취향을 가진 다른 사용자들을 찾아, 그들이 좋아했던 새로운 콘텐츠를 추천해 주는 방식이다. 이처럼 KNN은 고객의 취향을 분석하고 개인 맞춤형 추천 시스템에 널리 사용될 수 있다.

또 다른 예로, 제조 공정처럼 정밀한 산업 현장에서는 KNN 알고리즘을 이용해 불량 제품을 자동으로 판별할 수 있다. 먼저 정상 제품의 데이터만을 이용해 각 데이터가 가장 가까운 K개의 이웃과 얼마나 가까운지를 계산한다. 이때 계산한 거리의 합이 작을수록 정상, 크면 이상 데이터일 가능성이 높다. 이렇게 해서 거리 합이 일정 기준인 임계치를 넘는 데이터를 불량으로 판단한다. 예를 들어, 측정한 제품의 데이터와 정상 제품들 데이터 사이의 거리가 너무 멀리 떨어져 있다면, 그 제품은 정상 범위에서 벗어난 것으로 간주해 불량 처리하는 것이다.

민석이의 사례처럼, 회귀 문제 중 선형 회귀는 데이터를 통해 '숫자를 예측'하는 데에, 분류 문제에서 KNN은 '비슷한 데이터를 바탕으로 판단'을 내리는 데에 효과적인 도구이다. 이 두 가지 방법은 머신러닝의 기본이 되는 핵심 개념으로, 단순한 알고리즘이지만 우리의 일상은 물론 산업 현장에서도 강력한 분석 도구로 활용되고 있다.

연/습/문/제

5-1 다음 표는 6명의 사람에 대해 측정한 팔 길이와 키를 나타낸 것이다(단위: cm).

팔 길이	키
56	158
58	162
60	167
61	169
63	173
65	177

이 데이터를 바탕으로 만든 세 개의 선형회귀 모델이 다음과 같다.

A: $\hat{y}=80+1.5x$

A: $\hat{y}=90+1.2x$

A: $\hat{y}=60+1.8x$

위 세 모델 중에서, 주어진 데이터를 가장 잘 설명하는 직선을 고르시오.

5-2 다음은 꽃의 꽃잎 길이, 꽃잎 너비에 따른 꽃의 종류를 나타낸 데이터이다.

꽃잎 길이	꽃잎 너비	종류
1	2	A
2	2	A
2	3	A
6	5	B
7	5	B
8	6	B

새로운 꽃의 꽃잎 길이와 꽃잎 너비가 각각 (4, 4)라고 할 때, 꽃의 종류를 KNN 알고리즘(K=3)을 이용해 예측하시오.

6 아이스크림 매출 데이터를 활용한 회귀분석 및 KNN 알고리즘 실습

실제 경영 문제의 대부분은 한 가지 변수로만 설명되지 않으며, 여러 요인들이 서로 영향을 주고받는 복잡한 구조를 갖고 있다. 이와 같은 구조 속에서 데이터 간의 관계를 정량적으로 분석하고 예측력을 갖춘 의사결정을 수행하기 위해서는 회귀분석이나 분류 알고리즘과 같은 데이터 분석 기법이 활용된다. 이번 장에서는 아이스크림 장사를 예로 들어 엑셀을 이용한 회귀분석과 KNN 알고리즘의 적용 방법을 설명하고자 한다.

한 아이스크림 가게에서 일별 최고 기온, 경쟁 가게의 할인율, 그리고 그날의 아이스크림 매출을 기록하였다. 데이터를 바탕으로 기온과 할인율이 매출에 어떤 영향을 미치는지를 회귀분석을 통해 알아보고자 한다.

	A	B	C	D
1	날짜	일별 최고기온(c°)	경쟁가게 할인율	일 매출 (천원
2	6월1일	25	20	312.5
3	6월2일	25	20	309.3
4	6월3일	28	20	349.2
5	6월4일	29	20	365.6
6	6월5일	30	20	368.8
7	6월6일	31	20	380.8
8	6월7일	28	20	353.9
9	6월8일	25	20	313.8
10	6월9일	28	20	343.7
11	6월10일	31	20	384.7
12	6월11일	31	50	283.7
13	6월12일	31	50	319.7
14	6월13일	32	50	323.2
15	6월14일	33	50	336.4
16	6월15일	28	50	277.4
17	6월16일	29	50	295.2
18	6월17일	30	50	304.9

| 그림 3-12 | 아이스크림 매출 데이터

다음과 같이 엑셀의 A열에는 날짜, B열에는 일별 최고 기온, C열에는 경쟁 가게의 할인율, D열에는 해당 날짜의 매출을 입력한다. 해당 데이터에서 매출이 종속변수인 Y에 해당하며, 기온과 할인율이 각각 독립변수인 X_1, X_2에 해당한다.

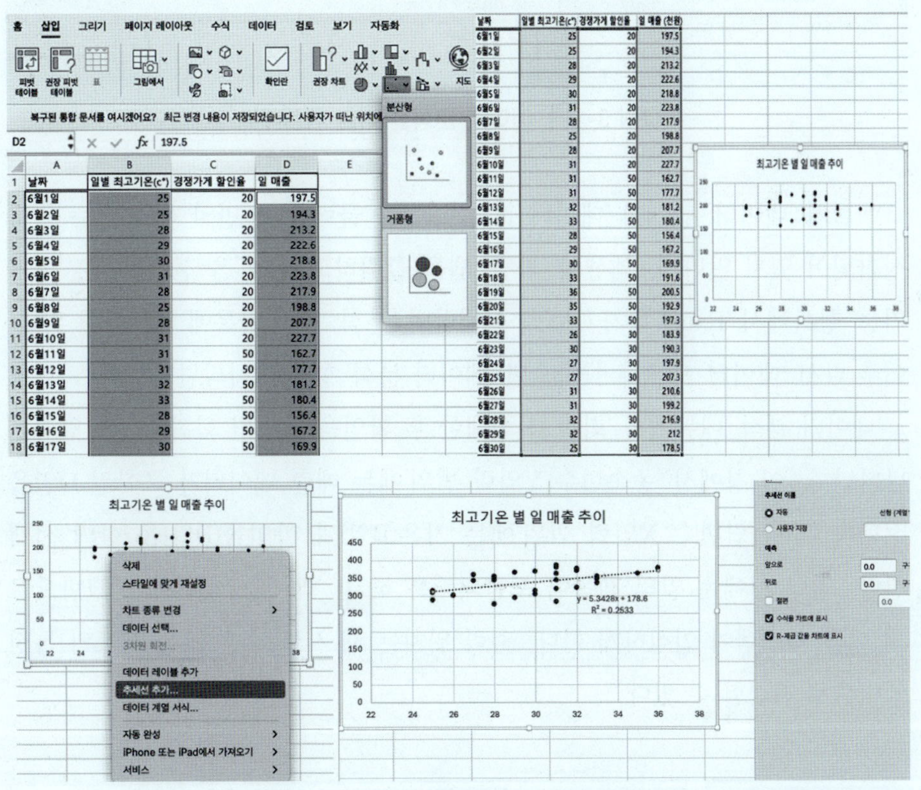

| 그림 3-13 | **아이스크림 매출 데이터분석**

그림과 같이 B열과 D열의 데이터를 함께 선택한 뒤, 엑셀 상단의 '삽입' 탭에서 '산점도'를 선택하면 회귀분석을 시각적으로 이해하기 위한 산점도 그래프가 생성된다. 생성된 그래프에 대해 추세선을 추가하려면 그래프 위의 데이터 점을 마우스 오른쪽 버튼으로 클릭한 후 '추세선 추가'를 선택한다. 추세선 서식 창에서는 '차트에 수식 표시'와 'R^2 값 표시' 항목을 모두 선택하면 선형 회귀식과 결정계수(R^2)가 그래프에 함께 표시된다. 결정계수는 주어진 회귀식이 실제 데이터를 얼마나 잘 설명하는지를 나타내며, 1에 가까울수록 설명력이 높다.

이제 X_2인 경쟁가게 할인율을 포함한 다중선형회귀를 엑셀로 진행해 보자.

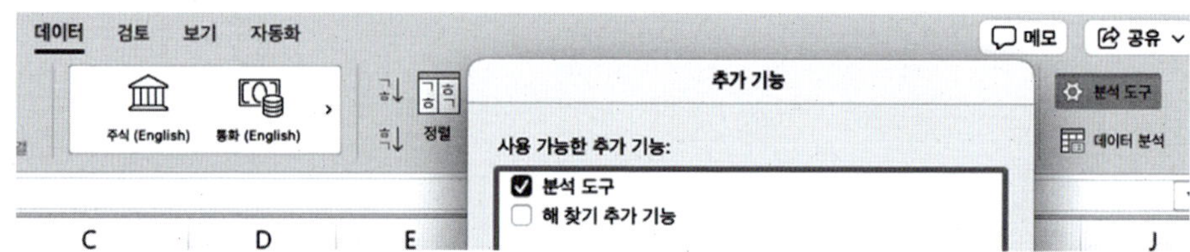

| 그림 3-14 | 데이터 분석을 위한 엑셀메뉴

엑셀의 ‘데이터’ 탭에서 ‘데이터 분석’ 메뉴를 클릭한다. 만약 해당 메뉴가 활성화되어 있지 않다면, 엑셀의 ‘파일’ 탭을 클릭하고 ‘옵션’을 선택한 후, ‘추가기능’ 항목에서 ‘Excel 추가기능’을 선택하여 ‘분석 도구’ 항목에 체크하면 된다. 이후 다시 ‘데이터’ 탭으로 돌아오면 ‘데이터 분석’ 항목이 나타난다.

‘데이터 분석’ 메뉴에서 ‘회귀’를 선택한 후 확인을 누르면 회귀분석 팝업창이 나타난다. 이 창에서 ‘종속변수 Y입력 범위’에는 매출 데이터가 포함된 D열을 선택하고, ‘독립변수 X입력 범위’에는 기온(B열)과 할인율(D열)을 함께 선택한다. 입력 시에는 열의 제목이 포함되도록 하고, ‘레이블’ 항목에 체크함으로써 이를 시스템이 인식하게 한다. 출력 위치는 새 시트 혹은 기존 시트의 특정 영역으로 지정할 수 있다.

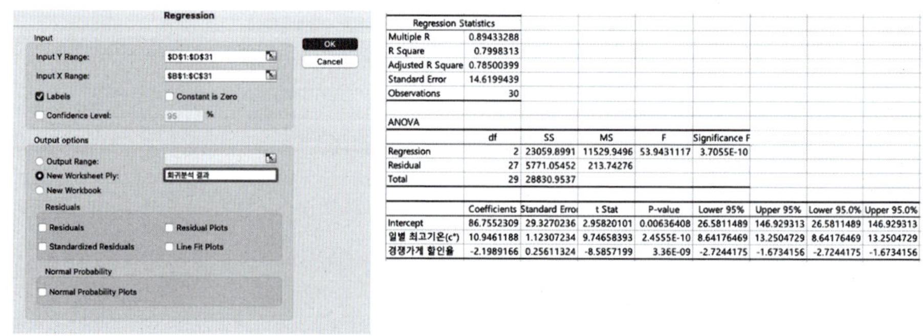

Regression Statistics	
Multiple R	0.89433288
R Square	0.7998313
Adjusted R Square	0.78500399
Standard Error	14.6199439
Observations	30

ANOVA

	df	SS	MS	F	Significance F
Regression	2	23059.8991	11529.9496	53.9431117	3.7055E-10
Residual	27	5771.05452	213.74276		
Total	29	28830.9537			

	Coefficients	Standard Erro	t Stat	P-value	Lower 95%	Upper 95%	Lower 95.0%	Upper 95.0%
Intercept	86.7552309	29.3270236	2.95820101	0.00636408	26.5811489	146.929313	26.5811489	146.929313
일별 최고기온(c°)	10.9461188	1.12307234	9.74658393	2.4555E-10	8.64176469	13.2504729	8.64176469	13.2504729
경쟁가게 할인율	-2.1989166	0.25611324	-8.5857199	3.36E-09	-2.7244175	-1.6734156	-2.7244175	-1.6734156

| 그림 3-15 | 아이스크림 매출 회귀분석 결과

회귀분석 결과에는 각 독립변수의 계수(Coefficient), p-value, 그리고 모델의 결정계수(R^2)가 포함된다. 계수는 해당 변수의 변화가 매출에 얼마나 영향을 미치는지를 나타내며, p-value는 해당 변수의 유의성을 판단하는 기준이 된다. 일반적으로, p-value가 0.05보다 작을 경우, 해당 변수는 통계적으로 유의한 영향을 준다고 해석할 수 있다.

KNN 역시 엑셀에서 구현할 수 있다. KNN 알고리즘은 예측하고자 하는 항목이 어떤 그룹에 속할 가능성이 높은지를, 기존에 분류된 데이터들과의 유사성을 기반으로 판단하는 방식이다.

	A	B	C	D
1	이름	나이	성별(남:0, 여1)	선호 맛
2	손님1	53	1	딸기
3	손님2	43	1	초코
4	손님3	29	1	초코
5	손님4	57	1	딸기
6	손님5	22	1	초코
7	손님6	35	0	딸기
8	손님7	53	0	딸기
9	손님8	33	1	바닐라
10	손님9	37	1	딸기
11	손님10	25	1	바닐라
12	손님11	25	0	딸기
13	손님12	38	1	딸기
14	손님13	50	0	바닐라
15	손님14	54	0	바닐라
16	손님15	38	0	딸기
17	손님16	17	0	초코
18	손님17	36	0	바닐라
19	손님18	16	1	초코
20	손님19	38	1	초코
21	손님20	58	1	초코

| 그림 3-16 | 아이스크림 매출고객 데이터

마찬가지로 아이스크림 판매환경을 예로 들어 손님의 이름, 나이, 성별, 선호 아이스크림 맛을 각각 A열, B열, C열, D열에 입력한 데이터를 준비한다. 성별은 수치형으로 변환하여 남성은 0, 여성은 1로 설정한다.

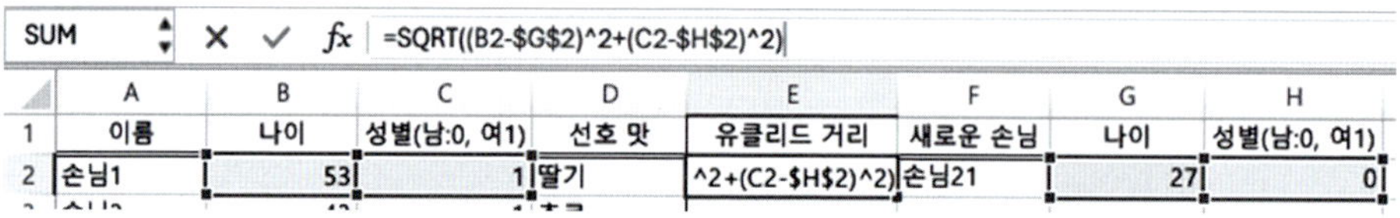

SUM | × ✓ fx | =SQRT((B2-G2)^2+(C2-H2)^2)

	A	B	C	D	E	F	G	H
1	이름	나이	성별(남:0, 여1)	선호 맛	유클리드 거리	새로운 손님	나이	성별(남:0, 여1)
2	손님1	53	1	딸기	^2+(C2-H2)^2)	손님21	27	0

| 그림 3-17 | 아이스크림 매출 KNN 분석 엑셀 메뉴

고객의 나이와 성별을 바탕으로 새로운 고객의 아이스크림 맛 선호를 예측하기 위해 위와 같이 새로운 손님의 나이와 성별은 G1셀과 H1셀에 각각 입력한다. 이제 새로운 손님과 기존 손님들 간의 유클리드 거리(Euclidean Distance)를 계산하기 위해 E2셀에 다음과 같은 수식을 입력한다.

=IF(C2=$*H*$2, SQRT((B2−H2)^2),"")

엑셀의 IF(logical_text,[value_if_true],[value_if_false]) 함수는 logical_text의 조건이 참이면 [value_if_true]를 거짓이면 [value_if_false]를 연산한다. 따라서 이 수식은 새로운 손님과 성별이 같은 경우에만 나이의 차이를 제곱하여 제곱근을 구하는 방식으로 거리 값을 산출하고 다를 경우 거리를 산출하지 않는다. 수식을 입력한 후 E열의 나머지 셀에 드래그로 복사하여 모든 손님에 대한 거리 값을 구한다.

거리 값이 계산된 후에는 이를 기준으로 데이터를 정렬한다. A열부터 E열까지 데이터가 존재하는 부분을 모두 드래그한 뒤 엑셀 상단의 '데이터' 탭에서 '정렬'을 선택하고 이미지와 같이 설정하면 가장 가까운 손님부터 위쪽에 위치하게 된다. 상단에 위치한 손님들 중에서 K명을 선택하고, 이들이 선호한 맛의 빈도를 비교하여 가장 많이 선택된 맛을 새로운 손님의 예측 취향으로 결정할 수 있다. 위 예시에서 K=5일 경우 5명의 결과 중 가장 빈도가 높은 딸기 맛으로 예측할 수 있다.

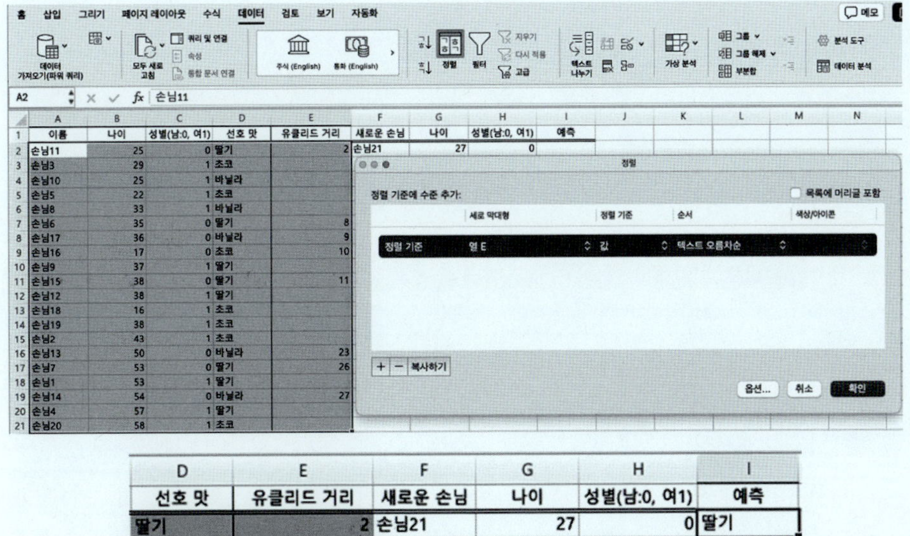

	A	B	C	D	E	F	G	H	I
1	이름	나이	성별(남:0, 여1)	선호 맛	유클리드 거리	새로운 손님	나이	성별(남:0, 여1)	예측
2	손님11	25	0	딸기	2	손님21	27	0	
3	손님3	29	1	초코					
4	손님10	25	1	바닐라					
5	손님5	22	1	초코					
6	손님8	33	1	바닐라					
7	손님6	35	0	딸기	8				
8	손님17	36	0	바닐라	9				
9	손님16	17	0	초코	10				
10	손님9	37	1	딸기					
11	손님15	38	0	딸기	11				
12	손님12	38	1	딸기					
13	손님18	16	1	초코					
14	손님19	38	1	초코					
15	손님2	43	1	초코					
16	손님13	50	0	바닐라	23				
17	손님7	53	0	딸기	26				
18	손님1	53	1	딸기					
19	손님14	54	0	바닐라	27				
20	손님4	57	1	딸기					
21	손님20	58	1	초코					

D	E	F	G	H	I
선호 맛	유클리드 거리	새로운 손님	나이	성별(남:0, 여1)	예측
딸기	2	손님21	27	0	딸기
딸기	8				
바닐라	9				
초코	10				
딸기	11				

┃그림 3-18┃ 아이스크림 매출 KNN 분석 결과

일상생활 속 수식을 기반으로 문제를 구성하고, 이를 엑셀이라는 도구를 통해 직접 해석하고 예측해 보는 실습은 단순히 도구의 사용법을 익히는 것 이상으로, 실제 문제 해결을 위한 사고의 틀을 제공한다. 데이터를 해석하는 능력은 결국 의사결정의 품질을 결정하는 핵심 역량이 되므로 엑셀과 같이 손에 익은 도구로부터 데이터 분석과 머신러닝의 멋진 출발점이 될 수 있다.

연/습/문/제

6-1 다음은 한 커피 전문점의 일별 기온, SNS 방문자 수, 그리고 커피 매출을 나타낸 데이터이다.

기온(℃)	SNS 방문자 수(명)	커피 매출(만 원)
18	210	42
21	320	50
20	260	47
22	400	55
25	340	59
28	180	62
27	300	60
23	270	52

일일 기온과 SNS 방문자 수를 독립변수, 매출을 종속변수로 하여 다중회귀분석을 Excel의 데이터분석 도구를 사용하여 수행하고 두 독립변수(기온, SNS 방문자 수)의 계수와 결정계수(R^2)를 구하시오.

6-2 회귀 분석 결과를 활용하여, 새로운 날의 기온이 24℃, SNS 방문자 수가 290명일 때 예상되는 매출을 반올림하여 예측하시오.

6-3 (6-2)번과 같이 새로운 날의 기온이 24℃, SNS 방문자 수가 290명일 때 예상되는 매출을 KNN 알고리즘(K=3) 방법을 이용해 예측하고 (6-2)의 결과와 비교하시오.

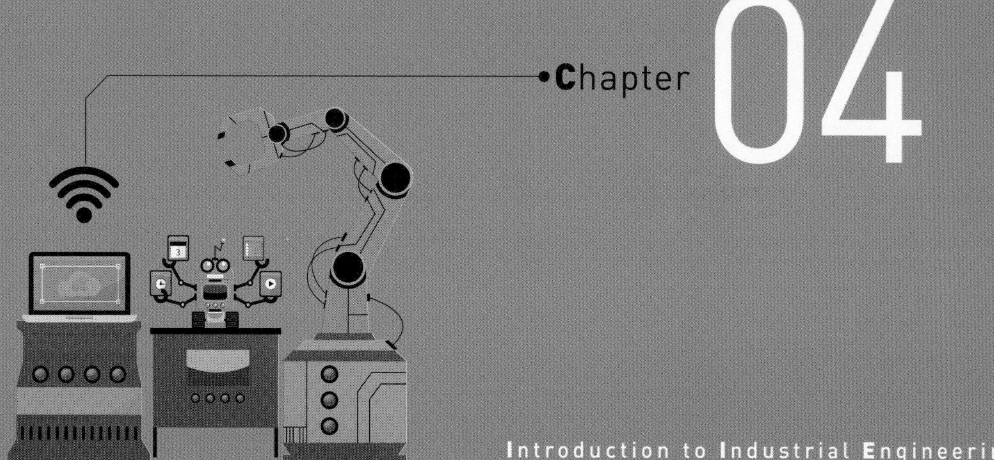

산업인공지능

1. 인공지능 개요: 데이터로부터 배우는 기계
2. 신경망과 퍼셉트론: 단순 계산에서 딥러닝까지
3. 합성곱 신경망(CNN): 픽셀에서 공간구조로, 그리고 의사결정으로
4. 전이학습: 배운 것을 다른 문제에 응용하기
5. 시계열 데이터 분석 및 예측
6. 멀티모달 AI

Chapter

04 산업인공지능

1 인공지능 개요 : 데이터로부터 배우는 기계

1) 아침 카페에서 본 인공지능

개강 첫 주 월요일 아침 7시 30분, 공대 앞 카페는 분주하다. 개점과 동시에 아이스 아메리카노 주문이 폭발적으로 늘어나지만, 바리스타들은 침착하다. 미리 얼음을 더 꺼내 두고 우유를 넉넉히 준비해 두었다. 추가 인력도 30분 일찍 출근했다. "어젯밤에 시스템이 내일은 붐빌 거라고 알려 줬거든요." 매니저의 말이다. 이러한 예측을 수행하는 '시스템'이 바로 우리가 공부할 인공지능(Artificial Intelligence, AI)이다. 어제까지의 판매 데이터, 기상 예보, 시험 기간 여부, 요일 정보 같은 다양한 특징(Feature)을 종합해 "내일 8~10시에 수요 급증. 얼음 +15%, 인력 +1명."이라는 하나의 권고로 변환하는 것이다.

| 그림 4-1 | 카페의 인공지능

AI는 사람이 모든 규칙을 일일이 코딩하는 대신 데이터로부터 패턴을 학습하고 스스로 성능을 개선하는 컴퓨터 시스템이다. 핵심은 데이터를 그대로 저장하는 것이 아니라, 문제 해결에 유용한 정보를 가중치(Weight)라는 '지식'의 형태로 압축해 입력과 출력 사이의 관계를 표현하도록 만드는 데 있다. 학습 전의 가중치는 무작위 초기값이지만, 반복적으로 입력과 출력의 관계를 보며 오차를 줄이는 방향으로 업데이트되면서 과거의 경험을 반영한다. 이러한 과정에서 모델의 지식은 데이터 그 자체가 아니라 가중치의 형태로 저장된다. 그래서 과거에 없던 상황에서도 과거와 유사한 규칙성을 바탕으로 합리적인 추정을 한다.

AI를 도입하는 관점은 "데이터→모형→의사결정"으로 요약된다. 먼저 데이터를 수치화하여 특징을 만들고, 그 특징으로 현상을 설명하는 함수를 학습한다. 마지막으로 예측 결과를 업무 규칙과 비용 구조에 맞추어 실행 가능한 결정으로 바꾼다. 반복 학습을 통해 안정적인 가중치를 얻은 뒤, 예측 결과를 숫자로 제시하는 데서 그치지 않고 현장의 의사결정으로 연결할 때 AI의 가치는 실현된다.

현장에서 AI는 다양한 모습으로 나타난다. 스마트폰의 음성 비서는 사용자의 발화를 텍스트로 바꾸고, 맥락을 해석해 적절한 응답을 생성한다. 제조 라인의 비전 시스템은 카메라 영상을 분석해 미세한 흠집을 찾아내고, 전자상거래의 추천 엔진은 사용자의 과거 행동과 유사 사용자들의 선택을 바탕으로 다음 클릭을 예측한다. 설비에 달린 센서는 진동 · 온도 · 소음 같은 데이터를 실시간으로 기록하고, 그 작은 변화의 패턴으로 고장의 징후를 감지한다. 스팸 메일 차단, OCR(광학 문자 인식), 검색어 자동완성과 같은 일상적 기능들 역시 같은 원리로 작동한다.

2) AI의 범위와 한계 – 좁은 AI(Narrow AI)와 범용 AI(Artificial General Intelligence, AGI)

오늘날 산업과 일상에서 쓰이는 AI는 특정 업무를 잘 수행하도록 설계된 좁은 AI가 대부분이다. 이런 모델은 대출 심사, 음성 인식, 불량 판정 등 하나의 과제에 맞춰 훈련되며, 그 과제 외의 문제에는 적용하기 어려운 한계점이 있다. 예를 들어, 음성 비서 시스템이 이미지 분류를 곧바로 해내지 못하는 이유가 여기에 있다.

반대로 범용 인공지능(Artificial General Intelligence, AGI)은 과거 경험을 바탕으로 새로운 분야에 스스로 적응하며 인간 수준의 다양한 지적 업무를 수행하는 것을 목표로 한다. 이러한 범용 AI는 아직 연구와 시도가 이루어지는 초기 단계이며, 완전한 범용성을 갖춘 시스템은 장기적인 연구 과제로 남아 있다.

따라서 AI는 매우 강력한 도구이지만 만능은 아니다. 현장에서 AI를 도입할 때에는 문제의 성격을 정확히 파악하고, 해당 과제에 맞는 데이터와 모델을 선택해야 한다. 예측 모델이 공정 제어, 수요 예측, 고장 예지 등 각기 다른 목표를 위해 설계되어야 하며, 한 모델로 모든 문제를 해결하려는 시도는 실패하기 쉽다.

3) 실무에서 기억해야 할 두 가지: 환경 변화와 설명 가능성

(1) 데이터 분포의 변화

모델은 훈련 데이터의 분포를 기반으로 규칙을 학습한다. 하지만 계절, 프로모션, 공정 조건, 센서 교체 같은 여러 요인으로 데이터의 성격은 시간이 지나면서 달라질 수 있다. 훈련 중에는 성능이 좋던 모델도 배포 후 예측이 급격히 떨어지는 이유가 여기에 있다. 이런 현상을 분포 이동(Distribution Shift)이라고 하며, 입력 특성의 분포가 변하는 공변량 이동(Covariate Shift)은 가장 대표적인 사례다. 학습 당시엔 입력 변수가 특정 범위에 몰려 있었지만, 실제 사용 시 모델이 추론해야 하는 데이터가 다른 범위에 있거나 새로운 조합을 보이면, 모델은 익숙하지 않은 영역에서 추정을 해야 한다. 이를 완전히 막을 수는 없지만, 데이터를 지속적으로 모니터링하고 필요하면 모델을 다시 학습시켜 환경 변화를 반영해야 한다.

(2) 설명 가능성과 신뢰

오늘날의 신경망은 수백만 개의 가중치로 구성된 복잡한 함수이기 때문에, 예측 결과가 어떻게 나왔는지 직관적으로 이해하기 어렵다. 하지만 산업 현장에서는 모델의 판단 근거를 설명할 수 있어야 엔지니어와 의사결정권자가 결과를 신뢰하고 적절한 조치를 취할 수 있다. 설명 가능한 AI(Explainable AI, XAI)는 예측 과정에서 중요하게 활용한 특징을 시각화하거나, 대표적인 입력 사례를 통해 특정 예측 결과의 이유를 설명하는 등, 사람이 출력과 과정을 이해할 수 있도록 돕는 방법을 말한다. 이러한 해석 도구는 모델 정확도뿐만 아니라 공정성, 투명성, 잠재적 편향을 평가하는 데에도 중요한 역할을 한다.

4) 앞으로의 여정

이 절에서는 AI가 데이터를 통해 규칙을 학습하며 가중치에 지식을 저장한다는 큰 그림을 살펴보았다. 또한 좁은 AI와 범용 AI의 차이, 환경 변화로 인한 분포 이동, 설명 가능성의 필요성을 간단히 소개했다. 이어지는 절에서는 신경망의 입력-은닉-출력 구조를 해부하고, 퍼셉트론과 다층 신경망, 이미지 인식용 합성곱 신경망(CNN), 전이학습(Transfer Learning), 시계열 데이터의 특징 추출, 멀티모달 AI 등 다양한 주제를 이야기와 예제로 풀어낼 것이다. AI가 어떻게 숫자를 넘어서 의사결정으로 이어지는지, 그리고 산업공학 현장에서 어떤 의미를 갖는지 함께 탐구해 보자.

2 신경망과 퍼셉트론: 단순 계산에서 딥러닝까지

1) 신경망의 기본 구조: 입력층 – 은닉층 – 출력층

수십 년간 산업계에서 자동화와 판단은 주로 사람이 만든 규칙에 의존해 왔다. 그러나 데이터가 대량으로 축적되는 환경에서는, 규칙을 직접 나열하는 대신 데이터로부터 규칙을 학습하는 접근이 효과적이다. 이 장에서는 데이터로부터 학습된 규칙을 바탕으로 작동하는 인공신경망(Artificial Neural Network)의 핵심 원리를 살펴본다. 신경망은 입력과 출력 사이의 복잡한 관계를 계층적인 함수로 표현하는 모델이다. 신경망은 크게 입력층, 은닉층, 출력층이라는 세 가지 기본 요소로 구성된다. 입력층은 모델에 들어오는 원시 데이터를 받아들이고, 은닉층(Hidden Layer)은 입력을 점점 더 유용한 중간 표현(Feature)으로 변환한다. 마지막 출력층은 과제(회귀 · 분류 · 순위화 등)에 맞는 형태의 결과를 출력한다. 전 과정을 간단히 적으면 "입력→은닉층들의 변환→출력"이며, 각 단계의 연결에는 가중치(Weight)가 달려 있어 데이터로부터 그 값을 배운다.

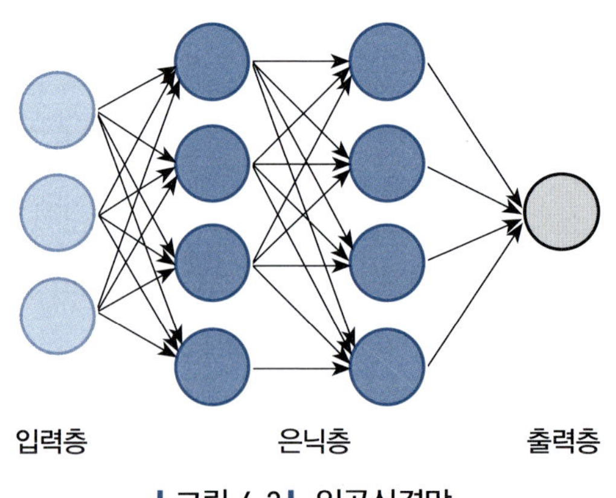

| 그림 4-2 | 인공신경망

(1) 일상 속 퍼셉트론의 예

가장 단순한 신경망은 퍼셉트론(Perceptron)이다. 은닉층 없이 입력을 가중합해 바로 출력으로 만든다. 학교에서 성적을 계산하는 방식을 떠올려 보자. 중간고사 점수 x_1, 기말고사 점수 x_2, 출석 x_3, 과제 x_4라는 네 가지 입력에 각각 비율 w_1, w_2, w_3, w_4를 곱해 더하면 총점이 된다. 이때 각 입력에 곱한 비율이 가중치이며, 그 합을 비선형 함수(예를 들어 0–100 범위로 자르는 클리핑)에 통과시키면 우리에게 익숙한 최종 점수가 나온다. 퍼셉트론은 이처럼 입력들의 가중합이 임계치를 넘는지를 판단해 두 가지 범주로 분류할 수도 있고, 단순 합계를 통해 연속 값을 산출할 수도 있다.

퍼셉트론은 입력 벡터 $\boldsymbol{x}$와 가중치 벡터 $\boldsymbol{w}$의 내적을 계산한 뒤, 편향 b를 더해 활성화 함수 f를 통과시킨다. 수식으로는 다음과 같이 표현한다.

$$y=f(\boldsymbol{w}^{\mathrm{T}}\boldsymbol{x}+b).$$

활성화 함수로는 스위치 형태의 계단 함수를 사용하여 입력이 0보다 크면 1, 그렇지 않으면 0을 출력한다. 이런 단층 퍼셉트론은 이진 분류기로서 데이터를 두 개의 클래스로 나누는 선형 결정 경계를 만든다. 단층 퍼셉트론은 선형적으로 분리 가능한 패턴만 학습할 수 있으며, XOR 문제처럼 가운데가 비어 있고 대각선 방향으로 두 클래스가 교차하는 형태는 직선 하나로 나눌 수 없어 단층 퍼셉트론만으로는 해결할 수 없다.

2) 은닉층과 비선형성: 다층 퍼셉트론

현실의 데이터는 종종 복잡한 경계를 가진다. 하나의 선형 퍼셉트론은 입력의 가중합을 통해 선형 결정 경계만 표현할 수 있다. 데이터가 한 번에 직선으로 나눠지지 않는다면 곤란해진다. XOR 문제처럼 가운데가 비어 있고 대각선으로 두 그룹이 교차하는 모양을 생각해 보자. 어디에 직선을 긋더라도 두 그룹은 완벽히 분리되지 않는다. 이 난점을 해결하기 위해 은닉층을 여러 층 쌓은 다층 퍼셉트론(Multilayer Perceptron, MLP)이 등장했다. 은닉층은 입력을 여러 번 비선형 변환하여, 입력과 출력 사이의 복잡한 관계를 근사한다.

은닉층을 이루는 각 '은닉 노드(뉴런)'는 여러 입력 값을 받아 가중치를 곱해 더한 뒤, 비선형 함수(활성화 함수)를 통과시켜 하나의 출력 값을 만들어내는 작은 계산 단위이다. 이때 각 은닉 노드의 출력 값(활성화 값)은 데이터 속에 숨어 있는 특징(Feature)을 나타내는 값이라고 볼 수 있다.

각 은닉 노드는 입력 공간을 나름대로 자르는 부분 경계를 만들고, 출력층은 이 조각들을 합쳐 구불구불한 최종 경계를 그린다. 복잡한 도형을 한 번에 큰 가위로 자르지 않고, 작은 가위로 여러 번 잘라 모양을 만드는 것과 같다.

은닉층에서 가장 널리 쓰이는 비선형 함수는 ReLU(Rectified Linear Unit)이다. ReLU는 입력이 양수면 그대로 통과시키고, 0 이하이면 0을 출력하는 구간별 선형 함수다. 수식으로는 다음과 같다.

$$ReLU(z) = max(0, z)$$

ReLU는 단순하지만 비선형성을 도입해 네트워크가 더 복잡한 패턴을 학습할 수 있게 한다. 입력이 음수일 때 0으로 꺾어버리는 속성 덕분에 기울기 소실 문제를 완화하고 효율적으로 학습을 돕는다. 반대로 $\sigma(z) = \frac{1}{(1+e^{-z})}$ 형태의 시그모이드(Sigmoid)나 하이퍼볼릭탄젠트(Hyperbolic Tangent) 함수는 출력이 0~1 또는 −1~1 범위로 포화되어 확률 해석에 유용하지만, 층이 깊어질수록 기울기가 희미해지는 기울기 소실(Vanishing Gradient)을 일으킬 수 있다. 그래서 실무에서는 은닉층에는 주로 ReLU를 쓰고, 최종 출력만 과제(분류, 예측 등)에 맞는 활성화를 고른다.

(1) MLP의 수식적 표현

다층 퍼셉트론의 동작을 간단히 살펴보자. 입력 벡터가 $x = (x_1, x_2)$이고 은닉 노드 하나의 가중치와 편향이 $w = (w_1, w_2)$, b, 출력층 가중치와 편향이 v, c라고

하자. 은닉 노드의 출력은

$$h = f(w_1x_1 + w_2x_2 + b)$$

최종 출력은

$$\hat{y} = g(vh + c)$$

이다. f와 g는 활성화 함수로, 과제에 따라 항등함수(회귀)나 시그모이드/소프트맥스(분류) 등을 쓴다. 숫자를 대입해 보면 $x_1 = 80$, $x_2 = 90$, $w = (0.4, 0.6)$, $b = 0$, f가 항등일 때 $h = 86$, $v = 1$, $c = 0$, g가 항등이면 $\hat{y} = 86$이 된다. 이 예는 신경망의 순전파(Forward Propagation) 계산이 가중치의 곱셈과 덧셈이 반복되는 과정임을 잘 보여준다.

3) 신경망 학습 과정: 순전파, 손실 함수, 역전파

신경망이 작동하는 데에는 두 가지 단계가 있다. 첫 번째는 순전파(Forward Propagation)로, 입력을 네트워크에 통과시켜 각 층의 출력을 계산하는 과정이다. 두 번째는 역전파(Backpropagation)로, 예측값과 실제 값의 차이를 줄이기 위해 가중치를 수정하는 과정이다. 역전파는 예측값과 실제 값의 차이를 최소화하기 위해 오차를 뒤로 전파해 가중치와 편향을 반복적으로 업데이트하는 알고리즘이다.

학습 과정은 다음과 같이 요약할 수 있다.

1. 가중치 초기화 및 순전파: 모든 가중치를 작은 무작위 값으로 설정하고 입력을 네트워크에 통과시켜 각 층의 출력을 계산한다.
2. 손실 함수 계산: 출력층에서 실제 목표 값과 예측 값의 차이를 손실(Loss) 함수로 계산한다. 회귀에서는 평균제곱오차(MSE)를, 분류에서는 교차엔트로피(Cross Entropy)를 많이 사용한다.

3. 역전파: 출력층부터 입력층 방향으로 오차의 기울기(Gradient)를 계산하여 각 가중치에 대한 손실 함수의 미분 $\partial E/\partial w$를 구한다. 연쇄 법칙(Chain Rule)을 이용해 효율적으로 계산한다.
4. 가중치 갱신: 경사 하강법(Gradient Descent)에 따라 가중치를 업데이트 한다. 각 가중치는 다음과 같이 조정된다.

$$w \leftarrow w - \eta \frac{\partial E}{\partial w}$$

   여기서 η는 학습률(Learning Rate)이며, 학습률이 너무 크면 발산하고 너무 작으면 학습 속도가 매우 느리다.
5. 반복: 데이터셋 전체에 대해 위 과정을 여러 번 반복한다. 이를 에폭(Epoch)이라고 한다. 오차가 충분히 감소하거나 반복 횟수가 지정된 수에 도달하면 학습을 종료한다.

초기 가중치를 무작위로 설정하는 이유는 모든 뉴런이 같은 가중치로 시작하면 같은 출력을 내고 의미 있는 학습이 진행되지 않기 때문이다. 학습 과정에서 하이퍼파라미터(학습률, 은닉층 수, 반복 횟수 등)는 성능에 큰 영향을 미친다. 적절한 값을 찾기 위해 검증 데이터와 실험적 탐색을 사용한다.

이 과정을 좀 더 직관적으로 이해해 보자. 우리는 처음에는 어떤 입력이 얼마나 중요한지 알지 못한다. 따라서 중간고사 x_1, 기말고사 x_2, 출석 x_3, 과제 x_4에 임의의 가중치 w_1, w_2, w_3, w_4를 부여하고 이들의 합으로 학생의 성적을 예측한다. 예측값이 실제 성적보다 낮다면 어느 가중치를 늘려야 할지, 반대로 예측값이 너무 높다면 어느 가중치를 줄여야 할지 고민해야 한다. 이러한 조정 방향을 찾기 위해 수학적으로는 손실 함수를 각 가중치로 미분하는 방법을 사용한다. 미분을 통해 얻은 기울기(Gradient)는 가중치를 어느 방향으로 조정해야 손실이 줄어드는지를 알려주는 나침반과 같은 역할을 한다. 미분값이 음수이면 그 가중치를 늘리면 손실이 줄어들고, 미분값이 양수이면 줄이면 손실이 줄어든다는 뜻이다. 이런 방식으로 우리는 '음식의 맛을 보며 레시피를 조정하듯'

작은 학습률로 가중치를 반복적으로 조정해 전체 데이터에 대한 평균 성능을 점점 끌어올린다. 많은 반복 끝에 가중치들이 안정되면, 모델은 새로운 학생의 점수를 더 정확히 예측할 수 있게 된다.

4) 학습 안정화와 일반화

신경망을 설계할 때는 훈련 데이터에서의 오차를 줄이는 것뿐 아니라 새로운 데이터에도 잘 작동하는지 고려해야 한다. 모델이 너무 단순하면 데이터의 패턴을 놓쳐 과소적합(Underfitting)되고, 너무 복잡하면 훈련 데이터에만 맞춰져 새로운 데이터에서는 성능이 떨어지는 과적합(Overfitting)이 발생한다. 과적합은 훈련 오차는 낮지만 시험 오차가 높을 때 나타나며, 과소적합은 훈련과 시험 모두에서 오차가 높게 나타난다. 일반화를 높이고 과적합을 줄이기 위해 다음과 같은 기법을 사용한다.

- 충분하고 다양한 데이터 확보 및 증강: 훈련 데이터가 적거나 편향되어 있으면 모델이 특정 사례에만 과도하게 적응할 수 있다. 데이터 증강(Data Augmentation)을 통해 이미지 데이터를 회전, 좌우 반전, 크롭(Cropping) 등의 변환을 적용해 훈련 데이터를 인위적으로 늘리면 모델의 일반화가 향상될 수 있다. 이 원리는 비단 이미지뿐 아니라 소리, 텍스트 등에도 적용된다.
- 입력 정규화와 데이터 전처리: 특징 값의 범위를 0–1로 스케일링하거나 평균을 0, 분산을 1로 맞추면 학습이 안정적이고 빠르게 수렴한다.
- 규제(Regularization): 손실 함수에 가중치 크기에 대한 패널티(Penalty)를 추가하여 너무 큰 가중치를 억제한다. L2 규제는 모든 가중치의 제곱합을 더해 큰 가중치를 줄이고, L1 규제는 일부 가중치를 0으로 만들어 특징 선택 효과를 준다.
- 드롭아웃(Dropout): 훈련 과정에서 임의로 일부 뉴런의 출력을 0으로 만들어 과적합을 줄이는 규제 기법이다. 이렇게 뉴런을 비활성화함으로써 네트

워크가 특정 연결에 과도하게 의존하지 않도록 한다. 무작위로 뉴런을 선택해 0으로 만드는 것은 각 층이 서로 다른 부분집합의 뉴런을 사용해 학습하는 것과 같아 모델의 일반화 능력을 향상시킨다.

- 교차 검증과 하이퍼파라미터 조정: 데이터를 훈련 · 검증 · 테스트로 나누고, 검증 성능을 기준으로 학습률, 규제 강도, 은닉층 수 등 하이퍼파라미터를 조절한다. 적절한 반복 횟수(Epoch)와 학습률을 찾아 과적합을 방지한다.
- 조기 종료(Early Stopping): 훈련 중 검증 세트의 성능을 계속 확인하다가 성능이 더 이상 향상되지 않거나 오히려 감소하기 시작하는 시점에서 훈련을 멈춰 과적합을 줄이는 방법이다.

이러한 데이터 수준과 모델 수준의 기법을 적절히 조합하면 모델이 학습 데이터에만 맞춰지는 것을 방지하고, 산업 현장에서 새로운 입력에도 견고하게 작동하는 신경망을 설계할 수 있다.

5) 에피소드 1: 기말 평가 예측

산업공학과 1학년 학생 A는 중간시험, 기말시험, 과제 점수로 성적이 결정되는 '산업공학개론' 과목을 듣고 있다. A는 자신과 동기들의 과거 성적 데이터를 엑셀에 정리해, 이들이 합격(Pass)했는지 불합격(Fail)했는지를 1과 0으로 표시했다. 입력 벡터 x=(x_1, x_2, x_3)는 각각 중간시험, 기말시험, 과제 점수의 백분율이고, 출력 y는 합격(1) 또는 불합격(0)이다. 그는 초기 가중치를 $w=(0,0,0)$으로 놓고 학습률 $\eta=0.1$을 선택했다.

첫 번째 학생의 점수가 $x=(80,90,70)$이고 실제 출력이 1이었다고 하자. (편향 b=0으로 가정하면) 이 경우 순전파 출력이 $w^{\top}x+b=0$이므로, 퍼셉트론 학습 규칙에 따라 가중치 변화는

$$\Delta w = 0.1(1-0)(80,\ 90,\ 70) = (8,\ 9,\ 7)$$

이다. 새로운 가중치는 $w=(8,9,7)$이 된다. A는 이러한 학습을 여러 학생 데이터에 대해 반복하여 가중치를 점점 수정해 나갔다. 몇 번의 반복 끝에, 가중치가 안정되면 그는 새로운 학생의 점수에 대해 $w^{\top}x+b$를 계산하여 합격 여부를 예측할 수 있었다. 이 사례는 단층 퍼셉트론이 어떻게 선형 결정을 학습하고 실제 평가에 적용되는지를 보여준다. 만약 데이터가 선형적으로 구분되지 않거나 학생의 과제와 시험 점수 관계가 복잡하다면, A는 은닉층을 추가한 다층 신경망으로 확장할 수 있다.

6) 에피소드 2: 제조 품질 분류

한 제조업체에서는 두 가지 센서로 생산 중인 금속 판의 두께와 밀도를 실시간으로 측정한다. 공정 엔지니어는 측정값을 입력으로 받아 제품이 "양품"인지 "불량"인지 분류하는 모델을 만들고자 한다. 초기에는 두께와 밀도의 단순 가중 합에 임계값을 적용하는 퍼셉트론을 사용하여 양품과 불량을 구분하기 시작했다. 하지만 온도 변화나 원재료 차이로 인해 두 센서 값의 관계가 선형으로 설명되지 않는 경우가 많았다.

엔지니어는 문제를 해결하기 위해 은닉층 하나를 가진 MLP를 도입했다. 이 MLP는 두 개의 입력을 은닉 뉴런 두 개에 연결해 비선형 조합을 만들어 내고, 은닉층의 출력은 다시 단일 출력 뉴런에 전달된다. 학습 과정에서 과거 생산 데이터(두께, 밀도, 실제 품질)를 이용해 가중치를 초기화하고, 역전파 알고리즘을 통해 손실을 줄이도록 가중치를 업데이트했다. 학습 데이터가 적어 과적합이 우려되자, 엔지니어는 센서 데이터에 작은 잡음을 추가하거나 측정값을 소수점 범위에서 미세하게 변형해 데이터 증강을 수행했다. 또한 은닉층 출력에 드롭아웃을 적용해 일부 뉴런을 무작위로 생략하여 모델이 특정 패턴에만 의존하지 않도록 했다.

훈련이 끝난 뒤 MLP는 두께와 밀도의 복잡한 관계를 학습하여, 생산 라인의 미세한 변화에도 적절히 대응하는 품질 분류기를 만들 수 있었다. 엔지니어는 이 모델을 공정 제어 시스템에 연동해 불량률을 줄이고, 정확한 분류 결과를 바탕으로 공정 파라미터를 조정하는 의사결정을 수행했다.

연/습/문/제

2-1 입력 $x=(2, 3)$, 은닉층에 뉴런 1개가 있으며 입력 가중치가 $w=(0.5, 0.5)$, 편향이 $b=-1$, 은닉층 활성화 함수는 ReLU, 출력층 가중치와 편향이 v=2,c=0.5, 출력층 활성화는 항등 함수일 때, 순전파로 최종 출력 $\hat{y}$ 를 계산하라. (힌트: ReLU 출력과 최종 출력 값을 각각 계산하라.)

2-2 다양한 운행·충전 정보가 전기차 배터리의 건강도(SOH, State of Health)와 관련되어 있다(평균 주행거리, 급가속 비율, 회생제동 점수, 평균 충전 깊이, 급속/완속 비율, 배터리 평균 온도, 온도 변동성 등). 7개의 변수를 사용하여 배터리 건강도(SOH, 0~100%)를 연속 값으로 예측하는 신경망을 구축하려고 한다. 은닉 층의 개수와 은닉 노드의 개수는 사용자가 문제의 복잡도에 따라 임의로 설정할 수 있다. 25대의 차량에서 수집된 운행 기록 4,123건이 학습 데이터로 제공된다고 가정할 때, 입력 노드의 개수와 출력 노드의 개수는 얼마인가?

2-3 입력 $x = (1,1)$, 초기 가중치 $w = (0,0)$, 학습률 $\eta = 0.1$인 단일퍼셉트론이 있다. 목표 출력이 d=1이고 현재 출력이 $y = 0$일 때, 퍼셉트론 학습 규칙에 따라 새로운 가중치 w_1, w_2를 계산하라.

2-4 차량 파손 이미지 데이터를 활용하여 파손 부위를 식별하는 기술을 고도화하려 한다. 렌터카 이용 시 한 장의 사진으로도 파손 정보를 손쉽게 인식하기 위해서는 신경망 모델이 다양한 차량 파손 이미지 데이터를 학습하여 차량 파손에 관련된 중요한 특징을 인식할 수 있어야 한다. 또한, 차량 파손은 동일한 차량이나 차주에서 동일한 패턴으로 발생하는 것이 아니기 때문에 새로운 패턴에도 효과적으로 대응할 수 있는 신경망 모델의 일반화 성능이 높아야 한다. 다음 중 모델의 일반화 성능을 향상시키기 위해 사용할 수 있는 방법들을 모두 선택하시오.

① 데이터 증강(Data Augmentation): 기존 데이터에 회전, 뒤집기, 확대/축소 등 다양

한 변환을 적용하여 새로운 훈련 샘플을 생성
② 조기 종료(Early Stopping): 검증 세트의 성능을 모니터링하여 모델이 과적합을 시작할 때 훈련을 중지. 이는 모델이 훈련 데이터를 지나치게 기억하는 것을 방지
③ 배치 정규화(Batch Normalization): 각 미니 배치 내의 활성화 출력 값을 정규화하여 내부 공변량 이동을 줄이고 모델을 더 견고하게 만듦
④ 드롭아웃(Dropout) : 훈련 중에 무작위로 노드를 비활성화하여 과적합을 방지

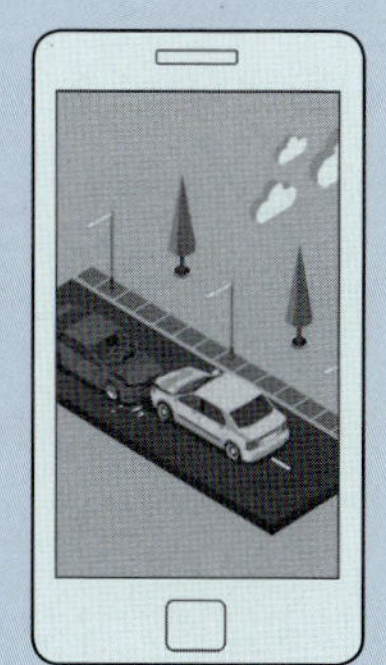

이 절에서는 퍼셉트론이 어떻게 선형 결정을 학습하고 가중치에 지식을 저장하는지를 살펴보고, 은닉층과 비선형성을 통해 비선형 관계를 학습하는 다층 퍼셉트론을 소개했다. 또한 순전파와 역전파를 이용한 학습 과정과 일반화 · 과적합을 방지하는 기법을 설명했다. 마지막으로 성적 예측과 제조 품질 분류 사례를 통해 신경망이 어떻게 실제 의사결정에 적용되는지를 보았다. 이 내용을 바탕으로 다음 절에서는 이미지 데이터를 다루는 합성곱 신경망(CNN)에 대해 알아본다.

3 합성곱 신경망(CNN): 픽셀에서 공간구조로, 그리고 의사결정으로

1) 픽셀로 이루어진 세계

신입생 오리엔테이션 날, 친구들과 찍은 단체사진을 보는 순간 스마트폰 카메라가 얼굴을 자동으로 감지하여 초점을 맞춘다. '카메라 앱은 어떻게 우리 얼

굴을 찾아냈을까?'라는 궁금증은 제조 현장에서도 비슷하게 이어진다. 반도체 웨이퍼에서 작은 흠집을 찾아내거나, 생산 라인에서 부품 모양을 분류하는 작업 역시 사람 눈 대신 카메라와 인공지능이 맡기 때문이다. 중요한 공통점은 이들이 모두 숫자의 격자를 입력으로 받는다는 점이다. 흑백 영상은 가로와 세로로 늘어선 픽셀들이 밝기를 담고 있고, 컬러 영상은 빨강(R), 초록(G), 파랑(B) 세 개의 채널로 구성되며, 각 채널은 해당 색의 밝기 값을 담은 2차원 격자다. 이러한 격자에서 우리는 가장자리, 무늬, 형태 같은 단서를 찾아 불량 여부를 판정하거나 의사결정으로 연결시키려 한다. 전통적인 영상 처리는 사람이 규칙을 직접 설계하여 엣지를 강조하거나 코너를 검출했기 때문에 환경이 조금만 달라져도 규칙을 다시 짜야 했다. 합성곱 신경망(Convolutional Neural Network, CNN)은 이러한 과정을 사람이 설계하던 방식에서 벗어나, 모델이 데이터로부터 필요한 특징을 학습하도록 만든 방법이다. 즉 "규칙을 나열하는 대신, 데이터로부터 규칙을 학습하는" 관점의 전환이다.

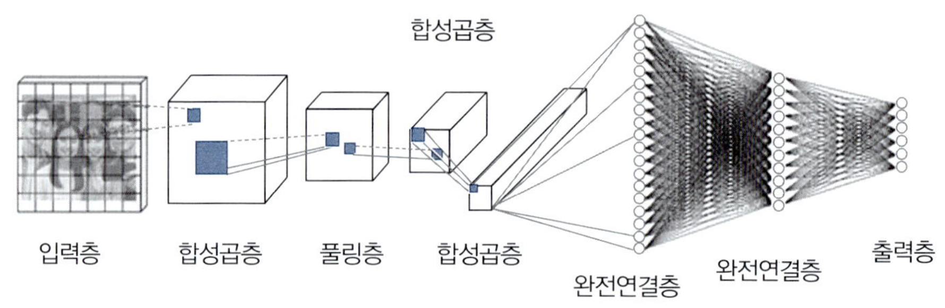

| 그림 4-3 | 합성곱 신경망

CNN이 기존 신경망과 다른 점은 이미지의 공간 구조를 그대로 이용한다는 데 있다. 입력 이미지는 가로 · 세로 · 채널의 3차원 볼륨으로 표현되고, 각 뉴런은 전체 입력에 완전히 연결되는 대신, 국소 수용영역(Local Receptive Field)만을 바라본다. 이렇게 하면 작은 창을 통해 패턴을 찾아내는 데 집중할 수 있으며, 동일한 창을 전체 이미지에 가중치 공유(Parameter Sharing)해 가중치 수를 크게 줄일 수 있다. 초기 층은 엣지나 점 같은 단순한 패턴에 반응하고, 깊어질수록 질감과 형태를 감지하는 더 복잡한 표현을 학습하는 계층적 표현 학습이 가능하다. 이런 특성 덕분에 CNN은 얼굴 인식처럼 일상적인 사진 처리에서부터, 제조 현장의 결함 감지와 제품 분류까지 산업 인공지능의 핵심 도구로 자리 잡았다.

앞서 설명한 CNN의 주요 특징을 수식과 예제로 조금 더 자세히 살펴보자. 이미지는 32×32×3 같은 3차원 데이터(가로×세로×채널)라는 사실을 활용하여 신경망의 뉴런을 가로 · 세로 · 깊이의 볼륨으로 배치하고, 각각의 뉴런은 넓은 입력 대신 국소적 영역만을 바라본다. 이런 구조 덕분에 얕은 층에서는 엣지나 점 같은 단순한 패턴에 반응하고, 깊어질수록 질감과 형태를 감지하는 더 복잡한 표현을 학습한다.

2) 합성곱의 원리: 작은 창으로 보는 세상

CNN의 첫 번째 구성요소는 합성곱층이다. 합성곱층의 파라미터는 작은 창, 즉 필터들로 구성되며, 이 필터는 폭과 높이가 작지만 깊이는 입력의 채널 수만큼 뻗어 있다. 예를 들어 5×5×3 크기의 필터 하나는 RGB 이미지의 5×5 픽셀을 한 번에 바라본다. 순전파 계산에서 필터는 이미지 위를 한 칸씩 움직이며, 필터 계수와 해당 위치의 픽셀 값들을 곱해 모두 더한다. 이렇게 곱하고 더하는 과정에서 필터는 자신이 본 영역에 어떤 패턴이 있는지 검출한다. 필터가 오른쪽으로, 그리고 다음 줄로 내려가며 같은 연산을 반복하면, 원본과 유사한 가로 · 세로 구조를 가진 새로운 격자(특징맵)를 얻게 된다. 이 특징맵의 각 위치 값은 "그 위치에서 해당 필터가 얼마나 강하게 반응하는지"를 나타낸다.

필터를 하나만 두면 특정 방향의 경계나 단순한 패턴만 감지하지만, CNN은 여러 개의 필터를 병렬로 사용한다. 각 필터는 수평 경계, 코너, 곡선 등 서로 다른 종류의 특징을 잡아내도록 학습되고, 이들의 출력을 깊이 방향으로 쌓으면 다음 층으로 전달되는 3차원 활성 볼륨이 된다. 이런 구조를 통해 CNN은 위치에 상관없이 같은 패턴을 찾아내는 매개변수 공유(Parameter Sharing)를 구현하며, 이는 합성곱층이 필요로 하는 가중치 수를 크게 줄여 효율을 높인다.

(1) 간단한 계산 예시

가로 · 세로 5×5 흑백 이미지와 3×3 필터를 생각해 보자. 필터의 왼쪽 위를 이미지의 (1,1) 픽셀에 맞추면 겹친 3×3 픽셀과 필터 계수의 곱을 모두 더해 출력의 (1,1) 값이 된다. 필터를 오른쪽으로 한 칸 옮겨 같은 연산을 하면 (1,2) 값이, 행의 끝까지 가고 한 줄 내려가 다시 연산하면 (2,1), (2,2) 값이 만들어진다. 패딩을 사용하지 않는다면 5×5 입력과 3×3 필터에서 (5−3+1)×(5−3+1)=3×3 크기의 특징맵이 나온다. 이 과정은 다음 식으로 요약된다.

$$Y(i, j)=\sum_{u=0}^{F-1}\sum_{v=0}^{F-1} W(u, v)\cdot X(i+u, j+v)$$

여기서 X는 입력 이미지, W는 F×F 필터(예: 3×3), F는 필터의 한 변 길이이며, (i, j)는 출력 위치를 나타낸다. 필터를 움직이며 입력과 필터를 곱해 더하는 이 연산이 합성곱이다.

3) 패딩, 스트라이드, 풀링: 크기와 정보의 균형

이미지 가장자리의 정보가 사라지는 것을 막거나 출력 크기를 조절하기 위해 입력 주변에 0을 덧붙이는 것을 패딩이라고 한다. 10×10 이미지에 3×3 필터를 적용할 때 패딩을 1로 주면 출력의 가로 · 세로 길이를 10으로 유지할 수 있다. 필터가 한 번에 몇 칸 이동할지를 정하는 값이 스트라이드다. 스트라이드를 2로 하면 필터가 두 칸씩 뛰어넘어 이동하므로 출력의 가로 · 세로 길이는 줄어들고(대체로 절반 수준으로 감소해) 계산량도 함께 감소한다.

합성곱으로 얻은 특징맵의 크기를 더 줄이고 작은 위치 변화나 잡음에 덜 민감하게 만들기 위해 풀링(Pooling)을 사용한다. 대표적인 최대 풀링(Max Pooling)은 2×2 창 안의 값 중 최댓값을 선택하여 하나의 값으로 만들고, 스트라이드 2로 적용하면 가로 · 세로 길이를 절반으로 줄인다. 풀링은 각 깊이 채널별로 독립적으로 이루어지며, 출력 크기는 앞서 설명한 합성곱 층의 크기 계산 방식(입력 크기, 필터 크기, 스트라이드 등을 고려하는 방식)과 동일한 원리로 결정된다. 풀링층은 파라미터가 없는 고정 연산이므로 계산 비용을 줄이고 과적합을 방지하는 데 도움이 된다.

4) 채널과 여러 필터: 정보가 쌓이고 섞이는 방식

컬러 이미지는 R, G, B 세 장의 회색 이미지가 겹쳐서 만들어진 것으로 볼 수 있으므로, 필터 하나도 세 채널 모두와 곱해져 합산된다. 필터의 깊이는 입력 채널 수와 동일해야 하며, 이 덕분에 색의 조합에 따른 패턴까지 포착할 수 있다. 필터를 여러 개 두면 같은 위치에서 서로 다른 패턴을 동시에 탐지할 수 있다. 이는 각 필터가 서로 다른 가중치를 가지도록 학습되기 때문에, 같은 입력 패치라도 필터마다 반응하는 패턴이 달라지기 때문이다. 예들 들어 하나의 필터는 수평 경계, 또 다른 필터는 수직 경계, 세 번째는 특정 색 대비에 강하게 반응하도록 학습된다.

중요한 점은 이러한 필터를 최근 신경망에서는 의도적으로 설계하지 않는다는 것이다. CNN에서는 어떤 정보를 뽑아낼지 사람이 직접 정의하는 대신, 각 필터가 다양한 관점의 패턴을 잡아낼 수 있도록 가중치를 학습을 통해 스스로 찾아낸다. 즉 여러 필터가 서로 다른 특징에 반응하도록 학습 데이터를 통해서 가중치를 조절하며, 사람이 특정 특징을 미리 설정하지 않는다.

이렇게 얻어진 여러 장의 특징맵은 깊이 방향으로 쌓이고, 다음 층은 이 볼륨을 입력으로 다시 합성곱을 수행해 더욱 추상적인 패턴을 찾아 나간다. 앞단에서는 엣지와 코너 같은 단순한 모양을, 중간층에서는 반복 무늬나 질감을, 후반층에서는 제품의 윤곽이나 로고와 같은 의미 있는 형상을 감지하는 구조를 만들 수 있다.

5) 에피소드: 현장에서 배우는 CNN

(1) 에피소드 1: 웨이퍼의 미세 스크래치 찾기

반도체 웨이퍼 표면은 반짝이는 배경에 미세한 스크래치가 섞여 있어 육안으로 구분하기 어렵다. 현장에서는 고해상도 카메라가 표면을 스캔하고, CNN이 이미지를 작은 필터로 훑으면서 엣지 · 점 패턴을 조합한다. 초기 층의 필터는 밝기 변화와 작은 점을 감지하도록 학습되고, 중간층은 반복되는 배경 무늬 속에서 비정상적인 방향이나 모양을 걸러낸다. 마지막 출력층은 각 패치가 양품인지 불량인지 확률로 예측한다. 이 확률은 설비 파라미터를 조정하거나 검사 속도를 조절하는 의사결정으로 연결된다. 중요한 점은 단순히 "0.91" 같은 숫자를 보고 끝나는 것이 아니라, 불량 확률이 높으면 즉시 라인을 멈추고 원인을 분석하는 등 현장의 규칙과 결합해야 한다는 것이다.

(2) 에피소드 2: 무인 계산대의 상품 인식

편의점 무인 계산대 앞에서 카메라가 상품 포장을 인식해 계산하는 장면을 상상해 보자. 손님이 올 때마다 포장지의 빛 반사와 각도는 변하지만, 로고의 배치와 색 조합 같은 시각적 단서는 제품마다 일정하다. CNN은 입력의 공간 구조를 활용해 이러한 패턴을 가중치로 학습한다. 몇몇 필터는 글자의 획과 배경 색 대비를 민감하게 감지하고, 다른 필터는 특정 색 조합이나 무늬에 반응한다. 깊은 층에서는 로고의 형태나 글자 배열을 종합하여 "콜라"와 "사이다"를 구분한다. 분류 결과는 결제 시스템과 연동되어 상품을 자동으로 계산하고 필요한 안내를 제공하는 결정으로 이어진다. 이 과정 역시 숫자 결과가 실제 행동으로 이어지도록 전 과정을 설계해야 산업 인공지능이 제대로 작동한다.

연/습/문/제

3-1 2개의 합성곱층, 1개의 완전 연결층 및 8개의 클래스가 있는 출력층 1개로 다음 CNN 아키텍처를 분류 문제를 풀기 위해 설계했다. 합성곱층은 로컬 연결 및 가중치 공유를 사용한다고 가정한다. 또한 개별 특징 맵 당 하나의 편향을 사용한다.

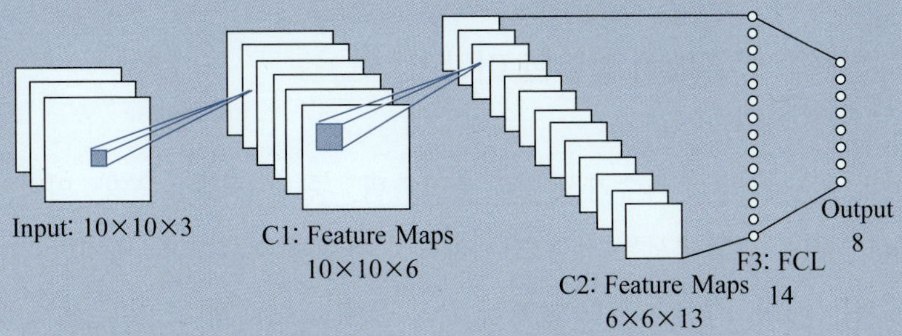

(a) 10×10×3 이미지의 입력이 주어지면 3×3 필터를 적용하여 필터당 10×10 크기의 Feature Map을 얻고 싶다. Stride를 1로 가정한다. 그렇다면 동일한 크기의 특징맵(feature map) (10×10)을 얻기 위해서는 어떤 방법을 적용해야 하는가?

(b) 컨볼루션 연산을 통해 10×10×3 입력에서 10×10 크기의 특징맵 6개를 얻으려면 몇 개의 필터를 사용해야 하는가?

(c) 주어진 아키텍처에서 활성화 함수를 적용할 수 없는 층은 무엇인가?

(d) 출력층 8개 노드의 출력값을 모두 더한 값은 얼마인가?

3-2 CNN에서 필터(Filter)를 사용하는 주요 이유는 무엇인가?

① 데이터 전처리 속도를 높이기 위해
② 네트워크의 깊이를 줄이기 위해
③ 입력 이미지의 공간 구조를 학습하고 지역적인 패턴을 효과적으로 추출하기 위해
④ 파라미터 수를 증가시켜 모델 복잡도를 높이기 위해
⑤ 이미지의 각 픽셀을 개별적으로 분석하기 위해

이 절에서는 합성곱 신경망이 이미지의 공간 구조를 보존하면서 패턴을 학습하는 원리와 학습된 가중치가 어떻게 실제 의사결정으로 연결되는지를 살펴보았다. 다음 절에서는 전이학습을 통해 사전학습된 지식을 새로운 문제에 재사

용하는 방법을 다룬다.

4 전이학습: 배운 것을 다른 문제에 응용하기

1) 재활용품 분류에서 출발한 이야기

아파트 단지의 분리수거장에는 플라스틱, 종이, 금속, 유리, 일반쓰레기가 뒤섞여 있다. 현장에서는 경험으로 비교적 빠르게 분류할 수 있지만, 카메라 영상에서는 배경 · 조명 · 각도에 따라 같은 물체도 다르게 보인다. 게다가 데이터의 불균형도 문제다. 일반쓰레기와 플라스틱 병 사진은 비교적 많이 모였지만, 유리병이나 금속 캔, 종이 사진은 그에 비해 훨씬 적어 데이터가 불균형한 경우가 많다. 이렇게 레이블이 부족한 상황에서 처음부터 모델을 학습시키면 작은 클래스의 특성을 배우지 못하거나 훈련 데이터에 과도하게 맞춰지는 과적합에 빠지기 쉽다. 하지만 사전학습된 합성곱 신경망은 수백만 장의 자연 이미지에서 엣지와 질감 같은 기본적인 패턴을 이미 배워 두었으므로, 이러한 지식을 가져와 새 문제에 활용할 수 있다. 이처럼 기존 모델의 표현을 재사용하는 것이 전이학습의 출발점이다.

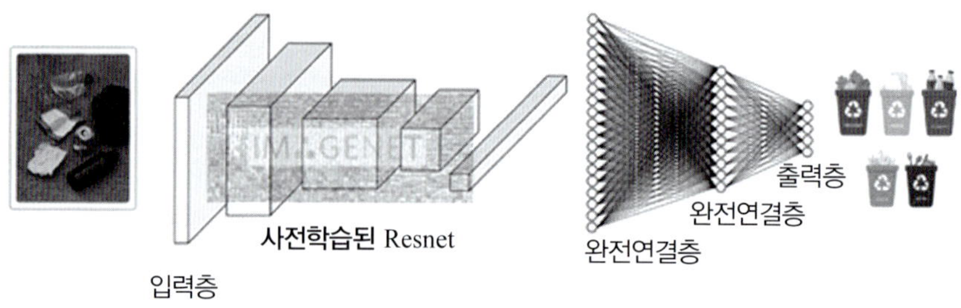

| 그림 4-4 | 전이학습

실제로 한 연구팀은 재활용품 분류를 위해 자연 이미지로 학습된 CNN 백본(사전 학습된 합성곱 신경망의 기본 구조)을 가져와 작은 헤드(Head) 층만 새로 학습했다. 백본은 전체적인 형태와 색 대비를 인식하는 필터를 그대로 유지하고, 헤드는 플라스틱과 종이, 금속과 유리의 차이를 구분하는 데 집중하였다. 성능이 일정 수준에 도달한 뒤에는 백본의 상위 블록을 일부 해제하여 작은 학습률로 미세조정(Finetuning)을 수행했다. 그 결과 250장 남짓한 데이터로도 현장에서 사용할 수 있는 분류기를 만들었고, 모델의 예측은 분리벨트를 제어하는 의사결정으로 연결되었다. 전이학습은 "레이블이 부족한데 어떻게 정교하게 분류하지?"라는 질문에 대한 현실적인 해답이다.

2) 전이학습의 의미와 동기

전이학습은 한 문제에서 학습한 표현을 다른 문제에 활용하는 방법이다. 예를 들어 동물, 사람, 자동차 등 수백만 장의 일반 사진으로 훈련된 모델은 엣지와 질감 같은 기본적인 패턴을 잘 포착한다. 이러한 표현은 반도체 공정의 미세한 패턴 차이나 불량 여부를 구분하는 문제, 혹은 의료 도메인에서 새로운 질병의 징후를 탐지하는 문제처럼 전혀 다른 분야에서도 유용하게 활용될 수 있다.

대규모 데이터셋으로 학습한 모델에서 배운 필터는 일반적으로 기초적인 시각 패턴에 반응하므로, 데이터가 적은 문제에 좋은 출발점을 제공한다. 이를 통해 학습 시간을 크게 줄이고 안정적인 성능을 얻을 수 있으며, 적은 데이터에서도 과적합을 완화할 수 있다. 하지만 도메인의 차이가 크면 사전학습된 표현이 적합하지 않을 수 있으므로, 얼마나 재사용할지 판단하는 것이 중요하다.

전이학습의 기본 절차는 다음과 같다.

① 사전학습된 모델 준비: 대규모 데이터셋으로 미리 학습된 CNN 등 백본을 준비한다. 이 백본의 초기 층은 엣지 · 점 같은 단순한 패턴을, 상위 층은 질감이나 형태를 인코딩하고 있다.

② 백본 고정: 백본의 가중치를 그대로 사용해 엣지나 질감 등 사물을 파악하

는 학습된 지식이 손상되지 않도록 동결한다. 고정된 층은 순전파계산에는 사용되지만, 역전파 과정에서는 가중치가 업데이트되지 않는다.

③ 헤드 추가 및 학습: 백본 위에 새로운 학습 가능한 층을 추가해 목적 데이터셋의 클래스에 맞는 출력을 생성한다. 작은 데이터셋에서는 정규화와 데이터 증강을 통해 과적합을 방지한다.

④ 미세조정: 사전학습된 표현으로 얻은 성능의 한계가 보이면, 백본의 일부 층을 해제하고 작은 학습률로 가중치를 다시 훈련한다. 이는 새로운 도메인에 맞춰 세밀한 특징을 추가로 학습하도록 한다.

이때 전체 가중치 θ를 사전학습 가중치 θ_0로 초기화하고, 백본 고정에서는 $\theta=\theta_0$를 유지한 채 ϕ만 학습한다. 미세조정에서는 θ의 일부 또는 전체를 업데이트하지만, 원래의 값과 크게 달라지지 않도록 규제 항을 추가해 조절할 수 있다.

$$\min_{\theta,\,\phi} L_T(\theta, \phi)+\lambda \| \theta-\theta_0 \|_2^2$$

여기서 λ는 사전학습된 가중치로부터 가중치로부터 얼마나 멀리 벗어날 수 있는지를 조절하는 하이퍼파라미터다.

3) 실무 요령: 무엇을 고정하고 어떻게 조절할까?

전이학습의 효과를 극대화하려면 백본 선택과 미세조정 전략을 신중히 결정해야 한다. 아래 요령은 실무에서 자주 쓰이는 팁이다.

- 백본 선택과 데이터 정규화: 지금 풀고 있는 문제와 비슷한 데이터를 사용해 사전학습된 모델을 선택한다. 이미지 분류라면 ImageNet으로 학습된 ResNet, EfficientNet 등이 널리 사용된다. 새 데이터의 픽셀 값 분포가 사전학습 때와 다를 수 있으므로, 평균과 분산을 새 데이터에 맞춰 정규화

한다.

- 헤드 설계와 파라미터 수 계산: 백본의 출력 차원이 d, 새 데이터의 클래스 수가 c일 때, 가장 단순한 헤드는 완전 연결층으로 d차원 입력을 c차원으로 매핑하는 완전 연결층 뒤에 소프트맥스 활성화 함수를 적용하는 것이다. 이 헤드의 파라미터 수는 d^*c+c로 계산된다. 헤드만 학습할 때는 조기종료를 적용해 과적합을 방지한다.
- 파라미터 고정과 미세조정의 균형: 데이터가 극도로 적거나 도메인이 매우 비슷하면 백본의 파라미터를 완전히 고정하고 헤드만 학습하는 것이 충분할 수 있다. 성능의 상한에 도달하거나 도메인 차이가 크면 백본의 상위 블록을 한두 개씩 해제해 작은 학습률로 미세조정한다. 이때 헤드의 학습률은 백본보다 1/10배로 작게 설정하는 것이 보통이다.
- 정규화와 데이터 증강: 새 데이터셋의 평균과 분산을 활용해 입력을 정규화하고, 회전 · 이동 · 밝기 조절 같은 데이터 증강을 통해 다양성을 늘린다. 다만 대상의 구조를 뒤바꾸어 의미를 훼손하는 변환은 피해야 한다. 클래스 불균형이 심하면 가중 샘플링이나 클래스 가중치를 도입해 균형을 맞춘다.

4) 현장 사례: 재활용품 분류기의 발전

앞에서 소개한 프로젝트를 조금 더 들여다보자. 데이터는 일반쓰레기 110장, 플라스틱 70장, 종이 50장, 금속 17장, 유리 3장으로 매우 불균형했다. 연구팀은 ImageNet으로 학습된 백본을 선택해 5개 클래스(플라스틱 · 종이 · 금속 · 유리 · 일반쓰레기) 분류기로 확장했다. 실험 과정은 다음과 같았다.

먼저 백본을 고정하고 헤드만 학습하였다. 입력 이미지는 224×224로 리사이징하고, 새 데이터의 평균과 표준편차로 정규화했다. 학습률은 0.001로 시작해 조기종료를 적용했다. 이 단계에서 플라스틱과 종이는 높은 정확도를 보였지만, 금속과 유리는 혼동이 많았다.

그 다음 미세조정 단계로 넘어갔다. 백본의 상위 블록부터 점진적으로 해제하고, 학습률을 앞 단계보다 낮추어 추가 훈련을 수행했다. 배치정규화 통계는 새 데이터 분포에 맞춰 재추정했다. 성능 향상이 관찰될 때까지 이러한 점진적 미세조정을 반복함으로써 금속과 유리의 분류 성능을 크게 높일 수 있었다. 이렇게 훈련된 모델은 플라스틱과 종이를 높은 신뢰도로 분류하고, 금속과 유리의 경계 사례에서는 추가 검증을 요구했다.

마지막으로 예측을 의사결정으로 전환하였다. 모델이 출력한 확률은 단순한 숫자로 끝나지 않고, "플라스틱≥0.9면 바로 플라스틱 통로로", "금속 또는 유리≥0.8이면 추가 검증", "신뢰도가 낮으면 인간 감시자에게 전달"과 같은 다중 임계값 정책으로 변환되었다. 이를 통해 오분류로 인한 비용을 줄이고, 인간 작업자와 협업하는 시스템을 구축했다. 이 사례는 사전학습된 지식과 현장 데이터의 결합이 실질적인 의사결정으로 이어지는 과정을 명확하게 보여준다.

연/습/문/제

4-1 [참/거짓] 딥러닝 모델은 대규모 데이터셋을 활용한 이미지 인식 분야에서 뛰어난 성과를 보여주고 있다. 하지만 실제로 우리가 다루는 문제들은 학습에 사용할 수 있는 레이블(정답 데이터)이 제한적인 경우가 많아, 하이퍼파라미터나 네트워크 구조(아키텍처) 설정, 미세조정(학습)을 과적합 없이 수행하기가 쉽지 않다. 수백만 장 이상의 이미지로 사전학습된 ResNet이나 EfficientNet은 일반적인 특징을 잘 포착하고 있으므로, 전이 학습으로 우리가 풀고자 하는 새로운 문제에 효과적으로 적용할 수 있다.

4-2 사전학습된 ResNet을 가져와 미세조정(Fine-Tuning) 방식으로 학습을 진행한 결과, 마지막 은닉층만을 조정하고 나머지 층들은 고정하여 학습했으나, 분류 정확도가 81.85%에 그쳤다. 이는 모델이 충분히 학습되지 않았을 가능성을 시사한다. 다음 중 적절한 해결 방법을 2개 고르시오.

① 첫 번째 은닉층부터 하나씩 고정을 해제하며 최적의 조합을 찾는다.
② 뒷부분부터 더 많은 은닉층의 고정을 해제하고 다시 훈련한다.
③ 마지막 층만 고정하고 나머지 층은 모두 학습한다.

④ 미세조정 성능이 낮으므로, 전체 네트워크를 초기화하고 처음부터 학습한다.
⑤ 현재 미세조정 설정은 유지하되, 적절한 데이터 증강(Data Augmentation) 기법을 적용해 본다.
⑥ ResNet 학습 때 사용한 학습률을 크게 높여(예: 10배) 다시 학습해 본다.

4-3 **신경망에 대한 설명이다. 다음 중 옳은 것을 모두 고르시오.**
① 신경망은 양질의 학습 데이터가 많을수록 입력과 출력 간의 관계를 더 잘 학습할 수 있다.
② 학습된 패턴은 파라미터에 저장되지만, 실제 데이터 자체가 저장되는 것은 아니다.
③ 전이 학습(Transfer Learning)에서 미세조정을 적용할 경우, 일반적으로 사전 학습 시보다 낮은 학습률을 사용한다.
④ 모델 구조(아키텍처)가 고정된 경우, 데이터 양이 늘어나더라도 파라미터 수는 변하지 않는다.
⑤ 신경망은 학습(훈련)에는 시간이 오래 걸리지만, 추론(예측)은 상대적으로 빠르다.
⑥ 분류에 특화된 모델도, 출력층만 변경하고 기존 파라미터를 활용하여 다른 예측 과제에 맞게 재학습(Fine-Tuning)할 수 있다.

5 시계열 데이터 분석 및 예측

1) 시계열 데이터와 그 특성

새벽 8시, 캠퍼스 도서관의 좌석 예약 앱에는 알림이 연이어 뜬다. 중간고사 기간이라 오전 강의가 끝나면 빈 자리가 얼마나 남을지 학생들은 예민하게 반응한다. 하지만 도서관 운영팀은 이런 상황에서도 운영 계획을 세울 수 있다. 어제까지의 이용 기록, 오늘의 강의 시간표, 시험 여부와 요일 정보 등을 종합해 좌석 수요를 예측할 수 있기 때문이다. "오전 9~11시 좌석 점유율 95%이고, 그룹 스터디룸 이용률 70%이다." 이런 식으로 시계열 데이터(Time Series

Data)를 분석해 내일의 수요를 미리 파악하는 것이다. 시계열 데이터는 특정 대상의 값을 시간 순서에 따라 연속적으로 기록한 자료다. 예를 들어 시간대별 도서관 이용률, 매주 측정한 장비의 진동 센서 값, 월별 전기 소비량 등이 모두 시계열 데이터에 속한다. 같은 대상(또는 변수)을 시간 순서에 따라 반복 관측하며 값이 변한다는 점이 특징이다. 반면 횡단면 데이터(Cross-Sectional Data)는 동일 시점에 여러 대상의 값을 측정한 자료로, 어느 시점의 단면(스냅샷)을 보여준다. 예를 들어 '여러 도시의 1월 1일 기온'을 모은 데이터는 동일 시점의 스냅샷이므로 횡단면 데이터이지만, '서울의 1월 1일부터 31일까지의 일별 기온' 데이터는 시간의 흐름에 따른 변화를 기록했으므로 시계열 데이터이다. 이 장에서는 시계열 데이터에서 유용한 정보를 추출하여 미래를 예측하고 의사결정에 활용하는 기본적인 방법을 소개한다.

시계열 데이터의 중요한 특성을 한 문단으로 요약하면 다음과 같다. 자기상관성(Autocorrelation)은 현재 값이 과거 값과 어느 정도 관련이 있는지를 나타낸다. 자기상관이 크면 시간적으로 가까운 관측값들이 비슷한 경향을 보여 과거 패턴으로 미래를 예측할 수 있다. 추세(Trend)는 장기적으로 값이 꾸준히 증가하거나 감소하는 경향을 의미하며, 반드시 선형일 필요는 없다. 계절성(Seasonality)은 요일, 월, 분기와 같은 주기적 시간 구조에 따라 반복되는 패턴을 의미하며, 휴일이나 주말과 같은 일정 요인의 영향을 받아 나타난다. 이러한 패턴이 있는 경우 동일 주기의 과거 값을 참고하여 미래 값을 예측할 수 있다. 마지막으로 불규칙 변동이나 노이즈는 외부 이벤트나 측정 오차로 인해 발생하는 예측이 어려운 불규칙한 변동을 의미하며, 분석 과정에서 이상치로 처리되거나 별도로 모델링된다. 실제 시계열은 추세, 계절성, 자기상관, 노이즈의 네 가지 요소가 함께 섞여 있으므로 데이터를 시각화해 어떤 요소가 강한지 파악한 뒤, 이에 맞는 모델을 선택한다.

2) 시간 영역과 주파수 영역: 두 가지 시선

시계열을 살펴보는 가장 직관적인 방법은 시간 영역(Time Domain)이다. 시간 영역에서는 가로축을 시간, 세로축을 관측값으로 하여 그래프를 그리고, 눈으로 추세나 계절성을 확인한다. 예를 들어 도서관 좌석 점유율을 시간대별로 그리면 아침 수업이 끝난 뒤 이용률이 급증하고, 주말이나 시험 기간에는 평소보다 더 많은 학생들이 찾아오는 양상을 직관적으로 파악할 수 있다. 그러나 단순히 시간 그래프만으로는 주기성의 길이나 미세한 패턴을 정량적으로 파악하기 어렵다.

이를 보완하는 것이 주파수 영역 분석이다. 주파수 영역은 신호를 여러 주파수 성분의 합으로 분해해 각 주기 성분의 세기를 살펴본다. 시간 도메인 그래프는 신호가 시간에 따라 어떻게 변하는지를 보여주고, 주파수도메인 그래프는 신호가 여러 주파수 대역에 어떻게 분포되어 있는지를 보여준다. 푸리에 변환과 같은 변환을 통해 시간 신호를 주파수 성분의 합으로 바꿀 수 있으며, 특정 주기가 강하게 존재하면, 그에 대응하는 주파수에서 스펙트럼의 진폭이 크게 나타난다. 예를 들어 장비 진동 데이터에서 특정 회전 부품이 문제를 일으키면 그 부품의 고유 진동수가 스펙트럼에서 뾰족한 피크로 나타나고, 이를 통해 고장을 조기에 감지할 수 있다. 따라서 실무에서는 먼저 시간 영역에서 전제 추세와 이상치를 살핀 후, 주파수 영역 분석으로 숨은 주기성을 확인하는 두 단계를 병행한다.

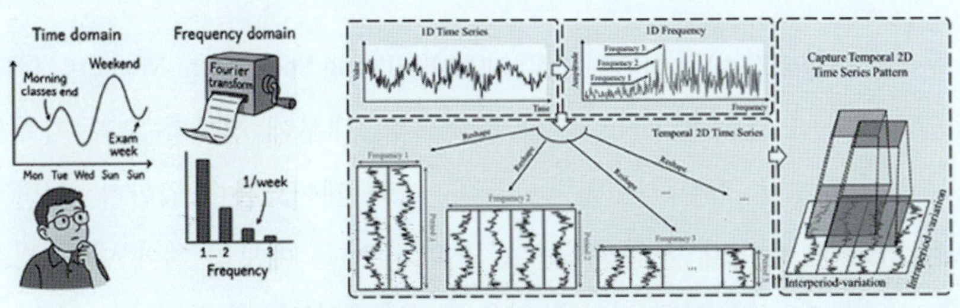

| 그림 4-5 | 시계열 분석: 주파수 영역분석

3) 신경망 기반 시계열 예측: RNN, LSTM, Attention

전통적인 통계 모델(이동평균, 지수평활법 등)은 단기 의존성이나 간단한 패턴을 잘 포착하지만, 복잡한 장기 의존성이 있는 시계열에는 한계가 있다. 이러한 문제를 해결하기 위해 신경망 기반 모델이 등장했다.

(1) 순환 신경망(RNN)

순환 신경망(Recurrent Neural Network, RNN)은 입력 순서에 따라 정보를 순차적으로 처리하여, 이전 입력에서 얻은 정보를 현재 계산에 반영하는 모델이다. 일반적인 신경망이 입력과 출력 사이의 관계를 한 번 계산하고 끝나는 것과 달리, RNN은 매 시점마다 은닉 상태를 통해 과거 정보를 기억한다. 수식으로 표현하면, 시점 t에서의 은닉 상태는 다음과 같다.

$$h_t = f(Wx_t + Uh_{t-1} + b)$$

여기서 h_t는 t시점의 은닉 상태, x_t는 입력, W와 U는 학습되는 가중치 행렬이며, b는 편향, f는 비선형 활성화 함수다. 같은 가중치 W, U를 시퀀스 전체에 공유하는 것이 특징이다. 하지만 단순 RNN은 시계열이 길어질수록 오래된 정보가 희미해지는 기울기 소실 문제로 인해 장기 의존성을 잘 배우지 못한다.

(2) 장단기 기억 네트워크(LSTM)

이 문제를 해결하기 위해 장단기 기억 네트워크(Long Short Term Memory, LSTM)가 고안되었다. LSTM은 RNN의 한 변형으로, 내부에 정보를 오래 기억하는 메모리 셀과 정보를 조절하는 입력 · 망각 · 출력 게이트를 도입한다. 일반적인 RNN은 단일 은닉 상태만 전달하는 반면, LSTM은 메모리 셀에 어떤 정보를 저장할지(입력 게이트), 어떤 정보를 잊을지(망각 게이트), 어떤 정보를 다음 상태로 출력할지(출력 게이트)를 스스로 결정하므로, 먼 과거의 영향을 더 오래 보존할 수 있다. 이러한 구조는 장기간에 걸친 환경 변화나 계절성을 포착하는 데 유리하다.

(3) 어텐션과 트랜스포머

최근에는 RNN이나 LSTM의 순차적 한계를 극복하기 위해 어텐션(Attention) 메커니즘과 이를 기반으로 한 트랜스포머(Transformer) 구조가 각광받고 있다. 어텐션 메커니즘은 딥러닝 모델이 입력의 중요한 부분에 가중치를 부여해 더 집중하도록 유도하는 기법이다. 전체 입력 정보를 고려하되, 중요도가 높은 부분에 더 큰 가중치를 부여하는 방식이다. 수학적으로는 입력 시퀀스의 각 요소에 어텐션 가중치를 계산하여 상대적 중요도를 반영하고, 이를 기반으로 전체 입력의 가중합을 만든다. 이 메커니즘 덕분에 트랜스포머 모델은 시계열의 모든 시점을 동시에 고려하며 어디에 주목할지 스스로 학습할 수 있어, 장기 의존성이 길거나 복잡한 패턴을 가진 데이터에 효과적이다. 또한 계산을 병렬화할 수 있어 대규모 데이터 학습에 적합하다. 어텐션 기반 시계열 모델의 한 예로 Temporal Fusion Transformer(TFT)와 같은 모델은 산업계의 수요 예측과 설비 이상 탐지에 활용되고 있다.

4) 에피소드 1: 센서 데이터 기반 예지 보전

한 제조 공장에서 압축기의 진동이 미세하게 달라지기 시작했다. 설비에는 1초마다 진동값을 기록하는 센서가 붙어 있는데, 평소의 시계열 그래프는 일정한 범위에서 오르내린다. 어느 날 엔지니어는 시간 영역에서 진동 세기가 서서히 증가하는 추세를 발견하고, 주파수 영역 분석을 통해 특정 주파수대의 에너지가 급격히 증가한 것을 확인했다. 이는 베어링에 이상이 생겨 고유 진동수가 강해진 신호였다. 그는 과거 정상 데이터와 현재 데이터를 비교하기 위해 슬라이딩 윈도우로 데이터를 나누어 평균과 분산을 구했고, 이를 LSTM 기반 예측 모델에 넣어 이상 여부를 판단했다. 모델은 과거 몇 분간의 패턴을 은닉 상태에 저장한 뒤 다음 윈도우의 진동값을 예측하고, 실제 값과 예측값의 오차가 커질 때 "이상"으로 분류한다. 결과적으로 그는 큰 고장이 발생하기 전에 부품을 교체하도록 의사결정해 생산 라인의 정지 시간을 줄였다. 이 에피소드는 시계열 데이터의 미묘한 변화(추세 · 주파수 성분)와 신경망 모델을 결합해 실제 예지 보전을 수행하는 과정이다.

5) 에피소드 2: 캠퍼스 셔틀버스 수요 예측

대학본부는 기숙사와 강의동을 연결하는 셔틀버스를 운영하며, 학생들의 탑승 패턴을 기록해 두고 있다. 학기가 시작되면 아침 8시에 승객이 몰리고, 정규 수업이 없는 금요일 오후에는 이용률이 크게 줄어드는 등 주기적(요일별) 패턴이 뚜렷하다. 또한 수강 신청이 늘어나면 전체 승객 수가 점차 증가하는 추세도 보인다. 처음에는 최근 일주일의 평균 승객 수를 보고 하루 배차를 결정했지만, 축제 · 시험 기간처럼 특별한 이벤트가 있는 주에는 수요가 예상보다 크게 달랐다. 이에 교통 담당자는 요일, 시간대, 지난 며칠간의 승객 수, 학기 주차, 특별 행사 여부 등을 입력으로 RNN/LSTM 모델을 훈련했다. RNN/LSTM 모델은 과거 며칠간의 승객 패턴을 기억하여 다음 날 각 시간대의 승객 수를 예측하고, 시험 기간에는 과거 시험 기간 데이터를 참고해 이용률이 높을 것으로 예상했다. 예측 결과는 하루 동안 운행할 셔틀버스 수와 배차 간격을 조정하는 데 사용되었으며, 과잉 운행과 만차로 인한 불편을 줄였다. 이 사례는 시계열 데이터를 분석해 교통 운영 의사결정으로 연결하는 전형적인 산업공학 응용이다.

연/습/문/제

5-1 단순 이동 평균과 가중 이동 평균: 아래 표는 설비 진동 센서의 일별 진동 세기를 나타낸 것이다.

날짜	진동 세기
Day 1	100
Day 2	110
Day 3	105
Day 4	95
Day 5	90
Day 6	100
Day 7	92

(a) 같은 데이터에 대해 Day 3부터 Day 7까지 3일 가중 이동 평균을 계산하시오. 각 시점에서 최근 3일의 값에 대해, 가장 최근 값에 0.5, 하루 전 값에 0.3, 이틀 전 값에 0.2의 가중치를 적용한다.

(b) 같은 데이터에 대해 3일 가중 이동 평균을 계산하라. 가중치는 최근 값에 0.5, 그 전날에 0.3, 그 전전날에 0.2를 준다.

(c) 두 이동 평균 방법을 비교하여, 원 자료를 더 잘 예측하는 방법을 선택하라.

5-2 모델 선택: RNN, LSTM, Transformer

다음은 서로 다른 시계열 예측 상황이다. 각 상황에 가장 적합한 모델을 RNN, LSTM, 트랜스포머(Transformer) 가운데 선택하고 이유를 간단히 설명하시오.

(a) 실시간 온도 예측: 공장의 실내 온도를 1분 간격으로 측정한다. 최근 몇 분간의 온도 변화가 다음 1분 후의 온도에 영향을 미친다. 긴 주기나 복잡한 패턴은 없고, 데이터 길이도 짧다.

(b) 계절성 있는 판매량 예측: 소매점의 월별 판매량은 여름과 겨울에 반복적으로 증가하는 장기 계절성이 있다. 또한 매년 전체 판매 규모가 조금씩 증가하는 추세도 보인다.

(c) 복잡한 수요 패턴 예측: 전력 사용량 데이터는 하루 중 출퇴근 시간, 계절, 날씨 등 여러 요인이 복합적으로 작용해 다양한 주기성을 보이며, 몇 달 전의 특수 이벤트도 현재 수요에 영향을 미친다. 예측 모델은 긴 과거 구간까지 고려해 중요한 부분에 더 집중할 수 있어야 한다.

이번 절에서는 시계열 데이터의 정의와 주요 특성, 시간 영역과 주파수 영역 분석, 그리고 신경망 기반 예측 모델(RNN, LSTM, 어텐션)을 살펴보았다. 또한 예지 보전과 수요 예측 두 가지 현장 사례를 통해 시계열 분석이 실제 의사결정으로 이어지는 과정을 살펴보았다. 다음 절에서는 영상 · 음성 · 텍스트 등 서로 다른 형태의 데이터를 동시에 처리하는 멀티모달 인공지능을 소개한다.

6 멀티모달 AI

1) 에피소드: 소리와 비전으로 일하는 로봇

새벽 5시 50분, 물류센터의 자동문이 열리자 손바닥만 한 로봇이 구동음을 내며 작업 구역을 이동한다. 머리에는 스테레오 카메라, 몸통에는 마이크 어레이와 라이다 센서가 달려 있다. 로봇은 창고 통로를 천천히 순찰하며 팔레트의 QR 코드를 읽고, 컨베이어 모터 근처에서 잠깐 멈춘다. 곧 화면에 두 줄의 알림이 뜬다. “벨트 장력 약화 의심(우측 롤러, 1열), 베어링 고주파 성분 증가.” 로봇은 이상 징후를 감지하고 천장 조명이 깜빡이는 것을 인식하자 경로를 우회한다. 겉보기에는 짧은 메시지와 회피 동작일 뿐이지만, 로봇 내부에서는 카메라(영상), 마이크(소리), 라이다(거리)에서 서로의 단서를 보완하며 하나의 통합된 판단으로 결합된다. 이 절에서는 이러한 결정을 가능케 한 멀티모달 AI의 작동 원리를 살펴보고, 여러 형태의 정보를 조합해 산업 현장의 의사결정으로 연결되는 과정을 알아본다.

|그림 4-6| 멀티모달 : 물류센터 자동로봇

2) 멀티모달 AI의 개념

멀티모달 AI는 텍스트 · 이미지 · 음향 · 센서 데이터 등 서로 다른 형태의 정보를 함께 처리 · 통합하여 더 정확한 표현을 학습하고 추론하는 인공지능이다. 전통적인 모델이 하나의 모달리티(예: 텍스트만, 이미지만)에 의존하는 것과 달리, 멀티모달 AI는 여러 모달리티를 결합해 더 풍부한 해석을 얻는다. 여러 형태의 데이터는 서로 보완적이기 때문에, 한 모달리티에 노이즈가 있거나 정보가 부족해도, 다른 모달리티가 대체 단서를 제공해 정보를 보완할 수 있다. 예를 들어 영상이 흐릿할 때는 음향 신호가 기계의 이상음을 보완하고, 텍스트와 이미지를 함께 사용하면 장면의 의미를 더 정확히 파악할 수 있다. 사람 역시 눈과 귀, 피부 감각을 함께 사용해 환경을 인지하듯, 인공지능도 다양한 데이터를 융합해 현재 과업에 필요한 행동을 결정한다. 여기서 중요한 것은 단순히 센서의 수를 늘리는 것이 아니라, 모달리티 간 정보가 서로 일치하는지 확인하고 부족한 부분을 보완하도록 융합 과정을 설계하는 것이다. 모달리티가 늘어나면 잡음이나 불확실성도 함께 커질 수 있으므로, 각 모달리티의 장점을 살리고 약점을 보완하도록 정보를 융합하는 방식이 핵심이다.

3) 응용과 구현

멀티모달 AI는 다양한 산업과 일상에서 실질적인 의사결정으로 이어지고 있다. 자율주행차는 카메라 영상과 라이다(LiDAR) · 레이더 데이터를 결합해 보행자와 차량을 더 정확히 인식하고, GPS와 관성/속도 센서를 함께 사용해 자차의 주행 상태와 궤적을 추정 · 보정한다. 이런 센서들이 서로를 확인함으로써 악천후나 일시적인 장애에도 안정적으로 주행할 수 있다. 스마트 팩토리에서는 비전 카메라로 제품의 외관을 검사하고, 마이크 · 가속도 센서로 소음과 진동을 분석해 설비의 이상을 예측한다. 서로 다른 센서가 제공하는 정보를 바탕으로 공정 파라미터를 조정하고, 문제가 생기기 전에 예방 정비를 할 수 있다. 스마트폰의 음성 비서는 음성, 화면, 위치 정보를 함께 고려해 사용자에게 적절한 서비스를 제공하며, 병원에서는 의료 영상 · 기록 · 센서 데이터를 통합해 더 정확한 진단을 시도한다. 입력은 이미지 · 오디오 · 거리 및 깊이 등 서로 다른 모달리티의 신호이며, 목표는 각 신호의 약점을 서로 보완해 오판을 줄이고 정확한 판단을 내리는 것이다. 그 결과는 로봇의 위치 추정, 이상 알람 발신, 경로 변경, 그리퍼 동작 명령 등 구체적인 행동으로 이어진다.

멀티모달 AI의 구현은 데이터→모형→의사결정 흐름을 따라간다. 각 모달리티 데이터는 먼저 적절한 전처리를 거쳐 특성을 추출한다. 예를 들어 이미지에는 합성곱 신경망(CNN)을, 음향 · 진동과 같은 시계열에는 순환 신경망이나 1D 합성곱 네트워크를 사용할 수 있다. 이후 정보 결합 방식에 따라 서로 다른 모달리티를 하나의 표현으로 융합한다. 입력 단계에서 특성을 연결하는 초기 결합, 중간 층에서 정보를 교환하는 중간 결합, 마지막에 각 모듈의 결과를 합치는 후기 결합 등 설계 선택이 있으며, 어떤 융합 방식이 적합한지는 각기 다른 센서에서 들어온 정보의 시간대를 정확히 맞추는 문제(데이터 동기화)나 계산 비용 등을 고려해 결정한다. 결합된 표현은 출력층에서 특정 작업(분류, 이상 탐지 등)에 맞추어 학습되고, 마지막에는 산업 현장의 규칙과 비용 구조를 반영해 행동으로 변환된다. 산업공학적 관점에서 중요한 것은 센서 데이터를 일관된 시간축에 맞추고, 모달리티별 신뢰도를 평가해 통합하는 과정이다. 기술 자체뿐 아니라 운영 환경과 조직의 규칙을 고려해, 결과가 현장의 의사결정으로 자연스럽게 이어지도록 설계해야 한다.

이 장에서는 멀티모달 AI가 여러 감각을 통합해 상황을 해석하고 판단에 활용하는 기술임을 소개하고, 산업 현장에서 어떻게 지능을 확장하는지 살펴보았다. 앞으로의 산업공학에서는 이미지, 소리, 텍스트 등 서로 다른 데이터를 통합해 복잡한 상황을 분석하고 의사결정을 지원하는 역량이 더욱 중요해질 것이다.

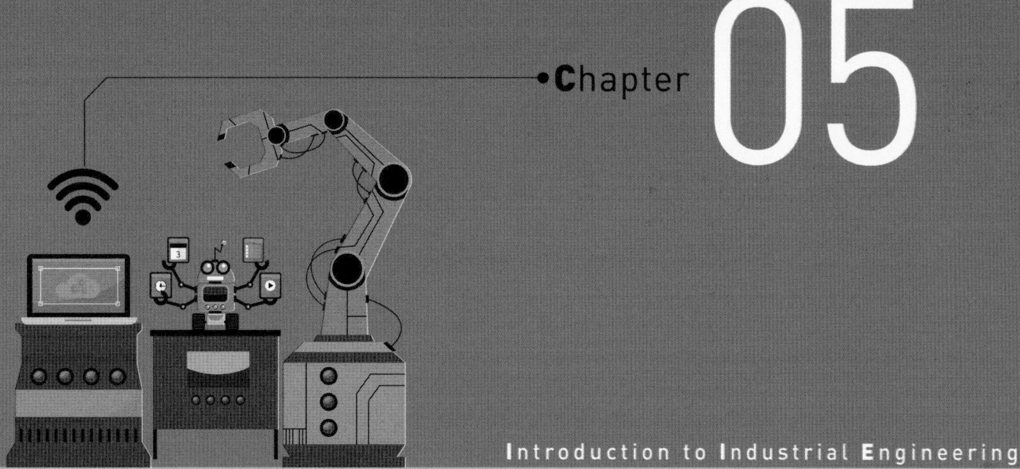

시뮬레이션

1. 시뮬레이션이란 무엇인가, 그리고 왜 필요한가
2. 시스템, 모델, 실험이란
3. 확률과 랜덤성: 왜 불확실성이 중요한가
4. 이산사건 시뮬레이션(Discrete-Event Simulation, DES)이란
5. 직접 해보는 간단한 이산사건 시뮬레이션 실습

Chapter

05 시뮬레이션

1 시뮬레이션이란 무엇인가, 그리고 왜 필요한가

점심시간에 햄버거 가게를 찾은 손님들이 줄을 서 있는 모습을 떠올려 보자. 점원은 두 명이고, 손님들은 일정하지 않은 간격으로 가게에 들어온다. 어떤 손님은 햄버거 하나만 주문하고 금방 계산을 끝내지만, 어떤 손님은 메뉴를 고르는 데 오래 걸리거나 여러 개의 음식을 주문한다. 대기 줄이 길어지면 손님은 불편을 느끼고, 기다리다 나가버리는 경우도 생긴다. 만약 점원을 한 명 더 늘린다면 손님의 대기 시간이 얼마나 줄어들까? 손님이 몰리는 점심시간에만 임시 직원을 쓰는 것이 좋을까, 아니면 하루 종일 점원을 세 명으로 운영하는 것이 더 효율적일까?

햄버거 가게의 조금 더 복잡한 상황을 고려해 보자. 점심시간이 다가오면 햄버거 가게 앞에는 사람들이 길게 줄을 서기 시작한다. 이른 아침에는 가게가 한산하지만, 11시가 넘으면 손님이 하나둘씩 몰려들기 시작하고, 12시가 되면 순식간에 가게 안은 북적이게 된다. 이처럼 손님이 가게에 도착하는 시간 간격은 일정하지 않으며, 날마다 손님 수 또한 들쭉날쭉하다. 평일과 주말도 다르고, 날씨가 좋은 날과 비 오는 날도 다르다. 어떤 날은 준비한 재료가 다 떨어질 만큼 많은 손님이 방문하지만, 또 어떤 날은 예상보다 한산한 경우도 있다.

[그림 5-1]은 이 햄버거 가게의 바쁜 상황을 보여준다. 점원 두 명이 손님들의 주문을 처리하고 있지만, 줄이 길어질수록 손님들은 오래 기다리게 되고, 때로는 기다리다 포기하고 발길을 돌리기도 한다. 이처럼 손님들의 도착은 불확실하며, 대기 시간은 실제 운영 성과에 큰 영향을 미친다.

이 햄버거 가게의 사장님은 요즘 고민이 많다. [그림 5-2]에서처럼 그는 햄버거를 더 많이 팔고 싶지만, 직원 인건비가 늘어나는 것도 걱정이다. 점심시간에 손님이 몰릴 것을 고려해 직원을 많이 배치하면 빠르게 주문을 처리하고 더 많은 판매를 기대할 수 있다. 하지만 손님이 줄어드는 오후 시간대에도 많은 직원을 유지하면 불필요한 인건비 부담이 발생한다. 반면, 직원을 적게 배치하면 점심시간에는 손님이 몰리며 줄이 길어지고, 대기 시간이 늘어져 판매 기회를 놓치게 된다. 이러한 상황에서 사장님은 질문하게 된다. "도대체 직원은 몇 명이 적정할까? 어떻게 배치하면 수익을 극대화할 수 있을까?"

| 그림 5-1 | 햄버거 가게를 찾는 손님들

그런데 손님의 숫자와 방문 간격이 매일, 매 시간마다 계속 바뀐다. 햄버거 가게에는 손님이 일정하지 않게 들어온다. 점심시간에는 손님이 몰리기도 하고, 어떤 날은 손님이 거의 없는 날도 있다. 손님 수와 도착 시간은 예측하기 어렵고, 날마다 바뀐다. 이것이 바로 현실의 불확실성이다.

| 그림 5-2 | 햄버거 가게 사장님의 고민

사장님은 햄버거를 많이 팔아 수익을 많이 내고 싶지만, 고민이 많다. 직원을 적게 쓰면 인건비는 줄지만, 점심시간에 손님이 너무 많아 줄이 길어지고 손님을 놓칠 수 있다. 반대로, 직원을 많이 쓰면 손님을 빨리 처리할 수 있지만, 인건비가 너무 많이 든다. 게다가 손님은 점심 이후에는 다시 줄어들기 때문에, 직원 수를 그때그때 바꾸는 것도 어렵다. 어떻게 하면 적절한 직원 수를 유지하면서 수익을 높일 수 있을까? 사장님은 오늘도 이 고민에 밤잠을 이루지 못한다.

이런 질문에 답하려면 직접 운영을 바꿔가며 실험해 보는 것이 가장 좋겠지만, 현실에서는 그럴 수 없다. 운영을 바꿨다가 오히려 손님이 줄거나 비용이 늘면 손해를 보기 때문이다. 이럴 때 사용하는 방법이 바로 '시뮬레이션'이다. 시뮬레이션은 실제로 바꾸고 실험하지 않고, 컴퓨터로 가상의 시스템을 만들어 상황을 흉내 내면서 다양한 조건을 시험해보는 방법이다. 즉, 시뮬레이션을 통해 현실을 모방한 실험실을 만들어 봄으로써, 그 시뮬레이션 안에서 가상의 고객을 생성하고, 그들이 어떤 시간에 도착하고, 얼마나 오래 머무는지를 무작위로 정해서 여러 번 실험하면서 평균 대기 시간이나 서비스 완료율 같은 수치를 측정할 수 있다. 이 결과를 바탕으로 우리는 햄버거 가게의 최적의 인력 배치나 운영 방식을 결정할 수 있다.

시뮬레이션은 실제 시스템이나 과정을 모사하여 그 작동 방식을 모형으로 재현하는 분석 방법이다. 복잡하거나 불확실한 시스템의 성능을 예측하거나 다양한 시나리오를 실험하기 위해 사용되며, 현대 산업공학, 경영과학, 물류, 금융, 공학 설계 등 다양한 분야에서 활용된다. 시뮬레이션의 핵심은 현실의 동작을 모형 위에서 반복 실험함으로써 대안을 비교하고, 위험을 예측하며, 의사결정에 필요한 정보를 수집하는 데 있다.

시뮬레이션 기법은 특히 확률적 시스템, 즉 시간에 따라 상태가 무작위적으로 변하는 시스템을 분석하는 데 강점을 가진다. 예를 들어, 고객의 도착시간이 일정하지 않고 서비스 시간도 변화하는 병원의 응급실 시스템, 항공기의 이착륙 스케줄이 날씨와 수요에 따라 변동되는 공항 운영 시스템, 또는 자율주행차의 도로 주행 환경처럼 수많은 변수를 포함하는 복잡한 시스템들이 여기에 해당한다. 이러한 시스템은 단순한 수학적 모델로는 충분히 설명하거나 예측하기 어렵기 때문에, 시뮬레이션이 대안으로 선택된다.

시뮬레이션이 유용한 대표적인 이유는 실제 환경에서 실험하기 어려운 문제들을 안전하고 저렴하게 분석할 수 있기 때문이다. 예를 들어, 새로운 공장의 생산 라인을 설계할 때 다양한 설비 배치안에 따라 작업자의 이동 거리, 자재 흐름, 공정 병목 발생 여부 등을 실험해 보고 싶을 수 있다. 하지만 이를 실제 설비를 구축하여 실험하는 것은 시간과 비용이 막대하게 소요된다. 시뮬레이션을 활용하면 공정 흐름, 대기시간, 자원의 활용도 등을 가상의 모형에서 빠르게 실험해볼 수 있으며, 잘 설계된 모형은 실제 시스템과 유사한 결과를 도출할 수 있다.

예를 들어보자. 놀이공원에서는 탑승 대기 시간이 길어지는 것을 줄이기 위해 놀이기구의 배치, 이용객 유입 패턴, 운영 인력의 수를 조정할 필요가 있다. 시뮬레이션을 통해 다양한 운영 정책을 실험해 봄으로써 어떤 배치와 인력 구성이 평균 대기 시간을 최소화하는지를 알아낼 수 있다. 비슷한 맥락에서, 은행의 대기열 문제, 생산 시스템의 설비 투자 타이밍, 물류 창고의 피킹 전략 결정 등도 모두 시뮬레이션을 통해 성능을 비교할 수 있다.

시뮬레이션은 본질적으로 수치 계산이 많고 반복적인 실험이 요구되므로 컴퓨터 프로그램을 이용해 수행한다. 실제 시스템을 구성하는 주요 요소들(예: 고객, 장비, 서버 등)은 모두 모형에서 컴퓨터 객체로 정의되고, 이벤트(도착, 서비스 시작, 서비스 완료 등)는 컴퓨터 내에서 발생시켜 가며 시간 흐름에 따라 시스템의 상태가 어떻게 변화하는지를 추적한다. 시뮬레이션 프로그램은 수십 년에 걸쳐 발전해 왔으며, 현재는 전용 소프트웨어뿐 아니라 엑셀, 파이썬, R, MATLAB 등의 도구에서도 비교적 쉽게 구현할 수 있다.

시뮬레이션을 활용한 대표적인 사례로는 동전 던지기 게임, 고객 대기열 시스템(M/M/1), 병원 응급실 운영, 뉴스보이 문제(수요 불확실성 하에서 재고 최적화), 금융 상품의 수익률 예측, 공장 생산 스케줄 평가 등이 있다. 이러한 사례들은 모두 무작위성, 시간 흐름, 상태 변화라는 시뮬레이션의 핵심 속성을 잘 반영하고 있으며, 실제 환경에서 실험이 어렵거나 반복할 수 없는 상황을 가상의 모형에서 효과적으로 분석한다.

시뮬레이션을 적용하는 데에는 일정한 절차가 필요하다. 첫째, 분석 대상 시스템을 정의하고 문제를 명확히 설정한다. 둘째, 시스템을 구성하는 요소들(상태, 이벤트, 변수 등)을 모형으로 설계하고 적절한 확률 분포를 지정한다. 셋째, 실험 설계를 통해 다양한 조건 하에서 시뮬레이션을 반복 수행하고, 넷째, 실험 결과를 통계적으로 분석하여 결론을 도출한다. 이 과정에서 난수(Random Number) 생성, 이벤트 스케줄링, Warm-up 기간 설정, 안정 상태 분석 등 다양한 기법이 적용된다.

물론 시뮬레이션은 만능은 아니다. 수치적으로 정확한 해를 제공하는 것이 아니라, 반복 실험을 통해 통계적 추정치를 제공하는 기법이다. 따라서 시뮬레이션 결과의 신뢰성을 확보하기 위해 충분한 반복 횟수와 적절한 통계 분석이 요구된다. 또한 모형이 현실 시스템을 얼마나 잘 반영하느냐에 따라 결과 해석의 정확도도 달라진다. 잘못된 가정이나 누락된 변수는 잘못된 결론으로 이어질 수 있기 때문에, 모형 설계 단계에서의 검토와 검증이 매우 중요하다.

요약하자면, 시뮬레이션은 복잡하고 불확실한 시스템을 분석하는 데 매우 효과적인 도구이다. 현실을 직접 실험하지 않고도 다양한 시나리오를 빠르게 비교할 수 있으며, 무작위성과 시간에 따른 상태 변화를 정밀하게 반영할 수 있다는 점에서 확률적 시스템 분석에 특히 유용하다. 이러한 장점 덕분에 시뮬레이션은 현대 산업과 사회 전반에서 널리 사용되고 있으며, 앞으로도 그 활용 범위는 더욱 확대될 것으로 기대된다.

연/습/문/제

1-1 다음 중 시뮬레이션이 가장 효과적으로 사용될 수 있는 상황을 모두 고르시오.

① 동전을 던져 앞면이 나올 확률을 구하는 실험
② 병원 응급실의 인력 배치 전략 수립
③ 세탁기에 들어갈 빨래 무게의 측정
④ 택배 물류센터의 하루 평균 처리량 추정

1-2 아래 설명 중 시뮬레이션의 특징에 해당하지 않는 것은 무엇인지 고르시오.

① 반복 가능한 가상 실험이 가능하다.
② 모든 상황을 수학적 공식으로 정확히 표현해야 한다.
③ 현실에서 실험하기 어려운 조건도 실험할 수 있다.
④ 무작위성을 반영하여 다양한 결과를 관찰할 수 있다.

1-3 다음은 햄버거 가게의 상황이다. 하루 평균 100명의 손님이 오며, 손님마다 주문 시간은 무작위로 1~5분이다. 점원이 2명일 때와 3명일 때의 평균 대기시간을 비교하고 싶다면 어떤 방법이 가장 적절한지 고르시오.

① 실제 점원을 바꿔가며 영업을 해 본다.
② 시뮬레이션을 통해 다양한 경우를 실험해 본다.
③ 점장에게 물어본다.
④ 손님들에게 설문 조사를 한다.

1-4 다음 중 시뮬레이션이 꼭 필요하지 않은 상황을 고르시오.

① 비용이 많이 들거나 위험한 실험을 직접 하기 어려운 항공기 설계 시
② 너무 복잡해서 수식으로 풀기 어려운 대형 병원의 진료 흐름 시스템 설계 시
③ 매번 실험 때마다 결과가 확률적으로 달라지는 햄버거 가게의 고객 대기 시간 고려 시
④ 불확실성이 거의 없고 간단한 상황이라 계산만으로 결과 예측이 가능한 등교길 경로 최적화 시

2 시스템, 모델, 실험이란

시스템(System), 모델(Model), 실험(Experiment)은 시뮬레이션을 구성하는 세 가지 핵심 요소이다. 간단히 말해서, 시스템은 현실이며, 모델은 그 축소판이고, 실험은 모델을 조작하여 현실의 가능성을 탐색하는 과정이다. 이 세 가지를 이해하고 적절히 설계하면 시뮬레이션은 매우 강력한 의사결정 도구로 작동한다. 이번 장에서는 이 세 가지 요소가 각각 무엇이며, 어떻게 시뮬레이션의 기반이 되는지를 살펴본다.

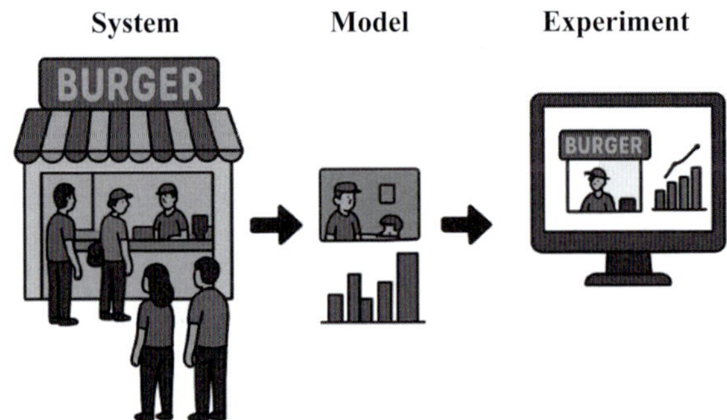

| 그림 5-3 | 햄버거 가게 사례로 살펴본 시스템, 모델, 실험의 관계

햄버거 가게를 시뮬레이션하기 위해서는, 현실의 햄버거 가게(시스템)를 단순화하여 만든 시뮬레이션 모형(모델)을 바탕으로, 다양한 운영 조건을 실험하고 결과를 비교 분석하는 과정(실험)이 필요하다.

1) 시스템(System)

우리가 일상에서 마주치는 많은 것들은 하나의 시스템(System)으로 이해할 수 있다. 좀 더 구체적으로 말하자면, 시스템은 특정한 목적을 달성하기 위해 구성요소들이 상호작용하며 유기적으로 작동하는 구조를 의미한다. 병원, 학교, 편의점, 공장, 공항 등 일상 속의 다양한 공간이 모두 하나의 시스템으로 볼 수 있다. 예를 들어, 병원이라는 시스템은 환자, 의사, 간호사, 진료실, 응급실, 대기실 등 다양한 구성요소로 이루어지며, 환자가 접수하고 진료를 받고 입원하거나 퇴원하는 흐름은 시간에 따라 시스템의 상태가 변화하는 과정으로 해석할 수 있다.

시스템은 하나의 목적을 달성하기 위해 다양한 요소들이 상호작용하는 구조이며, 이러한 시스템은 네 가지 주요 구성요소로 이해할 수 있다. 첫째, 상태(State)는 시스템의 특정 시점에서의 모습이다. 둘째, 엔티티(Entity)는 시스템 내에서 움직이는 대상이며, 셋째, 자원(Resource)은 엔티티가 이용하는 요소이다. 넷째, 사건(Event)은 시스템의 상태를 변화시키는 특정 시점의 활동이다.

맨 처음에 살펴본 햄버거 가게 사례를 다시 살펴보자. 햄버거 가게 역시 하나의 대표적인 시스템이다. 이 시스템은 손님, 점원, 계산대, 조리대, 좌석 등으로 구성되며, 손님이 도착하고, 주문하고, 식사한 뒤 퇴장하는 흐름이 시간에 따라 상태를 변화시킨다. 특히 점심시간이 되면 손님의 수가 급격히 증가하고, 이에 따라 대기시간이 길어지거나 점원의 부담이 커지는 등 시스템 전체에 영향을 미친다. 이처럼 일상의 많은 현상은 시스템으로 이해할 수 있으며, 이를 분석하고 개선하기 위한 도구가 시뮬레이션이다. 햄버거 가게 사례에 적용하여, 시뮬레이션에서 시스템을 구성하는 네 가지 핵심 요소를 실제로 어떻게 파악하고 설정하는지를 살펴보면 다음과 같다.

(1) 상태(State)

상태(State)는 시스템의 현재 상황을 나타낸다. 햄버거 가게에서는 다음과 같은 정보가 상태에 해당한다.

- 현재 대기 중인 손님 수
- 각 손님의 대기 시간 또는 서비스 중 여부
- 각 점원의 작업 상태(비어 있음, 주문 처리 중 등)
- 계산대 또는 조리대 사용 여부

예를 들어, 점심시간 직전에 손님이 5명 대기 중이고, 점원 2명이 모두 주문을 받고 있다면, 이 상황 전체가 하나의 '시스템 상태'라고 할 수 있다.

(2) 엔티티(Entity)

엔티티(Entity)는 시스템 안에서 움직이고 상태 변화를 일으키는 주체이다. 햄버거 가게에서는 주로 다음이 엔티티에 해당한다.

- 손님: 가장 대표적인 엔티티로, 도착, 대기, 주문, 식사, 퇴장이라는 일련의 흐름을 따라 시스템 내를 이동한다.
- 주문: 손님이 만든 개별 주문도 추적 가능한 엔티티로 취급될 수 있다.

엔티티는 시간에 따라 시스템의 상태를 변화시키며, 시뮬레이션에서는 이들의 흐름을 추적하고 분석하는 것이 핵심이다.

(3) 자원(Resource)

자원(Resource)은 엔티티가 시스템 내에서 서비스를 받기 위해 점유하거나 사용하는 요소를 말한다. 햄버거 가게의 경우 다음과 같은 것들이 자원이다.

- 점원: 손님의 주문을 처리하거나 음식을 준비하는 역할을 하며, 가장 중요한 자원이다.
- 계산대: 주문을 입력하고 결제를 처리하는 장비에 해당한다.
- 조리 공간 및 기기: 햄버거를 조리하는 물리적 공간 또는 장비에 해당하며, 대표적으로 프라이기, 패티 굽는 판 등이 해당한다.
- 테이블/좌석: 손님이 머무르는 물리적 공간에 해당한다.

이러한 자원은 제한적이며, 특정 시점에 한정된 수만 사용 가능하므로 자원의 배치와 활용도가 시스템 성능에 큰 영향을 미친다.

(4) 사건(Event)

사건(Event)은 시스템의 상태를 변화시키는 순간적인 활동이다. 햄버거 가게에서 주요 사건은 다음과 같다:

- 손님의 도착: 새로운 엔티티(손님)가 시스템에 진입함
- 주문 시작: 점원이 자원을 점유하며 손님 응대 시작
- 주문 완료 및 결제 종료: 점원이 자원을 해제하며 다음 손님을 받을 준비 완료
- 퇴장: 손님이 시스템을 이탈함

이러한 사건들은 시뮬레이션에서 시간 순서에 따라 발생하며, 각 사건은 시스템의 상태를 변화시킨다. 예를 들어 손님이 도착하면 대기열이 증가하고, 주문이 완료되면 점원이 다시 유휴(Idle) 상태로 전환된다.

정리하자면, 햄버거 가게 시뮬레이션 시스템의 네 가지 핵심 구성요소를 다음과 같이 요약할 수 있다.

표 5-1 햄버거 가게 시뮬레이션 시스템의 네 가지 핵심 구성요소

시스템 구성요소	햄버거 가게에서의 예시
상태(State)	대기 손님 수, 점원 작업 상태, 주문 처리 상황 등
엔티티(Entity)	손님, 주문
자원(Resource)	점원, 계산대, 조리기기, 좌석 등
사건(Event)	손님 도착, 주문 시작, 주문 종료, 퇴장 등

시뮬레이션에서 시스템을 정의할 때는 이 네 가지 요소를 명확하게 파악하고 모델에 반영하는 것이 중요하며, 이를 통해 더욱 정밀하고 현실성 높은 분석이 가능해진다.

2) 모델(Model)

그러나 현실의 시스템은 매우 복잡하다. 수많은 요소들이 동시에 작동하고, 상황은 시간에 따라 계속 변하며, 때로는 예측할 수 없는 사건도 발생한다. 이러한 현실을 그대로 분석하거나 실험하는 것은 매우 어렵기 때문에, 시뮬레이션에서는 이 복잡한 시스템을 단순화하여 모델(Model)로 표현한다. 모델은 시스템의 핵심적인 특성만을 남기고, 불필요하거나 분석 목적에 부합하지 않는 요소는 제거한 축소판이라고 볼 수 있다. 다시 말해서, 모델은 시스템의 복잡한 현실을 이해 가능한 형태로 바꾸는 과정이다.

모델은 일반적으로 수학적, 논리적, 혹은 시각적 방식으로 표현된다. 모델링은 시스템의 목적에 따라 달라질 수 있다. 어떤 모델은 수식이나 규칙으로 구성되며, 어떤 모델은 도식도나 흐름도처럼 시각적인 구조로 나타나기도 한다. 중요한 것은 모델이 현실을 얼마나 '정확하게' 표현하느냐가 아니라, 분석 목적에 '충분히 유용하게' 표현되었느냐이다. 시스템 전체를 수학적인 모델로 만들 필요는 없다. 시스템의 목적과 관련된 상황을 단순화시킨 모형을 만들면 충분하다. 이렇게 핵심 정보만을 담은 단순한 모델이 오히려 빠르고 효과적인 분석을 가능하게 한다.

(1) 햄버거 가게 사례로 보는 모델링

앞서 설명한 햄버거 가게 사례를 다시 떠올려 보자. 햄버거 가게 사장은 다음과 같은 질문에 대한 해답을 얻고 싶어 한다.

- 점심시간에 손님이 몰릴 때 몇 명의 점원을 배치해야 대기 시간이 과도하게 길어지지 않을까?
- 직원 수를 늘리면 손님의 대기 시간은 줄겠지만, 그만큼 인건비가 증가한다. 이때 수익을 극대화 할 수 있는 최적의 균형점은 무엇일까?
- 특정 요일이나 시간대에 손님 수가 급증하는데, 이를 반영한 운영 전략을 수립할 수 있을까?

이러한 질문에 답하기 위해서는 시스템 전체를 물리적으로 재현하거나, 모든 요소를 완벽하게 반영할 필요는 없다. 분석에 필요한 핵심 요소만 뽑아낸 단순화된 모델을 만들면 충분하다.

(2) 햄버거 가게 시뮬레이션 모델 구성 예시

햄버거 가게 운영 시스템을 시뮬레이션 모델로 구성할 때는 다음과 같은 요소를 중심으로 설계할 수 있다.

- 손님 도착 간격: 평균적으로 몇 분마다 한 명의 손님이 오는지(예: 평균 2분 간격)
- 서비스 시간: 한 명의 손님을 응대하는 데 걸리는 시간(예: 평균 3분)
- 점원의 수: 동시에 손님을 응대할 수 있는 직원의 수(예: 2명, 3명, 4명 등으로 실험 가능)
- 운영 시간: 하루 몇 시간 동안 가게가 운영되는지(예: 오전 10시부터 오후 10시까지)
- 고객 대기열 구조: 먼저 온 손님이 먼저 주문하는 방식(First-Come, First-Served)

이러한 요소를 기반으로, 실제 가게와는 다르지만 본질적인 운영 흐름을 재현할 수 있는 시뮬레이션 모델을 만들 수 있다. 예를 들어, 햄버거 세트 메뉴 구성이나 인테리어 디자인, 햄버거 포장 방식 같은 요소는 이번 분석 목적에는 꼭 필요하지 않으므로 모델에서 생략할 수 있다.

(3) 단순하지만 유용한 모델의 힘

초보자는 종종 "모든 것을 정확하게 반영해야 하지 않을까?"라고 생각하기 쉽다. 그러나 시뮬레이션 모델링에서 중요한 것은 '모든 정보'가 아니라 '관련된 정보'이다. 오히려 불필요한 요소를 너무 많이 넣으면 모델이 복잡해져 분석과 해석이 어려워진다.

예를 들어, 햄버거 가게의 조명 밝기나 BGM 음악의 종류는 손님의 대기 시간 분석에는 거의 영향을 주지 않는다. 따라서 분석 목적이 명확하다면, 그 목적에 직접적으로 연관된 변수만으로 모델을 구성하는 것이 효율적이다.

(4) 모델링을 위한 사고 방식

시뮬레이션 모델을 설계할 때는 다음과 같은 질문을 스스로에게 던져보면 도움이 된다.

- 이 시스템에서 어떤 것이 '흐름'을 만들고 있는가? (예: 손님 흐름, 주문 처리 흐름)
- 이 흐름을 방해하거나 지연시키는 요소는 무엇인가? (예: 점원의 수, 긴 대기열)
- 내가 알고 싶은 것은 무엇이며, 그 답을 얻기 위해 꼭 포함되어야 할 변수는 무엇인가? (예: 수익을 극대화할 수 있는 최적의 직원 수)

이러한 질문을 바탕으로 시스템을 단순화하고 본질적인 구조만을 뽑아낸 모델은, 시뮬레이션 분석에서 매우 강력한 도구가 된다.

3) 실험(Experiment)

시뮬레이션에서 모델을 만들었다면, 그 다음 단계는 모델을 바탕으로 다양한 조건을 설정하고 그에 따라 시스템이 어떻게 반응하는지를 관찰하는 '실험(Experiment)'이다. 실험은 시뮬레이션의 가장 핵심적인 부분 중 하나로, 컴퓨터상의 가상공간에서 수십에서 수천 번까지 반복 수행되며, 현실에서는 시도하기 어려운 운영 방식이나 환경 조건을 비교 분석하는 데 매우 유용한 도구가 된다.

실험은 과학적 탐구의 기본 방식이다. 시뮬레이션 실험에서는 입력값(Input Variables)을 조절하고, 그에 따른 출력값(Output Results)을 측정함으로써 어떤 조건이 가장 좋은 결과를 만드는지 탐색한다. 예를 들어, 택배 회사가 물류창고의 위치를 새로 정하려 할 때, 창고 위치를 입력값으로 설정하고 실험을 진행하면, 각 위치별로 평균 배송시간, 배송비용, 고객 불만족률을 출력값으로 측정하여 비교 분석할 수 있다. 이 과정은 실험 설계를 통해 전략적으로 이루어지며, 다양한 시나리오와 변수 조합을 시뮬레이션으로 실험해 볼 수 있다.

또한 실험 설계에서는 어떤 데이터를 수집할지, 반복 횟수는 몇 번이 적절할지, 어떤 상황을 기준선으로 삼을지를 정하는 것이 중요하다. 이를 통해 시뮬레이션 결과의 신뢰도를 높이고, 실험의 의미를 해석하기 쉬워진다. 특히, 확률적인 요인이 있는 시스템일수록 실험을 여러 번 반복해 평균값과 분산 같은 통계적 정보를 얻는 것이 핵심이다. 이러한 실험의 과정을 잘 이해하기 위해서, 앞서 설명한 햄버거 가게 사례를 다시 적용해 보겠다.

(1) 햄버거 가게에서 실험이 필요한 이유

햄버거 가게 사례를 다시 떠올려 보자. 사장은 다음과 같은 고민을 갖고 있다.

- 점심시간에 손님이 몰릴 때 몇 명의 점원이 가장 적절할까?
- 점원을 너무 적게 두면 대기 시간이 길어져 손님을 놓칠 수 있다.
- 반면에 점원을 너무 많이 두면 인건비 부담이 커져서 수익이 줄어든다.
- 그럼 점원 수를 2명, 3명, 4명으로 각각 실험해보면 어떨까?

현실에서는 같은 날, 같은 조건에서 이런 시도를 반복해 보기 어렵다. 그러나 시뮬레이션 실험을 활용하면 이러한 다양한 시나리오를 가상으로 구성하여, 그 결과를 통계적으로 비교해 볼 수 있다.

(2) 햄버거 가게 시뮬레이션 실험 설계 예시

아래는 햄버거 가게 운영을 분석하기 위한 기본적인 실험 설계의 예시이다.

- 입력 변수(Input Variables): 점원 수(2명, 3명, 4명), 손님 도착 간격(무작위, 평균 2분), 주문 처리 시간(무작위, 평균 3분)
- 출력 변수(Output Results): 손님 평균 대기 시간, 하루 총 주문 수, 대기 시간 10분 초과 손님 비율, 총 예상 수익

- 시뮬레이션 시간: 하루 12시간(예: 오전 10시~오후 10시)
- 반복 횟수: 시나리오별로 100회 반복하여 평균값과 분산 측정
- 기준선 시나리오: 현재 운영 방식(예: 점원 2명)과 비교

이 실험을 수행하면 다음과 같은 결과가 나타날 수 있다.

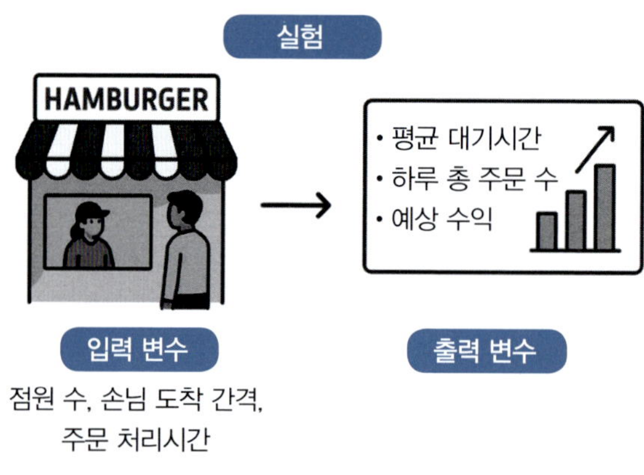

| 그림 5-4 | 햄버거 가게 시뮬레이션 실험 예시

입력 변수들을 달리하면서 햄버거 가게의 운영 방식을 실험한 결과로, 평균 대기 시간과 하루 총 주문 수, 예상 수익에 대한 실험 결과(출력 변수)가 바뀌는 것을 볼 수 있다. 이처럼 시뮬레이션 실험을 통해 운영 전략을 비교하고 의사결정을 지원할 수 있다.

표 5-2 햄버거 가게 실험 예시

점원 수	평균 대기 시간	하루 주문 수	예상 수익	대기 초과 비율
2명	6.8분	220건	880,000원	18%
3명	4.2분	260건	960,000원	7%
4명	3.9분	262건	920,000원	5%

〈표 5-2〉로부터 사장은 "3명을 배치했을 때 대기 시간과 수익이 모두 가장 균형 있게 개선된다"는 결론을 얻을 수 있다.

(3) 실험 설계의 핵심 요소

시뮬레이션 실험의 결과가 신뢰할 수 있으려면, 다음과 같은 요소들을 체계적으로 설계해야 한다:

- 입력 변수(Input): 실험 조건을 구성하는 조정 가능한 요소(예: 점원 수, 손님 도착 간격)
- 출력 변수(Output): 실험을 통해 얻고자 하는 결과 지표(예: 대기 시간, 수익)
- 기준선 조건(Baseline): 현재 운영 방식과 비교하기 위한 기준 시나리오
- 반복 횟수(Number of replications): 무작위성을 보정하기 위한 반복 시뮬레이션 횟수
- 통계적 분석(Statistical analysis): 결과의 평균, 분산, 신뢰 구간 등을 계산하여 실험의 안정성과 유의미성을 확보

시뮬레이션 실험은 모델을 활용하여 다양한 운영 조건을 실제처럼 실험하고 그 결과를 분석하는 과정이다. 햄버거 가게의 사례처럼, 점원 수나 손님 흐름을 바꿔가며 운영 전략을 실험해 볼 수 있으며, 그 결과를 수치화하고 비교할 수 있다는 점이 큰 장점이다.

실험이 잘 설계되었을 때, 시뮬레이션은 단순한 모의실험을 넘어 현실 문제 해결을 위한 '가상의 실험실'로 기능하게 된다.

연/습/문/제

2-1 다음 중 '모델(Model)'에 해당하지 않는 예시는 무엇인가?

① 실제 가게 내부 사진
② 햄버거 가게의 손님 도착 시간과 서비스 시간을 수식으로 표현한 도표
③ 고객 대기열을 표현한 간단한 도식
④ 공장 설비의 작동 순서를 나타낸 흐름도

2-2 다음 중 시뮬레이션에서 말하는 '모델(Model)'의 설명으로 가장 적절한 것은 무엇인가?
① 실제 시스템의 모든 요소를 빠짐없이 반영한 복사본이다.
② 시스템의 핵심 구성요소만 단순화하여 표현한 추상적인 구조이다.
③ 시스템의 상태 변화를 시간에 따라 자동으로 조절하는 장치이다.
④ 현실 시스템에서 실험하기 위해 직접 구현해본 실험 설비이다.

2-3 시스템, 모델, 실험의 관계로 가장 적절한 설명은 무엇인가?
① 시스템은 모델의 일부이고, 실험은 시스템을 복사한 것이다.
② 모델은 시스템을 단순화한 것이고, 실험은 그 모델을 바탕으로 수행된다.
③ 실험은 시스템을 복잡하게 만드는 과정이다.
④ 모델과 실험은 시스템과 관계없다.

2-4 햄버거 가게 시뮬레이션 실험에서 입력 변수(Input)으로 가장 적절한 것은?
① 손님의 나이 ② 햄버거 포장의 색상
③ 점원의 수 ④ 가게 벽의 재질

2-5 햄버거 가게 시뮬레이션 실험에서 입력 변수(Input)으로 가장 적절하지 않은 것은?
① 점원의 수 ② 손님의 햄버거 가게 도착 간격
③ 주문 처리 시간 ④ 하루 평균 매출

2-6 햄버거 가게 시뮬레이션 실험에서 출력 변수(Output)으로 가장 적절한 것은?
① 점원의 수 ② 손님의 햄버거 가게 도착 간격
③ 손님의 평균 대기 시간 ④ 하루 운영 시간

2-7 병원 응급실을 시뮬레이션 한다고 가정하자. 이 시뮬레이션 시스템의 네 가지 핵심 구성요소인 상태(State), 엔티티(Entity), 자원(Resource), 사건(Event)에 대해 각각 적절한 예시를 생각해 보고, 아래 표에 작성하시오.

시스템 구성요소	병원 응급실 예시
상태(State)	
엔티티(Entity)	
자원(Resource)	
사건(Event)	

3 확률과 랜덤성: 왜 불확실성이 중요한가

현실 세계에서 일어나는 많은 일들은 우리가 계획하거나 예측한 대로만 흘러가지 않는다. 예를 들어, 햄버거 가게에서는 손님이 정확히 언제 도착할지, 주문이 얼마나 오래 걸릴지, 점원이 얼마나 빠르게 응대할지는 매번 달라진다. 이러한 현상은 일정하지 않고 무작위적이며, 이러한 불확실성은 실제 운영에 큰 영향을 미친다.

이러한 무작위성과 불확실성을 시뮬레이션에 반영하려면, 단순한 평균값이나 고정된 수치만으로는 부족하다. 대신, 확률과 통계적 개념을 활용하여 손님 도착 간격, 서비스 시간 등과 같은 요소들을 보다 현실적으로 모델링해야 한다. 시뮬레이션은 하나의 결과만을 예측하는 도구가 아니라, 다양한 조건과 불확실성을 반영하여 여러 가지 가능한 결과를 분석하고 비교할 수 있도록 도와주는 의사결정 지원 도구이기 때문이다.

| 그림 5-5 | 햄버거 가게 운영 환경의 불확실성

같은 햄버거 가게라도 날씨, 시간, 상황에 따라 운영 환경은 달라질 수 있다. 이처럼 현실에서는 무작위성과 불확실성이 끊임없이 나타나며, 시뮬레이션에서는 이를 확률과 랜덤성으로 모델링하고 다양한 시나리오를 실험할 수 있다.

이번 장에서는 시뮬레이션에서 불확실성을 다루기 위해 반드시 이해해야 할 확률과 랜덤성의 개념을 다룬다. 먼저, 왜 불확실성이 중요한지에 대해 다양한 사례를 통해 살펴보고, 시뮬레이션에서 무작위성을 구현하기 위한 난수(Random Number)의 개념과 원리를 소개한다. 이어서, 다양한 종류의 확률분포가 어떻게 현실의 무작위적 현상을 모델링하는 데 사용되는지를 설명하고, 실험을 반복하는 이유와 이를 통한 통계적 분석의 중요성에 대해 알아본다. 마지막으로, 시뮬레이션을 설계할 때 무작위성을 고려하여 분석의 신뢰도를 높이기 위한 실질적인 고려사항들을 정리하며, 실제 현장에서 확률 기반 시뮬레이션을 어떻게 효과적으로 적용할 수 있는지를 구체적으로 이해할 수 있도록 한다.

이제부터 본격적으로 확률과 랜덤성이 시뮬레이션에서 왜 중요한지를 햄버거 가게 사례를 통해 좀 더 구체적으로 알아보자.

1) 왜 불확실성이 중요한가

현실 세계는 예측 가능한 패턴보다 불확실성과 무작위성으로 가득 차 있다. 특히 사람들이 모이는 장소에서는 손님의 수, 도착 시간, 서비스 소요 시간 등이 매번 다르기 때문에, 정확한 예측이나 계산이 쉽지 않다.

햄버거 가게를 예로 들어보자. 가게 사장은 하루 평균 100명의 손님이 온다고 예상하지만, 실제로는 어떤 날은 120명이, 어떤 날은 70명만 올 수도 있다. 심지어 손님이 도착하는 간격도 매번 달라지므로, 이러한 불확실성을 고려하지 않고는 제대로 된 의사결정을 내리기 어렵다.

시뮬레이션은 이러한 불확실한 요소들을 반영할 수 있는 도구이며, 이를 통해 다양한 상황을 실험하고 예측할 수 있다. 따라서 확률과 랜덤성은 시뮬레이션에서 핵심적인 역할을 한다.

2) 무작위성과 난수의 개념

시뮬레이션에서는 불확실한 현상을 반영하기 위해 난수(Random Number)를 사용한다. 난수는 컴퓨터가 생성하는 무작위 숫자로, 손님의 도착 간격이나 주문 처리 시간처럼 매번 바뀌는 요소들을 표현하는 데 사용된다. 예를 들어, 햄버거 가게에서 손님이 1~5분 사이의 간격으로 도착한다고 가정할 때, 시뮬레이션은 이 간격을 난수를 통해 무작위로 결정한다. 즉, 어떤 손님은 2분 뒤, 어떤 손님은 4분 뒤에 도착하도록 모델링된다.

이렇게 생성된 난수를 기반으로 다양한 경우를 실험함으로써 현실의 무작위성을 반영한 보다 신뢰성 있는 분석이 가능해진다.

3) 확률분포의 종류와 적용

무작위성을 수학적으로 표현하기 위해 확률분포(Probability Distribution)가 사용된다. 확률분포는 어떤 값이 발생할 확률이 어떻게 분포되어 있는지를 수학적으로 나타낸 것이다.

햄버거 가게 사례에서는 대표적으로 다음과 같은 확률분포를 활용할 수 있다.

(1) 지수분포(Exponential Distribution)

사건 사이의 시간 간격이 무작위로 발생할 때 그 간격을 모델링하는 데 사용된다. 사건이 독립적으로 일어나며, 일정 시간 내에 평균적으로 몇 번 발생하는지를 알고 있는 상황에서 사용된다. 햄버거 가게에서의 적용 사례를 살펴보면, 햄버거 가게에 손님이 방문하는 간격은 일정하지 않다. 점심시간에는 빠르게 여러 명이 들어오기도 하고, 한산한 시간에는 한참 동안 손님이 없는 경우도 있다. 이처럼 손님이 언제 도착할지 모르는 상황은 지수분포로 모델링할 수 있다. 예를 들어, 1시간에 평균 30명의 손님이 도착한다면, 이들의 도착 간격은 지수분포($\lambda = 30$)를 따른다고 가정할 수 있다. 이 분포를 이용하면 "다음 손님은 몇 분 후에 도착할까?"를 무작위로 생성할 수 있다. 이처럼, 지수분포는 손님의 햄버거 가게 도착 간격을 모델링할 때 사용되며, 도착이 랜덤하고 독립적일 때 적합하다.

(2) 정규분포(Normal Distribution)

평균값을 중심으로 좌우 대칭적인 종 모양의 분포를 가지며, 자연현상이나 사람의 행동에서 자주 나타난다. 대부분의 값은 평균 근처에 몰려 있고, 평균에서 멀어질수록 확률이 줄어든다. 햄버거 가게에서의 적용 사례를 살펴보면, 점원이 손님 한 명의 주문을 처리하는 데 걸리는 시간은 사람마다 다르지만, 대부분 2~4분 사이에서 처리되고, 아주 짧거나 아주 긴 시간의 경우는 드물다. 이런 경우에는 서비스 시간을 정규분포로 모델링할 수 있다. 예를 들어, 평균 서비스 시간이 3분이고 표준편차가 0.5분이라면, 대부분의 주문은 2.5~3.5분 사이에 처리될 것이고, 매우 짧거나 긴 서비스 시간은 낮은 확률로 발생하게 된다. 이처럼, 정규분포는 평균값을 중심으로 대칭적인 분포를 가지며, 서비스 시간처럼 어느 정도 예측 가능한 시간에 적합하다.

(3) 균등분포(Uniform Distribution)

주어진 구간 내의 모든 값이 동일한 확률로 발생하는 분포이다. 예측 불가능하지만 특정 구간 안에 있다는 전제가 있을 때 사용된다. 햄버거 가게에서의 적용 사례를 살펴보면, 1분에서 5분 사이처럼 어떤 사건(Event)가 동일한 확률로 발생하는 경우에 사용된다. 또한, 만약 가게의 점장이 서비스 시간에 대한 정확한 분포를 모르지만, 최소 1분에서 최대 5분 사이일 것이라는 경험적 정보만 가지고 있다면, 이때는 균등분포를 사용해 서비스 시간을 모델링할 수 있다. 또는, 특정한 시간대에 손님이 “메뉴를 결정하는 데 걸리는 시간”이 10초~60초 사이로 다양하게 나타나는데, 어떤 시간이 더 자주 나타나는지는 알 수 없다면, 이도 균등분포로 모델링할 수 있다. 시뮬레이션에서 균등분포는 실측 데이터가 없거나 분포의 형태가 명확하지 않을 때 초기 모델로 자주 사용되며, 향후 데이터를 수집하면 기존의 균등분포를 정규분포나 지수분포로 전환하기도 한다. 또한, 균등분포는 구조가 단순해 난수 생성이 빠르고 직관적인 특징이 있다.

(4) 이항분포(Binomial Distribution)

어떤 시행에서 성공 또는 실패처럼 두 가지 결과만 가능한 상황에서, 일정 횟수의 시행 중 성공이 몇 번 발생할지를 모델링할 때 사용된다. 햄버거 가게에서는 다음과 같은 경우에 적용할 수 있다. “점심시간 1시간 동안 20명의 손님에게 신메뉴를 제안했을 때, 몇 명이 신메뉴 구매에 성공할 것인가?” 이 경우, 각 손님에게 신메뉴 제안이라는 독립된 시행이 주어지고, 성공(구매함) 또는 실패(구매하지 않음)로 결과가 나뉜다. 이때 신메뉴의 구매 확률이 p라고 할 때, 20명 중 실제로 몇 명이 구매할지는 이항분포로 표현할 수 있다.

시뮬레이션에서는 실제 데이터나 경험적 추정치를 바탕으로 적절한 확률분포를 선택하고, 이를 바탕으로 시스템의 랜덤 요소들을 모사한다.

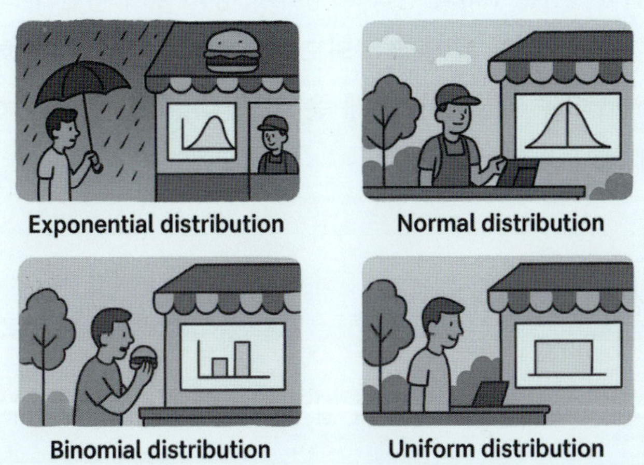

| 그림 5-6 | 햄버거 가게 시뮬레이션에 적용된 네 가지 대표적 확률분포

각 확률분포는 서로 다른 무작위 현상을 설명하는 데 사용된다. 지수분포(Exponential Distribution)은 손님의 도착 간격을, 정규분포(Normal Distribution)은 점원이 손님 한 명의 주문을 처리하는 데 걸리는 서비스 시간을, 이항분포(Binomial Distribution)은 햄버가 가게에서 두 가지 결과만 가능한 상황에서 일정 횟수의 시행 중 성공이 몇 번 발생할지를 모델링하는 경우를, 균등분포(Uniform Distribution)은 사건(Event)가 동일한 확률로 발생하는 경우를 모사할 때 사용된다.

4) 반복 실험과 통계적 분석

무작위성이 포함된 시뮬레이션은 한 번의 실행만으로는 신뢰할 수 있는 결과를 제공하기 어렵다. 따라서 동일한 조건에서 실험을 수백, 수천, 또는 수만 번 반복 실행한 후 평균값과 분산을 계산하는 것이 중요하다.

예를 들어, 햄버거 가게에서 점원 수에 따라 손님의 평균 대기 시간을 분석하고자 할 때, 손님의 도착 간격과 주문 시간에 랜덤성이 포함되어 있다면, 한 번의 실험으로는 대표성을 확보하기 어렵다.

이 경우 시뮬레이션을 100회 반복 실행하여 평균 대기 시간과 그 분산을 계산함으로써, 결과에 대한 통계적 신뢰도를 확보할 수 있다. 또한 신뢰구간(Confidence Interval)을 설정하면, 실제 운영에서 기대할 수 있는 성능 범위를 보다 명확하게 제시할 수 있다.

5) 시뮬레이션 설계 시 고려할 점

확률적 요소가 포함된 시뮬레이션을 설계할 때는 다음과 같은 사항을 고려해야 한다.

- 적절한 확률분포의 선택: 경험적 데이터나 도메인 지식에 기반하여 확률분포를 선택해야 한다.
- 충분한 반복 횟수: 결과의 안정성과 신뢰성을 확보하기 위해 반복 횟수를 충분히 설정해야 한다.
- 초기 설정의 영향 제거: 시뮬레이션 초반 구간(Warm-Up Period)은 결과에서 제외하는 것이 바람직하다.
- 출력 결과의 요약 및 해석: 평균, 표준편차, 신뢰구간 등을 이용해 결과를 종합적으로 평가해야 한다.

이러한 고려사항을 바탕으로 시뮬레이션을 설계하고 분석하면, 보다 현실을 반영한 의사결정이 가능해진다.

연/습/문/제

3-1 다음 중 '불확실성'이 발생하는 상황에 해당하지 않는 것은 무엇인가?

① 햄버거 가게에 오늘 몇 명의 손님이 올지 모르는 경우
② 손님이 도착하는 간격이 매일 달라지는 경우
③ 손님마다 주문 처리 시간이 다르게 걸리는 경우
④ 모든 손님이 12시 정각에 동시에 들어오는 경우

3-2 다음 중 시뮬레이션에서 사용하는 '난수(Random Number)'의 설명으로 가장 적절한 것은?

① 항상 같은 값을 생성하는 숫자
② 무작위로 생성되어 불확실한 상황을 모사하는 숫자
③ 예측 가능한 규칙으로 생성되는 숫자
④ 실험 결과를 결정짓는 유일한 숫자

3-3 햄버거 가게 손님의 도착 간격이 완전히 무작위라고 할 때, 시간의 흐름에 따라 손님이 자연스럽게 들어오는 흐름을 표현하기에 가장 적절한 확률분포는?

① 정규분포(Normal Distribution)
② 이항분포(Binomial Distribution)
③ 지수분포(Exponential Distribution)
④ 균등분포(Uniform Distribution)

3-4 다음 중 시뮬레이션 실험의 신뢰도를 높이기 위한 방법으로 가장 적절한 것은?

① 실험을 여러 번 반복하여 평균과 분산을 분석한다.
② 한 번만 실험하여 가장 좋은 결과만 기록한다.
③ 매번 다른 조건을 동시에 바꾸며 실험한다.
④ 불확실성을 제거하기 위해 확률 요소를 제거하고 모든 변수를 고정한다.

3-5 병원 응급실을 시뮬레이션 할 때, 아래 표의 각 확률분포별로 적용 가능한 적절한 사건(Event) 예시를 생각해 보고, 아래 표에 작성하시오.

확률분포	설명	병원 응급실 사건 (Event)
지수분포 (Exponential Distribution)	사건이 랜덤하고 독립적으로 발생할 때 사건 간 간격을 모델링	
정규분포 (Normal Distribution)	평균을 중심으로 대칭적으로 분포하며, 대부분의 값이 평균 근처에 있을 때 사용	
균등분포 (Uniform Distribution)	주어진 구간 내 모든 값이 동일한 확률로 발생할 때 사용	
이항분포 (Binomial Distribution)	성공/실패의 두 결과만 존재하는 시행이 여러 번 반복될 때 사용	

4 이산사건 시뮬레이션(Discrete-Event Simulation, DES) 이란

복잡한 시스템은 시간이 흐르면서 상태(State)가 계속 변화한다. 이러한 변화는 연속적으로 발생할 수도 있지만, 현실에서는 특정한 사건(Event)이 발생할 때만 시스템의 상태(State)가 변화하는 경우도 많다. 이러한 시스템을 모사하기 위한 시뮬레이션 방법이 바로 '이산사건 시뮬레이션(Discrete-Event Simulation, DES)'이다. 이번 장에서는 이산사건 시뮬레이션의 기본 개념과 구조, 시계(Clock)과 이벤트 리스트의 작동 원리, 햄버거 가게 사례를 통한 실습 모델 설계까지 단계적으로 살펴보겠다.

1) 이산사건 시뮬레이션이란

이산사건 시뮬레이션(Discrete-Event Simulation, DES)은 연속적으로 시간이 흐르는 방식이 아니라, 사건(Event)이 발생하는 시점에만 시스템 상태(State)를 업데이트하는 방식의 시뮬레이션이다. 예를 들어, 햄버거 가게에 손님이 도착하거나, 주문을 시작하거나, 주문이 완료되는 순간에만 시스템 상태(State)가 변한다면, 이는 전형적인 이산사건 시스템이다. 이러한 방식은 시간의 흐름 중에서 실제로 의미 있는 변화가 생기는 순간만 추적하기 때문에, 불필요한 계산을 줄이고 시스템 분석을 효율적으로 수행할 수 있다.

| 그림 5-7 | 햄버거 가게에서의 이산사건 시뮬레이션

햄버거 가게에 고객이 도착하고, 주문을 시작하고, 주문을 완료하는 순간들만 시스템 상태(State)가 바뀐다. 이처럼 시간이 연속적으로 흐르지 않고, 사건(Event)가 발생하는 시점에만 시뮬레이션 시계가 "점프"하며 시스템 상태(State)가 변화하는 방식이 이산사건 시뮬레이션의 핵심이다.

2) 사건(Event), 상태(State), 시계(Clock)의 개념

이산사건 시뮬레이션을 구성하는 핵심 요소는 크게 세 가지로 나뉜다.

첫째, 사건(Event)은 시스템 상태(State)를 변화시키는 활동이다. 햄버거 가게의 예를 들면, 손님 도착, 주문 시작, 주문 완료 등이 해당된다.

둘째, 상태(State)는 특정 시점의 시스템 상황이다. 햄버거 가게의 예를 들면,

가게에서 대기 중인 손님 수, 점원의 유휴(Idle) 또는 응대(In-service) 상태 등이 해당되며, 고객이 도착하는 사건(Event)가 발생할 때마다 이 상태(State)는 변경된다.

셋째, 시계(Clock)는 현재 시뮬레이션의 시간이다. 이 시계는 다음 사건(Event)의 시간이 되었을 때만 앞으로 움직인다. 햄버거 가게의 예를 들면, 현재 시간이 11:00이고 다음 사건(Event)가 11:03 손님 도착이라면, 시계는 11:03으로 "점프"하여 사건(Event)를 처리한다.

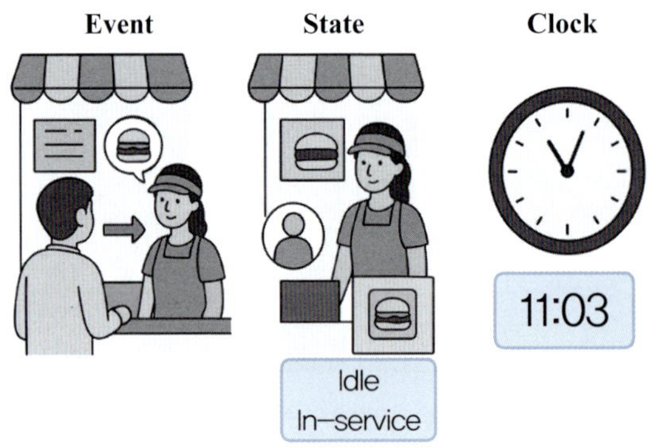

| 그림 5-8 | 햄버거 가게 이산사건 시뮬레이션에서의 상태(State), 사건(Event), 시계(Clock) 예시

손님이 햄버거 가게에 도착하여 주문을 시작(Event), 점원의 상태가 'Idle' 또는 'In-service'로 변경(State), 시계가 11:03을 가리키며 사건(Event) 발생 시점만 반영(Clock)한다.

3) 이벤트 리스트(Event List)의 관리

이산사건 시뮬레이션에서는 사건(Event)들이 시간 순서대로 정렬된 리스트로 관리된다. 이를 '이벤트 리스트(Event List)'라고 하며, 가장 가까운 시간에 발생할 사건(Event)부터 차례로 꺼내 처리한다. 햄버거 가게 시뮬레이션의 경우, 이벤트 리스트에는 '손님 A 도착(11:02)', '손님 A 주문 시작(11:03)', '손님 A 주문 완료(11:06)' 같은 항목들이 시간 순서대로 정렬되어 있다. 이 리스트를 효율적으로 관리하는 것이 시뮬레이션의 성능과 정확도를 결정짓는 핵심 요소이다.

4) 햄버거 가게 시뮬레이션 예시: 이벤트 흐름 따라가기

햄버거 가게 시스템을 예로 들어, 시뮬레이션이 어떻게 진행되는지 구체적으로 살펴보자. 예를 들어, 11:00에 첫 손님이 도착하고 1분 뒤 주문을 시작하고, 3분 뒤 주문을 완료하는 구조로 이루어져 있다고 하자. 이 경우 이벤트 흐름은 다음과 같다. [11:00 손님 도착] → [11:01 주문 시작] → [11:04 주문 완료] → [11:05 다음 손님 도착] … 이러한 식으로 이벤트들을 시간 순서대로 처리하면서 시스템 상태를 업데이트해 나가는 것이 이산사건 시뮬레이션의 기본 흐름이다.

5) 이산사건 시뮬레이션과 연속 시뮬레이션의 차이점

연속 시뮬레이션은 시간의 흐름을 일정 간격으로 잘라 그 사이의 상태 변화를 계속 추적하지만, 이산사건 시뮬레이션은 사건이 발생할 때만 상태를 업데이트한다. 예를 들어, 온도 변화처럼 연속적인 물리 시스템은 연속 시뮬레이션이 적합하다. 반면에, 햄버거 가게처럼 고객의 도착과 서비스 같은 불연속적인 변화가 주를 이루는 시스템은 이산사건 시뮬레이션이 적합하다.

연/습/문/제

4-1 다음 중 이산사건 시뮬레이션(Discrete-Event Simulation)의 특징으로 적절하지 않은 것은 무엇인가?

① 시스템의 상태는 사건이 발생할 때만 변경된다.

② 시뮬레이션 시계는 매초 1초씩 꾸준히 흐른다.
③ 이벤트 리스트는 사건을 시간 순서대로 정리한다.
④ 이벤트가 없으면 시뮬레이션 시계는 멈춘다.

4-2 **다음 햄버거 가게 사건(Event) 중 시스템 상태(State)를 변화시키지 않는 것은?**
① 손님 도착 ② 손님이 메뉴를 고르고 있는 중
③ 점원이 주문을 받기 시작함 ④ 손님이 퇴장함

4-3 **햄버거 가게 시뮬레이션에서 시계(Clock)가 움직이는 시점은?**
① 매 1분 단위로 일정하게 증가
② 손님이 줄을 서 있을 때 자동으로 증가
③ 새로운 사건(Event)이 발생한 시간으로 이동
④ 모든 점원이 유휴(Idle) 상태일 때 증가

4-4 **아래의 사건 흐름을 시간 순서대로 정리하시오.**
① A 손님 주문 완료(11:07) ② A 손님 퇴장(11:15)
③ A 손님 도착(11:00) ④ A 손님 주문 시작(11:03)

4-5 **다음 중 햄버거 가게 시뮬레이션에서 사건(Event) 리스트에 포함될 수 있는 항목으로 가장 적절한 것은?**
① 햄버거 메뉴별 재료 구성표 ② 점원의 성격 유형
③ 햄버거 가게 벽의 색상 ④ "손님 B의 주문 시작 시간: 13:04"

5 직접 해보는 간단한 이산사건 시뮬레이션 실습

지금까지 시뮬레이션의 개념과 원리를 배웠다면, 이번 장에서는 햄버거 가게를 예시로 실제 간단한 이산사건 시뮬레이션을 직접 계산해 보며 이론을 적용해보는 시간을 갖는다. 손님이 무작위로 도착하고, 점원은 각기 다른 시간 동안 주문을 처리한다. 이 실습은 손님의 도착 시간, 서비스 시간, 점원 수를 바탕으로 실제 운영에서 발생할 수 있는 상황을 시뮬레이션하고, 이를 통해 대기 시간, 자원 활용률 등을 계산하는 과정을 따라간다.

| 그림 5-9 | 햄버거 가게에 대한 이산사건 시뮬레이션

햄버거 가게 시뮬레이션은 이산사건 시뮬레이션으로 접근할 수 있는 대표적인 사례이다. 햄버거 가게의 주요 사건(Event)은 시스템 상태(State)를 지속적으로 변화시키며, 시뮬레이션 시계(Clock)는 이러한 사건이 발생하는 시점에 맞춰 "점프"하여 시간의 흐름을 추적한다.

1) 시뮬레이션 입력 정보 정리

햄버거 가게에 손님이 무작위로 도착하고, 점원은 한 명이며 다음과 같은 조건을 갖는다.

- 손님 도착 간격: 지수분포(평균 3분)
- 서비스 시간: 정규분포(평균 3분)
- 점원 수: 1명
- 실험 대상: 5명의 손님
- 시뮬레이션 방법: 손님의 도착 시간, 서비스 시간은 난수(Random Number)

로 생성된 값을 사용하며, 점원은 먼저 도착한 손님부터 차례로 처리한다(First Come First Served, FCFS).

2) 사건 정의 및 시간 순서도 작성

본 실습에서는 다음 세 가지 주요 사건(Event)을 고려한다.

- 손님 도착(Arrival)
- 주문 시작(Service Begin)
- 주문 완료(Service End)

각 사건이 발생할 때마다 시스템 상태(State)가 변한다. 예를 들어 손님이 도착하면 대기열(Queue)가 증가하고, 점원이 유휴(Idle) 상태일 경우 즉시 주문을 시작한다. 시계(Clock)는 사건 발생 시각에 맞춰 이동하며, 그 외의 시간은 흐르지 않는다.

| 그림 5-10 | 햄버거 가게 시뮬레이션 순서도 작성

햄버거 가게에 도착한(Arrival) 손님은 대기열(Queue)에 있다가 자기 차례에 주문을 시작하고(Service Begin), 햄버거 주문 완료(Service End) 후 대기열에 있던 다음 손님이 차례로 주문을 한다. 만약 다음 손님이 없다면 점원은 유휴(Idle) 상태가 된다.

3) 수기 계산 기반의 시뮬레이션 진행

아래는 난수를 기반으로 생성된 데이터 예시이다.

- 손님 A: 도착 시각 11:00, 서비스 시간 3분
- 손님 B: 도착 시각 11:02, 서비스 시간 4분
- 손님 C: 도착 시각 11:05, 서비스 시간 2분
- 손님 D: 도착 시각 11:07, 서비스 시간 3분
- 손님 E: 도착 시각 11:10, 서비스 시간 3분

이 정보를 바탕으로 아래와 같은 표를 작성할 수 있다.

표 5-3 햄버거 가게 시뮬레이션 진행 결과 정리

손님 ID	도착	서비스 시작	서비스 완료	대기 시간	서비스 시간
A	11:00	11:00	11:03	0분	3분
B	11:02	11:03	11:07	1분	4분
C	11:05	11:07	11:09	2분	2분
D	11:07	11:09	11:12	2분	3분
E	11:10	11:12	11:15	2분	3분

4) 실험 결과 분석 및 해석

위 실험 결과를 바탕으로 다음과 같은 지표를 계산할 수 있다.

- 평균 대기 시간 = (0 + 1 + 2 + 2 + 2)/5 = 1.4분

- 총 서비스 시간=15분
- 점원 유휴 시간=0분(항상 손님 대기열 있음)
- 총 시스템 시간=마지막 손님 서비스 완료 시점=15분(11:00~11:15)

이번 실습을 통해 이산사건 시뮬레이션의 동작 원리를 직접 체험할 수 있었다. 햄버거 가게의 단순한 5명의 손님에 대한 이산사건 시뮬레이션이지만, 현실에서는 수백 명, 수천 명의 손님을 대상으로 다양한 변수와 조건을 고려해야 한다. 이번 실습에서 제시된 아이디어를 기반으로 다음과 같은 확장 실험을 시도해볼 수 있다.

- 점원을 2명으로 늘렸을 때 평균 대기 시간이 얼마나 줄어드는가?
- 손님 도착 간격이 평균 2분으로 바뀐다면 결과는 어떻게 달라지는가?
- 점심시간에만 점원을 추가하면 어떤 효과가 있을까?
- 위의 실험에서 비용(Cost)를 추가하여 총 수익이 극대화되는 지점을 찾는 시뮬레이션을 하려면 시뮬레이션 설계를 어떻게 변경해야 하는가?

그림 5-11 햄버거 가게 시뮬레이션 확장 예시

위의 햄버거 가게 시뮬레이션 기본 모델에 비용(Cost)과 관련된 점원 인건비, 햄버거 가격 등을 추가하여 운영 방식의 변경에 따른 수익의 변화를 살펴볼 수 있다.

연/습/문/제

5-1 다음 중 이산사건 시뮬레이션에서 시스템의 상태(State)에 해당하지 않는 것은 무엇인가?

① 현재 대기 중인 손님 수 ② 점원의 응대(In-service) 여부
③ 오늘의 햄버거 세트 메뉴 이름 ④ 각 손님의 대기 시간

5-2 다음은 간단한 햄버거 가게 시뮬레이션 실습에서 발생할 수 있는 이벤트(Event)이다. 사건(Event) 간 시간 간격이 무작위로 발생한다고 가정할 때, 적절한 확률분포는 무엇인가?

① 정규분포(Normal Distribution) ② 균등분포(Uniform Distribution)
③ 이항분포(Binomial Distribution) ④ 지수분포(Exponential Distribution)

5-3 햄버거 가게 시뮬레이션에서 다음 이벤트가 발생할 때만 시계(Clock)가 앞으로 움직이는 방식은 어떤 시뮬레이션 방식의 특징에 해당하는가?

① 연속 시간 시뮬레이션 ② 이산사건 시뮬레이션
③ 동적 프로그래밍 ④ 실시간 제어 시스템

5-4 위의 햄버거 가게 실습 예제에서 제시된 햄버거 가게 시뮬레이션을 위한 초기 변수 설정으로 아래 중에서 가장 적절하지 않은 것은?

① 평균 손님 도착 간격: 5분 ② 평균 주문 처리 시간: 3분
③ 점원 수: 3명 ④ 햄버거 메뉴 평균가격: 6,500원

5-5 시뮬레이션을 반복할수록 결과의 신뢰도가 높아지는 이유로 가장 적절한 설명은 무엇인가?

① 동일한 결과가 보장되기 때문이다.
② 모든 변수의 값을 고정하기 때문이다.
③ 평균과 분산 같은 통계량이 안정화되기 때문이다.
④ 실행 시간이 짧아지기 때문이다.

5-6 다음은 위의 햄버거 가게 실습 예제를 확장하여, 점원 수를 증가시킴에 따라 변화하는 출력변수(Output)을 비교 분석한 결과의 일부이다. 시뮬레이션 실험의 반복 횟수는 100회이며, 햄버거 가게 운영 시간은 하루 12시간(오전 10시부터 오후 10시)으로 하고, 햄버거 1개당 순이익은 4,000원, 점원 1인당 하루 인건비는 120,000원, 고객 1인당 구매 수량은 햄버거 1개로 단순화하였다.

(a) 아래 표의 빈칸(총 판매 수익, 총 인건비, 순이익)을 계산하시오.

점원 수	평균 대기 시간	하루 평균 주문 수	총 판매 수익	총 인건비	순이익
1명	6.2분	170건			
2명	4.1분	230건			
3명	3.6분	280건			
4명	3.2분	300건			
5명	3.0분	305건			

(b) 내가 햄버거 가게 사장이라면 순이익 극대화를 위해서 몇 명의 점원으로 햄버거 가게를 운영하겠는가? 그 이유는 무엇인가?

생산경영

1. 효율이의 우동 가게
2. 생산경영의 발전 역사
3. 생산경영의 핵심기능
4. 총괄생산계획(Aggregate Production Planning)
5. 재고관리(Inventory Management) 모형

Chapter

06 생산경영

1 효율이의 우동 가게

효율이는 평소에 우동을 매우 좋아해서 취업준비 대신에 최근 작은 가게를 열었다. '맛만 있으면 손님이 알아서 몰리겠지', 그렇게 믿었다. 하지만 현실은 녹록치 않았다.

- 어떤 날은 손님이 몰려 재료가 모자랐고,
- 어떤 날은 손님이 없어서 재료를 버렸다.
- 국물 맛도 날마다 들쭉날쭉했다.
- 주방은 어지럽고 음식이 늦게 나가니 손님들이 화를 내며 떠나기도 했다.

가게 일은 점점 힘들어졌다. 재료는 낭비되고, 손님은 줄어들고, 매출은 오르지 않았다. 그제서야 효율이는 깨달았다. '우동을 잘 만드는 것만으론 안 되는구나. 고객 수를 예측하고, 필요한 만큼의 식재료를 준비하고, 우동을 빨리 만들어 서빙하는 등 가게를 제대로 운영할 체계가 이곳에도 필요하구나!' 이 깨달음이 효율이가 다시 시작하는 출발점이 되었다. 우연히 산업공학을 전공한 친구의 조언이 크게 도움이 되었다. 우동 가게도 일종의 생산시스템으로 볼 수 있어 산업공학의 시스템적 접근이 필요하다는 것이다. 즉, 생산경영 시스템의 내용을 파악하는 것이 필요했다.

우동가게에서 생산경영(Production Management)은 크게 다섯 가지 중요한 일들을 포함하고 있었다.

효율이는 이러한 것들을 하나하나 실천하였고 비로소 가게가 안정되고, 손님도 늘어나고, 매출도 오르게 되었다.효율이는 우동 가게에서의 생산경영은 결국 "맛있는 음식을 꾸준히, 빠르게, 낭비 없이 만드는 관리 기술"이라는 걸 초기 실패를 통해 배웠다. 이번 가게 운영을 계기로 효율이는 생산경영에 대한 체계적인 공부가 필요하다고 생각하였다.

- 무엇을 얼마나 만들지 미리 계획하는 일: 손님 수를 예측하고, 그에 맞춰 재료와 인력을 준비하는 것.
- 조리 과정을 똑똑하게 설계하는 일: 주방을 효율적으로 배치하고, 일하는 순서를 정리해 빠르게 요리할 수 있게 만드는 것.
- 항상 똑같은 품질을 유지하는 일: 국물 맛이 매일 다르면 안 되니까, 레시피를 정확히 정하고 지키는 것.
- 재료와 설비를 잘 관리하는 일: 재료를 미리 체크하고, 필요한 만큼만 주문하며, 주방 기계를 고장 나기 전에 점검하는 것.
- 매일 점검하고 조정하는 일: 장사가 끝나면 판매량과 남은 식자재를 확인하고, 내일을 더 잘 준비하는 것.

연/습/문/제

1-1 효율이가 '손님이 오래 기다리지 않게' 하려고 주방 안의 구조를 바꾸려고 한다. 무엇을 어떻게 바꾸면 좋을까?

1-2 효율이가 매일 장사가 끝나면 점검해야 할 일은 무엇인가?

1-3 만약 효율이가 '내 가게는 어떤 가게가 되면 좋을까?'를 먼저 고민하고 있다면 어떤 대답을 해줄 수 있는가?

2 생산경영의 발전 역사

인류는 오래전부터 생활 속에 필요한 물건을 만들며 살아왔다. 처음에는 각자 또는 손재주 많은 장인의 손길로 하나하나 만들어졌고, 이는 제작 기간은 느리지만 정성이 깃든 가내수공업의 형태이었다. 그러나 인류 사회의 진보와 발전과 더불어 생활수준이 높아지면서, 더 많은 제품을 보다 빠르고 싸게 만드는 방식이 필요해졌다. 결국 산업혁명을 기점으로 기계가 사람의 노동을 대신하기 시작했고, 대량생산이 가능해지면서 생산경영은 기술과 관리의 결합된 분야로 성장하게 되었다. 이후 낭비를 줄이는 린(Lean) 생산, 기계가 스스로 만들어 내는 자율/자동화, 그리고 오늘날의 데이터와 인공지능 기반의 스마트 팩토리까지, 인류가 채택하고 있는 생산 방식은 지속적으로 진화해 왔다. 생산경영의 진화 역사를 연대기순으로 알아보기로 한다.

1) 고대 및 산업 혁명 이전의 수공업

고대 사회에서는 대부분의 생산활동이 수작업 중심이었다. 사람들은 혼자 또는 마을 단위로 물건을 만들었고, 장인들이 직접 생산에 참여했다. 규모는 작고, 제품의 품질은 장인의 실력에 따라 크게 달랐다. 대부분 1인 생산이었고, 지금처럼 대규모 생산시스템은 없었다. 이 시기에는 생산을 체계적으로 관리하는 개념은 거의 없었지만, 일부 상인들은 생산과 판매를 조직적으로 관리하려는 시도를 하기도 했다. 18세기 후반 산업혁명이 일어나면서 변화가 시작되었다. 기계가 도입되고, 대규모 공장이 생겨나면서 대량 생산이 가능해졌다. 특히 영국에서 증기기관과 기계화 기술이 확산되며 공장 중심의 대량 생산이 본격화되었다. 생산공정에는 노동의 분업이 도입되었고, 시간 관리와 생산성 향상이 중요한 과제로 떠오르기 시작했다.

2) 과학적 관리법(Scientific Management, Talyorism)

19세기 후반, 프레데릭 테일러(Frederick Taylor)의 과학적 관리법은 생산경영에 혁신적인 변화를 가져왔다. 테일러는 시간 및 동작 연구(Time and Motion Study)를 통해 생산성을 극대화하고자 했다. 그는 작업 표준화와 작업자의 효율성을 강조하며, 생산 현장에서의 무분별한 낭비를 줄이기 위해 모든 작업을 분석하고 표준화하는 방법을 제시했다. 테일러는 작업자에게 작업을 분담하고, 작업의 세부적인 단계를 정의하여 각 작업자의 역할을 구체적으로 규명하고자 했다. 생산 라인의 효율성은 크게 향상되었고, 이는 생산시스템을 대량 생산 체제로 이끄는 기반이 되었다, 나아가 기계화와 자동화로 연결되는 시대를 열게 된다. 그러나 테일러주의는 인간성을 고려하지 않았다는 비판을 받기도 했다. 작업자의 능동적인 참여가 부족하고, 그들의 직무 만족도가 낮다는 문제가 있었고, 이로 인해 직원들의 불만이 커졌고, 운영 효율성을 넘어서 인간 중심의 노동 가치를 고려한 접근법이 필요하다는 인식 또한 확산되는 계기가 되었다.

3) 대량 생산과 포디즘(Fordism)

20세기 초, 헨리 포드는 자동차를 더 싸고 빠르게 만들 수 있는 방법을 찾아 컨베이어 벨트 방식의 조립라인을 도입했다. 이 방식은 작업자가 제자리에 서 있고, 자동차 부품이 벨트를 통해 움직이면서 각 작업자가 정해진 단일 작업만 반복하도록 만든 시스템이다.

이 조립 방식 덕분에 자동차 생산 속도는 획기적으로 빨라졌고, 노동자 숙련도에 크게 의존하지 않고도 품질을 일정하게 유지할 수 있었다. 포드는 이 시스템을 통해 자동차를 하루에 수천 대씩 대량으로 생산할 수 있었고, 그 결과, 자동차 가격도 크게 낮아져 일반 대중도 쉽게 구입할 수 있게 되었다.

이러한 포디즘(Fordism)의 핵심은 '표준화된 제품을 컨베이어 기반 조립라인을 통해 대량 생산한다'는 것이다. 생산성이 크게 향상되고, 단가가 낮아졌으며, 대량소비 시대의 기반이 마련됐다. 하지만 포디즘에는 한계도 있었다. 정해진 작업만 반복하는 방식은 노동자에게 단조로움을 줬고, 제품 종류가 거의 고정되어 있어 다양한 소비자 요구에 유연하게 대응하기 어려웠다. 이러한 한계는 나중에 린(Lean) 생산시스템이 등장하게 되는 배경이 되었다.

4) 린 생산(Lean Production)과 전사적 품질 경영

1970년대 후반부터 일본에서 린 생산(Lean Production) 방식이 본격적으로 도입되면서, 생산경영에 새로운 변화가 일어났다. 토요타 생산시스템(Toyota Production System, TPS)을 바탕으로 한 린 생산은 낭비를 줄이고 효율성을 극대화하는 데 중점을 두었다. 린 생산은 작업의 표준화와 재고 최소화, 불필요한 공정 제거 등을 통해 비용 절감과 품질 향상을 동시에 달성하고자 했다.

또한 전사적 품질 경영(Total Quality Management, TQM)은 린 생산과 함께 품질 관리의 중요한 부분으로 자리 잡았다. 더불어 에드워드 데밍(Edwards Deming)의 품질 관리 이론은 조직 전체에서 품질을 관리하고 개선하는 방안을 제시하였으며, 지속적인 개선(Kaizen)과 팀워크를 강조했다. TQM은 생산 공정 전반에 걸쳐 품질 표준화와 프로세스 개선을 목표로 하였으며, 이를 통해 품질의 일관성과 고객 만족도가 크게 향상되었다.

5) 디지털 시대의 스마트 팩토리

21세기에 들어서면서, 4차 산업 혁명과 디지털화는 생산경영에 또 다른 전환점을 맞이하게 했다. 인공지능(AI), 사물인터넷(IoT), 빅데이터 및 자동화 기술이 결합되면서 스마트 팩토리와 지능형 생산 시스템이 등장하였다. 생산 라인에서 실시간 데이터 분석을 통해 제품 품질을 관리하고, 예측 유지보수를 통해 효율적인 운영이 가능해진 것이다.

스마트 팩토리는 디지털 트윈과 같은 기술을 활용하여, 실제 공장의 생산 과정과 가상 환경을 연결하고, 실시간 모니터링을 통해 빠르게 문제를 해결할 수 있도록 한다. 또한, 3D 프린팅 생산 기술을 이용한 맞춤형 생산과 고객 중심의 생산이 가능해져, 개인화된 제품을 대량 생산하는 시대가 열리게 된 것이다. 디지털화된 생산 시스템은 기존의 생산 방식에 비해 유연성이 뛰어나며, 다양한 요구를 빠르게 반영할 수 있다는 장점이 있다. 또한, 자동화와 로봇 기술을 활용한 생산 라인은 인간의 노동력과 불량 요인을 줄이고, 생산성을 크게 향상시켰다.

6) 생산시스템의 유형

이러한 생산경영의 역사와 더불어 생산경영의 대상인 생산시스템 자체에 대한 이해도를 높이기 위해 생산시스템의 기본 유형에 대해 알아보자. 가장 대표적으로 연속생산, 대량생산, 배치생산, 주문맞춤생산의 유형을 꼽을 수 있겠다. 〈표 6-1〉은 각 유형별 주요 특징과 예시, 장단점을 보여주고 있다.

표 6-1 생산시스템 유형

유형	특징	대표 산업/제품	장점	단점
연속생산	연속적인 동일 제품 흐름형 생산방식	정유, 제지, 시멘트	고속생산 자동화 용이	제품 다양성 없음
대량생산	대량 반복 생산 조립라인 방식	자동차, 가전	생산성 높음 단가 낮음	생산 유연성 낮음 제품 다양성 낮음
배치생산	제품별 수량 다양 제품별 설비 교체	의류, 제약, 출판	높은 제품 다양성	설비 교체 시간
주문형생산	주문별 설계~생산 고객맞춤형 제품	항공기, 맞춤가구, 특수기계, 시제품	고객만족도 높음 생산유연성 높음	생산비용 높음

연속생산(Continuous Production)시스템은 생산량은 가장 많고, 제품 다양성은 가장 낮아 정유공장과 같은 주로 연속형 생산방식에서 액체상태 제품을 생산하며, 대량생산(Mass Production)시스템은 동일한 종류의 제품을 대량으로 생산하

므로, 제품 다양성은 낮아 매우 안정된 생산체제하에서 규모의 경제에 따라 생산원가를 줄일 수 있다. 대표적인 예로 가전제품, 자동차 등이 이에 해당한다. 배치생산(Batch Production)시스템은 제품종류가 비교적 다양하면서 생산량도 높은 수준을 유지하여 생산시스템 유형 중 가장 큰 비중(80~85%)을 차지한다. 배치란 말은 한 종류의 제품군을 의미하며, 각 배치마다 서로 다른 제품군이 되므로 생산라인도 새로이 교체 하여야 한다. 마지막으로 주문형생산(Job-Shop Production)시스템은 각 고객의 요구사양에 따라 맞춤형 제품을 생산하는 형태이므로 제품다양성이 가장 높다고 할 수 있다. 즉, 생산되는 모든 제품들이 서로 다르다. 예를 들어 항공기, 맞춤형가구, 시제품(Prototytpe) 등의 제품이 이에 해당한다. 사실 이상의 유형들은 생산량과 제품의 다양성에 따라 확연히 특징이 드러나 구분될 수 있는데 [그림 6-1]은 이를 표현한 것이다. 즉, 그래프에서 각 생산시스템 유형은 대각선상에 위치하게 된다.

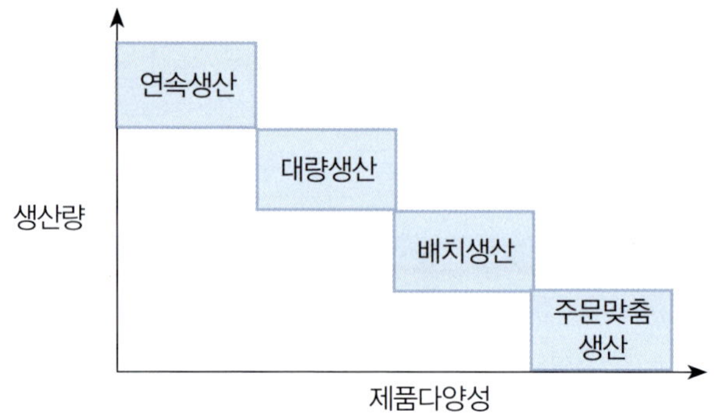

| 그림 6-1 | 생산시스템의 구분: 생산량 vs. 제품 다양성

다음 〈표 6-2〉는 주요 기준에 따라 각 생산시스템의 특징을 요약 정리한 것이다.

표 6-2 생산시스템 유형의 요약

유형	제품다양성	생산량	유연성	단가
연속생산	매우 낮음	매우 많음	매우 낮음	매우 낮음
대량생산	낮음	많음	낮음	낮음
배치생산	중간	중간	중간	중간
주문형생산	매우 높음	적음	매우 높음	높음

연/습/문/제

2-1 린 생산 방식이 등장한 이유와 포디즘과 다른 점을 설명하시오.

2-2 생산경영의 발전과정과 이를 필요로 하는 시장(고객)의 속성을 설명하시오.

2-3 스마트팩토리의 핵심 기술을 열거하고 간단히 설명하시오.

3 생산경영의 핵심기능

생산경영(Production Management)은 제조기업이 재화나 서비스를 효율적이고 효과적으로 생산하기 위해 자원을 계획, 운영, 통제하는 활동을 말한다. 이를 통해 고객이 원하는 가치를 높은 품질과 낮은 비용, 적절한 시기에 제공하는 것을 목표로 한다. 생산경영은 단순한 제조 활동을 넘어, 무슨 제품을, 어떻게 만들고, 실제로 그것이 잘 작동하는지 까지를 보장하는 시스템을 관리하는 폭넓은 개념이다. 이러한 생산경영에서의 의사결정은 전략 - 계획 - 운영의 수준에서 계층적으로 이루어진다([그림 6-2]).

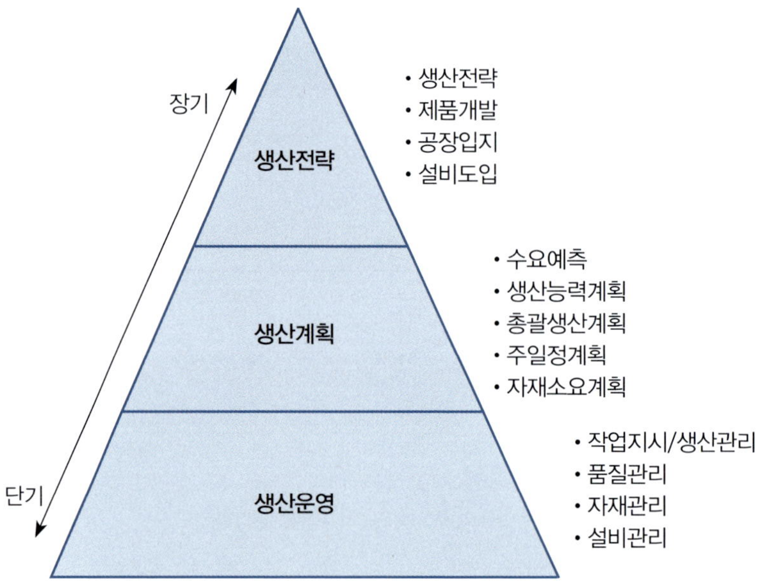

| 그림 6-2 | 생산경영에서의 계층적 의사결정

1) 전략수준(Strategic Level)

제조기업의 경영전략과 연계하여 장기적 방향성과 경쟁력을 확보하기 위한 최상위 의사결정단계로서 다음과 같은 주요 활동을 포함한다.

- 생산전략: 비용, 품질, 유연성, 납기 등 경쟁 우위를 확보할 수 있는 방향 설정(예: 고품질 중심 전략, 저비용 대량생산 전략 등)
- 제품개발: 시장의 수요와 트렌드에 맞춘 신제품 설계 및 기존 제품 개선
- 공장입지 선정: 물류비, 인건비, 시장 접근성 등을 고려해 공장 위치 결정. 공급망 전체 효율성에 큰 영향을 미침
- 설비도입: 생산방식과 목표에 맞는 기계 및 자동화 설비 결정. 초기 투자와 향후 유지비용 고려 필요

2) 계획수준(Planning Level)

예측된 수요를 충족하기 위해 필요한 생산계획 전반에 관한 활동을 모두 포함한다.

- 수요예측: 미래 수요를 예측하여 생산량, 자재 수급, 인력 소요 계획에 반영
- 생산능력계획: 수요에 맞는 설비, 인력, 작업시간 등의 확보 여부 결정. 생산 과잉 또는 부족 방지를 위한 핵심 활동
- 총괄생산계획(Aggregate Production Planning): 중장기(6개월~1년) 기간 동안 제품군별로 수요를 만족하는 필요 생산량, 인력 운영, 재고 수준 등을 계획. 전략과 실행을 연결하는 가교 역할
- 주일정계획(Master Production Schedule): 주별 또는 일별로 제품별 구체적인 생산 스케줄 수립
- 자재소요계획(Material Requirement Planning): 생산계획의 실행에 필요한 원자재, 부품의 종류와 수량, 주문 시점을 결정

3) 운영수준(Operational Level)

생산계획을 실행하는 작업현장에서의 실질적 운영과 통제 활동을 포함한다.

- 작업지시/생산관리: 각 작업자에게 생산작업을 배분하고, 실행을 모니터링하며 진척을 관리. 납기와 품질 확보가 목표
- 품질관리: 제품 및 공정이 설정된 품질 기준을 만족하는지 검사 및 관리. 불량률 감소, 고객 만족도 향상에 기여
- 자재관리: 자재의 입고, 보관, 출고 등을 체계적으로 관리. 재고 부족 또는 과잉 방지
- 설비관리: 기계 및 장비의 점검, 유지보수, 수명관리 등을 통해 고장 예방. 생산 중단 없이 안정적인 운영 유지

(사례) 효율이의 우동 가게

1. 생산전략(Production Strategy)

- "우리 가게는 어떤 경쟁력으로 살아남을까?"
- "싼 가격? 빠른 서비스? 아니면 깊은 맛?"

최종적으로 효율이는 다음과 같은 생산전략을 세웠다.

- 고품질 전략(Quality Priority): 항상 깊고 진한 국물 맛을 내어 '맛있는 우동'으로 브랜드를 만든다.
- 유연성 전략(Flexibility Priority): 점심시간에는 빠른 서비스를, 저녁에는 다양한 메뉴를 제공한다.
- 적시생산 전략(Just-In-Time Production): 재료를 최소한으로 보유하고 신선도를 최우선으로 유지한다.

즉, 맛(품질)을 최우선으로 하고, 필요할 때 적시에 빠르게 대응하는 전략을 수립했다.

2. 생산계획(Production Planning)

생산전략을 바탕으로 효율이는 구체적인 생산계획을 수립했다.

- 수요예측(Demand Forecasting)
  - 일별/시간대별 손님 수를 기록하고 분석
  - 이벤트나 날씨 변화에 따른 변동 예측
- 총괄생산계획(Aggregate Planning)
  - 평일은 60인분, 주말은 120인분 준비
  - 주방 인력은 평일 2명, 주말 3명으로 편성
- 자재소요 계획(Materials Requirement Planning)
  - 예측된 손님 수에 맞춰 면, 다시마, 가쓰오부시, 파 등의 수량 계산
  - 낭비 없이 필요한 만큼만 구매
- 시설 및 설비 계획(Facilities Planning)
  - 작은 공간 안에서 효율적으로 움직일 수 있도록 주방의 레이아웃 설계
  - 추가 테이블 배치는 점심 피크타임 동안만 운영

3. 생산운영(Production Operations)

효율이는 생산계획을 토대로 매일의 가계운영 방침을 수립했다.

- 공정관리(Process Management)
  - 주방 동선을 최적화해 조리 시간 단축
  - 면 삶기, 국물 끓이기, 토핑 준비를 표준화

- 품질관리(Quality Control)
  - 국물 맛을 매일 점검
  - 레시피 표준화 및 조리 매뉴얼 유지
  - 맛이 기준 이하일 경우 바로 수정
- 재고 및 자재관리(Inventory & Materials Management)
  - 매일 장사 끝나면 재고 점검
  - 부족 예상 시 즉시 발주
- 생산통제(Production Control)
  - 손님 수 변동에 따라 당일 생산량 유연 조정
  - 판매량 기록 후 수요예측 데이터 업데이트
- 설비 및 유지보수(Facility and Maintenance Management)
  - 주방 기기(면 삶는 기계, 냉장고) 매주 점검
  - 문제 발생 시 바로 수리 요청

연/습/문/제

3-1 효율이 우동 가게는 "고품질"과 "적시 생산"을 핵심 전략으로 설정하였다. 이러한 전략이 운영 수준의 품질관리와 재고관리 활동에 어떤 영향을 미치는지 구체적인 사례를 들어 설명해 보시오.

3-2 효율이 우동 가게는 수요예측을 바탕으로 자재를 필요한 만큼만 구매하고, 재고를 최소화하는 방식으로 운영되고 있다. 이러한 방식의 장점과 잠재적 위험을 각각 제시하고, 이 위험에 대비하기 위한 계획 또는 운영 수준의 대응책을 제안해 보시오.

4 총괄생산계획(Aggregate Production Planning)

생산경영의 핵심기능 중 총괄생산계획과 재고관리 모형에 대해 알아보기로 한다. 먼저 총괄생산계획에 대해서 역할과 계획 기법에 대해서 살펴본다. 총괄생산계획은 주어진 수요예측에 따라 중장기적인 기간(보통 6개월~1년) 동안의 생산량, 필요 인력, 재고량 등을 계획하는 활동이다. 일반적으로 제품군 단위로 수립되므로 '총괄(Aggregate)'이라는 표현을 사용하여 개별 제품에 대한 단기간의 생산계획인 주일정계획(Master Production Schedule)과 비교된다. [그림 6-3]은 생산계획 흐름도에서 총괄생산계획의 위치를 보여준다.

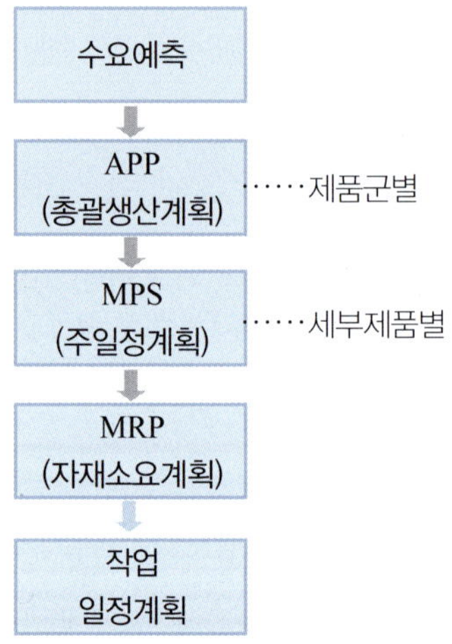

| 그림 6-3 | 제조기업의 생산계획 흐름

제품군의 생산계획을 수립하기 위해서는 먼저 제품군의 단위를 새로이 정의하여야 한다. 이를 총괄 단위(Aggregate Unit)라고 한다. 총괄 단위는 서로 다른 단위의 제품들을 하나의 제품군으로 묶는 경우에 통일된 단위로서 반드시 필요하다. 이러한 총괄 단위는 금액 단위, 또는 총괄 생산 단위가 될 수 있다. 총괄 단위는 이후에 생산에 필요한 노동력 수준으로 변환될 수 있다. 간단한 예제를 들어 살펴보자. 어떤 기업의 한 공장에서 현재 6개 모델의 TV를 생산하고 있다. 각 모델별 생산시간, 가격, 그리고 판매비중은 〈표 6-3〉과 같다.

표 6-3 제품군에 대한 총괄 단위의 결정

모델	생산시간(hrs)	가격($)	판매비율(%)
A	3.5	550	29
B	3.9	620	22
C	4.3	1,050	19
D	4.5	1,200	15
E	5.3	2,300	9
F	5.6	2,700	6

(○) 대안 1. 판매비율 가중평균 생산시간=4.178hrs/unit
(×) 대안 2. 판매비율 가중평균 가격=$1044.4/unit

이때 TV라는 제품군에 대한 단위를 어떻게 결정하겠는가? 가장 쉬운 방법은 제품가격을 이용하여 금액 단위로 환산하여 사용하는 것이다. 그러나 각 제품 모델의 비용이 제품가격과 비례하지 않으므로 추후 생산량에 따른 생산비용 산출에 있어서 왜곡된 결과를 가져다 줄 수 있다. 대안으로는 판매비율에 따른 가중치가 반영된 생산시간을 단위로 사용하는 것이다. 이에 따라 한 대의TV제품군을 생산하는 평균 시간을 산출할 수 있으므로 추후 생산비용과 노동력 비용 또한 이에 근거하여 쉽게 산정할 수 있을 것이다.

총괄생산계획의 목적은 판매 계획의 수요를 충족시키면서 총 운영비용을 최소화하는 기간별 전사적 생산량(Firm-Wide Production Plan), 투입노동력(Workforce Level), 외주량, 재고 수준 등을 산출하는 것이다. 이 때 총 운영비용은 크게 다음 네 가지로 나눌 수 있다.

① **생산 수준의 변화에 따른 비용:** 노동력의 고용 또는 해고 비용, 생산설비 증설/유휴 비용

② **재고 유지 비용:** 투자 기회에 대한 손실 비용

③ **재고 부족 비용:** 판매 기회 상실에 대한 비용

④ **기타:** 임금, 오버타임, 외주 비용

1) 총괄생산계획 기법

어느 세탁기 제조회사의 생산계획부서는 세탁기 제품군에 대한 향후 8개월간의 작업자 수준과 생산계획을 수립하려고 한다. 먼저 세탁기 제품군에 대해 향후 1월~8월 동안의 월 수요예측량으로, 420, 280, 460, 190, 310, 145, 110, 125대 예측결과를 판매부서로부터 전달받았다. 지난 해 12월 말에 이월된 재고는 200대이고, 올해 8월 말 재고는 100대를 유지하려고 한다.

월	순수요	누적 순수요
Jan	220	220
Feb	280	500
Mar	460	960
Apr	190	1,150
May	310	1,460
Jun	145	1,605
Jul	110	1,715
Aug	225	1,940

- 이월 재고 200
- 8월 말 재고 100

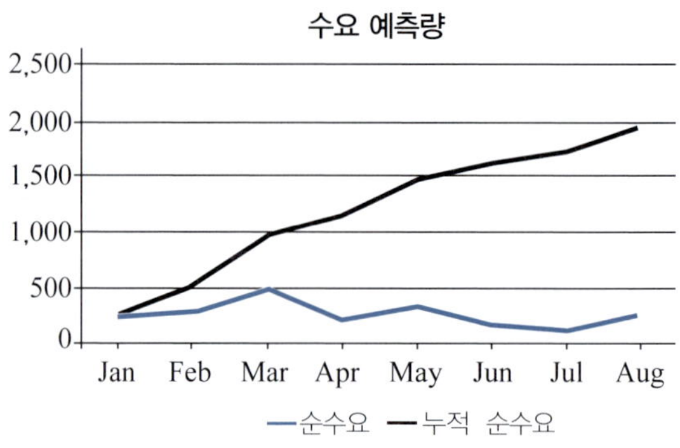

| 그림 6-4 | 세탁기 수요예측

수요를 모두 충족시킬 수 있는 방법은 매우 많을 것이다. 그러나 생산량 변화에 따라 노동력 증감, 재고의 증감, 협력업체의 공급량 증감 등 여러가지 결과들이 미치는 영향을 고려하여야 할 것이다. 모든 예상되는 결과들을 비용으로 정확하게 산정할 수 있다면 결국 비용최소화에 따른 최적의 총괄생산계획을 선택하면 될 것이다. 수요를 충족하기 위해 기업이 고려할 수 있는 생산전략은 다음과 같다.

(1) 노동력 변화 비허용 전략(Constant Workforce Plan)

노동력 변화란 곧 작업자의 고용, 해고를 의미한다. 이에 따른 비용이 발생할 뿐만 아니라 사회적 이슈나 문제를 일으킬 소지가 매우 많아 위험부담이 클 것이다. 특히 고용 보다는 해고의 경우 더욱 큰 문제의 소지가 많을 것이다. 이러한 위험과 비용을 회피하고자 작업자 고용, 해고가 없는 전략을 택하는 것이다. 8월까지의 총수요량 1,940대를 만족하는 일정한 월 생산량 유지가 가능하므로 총괄생산계획은 원점에서 8월까지의 누적순수요를 연결하는 직선 그래프를 형성할 것이다. 따라서 매달 1940/8=242.5, 즉 243대의 생산이 이루어져야 한다.

월	누적 순수요	누적 생산량	월재고
Jan	220	243	23
Feb	500	486	(14)
Mar	960	729	(231)
Apr	1,150	972	(178)
May	1,460	1,215	(245)
Jun	1,605	1,458	(147)
Jul	1,715	1,701	(14)
Aug	1,940	1,944	4

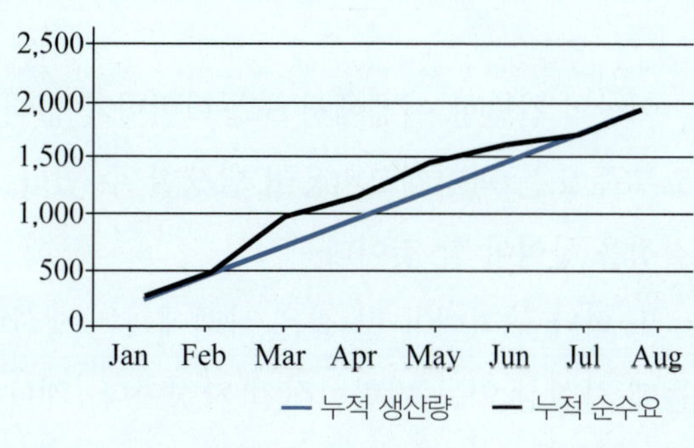

| 그림 6-5 | 노동력 변화 비허용 생산: 월재고 부족

이 생산전략의 노동력 변화 비용은 0이 될 것이다. 그러나 동일한 월별 생산량으로 인해 당월 재고 부족이 발생하는 경우가 생길 것이다. 즉, 2, 3, 4, 5, 6, 7월에 재고 부족이 발생한다.

재고 부족을 허용 않고 모든 월 수요를 당월에 만족하는 계획 또한 수립가능하다. 일정한 월 생산량을 유지하면서 수요량을 넘는 생산량 그래프가 되려면 3월까지의 누적 순수요를 만족하는 월생산량, 960/3=320대를 유지하면 월재고부족이 발생하지 않게 된다. 이 경우 초과생산으로 인한 재고 유지 비용의 발생은 불가피해 보인다. 누적 수요량 이상의 영역이 모두 초과 재고량이 되는 것이다.

월	누적 순수요	누적 생산량	월재고
Jan	220	320	100
Feb	500	640	140
Mar	960	960	0
Apr	1,150	1,280	130
May	1,460	1,600	140
Jun	1,605	1,920	315
Jul	1,715	2,240	525
Aug	1,940	2,560	620

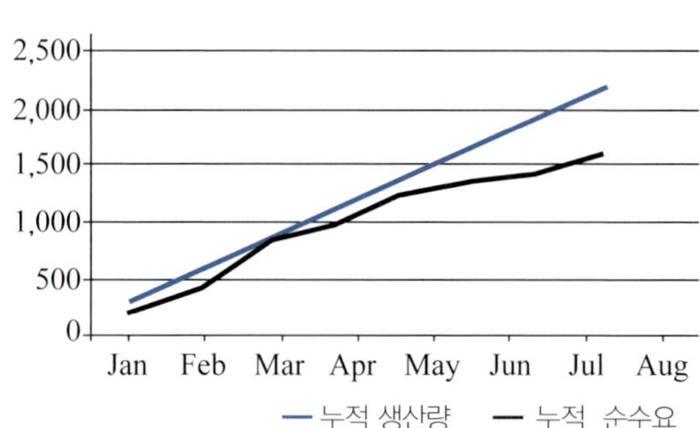

| 그림 6-6 | 노동력 변화 비허용 생산: 월재고 부족 없음

이상의 간단한 예제에서 노동력변화가 없더라도 월 재고량의 증감에 따라 재고부족 또는 과잉재고비용이 발생할 수 있다. 결국 총비용의 증감에 따라 의사결정을 하여야 할 것이다.

또 하나 고려해야 할 점은 사례에서는 생산량이 월별로 동일하다고 간주하였는데 사실상 이는 비현실적인 가정이다. 왜냐하면 매월 작업 일수가 달라질 수 있으므로 동일한 월 생산량이 될 수 없다. 이 경우 과거 생산량 데이터 분석을 통해서 작업자의 일일 평균 생산량(K Factor)을 구할 수 있다면, 매월 작업자 수, 작업일수를 반영한 보다 현실적이고 정확한 월 생산량을 산출할 수 있다.

세탁기 공장의 사례에서 지난 40일 동안 38명의 작업자가 520대의 세탁기를 생산하였다면 K는 다음과 같이 산출된다.

$$K = 520/(38*40) = 0.3421.$$

또한 1월부터 8월까지의 작업 가능 일수는 월별 22, 16, 23, 20, 21, 17, 18, 10일이라고 한다. 노동력 변화와 재고부족을 허용하지 않는 생산전략을 그대로 채택한다면, 3월까지의 누적 수요 960대를 충족하여야 되고 이 생산량은 3개월 동안 22+16+23=61일의 생산량이므로 매일 960/61=15.7377 대를 생산해야 한다. 이를 위해 필요한 최소 작업자 수는 15.7377/0.3421=46명이 된다. 따라서 46명의 작업자를 고정적으로 유지하는 총괄생산계획은 〈표 6-4〉와 같다.

표 6-4 노동력 변화 비허용 생산 전략(K=0.3421, 작업자 수=46명)

월	작업일수	월생산량	누적 생산량	누적 순수요	월재고
Jan	22	346	346	220	126
Feb	16	252	598	500	98
Mar	23	362	960	960	0
Apr	20	315	1,275	1,150	125
May	21	330	1,605	1,460	145
Jun	22	346	1,951	1,605	346
Jul	21	330	2,281	1,715	566
Aug	22	346	2,627	1,940	687

노동력의 변화를 허용하지 않는 생산전략의 큰 장점은 해고나 고용비용이 없는 것이지만, 월재고가 과잉으로 발생하는 점은 재고비용의 증가를 초래하고 있다. 따라서 생산전략의 선택에 따른 총비용을 산출해 보아야 다른 생산전략들과 비교가 가능할 것이다. 세탁기 공장 사례에서 다음과 같은 비용 데이터를 가정해보자.

- 단위 재고유지 비용(Unit Holding Cost) =$8.5/월
- 고용비용(Hiring Cost) =$800/인
- 해고비용(Firing Cost) =$1,250/인
- 임금(Payroll Cost) =$75/일
- 단위 재고부족 비용(Unit Shortage Cost) =$50/월

또한 지난 12월 말까지의 작업자 수는 40명이라고 가정하자. 각 비용을 산출

하면 다음과 같다.

- 고용비용: 6명 추가 고용. 6인*$800/인 =$4,800
- 재고비용: 월 누적재고 =2,093,
  8월말 안전재고=100. (2,093+100)*$8.5 =$18,640.5
- 총임금: $75/일*46인*167일 =$576,150
- 총비용: $4,800+$18,640.5+$576,150 =$599,590.5

만일 초과 수요나 과잉 재고에 따른 비용이 너무 클 경우, 노동력 수준의 변화를 허용한다면 어떻게 될까? 작업자 해고나 고용을 매달 할 수는 없지만 적절한 횟수의 노동력 수준의 변화를 허용한다면 어느 정도의 재고부담을 줄이는 것이 가능할 것이다.

(2) 노동력 변화 허용 전략(Modified Constant Workforce Plan)

세탁기 생산공장 사례에서 과잉 노동력에 의한 생산에 따른 재고비용을 줄이기 위해 작업자수를 줄이는 전략을 고려해보자. [그림 6-7]은 두 차례의 작업자 수 감소를 통한 생산전략을 보여준다. 즉 3월, 5월에 해고가 발생하여 상대적으로 생산량 감소를 통한 재고 감소가 이루지고 있다. 각 기간별 작업자 수는 다음과 같이 계산된다.

- 1월~3월: 46명
- 4월, 5월: 36명
  - 작업 일수=20+21=41일
  - 누적 수요=190+310=500대
  - 일일 수요량=500/41=12.195대/일
  - 필요 작업자수=12.195/K=12.195/0.3421=35.64=36명
- 6월~8월: 22명
  - 작업 일수=20+21+22=65일
  - 누적 수요=145+110+225=480대

• 일일 수요량=480/65=7.385대/일

• 필요 작업자수=7.385/0.3421=21.6=22명

월별 작업수가 결정되면 이에 따른 총괄생산계획은 〈표 6-5〉와 같다.

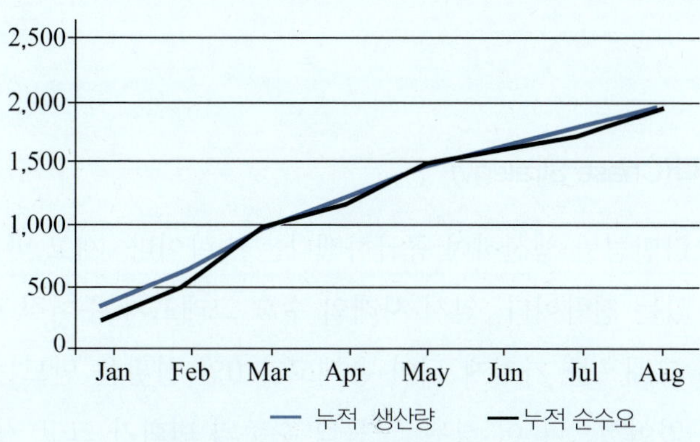

| 그림 6-7 | 노동력 변화 허용 생산 전략

표 6-5 노동력 변화 허용 총괄생산계획

월	작업일수	작업자수	월생산량	누적 생산량	누적 순수요	월재고
Jan	22	46	346	346	220	126
Feb	16	46	252	598	500	98
Mar	23	46	362	960	960	0
Apr	20	36	246	1,206	1,150	56
May	21	36	259	1,465	1,460	5
Jun	22	22	166	1,630	1,605	25
Jul	21	22	158	1,788	1,715	73
Aug	22	22	166	1,954	1,940	14

노동력 수준의 변화를 허용한 총괄생산계획에 대한 총비용은 다음과 같이 계산된다.

- 고용비용: 6명 추가 고용. 6인*$800/인=$4,800(작년 12월 말 작업자수=40명)
- 해고비용: 4월 10명, 6월 14명 해고. 24인*$1,250=$30,000

- 재고비용: (398+100)*$8.5=$4,233
- 총임금: $75/일(46인*61일+36인*41일+22인*65일)=$428,400
- 총비용: $4,800+$30,000+$4,233+$428,400=$467,433

노동력 변화 비허용 전략보다 재고비용과 인건비의 많은 감소가 이루어졌음을 알 수 있다.

(3) 수요 맞춤 전략(Chase Strategy)

이 전략은 수요량만큼만 생산하여 공급하겠다는 전략이다. 재고 비용이 매우 클 경우 취할 수 있는 전략이다. 앞서 사례의 수요 그래프가 주어질 경우 총괄생산계획도 같은 그래프를 가지게 되어 총재고가 0인 상황을 만드는 것이다. 비록 재고비용은 없어졌으나 이 경우, 노동력 수준의 변화가 크고 월생산량의 변동폭 또한 커서 생산시스템을 불안정하게 만들어 여러가지 운영상의 문제를 야기할 수 있다. 특히 불가피하게 인력을 수시로 변동하여야 되며, 가동율 또한 변동이 심하며, 긴급수요가 발생했을 때 가용 재고가 없으므로 시장 상황의 변화에 빠른 대응을 하기 힘들게 된다. 다만, 생산시스템 자체가 큰 유연성을 가지고 있다면 가능한 전략이다.

총괄생산계획을 수립하기 위해 월별 수요를 충족시키기 위한 최소 작업자수를 산출하는 것이 필요하다. 이는 월별 일인당 생산가능량을 K Factor를 이용하여 산출함으로써 가능하다. 가령 1월달 인당 생산가능량은 22일*0.3421=7.526대이며 월수요 220대를 생산하기 위해서는 220/7.526=29명의 작업자가 필요하다. 현재 작업자수가 40명이므로 11명의 작업자를 해고해야 한다. 〈표 6-6〉은 수요 맞춤 전략에 따른 총괄생산계획을 보여주고 있다.

표 6-6 수요 맞춤 전략의 총괄생산계획

월	작업일수	인당 생산가능량	순수요	최소 작업자 수	고용(해고) 작업자수
Jan	22	7.5262	220	29	11
Feb	16	5.4736	280	51	22
Mar	23	7.8683	460	58	7
Apr	20	6.8420	190	28	(30)
May	21	7.1841	310	43	15
Jun	22	7.5262	145	19	(24)
Jul	21	7.1841	110	15	(4)
Aug	22	7.5262	225	30	15

수요 맞춤 생산전략에 따른 총괄생산계획에 대한 총비용은 다음과 같이 계산된다.

- 고용비용: 59명 고용. 59인*$800/인 = $47,200(작년 12월 말 작업자수=40명)
- 해고비용: 69명 해고. 69인*$1,250/인 = $86,250
- 재고비용: (100)*$8.5 = $850
- 총임금: 인당$75/일(5,671 인*일) = $425,325
- 총비용: $47,200+$86,250+$850+$425,325 = $559,625

월 재고비용은 없으나 고용과 해고에 따른 비용이 증가함을 볼 수 있다.

연/습/문/제

4-1 어떤 가방 제조 회사가 전국 할인매장에 여러가지 종류의 액세서리 가방을 납품하고 있다. 다음 데이터는 향후 8개월 동안의 가방 수요에 대한 총괄 단위의 예측치를 보여주고 있다.

월	1	2	3	4	5	6	7	8
수요	12500	22500	22000	17500	22500	28000	12500	15000

액세서리 가방은 재질, 크기, 디자인 등에 관계없이 거의 비슷한 생산시간이 소요된다고 가정한다. 정규 작업 시간의 단위 제조 비용은 35,000원, 초과 근무시 단위 제조 비용은 45,000원이다. 정규 작업시간 기준으로 생산능력은 월 18,000개이다. 정규 작업의 경우 인당 월 50개, 초과 근무시 월 10개의 추가생산이 가능하다. 작업자 채용, 해고비용은 인당 각각 20만원, 30만원으로 산정되었다. 월 수요가 충족되지 않더라도 백오더는 없다. 현재 재고는 6,000개를 보유하고 있다. 재고 유지비용은 월 2% 이율을 적용하며, 판매가는 50,000원이다. 회사는 다음과 같은 생산 전략들을 고려하고 있는데, 이 중 총수익을 최대화하는 전략은 무엇인가?

(생산전략 1) 현재의 작업자 수를 유지하고, 추가 생산이 필요한 경우에 대해 초과 근무를 함.

(생산전략 2) 월 수요를 충족하기 위해 자유롭게 매달 고용과 해고를 하며, 정규 시간에만 작업을 함.

4-2 위 4-1번 문제를 다음 가정에 따라 푸시오.
가정: 백오더를 허용하며, 월 5%의 이율로 백오더 비용을 산정.

5 재고관리(Inventory Management) 모형

1) 재고의 개념

'재고는 필요악'이라는 말이 있다. 즉, 고객의 수요를 만족해야 하지만 동시에 기업이 가지고 있는 일종의 유휴 자산으로 부담이기 때문이다. 만일 가능하다면 재고가 없이 고객의 수요를 만족하면 가장 효율적인 재고관리가 될 것이다. 그러나 공급사슬상의 재고관리는 고객만족 외에 여러 가지 이유 때문에 재고를 유지하는 경우들이 또한 존재한다. 우리는 재고관리라는 활동을 이해하기 위해서 좀 더 근본적으로 재고가 왜 필요한지 알아볼 필요성이 있다. 이를 위해 우리가 관리해야 할 대상인 재고의 종류를 먼저 알아보도록 하자.

재고의 종류는 유통되는 과정에서 가치가 부가됨에 따라 원자재, 부품, 공정 중 재고 즉, 재공(Work-In-Process), 그리고 완제품으로 나눌 수 있다. 원자재보다는 생산공정을 거친 부품이 더 가치가 있으며, 공정 중 재고보다는 완제품이 가장 부가가치가 높을 것이다. 공정중 재고는 특히 생산물류에 있어서 효율성을 측정하는 가장 중요한 지표 중의 하나이다. 재고관리의 대상인 재고를 파악하였으니 이제 재고를 유지해야 할 필요성을 알아보자.

(1) 규모의 경제(Economy of Scale)

매 주문시 주문량이 많을수록 주문 횟수가 줄어들어 단위 고정비를 줄일 수 있다. 이 경우 현재 즉시 필요한 수요량보다 많은 주문을 통해 재고를 유지하게 된다. 또한 공급자의 경우 대량 주문에 대해 할인가를 적용함으로써 구매자는 되도록 많은 양의 구매를 통해 이익을 얻을 수 있다.

(2) 수요/공급의 불확실성

수요의 불확실성이 있는 상황에서 고객 수요에 빠르게 대응하려면 미리 재고로서 보유하고 있어야 한다. 이 경우, 재고는 수요 불확실성으로 인한 리스크를 완화시켜주는 일종의 버퍼 역할을 한다. 또한 발주부터 주문한 물품이 도착하는 시점까지의 기간인 리드 타임의 변동성이 많은 경우, 공급사슬의 원활한 흐름을 위해 재고를 확보해 두는 것이다. 마지막으로 공급자의 불확실성이 있다. 예를 들어, 코로나 팬데믹으로 인한 글로벌 원자재 공급의 불확실성은 공급사슬의 붕괴를 초래할 수 있다. 불확실성이 해소될 때까지는 필요한 제품의 재고 확보를 통해 이를 방지할 수 있다.

(3) 선구매

주문 제품의 가격이 향후 오를 것이라는 예상으로 미리 많은 양의 재고를 현재의 가격수준으로 미리 구매함으로써 비용 절감을 꾀하는 것이다.

(4) 수송 중 재고

수송 중 재고, 또는 파이프라인 재고는 수송 시간이 긴 경우 중요한 재고 형태이다. 가령 중동의 산유지로부터 미국으로 수송되는 석유는 이동중의 재고량이 매우 큰 비중을 차지하게 된다.

(5) 과수요 분산

가령 여름철의 에어컨 수요가 정점에 있으므로 생산능력이 충분치 않다면, 할인 혜택을 통해 여름 수요를 봄이나 겨울로 분산할 경우 여름철에도 생산능력의 급격한 증가없이 원활한 생산을 할 수 있다.

(6) 최소 주문량

최소 주문량이라는 구매 조건이나 물리적 조건이 있는 경우, 불가피하게 필요한 수량 이상의 재고를 유지해야만 한다.

(7) 재고관리 비용

재고관리 업무에 소요되는 비용은 재고량에 비례하지 않는다. 즉, 재고자체가 존재함으로써 고정적으로 소요되는 비용이므로 소품종 대량 재고가 다품종 소량재고보다 훨씬 관리비용이 줄어들 것이다.

재고를 유지해야 할 필요성이 있다면, 이제 재고를 어떻게 효율적이고 효과적으로 유지 또는 관리하느냐가 가장 중요한 문제일 것이다. 그렇다면 재고관리 시스템의 성과에 영향을 미치는 요소들은 무엇일까? 기본적으로 다음과 같은 다섯 가지의 요인들이 영향을 줄 것이다.

첫 번째 요인은 수요의 특성이다. 수요가 기간별로 대체적으로 일정하느냐 또는 변동이 있느냐, 그리고 이미 확정적인 주문에 의한 수요인지 또는 예측이 필요한 불확실한 수요인지에 따라 재고관리 모형이 달라진다. 두 번째 요인은 발주부터 제품 도착까지의 리드타임인데 이 또한 수요의 특성처럼 확정적 또는 불확실성이 있는 기간으로 주어질 수 있다. 리드타임은 현실적으로 항상 양의 값을 가진다. 만일 리드타임이 0이라면 이론적으로는 무한 공급 능력을 의미하게 된다. 세 번째로 재고 현황을 파악하는 시점이다. 현재의 재고를 항상 실시간으로 파악하는 연속 확인 방식과 일정한 주기로 확인하는 주기적 확인 방식이 있다. 예를 들어 규모가 작은 소매점 같은 경우 배송트럭이 도착할 때 재고 현황을 파악하여 보충하므로 주기적 확인 방식을 따르는 것이 합리적일 것이다. 네 번째 요인은 초과 수요이다. 즉, 공급이 부족할 경우 어떻게 대응하느냐에 따라 재고관리 시스템의 성격도 달라진다. 약속된 납품기한이 지나더라도 납품을 허용하는 백오더로 취급하여 다음 기간에 반드시 만족시키는 경우와 영원히 지나가버린 미충족 수요로 분류하는 경우가 있다. 대부분의 재고관리 모형은 백오더로 취급하여 초과수요를 만족시킨다. 마지막으로 재고 가치의 변화이다. 즉, 시간이 경과하면서 재고의 가치가 하락하여 결국 폐기처분되는 경우이다. 음식물의 경우 유효기간이 지나면 폐기되는 재고가 된다. 또는 완제품이 단종되어 해당 부품이 쓸모없어지는 경우가 이에 해당된다.

2) 재고 가치 분석

최근 시장의 트렌드는 맞춤형 제품의 시대이다. 우유 제품만을 예로 들어도 매우 다양한 종류가 있음을 알 수 있다. 무지방 우유, 2% 지방 우유, 일반 우유, 락토 프리 우유, 초콜릿 우유, 딸기 우유 등등. 즉 재고 유지 단위(Stock Keeping Unit, SKU) 수가 급속도로 증가하고 있다. 수많은 종류의 재고를 잘 분류하여 우선 순위를 두고 관리한다면 보다 효율적인 재고관리가 가능할 것이다. 즉 재고관리 시스템의 실행에 앞서 재고 가치 분석을 하는 것이 선행되어야 하는 것이다. 재고 분석 기법으로서 가장 많이 사용되는 ABC 기법을 소개하고자 한다.

ABC 재고 분석은 재고를 A, B, C 세 가지 제품군으로 나눈다. 분류 기준은 여러 가지가 있을 수 있으며 회사에 따라 적절한 다른 기준을 사용할 수 있다. 예를 들어 다음과 같이 각 제품군을 분류할 수 있다. 이 기준은 재고의 매출 또는 이익을 기준으로 파레토 곡선의 80-20룰을 적용하여 분류한 것이다.

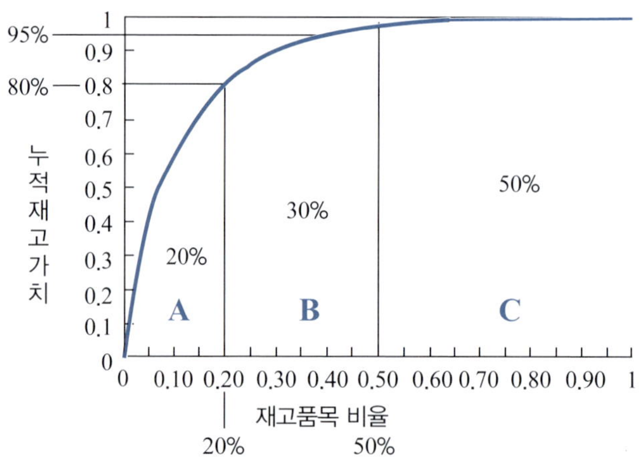

| 그림 6-8 | ABC 재고 분석(예)

(i) A재고는 가장 고부가가치가 높은 제품군이다. 보통 재고품목수의 20%에 해당하며 매출/이익은 80% 비중을 차지한다.

(ii) B재고는 평균수준의 판매실적을 보여주는 제품군이다. 재고품목수의 30%에 해당하며 매출/이익은 15% 비중을 차지한다.

(iii) C재고는 가장 판매가 낮은 실적을 보여주며 A, B그룹을 제외한 제품군이다. 재고품목수의 50%를 차지하나 매출/이익은 5%비중을 차지한다.

각 제품군에 따른 관리 방식을 예를 들어 자세히 살펴보면 다음 〈표 6-7〉과 같다.

표 6-7 ABC 재고의 관리 방법(예)

구분	통제수준	책임자	로트 크기	점검주기	공급자수	배송주기
A	높음	임원	소량	연속, 수시	다수	매주
B	중간	중간관리자	중간	정기	2~3	3개월
C	낮음	현장관리자	대량	가끔	1~2	6개월

A재고는 매주 입고되며 수시로 재고 현황 파악을 한다. 보통 일단위로 재고 점검을 한다. 소량의 주문들로 이루어진다. 재고 책임은 최소한 임원급이 맡는다. B재고는 분기마다 입고되며 주기적인 재고 점검을 한다. 중간 크기의 주문들로 이루어진다. 재고 책임은 중간관리자급이 맡는다. C재고는 6개월마다 입고되며 상황이 발생하였을 때 재고 점검을 한다. 재고 책임은 창고관리 담당자 등 재고가 보관된 장소의 현장 직원이 맡는다.

ABC 재고 분석 방법 외에 재고의 현황, 가치 등을 평가할 수 있는 여러가지 지표가 있다. 이 중 기업에서 가장 자주 쓰이는 지표들을 소개하면 다음과 같다.

(i) 평균재고(Average Inventory) = (초기재고+기말재고)/2

한 기간 전체에 걸쳐 유지하고 있는 평균적인 재고수준을 의미한다. 산출은 초기재고수준과 마지막 재고수준의 평균값으로 한다.

(ii) 재고회전율(Inventory Turnover) = COGS/평균재고(Cost Of Goods Sold, COGS)

주어진 기간에 보유한 평균 재고가 시장에 팔린 횟수이다. 산출식은 팔린 제품의 총원가를 평균재고비로 나눈 것이다. 재고회전율은 기업이 얼마나 재고를 효과적으로 운영하는 가를 보여주는 가장 중요한 지표이다.

(iii) 평균재고일수(Days Inventory Outstanding, DIO) = (평균재고비용/COGS)*365일

보유하고 있는 재고가 시장에 팔리기까지 걸리는 평균 일수를 의미한다. 산출식은 1년간의 평균재고비를 팔린 같은 기간의 제품 총원가로 나눈 값을 일수로 환산한 것이다. 값이 작을수록 빨리 팔린다는 것을 말한다.

(iv) 미납 주문율(Back Order Rate)=(총미납주문량/총주문량)*100%

총 주문량에 대한 미납주문량의 비율이다. 미납주문율은 해당 기간에 충족되지 못하고 다음 기간에는 충족된다. 미납주문은 재고관리의 효율성을 보여주는 지표이다. 높은 미납주문율은 적정 재고를 산정하여 구매하지 않았거나, 재주문 시점이 너무 늦었을 경우 등 비효율적인 재고관리의 결과이다.

주요 재고분석 지표는 지속적으로 모니터링하여 개선하는 노력이 필요하다.

(예) A사 제품의 연 매출총원가는 4,000만 원, 연평균재고 금액이 800만 원, 총주문액 5,000만 원, 백오더 주문액이 1,000만 원이라면

- 재고회전율=4,000만 원/800만 원=5회,
- 재고자산 회전일수=365일/5회=73일
- 백오더율=(1,000만 원/5,000만 원)*100%=20%가 된다.

3) 재고관리 모형: 독립 수요

재고분석이 이루어졌다면 이제 각 재고품목에 대한 주문량과 주문시점을 결정해야 될 것이다. 기본적인 가정은 각 재고품목들이 독립적인 수요라는 것이다. 즉, 다른 재고품목의 주문량에 영향을 받지 않는 것이다. 이 경우 재고품목은 보통 완제품을 의미한다. 왜냐하면 부품 재고는 완제품의 수요량에 종속적이기 때문이다. 여기서는 기본적인 두 가지 모형을 소개한다. 차이점은 수요가 확정적이냐 또는 확률적인 분포를 가지느냐이다.

모형을 소개하기 전에 먼저 고려해야 할 재고비용에 대해서 알아보자. 모형에서 다루어지는 주요 재고비용은 크게 재고유지비용, 주문비용, 그리고 품절비용으로 나뉘어진다.

표 6-8 재고비용의 분류

종류	세부 항목
재고유지비용(h)	• 자본비용 • 재고서비스(보험/세금) • 공간비용 • 재고손실비용
재고주문비용(A)	• 발주비용
품절비용(p)	• 매출손실(기회비용) • 미납주문비용 • 신뢰도 하락

먼저 재고유지비용은 재고를 보유함으로써 발생하는 모든 비용으로 재고량에 비례한다. 여기에는 자본비용, 공간비용, 보험/세금 비용 등의 재고 서비스 비용, 그리고 재고손실비용 등이 포함된다. 재고관리 모형에서는 이러한 비용을 통틀어 통합한 이자비용으로 간주한다. 주문비용은 발주시 소요되는 고정비용이다. 품절비용은 고객의 주문을 충족하지 못한 것에 대한 페널티비용을 의미한다. 판매손실비용과 미납주문비용, 신뢰도 저하 등이 여기에 포함되나 사실상 객관적인 비용 산출이 매우 어렵다.

(1) 확정적 수요 환경

① 경제적 주문량(Economic Order Quantity) 모형

1913년 생산시스템 관리자이었던 Ford W. Harris가 개발한 이 재고모형은 단위기간의 수요(D)가 일정한 환경에서 최소비용을 가지는 주문량을 산출하는 모형으로 재고관리 모형의 효시라고 할 수 있다. 보통 단위기간은 1년을 의미한다. 또한 재고부족을 허용하지 않으며, 주문시점부터 입고시점까지의 리드타임은 없다고 가정한다. 따라서 무한 공급 능력을 가진 공급자를 가정하는 것이다. 재고모형의 목적은 수요를 만족하면서 전체 재고 관련 비용을 최소화하는 주문량(Q)과 주문주기(T)를 구하는 것이다. 이러한 가정하에서 시간에 따른 재고수준의 변화는 다음과 같은 톱니모양의 그래프로 나타난다. 각 톱니가 하나의 주문주기가 되는 것이다.

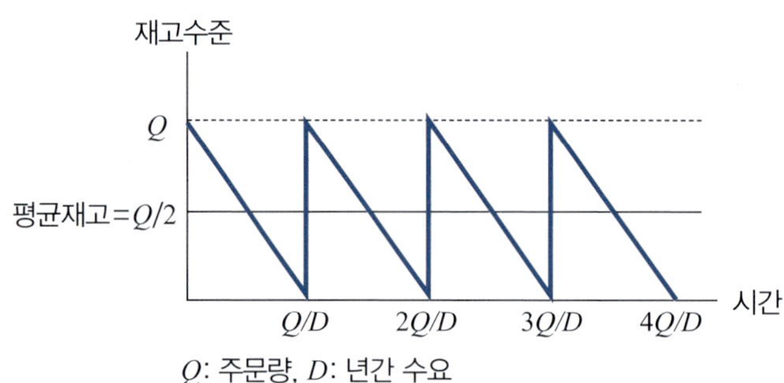

| 그림 6-9 | EOQ 재고모형에서의 재고수준의 변화

주어진 기간에서의 톱니의 면적이 곧 보유하고 있는 재고량이 되므로 주문량을 증가시키면 톱니 면적도 커져 재고유지비용도 비례하여 증가할 것이다. 그러나 톱니의 수는 줄어들어 주문횟수가 줄어들어 주문비용도 줄어들게 된다. 결국 재고유지 비용과 주문비용은 주문량이 증가하면 반대 방향으로 움직이게 되어 적절한 Q의 선택이 중요하다. 1년간 단위 유지비용을 h, 한번 주문할 때의 주문비용을 A, 구매 단가를 c라고 하면, 주문량에 따른 단위 기간 총재고비용(TC)은 재고유지 비용, 주문비용, 그리고 구매비용의 합이 되어 다음과 같은 Q에 대한 함수식으로 표현된다.

$$TC(Q) = A \cdot D/Q + h \cdot Q/2 + cD$$

여기서, D/Q=단위기간(년)의 주문횟수, $Q/2$=단위기간(년) 평균재고가 된다.

TC를 최소화화는 Q를 구하기 위해, 총비용 함수를 $Q>0$에 대해 1차, 2차 미분하여 보자.

$$\frac{\partial TC(Q)}{\partial Q} = TC'(Q) = -AD/Q^2 + h^2$$

$$\frac{\partial^2 TC(Q)}{\partial Q^2} = TC''(Q) = TC''(Q) = 2AD/Q^3 > 0 \quad \text{여기서 } Q > 0.$$

따라서, TC는 Q에 대해 아래로 볼록한(Convex Downward) 함수이므로 최소값은 $TC'(Q)=0$을 만족하는 Q^*를 대입하여 구할 수 있다. 이때, $Q^*=EOQ$, 즉 경제적 주문량으로서 다음과 같이 주어진다.

$$Q^* = \sqrt{\frac{2AD}{h}} = EOQ$$

이에 따라 최적 주문 주기는 또한 다음과 같이 도출된다.

$$T^* = Q^*/D = \sqrt{\frac{2A}{hD}}$$

총비용 함수에서 총구매비용은 총수요량에 비례하고 주문량에 무관하므로 이를 무시하고 비용그래프를 [그림 6-10]과 같이 그려보면 주문량에 따른 비용의 특성을 파악할 수 있다.

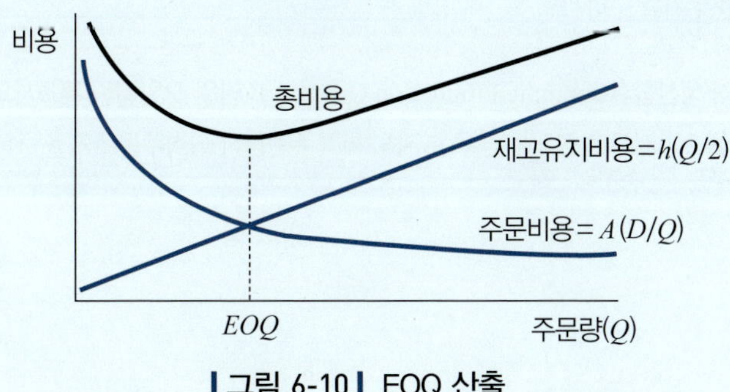

| 그림 6-10 | EOQ 산출

비용 그래프에서 보이듯 EOQ로 주문했을 때 총비용 최소화가 실현되며 이때 재고 유지지용과 주문비용은 같게 된다. EOQ 산출식을 통해 알 수 있는 것은 주문비용(A)이 증가하게 되면 EOQ도 증가하므로 주문횟수가 줄어들게 되어 총비용을 최소화하게 되고, 만일 단위 재고유지 비용(h)이 증가하면 EOQ는 감소하게 되어 평균 재고량을 감소시켜 총비용을 최소화시키게 된다.

(예) 전기청소기 판매점에서 연 평균 1,000대를 판매하고 있다. 대당 구매가는 $250, 매번 주문시 $500의 발주비용이 들고, 재고유지비용은 구매가의 연이율 15%로 계산하고 있을 경우,

$$Q^* = \sqrt{\frac{2AD}{h}} = \sqrt{\frac{2(500)(1000)}{(0.15)(250)}} = 163\text{대}$$

$$T^* = \frac{163}{1000} = 0.163\text{년} = \text{약 } 2\text{개월}$$

연/습/문/제

5-1 자동차 부품 공급업체 A사에서는 많은 종류의 부품들을 취급하고 있다. 이 중 오일필터를 제조회사로부터 개당 $10에 구입하는데 발주비용은 주문당 $120이 소요된다. 재고유지비용은 연 10% 이율로 계산하고 있다. 오일필터에 대한 연 수요는 평균 1,500개이다. 오일필터 제조사의 생산능력이 수요에 비해 매우 클 경우, A사의 최적주문량과 최적주문주기를 구하시오.

5-2 경제적 생산량(Economic Production Quantity): 만일 오일필터 제조사의 최대 생산능력이 월 200개로 한정되는 경우, A사의 최적주문량과 최적주문주기를 구하시오.

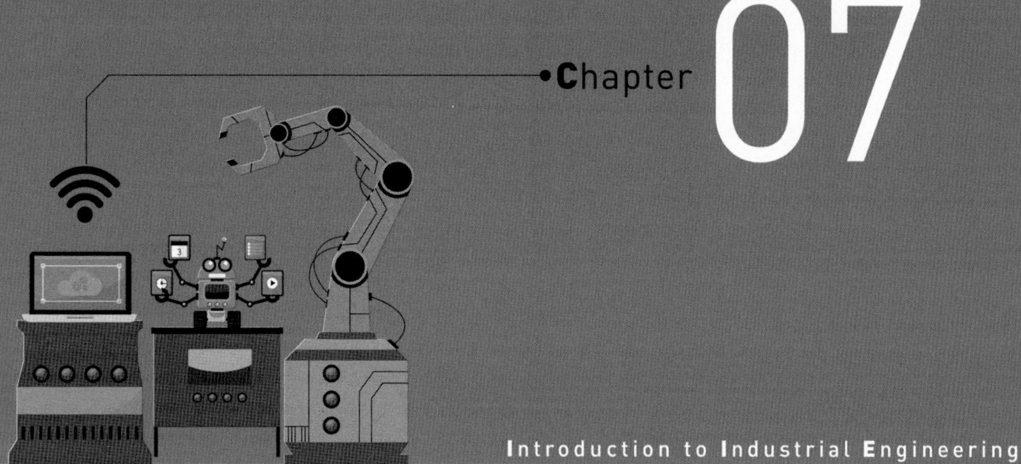

스마트 제조

1 스스로 진화하고 연결된 서핑보드

2. 스마트제조의 탄생 배경

3. 스마트제조의 속성

4. 어떤 기술들이 필요할까

5. 스마트제조를 넘어서: 디지털 전환(Digital Transformation, DX)

Chapter

07 스마트 제조

1 스스로 진화하고 연결된 서핑보드

아린은 올여름을 맞아 새로운 서핑보드를 주문했다. 단순히 색이나 디자인을 고르는 수준이 아니라, 자신의 체형과 스타일에 맞춰 만들어진 보드였다. 바다로 나가 처음 탔을 때, 보드는 마치 아린의 몸짓을 읽는 듯 반응했다. 파도를 탈수록 보드는 데이터를 쌓아가며 조금씩 더 민첩하게 움직였다. 마치 아린과 함께 성장하는 동반자 같았다. 집으로 돌아오면 보드는 하루 동안의 기록을 앱으로 전송했다. 제조사는 수많은 고객들의 데이터를 분석해 보드의 알고리즘을 개선했고, 업데이트는 다시 아린의 보드로 전달됐다. 어느새 그의 보드는 첫날보다 훨씬 안정적이고 빠른 반응을 보여주었다. 제품이 배우고, 제조사가 이를 반영해 맞춤형으로 개선해 주는 과정이 반복된 것이다.

처음에는 단순히 아린과 보드, 그리고 제조사만 연결된 작은 생태계였다. 하지만 곧 보드는 다른 서퍼들의 기록과도 이어졌다. 전 세계 사람들이 올린 파도 데이터가 모여 최적의 서핑 포인트가 추천되었고, 여행사 · 장비 대여점 · 안전 서비스가 하나씩 연결되기 시작했다. 이제 보드는 단순한 장비가 아니라, 레저와 여행, 안전과 스포츠를 잇는 다양한 플랫폼의 관문이 된 것이다. 아린은 생각했다. "이 작은 보드가 단순히 파도를 타는 도구가 아니라, 나와 함께 배우고, 세상과 연결되며, 새로운 경험을 열어가는 창구이구나."

아린의 서핑보드는 단순한 레저 도구에서 출발했지만, 사용자의 데이터를 학습하고, 제조사가 이를 반영해 개선하며, 더 넓은 네트워크로 확장되면서 하나의 플랫폼이 되었다. 이 과정은 오늘날 제조업이 어디로 향하고 있는지를 잘 보여준다. 제품은 이제 생산과 판매에서 끝나는 것이 아니라, 사용 중에도 끊임없이 데이터를 통해 배우고 진화한다. 기업은 고객과 실시간으로 연결되어, 제품을 맞춤형으로 발전시키며 새로운 가치를 창출한다. 그리고 이러한 흐름은 개별 제품을 넘어, 시스템과 플랫폼을 중심으로 한 거대한 산업 생태계를 형성한다.

바로 이것이 스마트제조의 본질이다. 단순한 자동화나 기술 도입이 아니라, 고객과 제조사, 그리고 사회 전체가 연결된 네트워크 속에서 지속적으로 학습하고 진화하는 제조(단순한 물리적 제품 제조가 아닌)의 새로운 패러다임인 것이다.

연/습/문/제

1-1 서핑보드 사례에서 나타난 제품의 특징을 설명해 보시오.

1-2 서핑보드 사례를 기존 제조 방식과 비교했을 때, 어떤 점이 가장 크게 다르다고 생각되는지 설명해 보시오.

2 스마트제조의 탄생 배경

스마트제조(Smart Manufacturing)는 단순한 자동화를 넘어 데이터 기반의 지능형 생산체계로 진화하고 있다. 이러한 스마트제조의 등장은 단순한 기술 진보에 의한 결과가 아니라, 산업 · 기술 · 사회 구조 전반의 변화에 기인한다. 본 장에서는 먼저 스마트제조의 탄생을 가능하게 한 세 가지 핵심 배경을 살펴본다.

1) 인더스트리 4.0(Industry 4.0): 독일에서 출발한 제조 혁신 아젠다

2011년 독일 정부가 하노버 산업박람회에서 공식 제안한 인더스트리 4.0(Industry 4.0)은 스마트제조의 개념적 출발점이다. 이는 전통 제조업의 경쟁력 강화를 위해 디지털 기술과 물리 시스템을 융합한 지능형 생산시스템을 지향한다.

핵심 개념은 사이버-물리시스템(CPS)과 사물인터넷(IoT), 빅데이터 분석, 클라우드 플랫폼 등을 기반으로 생산설비, 제품, 운영자, 물류, 고객이 모두 연결된 초연결 공장(Hyper-Connected Factory)을 구축하는 것이다. 이를 통해 실시간 정보 기반의 자율적 판단, 최적화된 생산, 유연한 고객 맞춤 생산이 가능해진다.

독일의 전략은 단순히 기술 도입을 넘어서 제조업 경쟁력을 재편하는 국가 주도 혁신 프레임워크였으며, 이후 미국(스마트제조), 일본(산업 가치사슬 이니셔티브), 중국(중국제조 2025) 등으로 확산되며 글로벌 제조 혁신의 표준으로 자리잡았다.

특히 인더스트리 4.0은 오늘날 제조업 환경의 급격한 변화와 복잡한 도전에 직면하고 있는 상황에서 불가피하게 대두된 것이다.

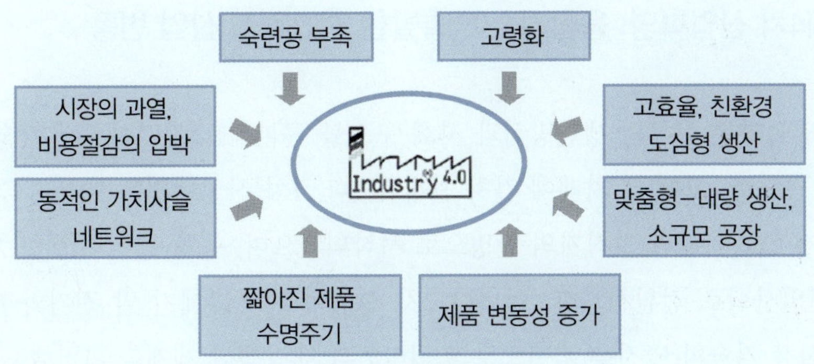

| 그림 7-1 | 인더스트리 4.0 필요성

우선 숙련공의 부족과 고령화로 인해 기존의 노동집약적 생산방식은 한계에 봉착하고 있으며, 이는 자동화와 지능형 제조 기술 도입의 필요성을 가속화하고 있다. 동시에 글로벌 시장에서는 경쟁이 과열되고 원가 절감에 대한 압박이 커지고 있어, 단순히 생산량을 늘리는 방식이 아닌 효율적이고 유연한 생산 시스템이 요구되고 있다. 또한 공급망은 글로벌화 · 복잡화되면서 동적인 가치사슬 네트워크로 변화하고 있으며, 이는 실시간 데이터 교환과 네트워크 기반의 통합적 관리 능력을 필요로 한다.

소비자 측면에서도 중요한 변화가 나타나고 있다. 제품의 수명주기가 짧아지고 고객 맞춤형 요구가 확대되면서, 과거의 난일 모델 대량생산 체계는 더 이상 경쟁력을 유지하기 어렵다. 제품 변동성이 증가함에 따라 기업은 빠르게 변화하는 수요에 대응할 수 있는 유연한 생산 체계를 마련해야 한다. 이러한 배경 속에서 인더스트리 4.0은 고효율 · 친환경적인 생산, 도심형 분산공장의 등장, 그리고 맞춤형 대량생산을 동시에 달성할 수 있는 대안으로 자리 잡고 있다. 즉, 인더스트리 4.0은 사회적 변화와 산업적 요구가 결합된 결과물이며, 지능형 · 유연형 · 지속가능한 스마트 제조를 실현하기 위한 필연적 진화라 할 수 있다.

2) 제4차 산업혁명: 융합기술이 촉발한 전방위적 산업 변동

산업혁명은 인류의 생산방식과 사회 구조를 근본적으로 변화시킨 기술 혁신의 흐름으로, 크게 네 차례에 걸쳐 전개되었다. 1차 산업혁명은 18세기 후반 영국에서 증기기관과 방직기의 발명으로 시작되었으며, 농업 중심 사회를 기계화된 산업사회로 전환시켰다. 이어진 2차 산업혁명은 19세기 말 전기와 내연기관, 철강 기술의 발전을 기반으로 조립라인과 대량생산 체계를 확립했고, 이는 도시화와 대기업 성장의 토대를 마련하였다. 3차 산업혁명은 20세기 후반 정보통신기술과 컴퓨터의 발전으로 촉발되었으며, 자동화와 디지털화가 생산현장을 혁신하고 글로벌 공급망과 서비스 산업의 성장을 이끌었다. 마지막으로 현재 진행 중인 4차 산업혁명은 인공지능, 사물인터넷, 빅데이터, 클라우드 등 디지털 융합기술을 기반으로 초연결 · 지능형 사회를 형성하고 있으며, 스마트 제조, 자율주행, 플랫폼 경제 등 새로운 패러다임을 창출하고 있다. 요컨대, 산업혁명은 에너지와 기술의 변화에 따라 생산 방식이 기계화 · 대량화 · 자동화 · 지능화로 진화해 온 과정이며, 이는 경제 · 사회 전반의 구조 변동을 이끌어 온 핵심 동력이었다(〈표 7-1〉).

표 7-1 산업혁명의 역사

산업혁명	시기	에너지	핵심 기술	생산 방식	주요 변화
1차	18C 후반	증기	방직기, 증기기관	기계화	농업 → 산업
2차	19C 말	전기	조립라인, 내연기관	대량생산	도시화, 대기업 성장
3차	1970년대	전기 · 전자	IT, 컴퓨터, 자동화	디지털 자동화	글로벌화, 정보화
4차	2010년~	데이터 · 통신	ICT, AI, 빅데이터 분석	지능형 생산	스마트제조, 초연결사회

따라서 스마트제조는 제4차 산업혁명이라는 거대한 기술 융합 흐름 속에서 출현하였다. 세계경제포럼(WEF)의 창립자인 클라우스 슈밥(Klaus Schwab)이 2016년 스위스 다보스에서 제시한 4차 산업혁명의 핵심은 기술 간 경계 붕괴와

초연결성(Hyper-Connectivity), 그리고 자율성(Autonomy)이다. 기존 산업혁명이 에너지 또는 생산수단의 변화 중심이었다면, 4차 산업혁명은 데이터와 지능 기반의 의사결정이 중심인 것이다. 스마트제조는 이러한 4차 산업혁명의 대표적 응용 분야로, 기계 중심의 자동화를 넘어 사람-기계-데이터가 실시간으로 상호작용하며 자가 학습(Self-Learning) 및 자가 최적화(Self-Optimization) 기능을 갖춘 시스템으로 발전하고 있다. 즉, 스마트제조는 단순히 '똑똑한 공장'을 만드는 것이 아니라, 새로운 산업지형과 조직 운영방식을 창출하는 플랫폼으로 부상하고 있다.

3) 제조 패러다임의 진화: 대량생산에서 대량맞춤형 스마트제조로

스마트제조는 산업사회의 오랜 제조 패러다임 변화의 연장선상에 있다. 다음 표는 제조 패러다임의 주요 진화를 요약한 것이다.

표 7-2 제조 패러다임의 진화

비용	품질	가치
~1980	1980~2010	2010~미래
규모의 경제 (Economy of Scale)	절충의 경제 (Economy of Trade-Off)	범위의 경제 (Economy of Scope)
Scientific Management, MRP	Just-In-Time, 6시그마, TQM	IoT, CPS, 인공지능, Big Data Analytics
Mass Production	Mass Production	Mass Customization
Scientific Management	Lean Manufacturing	Smart Manufacturing

먼저 1980년 이전은 "비용"을 줄이는 것이 가장 중요한 목표였다. 이때 기업들은 가능한 한 많이 만들수록 단가가 떨어진다는 규모의 경제를 추구했다. 그래서 컨베이어 라인을 통한 대량생산, 과학적 관리법, 자재소요계획(MRP) 같은 방식이 널리 쓰였다. 소비자는 표준화된 제품을 받아들이는 데 만족했고, 기

업은 최대한 싸게, 많이 만드는 데 집중했다.

1980년부터 2010년까지는 "품질"이 핵심으로 떠올랐다. 경쟁이 치열해지고 소비자들의 눈높이가 높아지면서, 단순히 싸게 만드는 것만으로는 부족했다. 이 시기에 기업들은 절충의 경제라는 개념에 따라 비용과 품질 사이에서 균형을 맞추려 했다. "적시 공급(Just-In-Time)", "6시그마", "TQM(전사적 품질경영)" 같은 기법이 등장했고, 대량생산은 그대로 유지되었지만 불량을 줄이고 공정을 안정화하는 것이 가장 큰 과제였다.

2010년 이후 오늘날은 "가치"가 중심이 되고 있다. 여기서 말하는 가치는 단순히 품질 지표나 가격 대비 효율 같은 객관적 기준이 아니라, 고객마다 다르게 느끼는 주관적 가치를 뜻한다. 예를 들어 같은 자동차라도 어떤 고객은 연비를, 어떤 고객은 디자인을, 또 다른 고객은 안전성을 더 중요하게 생각한다. 이런 다양한 요구를 충족시키기 위해서는 똑같은 제품을 대량으로 만드는 방식에서 벗어나야 한다. 그래서 기업들은 IoT, CPS, 인공지능, 빅데이터 분석 같은 새로운 기술을 활용하여, 필요할 때마다 빠르게 바꿀 수 있는 공장을 만들고, 고객이 원하는 방식에 맞춘 대량 맞춤생산(Mass Customization)을 실현하고 있다.

즉, 제조업은 비용 절감의 시대→품질 경쟁의 시대→고객 가치를 중심으로 한 맞춤화의 시대로 진화해 왔으며, 이러한 흐름이 바로 오늘날 스마트제조가 등장한 배경이 된다.

스마트제조는 어느 날 갑자기 등장한 새로운 개념이 아니다. 독일에서 시작된 인더스트리 4.0은 국가 차원에서 제조업의 경쟁력을 되살리기 위해 디지털 기술과 물리적 생산을 융합하려는 전략적 구상이었다. 동시에, 세계경제포럼에서 제시된 제4차 산업혁명은 인공지능, 로봇, IoT, 빅데이터와 같은 첨단기술이 산업 전반을 바꾸는 거대한 흐름을 만들었다. 여기에 제조업 자체의 역사적 진화가 더해졌다. 과거에는 비용 절감, 그다음에는 품질 향상이 핵심 과제였지만, 이제는 고객의 다양한 요구에 맞춘 가치 창출이 제조의 중심이 되고 있다.

따라서 스마트제조는 단순한 자동화나 효율화 기술이 아니라, 사회적 · 기술적 변화와 제조 패러다임의 변화를 아우른 결과물이다. 다시 말해, 스마트제조는 비용과 품질을 넘어 고객이 체감하는 가치를 중심에 두고, 이를 실시간으로 반영하며, 끊임없이 진화하는 새로운 제조의 길을 의미한다.

연/습/문/제

2-1 인더스트리 4.0이 등장하게 된 배경과 핵심 목표를 설명해 보시오.

2-2 제4차 산업혁명에서 강조되는 기술적 변화와 그로 인한 제조 현장의 변화를 예를 들어 설명해 보시오.

2-3 제4차 산업혁명에서 강조되는 '초연결'과 '자율성'이 제조 패러다임의 '가치 중심' 전환과 어떤 점에서 연결되는 지 사례를 들어 설명해 보시오.

3 스마트제조의 속성

1) 제조현장에서 보는 스마트제조: 정의

(1) 생산팀장 "자동화와 효율"

김 부장은 20년 넘게 공장에서 라인을 관리해 왔다. 그의 눈에 스마트제조는 곧 공장자동화의 진화였다. "우리 목표는 단순합니다. 더 빨리, 더 정확히 만드는 거죠. 로봇이 단순 반복 작업을 대신하고, 센서가 품질을 실시간으로 잡아내니 생산성은 크게 올라갑니다. 나에게 스마트제조란 '효율을 극대화하는 새로운 도구'입니다."

(2) 품질관리팀장 "지속적인 개선"

박 팀장은 매일 쏟아지는 데이터에 주목한다. 불량률, 납기, 고객 클레임까지 모두 모니터에 실시간으로 표시된다. "예전에는 불량 원인을 찾는 데 며칠이 걸렸어요. 지금은 데이터를 통해 바로 원인을 파악할 수 있죠. 제게 스마트제조는 단순한 자동화가 아니라, 문제를 스스로 드러내고 개선을 이끌어내는 체계입니다."

(3) 마케팅 담당자 "고객맞춤의 기회"

이 대리는 고객 데이터를 분석하는 일을 맡고 있다. 최근 그는 스마트제조 덕분에 생산 부서와 더 자주 협력한다. "예전에는 고객이 원하면 '가능한 범위에서' 맞춰주는 수준이었죠. 이제는 공장이 유연해져서 고객이 원하는 색상, 기능, 디자인을 거의 실시간으로 반영할 수 있어요. 스마트제조는 고객을 위한 맞춤형 가치 실현이라고 생각합니다."

(4) IT 담당자 "연결의 힘"

최 과장은 공장과 본사, 그리고 협력업체 간 시스템을 관리한다. "스마트제조의 진짜 매력은 연결성입니다. 설비, 공급망, 고객까지 모두 데이터를 주고받으니 문제를 사전에 막을 수 있죠. 저에게 스마트제조는 끊김 없는 연결로 만들어지는 새로운 협력 구조입니다."

(5) CEO "혁신 생태계"

마지막으로 회사 대표는 스마트제조를 단순히 공장의 문제가 아니라 기업 전체의 혁신 기회로 본다. "우리가 데이터를 열어놓으니 협력업체도, 고객도 우리와 함께 혁신을 만듭니다. 스마트제조는 공장을 바꾸는 게 아니라 우리 업의 생태계를 바꾸는 힘입니다."

우리는 하나의 기업 내에서도 스마트제조을 바라보는 다양한 관점들이 있다는 것을 쉽게 경험한다. 어떤 이들은 이를 공장 자동화의 연장선으로, 또 다른 이들은 생산성 향상의 수단 또는 제조혁신의 새로운 이름으로 본다. 누구의 관점이 가장 옳을까? 스마트제조는 단순히 하나의 관점으로 정의될 수 없다. 보다 사전적인 의미에서는, "Smart"라는 말이 가진 본래의 의미처럼, 시장 및 제조 상황을 빠르게 파악하고 지능적으로 대응하는 능력을 가진 제조라고 표현할 수 있을 것이다. 이를 위해 보다 기본적이고 포괄적인 의미에서 스마트제조는 다음과 같이 정의할 수 있다.

> 스마트제조는 정보통신기술(ICT)과 제조 시스템을 융합하여 실시간 데이터에 기반한 의사결정과 지속적인 가치 창출을 가능하게 하는 새로운 제조 패러다임이다.

ICT라는 기술적 융합뿐만 아니라 새로운 제조패러다임을 강조하는 것은 기존 제조시스템과의 차이가 분명히 존재하는 것을 의미한다. 전통적 제조와 비교했을 때, 스마트제조는 몇 가지 주요 차원에서 차이를 보인다.

표 7-3 기존 제조 vs. 스마트제조

구분	전통적 제조	스마트제조
제조 철학	비용 절감 중심	가치 창출 중심
제조 전략	변동 최소화	유연성 극대화
제조 목적	생산성 향상	지속가능성 추구
의사결정	주기적 · 규칙 기반	실시간 · 데이터 기반
작업자 역할	단순 실행자	창의적 의사결정자
정보 활용	표본 데이터, 사후 진단	빅데이터 기반, 실시간 제어

전통적인 제조 방식은 비용을 줄이는 것이 가장 큰 목표였다. 하지만 스마트제조는 단순히 싸게 만드는 것이 아니라, 고객이 느끼는 주관적 가치를 창출하는 것을 더 중요하게 여긴다. 제조 전략적인 측면에서도 명백한 차이가 있다. 과거에는 변동을 최소화하고 안정적인 흐름을 유지하여 효율성 극대화에 집중했다면, 이제는 빠르게 변하는 맞춤화 시장에 대응하기 위해 최대한의 유연성을 확보하는 것이 핵심이다. 제조의 목적도 달라졌다. 전통적인 제조가 생산성

자체를 올리는 데 초점을 맞췄다면, 스마트제조는 생산성뿐만 아니라 환경과 사회를 고려한 지속가능성을 중요한 목표로 삼는다. 무엇보다도 의사결정 방식에서 큰 변화를 보여주고 있다. 예전에는 정해진 규칙에 따라 주기적으로 결정을 내렸지만, 지금은 데이터가 실시간으로 수집·분석되기 때문에 예측할 수 없는 새로운 상황에 맞게 데이터 분석을 통한 즉각적인 의사결정이 가능하여야만 한다. 작업자의 역할 또한 달라졌다. 과거에는 단순히 기계를 조작하는 실행자였다면, 스마트제조 환경에서는 데이터를 활용해 문제를 해결하고 새로운 아이디어를 제시하는 창의적인 의사결정자를 필요로 한다. 마지막으로 정보 활용면에서도, 과거에는 제한된 표본 데이터를 모아 사후적으로 문제를 진단했지만, 오늘날은 빅데이터를 분석해 거의 실시간으로 제어하는 방식으로 발전했다.

즉, 스마트제조는 효율 중심의 산업화 모델에서 가치와 지속가능성 중심의 지능형 모델로의 전환을 의미한다.

2) 스마트제조의 3C 속성

스마트제조의 본질은 세 가지 속성, 즉 3C(Customization, Connectivity, Collaboration)로 요약할 수 있다.

스마트제조는 고객 개개인의 요구를 반영한 제품을 효율적으로 생산하는 것을 가능하게 한다. 과거의 맞춤형 소량생산은 고비용 구조이었으나, 이제는 ICT와 자동화 기술을 통해 저비용 대량맞춤(Mass Customization)을 실현할 수 있다. 같은 종류의 제품일지라도 소비자가 원하는 색상, 디자인, 기능을 즉시 반영하여 생산하는 시스템이 가능해진 것이다. 이는 고객에게 주관적 가치를 제공하는 데 핵심적인 사항이다.

스마트제조의 또 다른 특징은 모든 사물과 시스템이 네트워크로 연결된다는 점이다. 제품, 설비, 공급망, 고객이 실시간으로 데이터를 주고받으며, 그 결과 생산 현장은 더 이상 고립된 공장이 아니라 초연결 디지털 생태계가 된다. 예컨대, 센서가 장착된 의류 보관장이 사용자의 구매 이력과 의류 상태를 클라우드로 전달하고, 이를 기반으로 새로운 추천이나 관리 서비스를 제공하는 사례가 있다

마지막으로 스마트제조는 개방적 협업을 전제로 한다. 과거의 제조가 기업 내부에서 폐쇄적으로 운영되었다면, 오늘날에는 공급자, 제조자, 유통업자, 소비자가 모두 공유된 클라우드 플랫폼에서 정보를 주고받는다. 이는 단순한 효율화를 넘어, 서로 다른 주체가 지식을 공유하여 새로운 혁신을 만들어 내는 기반이 된다.

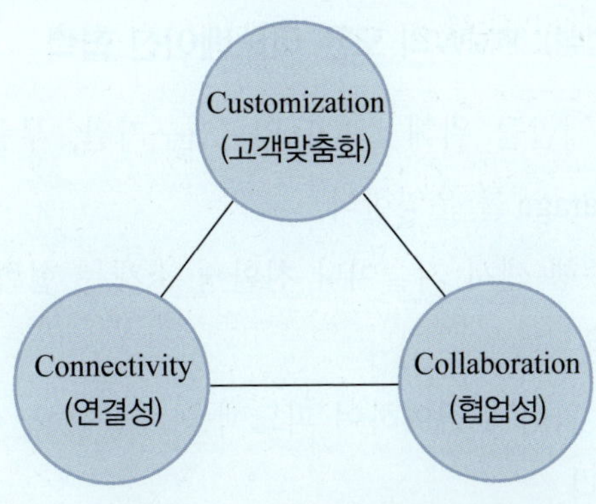

| 그림 7-2 | 스마트제조의 속성: 3C

이해를 돕기 위해 스마트제조의 3C는 다음 사례들에서 찾아볼 수 있다.

(1) Customization(고객맞춤화): 나이키(Nike) 'By You' 프로그램

- 나이키는 고객이 온라인에서 직접 색상, 소재, 로고 위치 등을 선택해 자신만의 신발을 주문할 수 있도록 했다.
- 공장에서는 디지털 설계와 자동화 설비를 통해 다양한 요구를 소량 다품종으로 처리한다.
- 이는 고객이 원하는 주관적 가치를 실현하면서도, 대량생산에 준하는 효율성을 유지하는 대표적인 대량맞춤(Mass Customization) 사례다.

(2) Connectivity(연결성): GE(General Electric) '프리딕스(Predix)' 플랫폼

- GE는 산업용 IoT 플랫폼인 Predix를 통해 항공기 엔진, 발전기, 의료장비 등 전 세계 수백만 개의 설비를 실시간으로 모니터링한다.
- 기계에 부착된 센서가 상태 데이터를 수집해 클라우드로 전송하면, AI가 이를 분석해 고장을 예측하거나 유지보수 시점을 알려준다.
- 이렇게 연결성을 확보함으로써, GE는 단순한 제조업체가 아니라 데이터 기반 서비스 기업으로 변신하고 있다.

(3) Collaboration(협업성): BMW의 오픈 이노베이션 협력

- BMW는 신기술 개발을 위해 스타트업, 연구기관, 부품업체와 협력하는 'BMW Startup Garage'를 운영한다.
- 예를 들어, 자율주행 센서 기술이나 친환경 소재는 협력 네트워크를 통해 빠르게 실험 · 적용된다.
- 고객 역시 테스트 과정에 참여하여 피드백을 제공하고, 이 정보가 다시 제품 설계에 반영된다.
- 이처럼 협업은 단순한 공급망 관리 차원을 넘어, 새로운 혁신 생태계를 구축하는 방식으로 발전하고 있다.

스마트제조의 3C는 각각 독립된 특징처럼 보이지만, 실제 현장에서는 서로 결합되어 고객 가치 창출 · 운영 효율성 · 혁신 생태계를 동시에 이끌어내는 핵심 동력으로 작동한다.

요약하면 스마트제조는 ICT 융합을 통한 지능형 제조 패러다임이며, 그 핵심은 3C 속성으로 설명된다.

- 고객맞춤화는 고객의 주관적 가치를 실현하고,
- 연결성은 실시간 데이터 기반의 네트워크를 형성하며,
- 협업성은 개방형 혁신 생태계를 창출한다.

따라서 스마트제조는 단순히 새로운 기술의 적용이 아니라, 시장 · 고객 · 생산을 동시에 변화시키는 새로운 가치 창출 메커니즘인 것이다.

연/습/문/제

3-1 전통적 제조와 스마트제조의 차이를 고려할 때, 기업이 '비용 최소화' 전략만 고수한다면 어떤 기회들을 놓칠 수 있을지 사례를 들어 설명하시오. (힌트: 고객 맞춤, 연결된 공급망, 새로운 서비스 기회 등)

3-2 스마트제조의 3C 속성(맞춤화·연결성·협업성)이 서로 분리되어 존재한다면 어떤 한계가 생길지, 반대로 이들이 통합될 때 어떤 새로운 가능성이 열릴지 논의하시오. (예: 맞춤화만 가능한 경우, 연결만 가능한 경우, 협업만 가능한 경우 → 각각의 제약점)

3-3 스마트제조는 '제품을 파는 것'에서 '가치를 파는 것'으로 이동하고 있다. 이 관점에서, 특정 산업(예: 자동차, 가전, 의류 등)을 선택하여 제품 중심 모델과 가치 중심 모델을 비교하고, 향후 어떤 변화가 필요할지 제시하시오.

4 어떤 기술들이 필요할까

스마트제조의 기반에는 여러 가지 핵심 기술들이 있다. 이 기술들은 단순히 공장의 효율을 높이는 도구가 아니라, 제조의 철학과 운영 방식을 근본적으로 바꾸는 동력으로 작동한다. 다음 4차산업혁명의 주요 핵심기술(주로 ICT, 즉 정보통신기술)들을 소개해 본다.

1) 사물인터넷(Internet of Things, IoT)

스마트제조의 가장 중요한 출발점은 사물인터넷에서 비롯된다. 공장 곳곳에 설치된 센서가 설비의 진동, 온도, 사용 빈도를 끊임없이 기록하고 이를 실시간으로 공유한다. 예를 들어, 독일 지멘스의 한 공장에서는 기계에 부착된 센서가 작은 이상 신호를 포착하면 바로 경고를 보낸다. 예전의 경우 일부 기계가 고장이 나서 생산라인이 멈추고 나서야 문제를 알았다면, 이제는 마치 기계가 "나 곧 아플 것 같아"라고 스스로 말해주는 셈이다. 그 덕분에 유지보수는 사후가 아니라 사전에 이루어지고, 불시의 멈춤은 거의 사라지고 있다.

2) 빅데이터와 인공지능

센서가 모은 수많은 데이터는 빅데이터 분석과 인공지능을 통해 가치를 발휘한다. 단순한 기록이 아니라 패턴을 찾아내고 미래를 예측하는 힘으로 바뀌는 것이다. GE 항공의 사례가 대표적이다. 항공기 엔진에는 수천 개의 센서가 달려 있고, 비행 중에도 엄청난 양의 데이터가 전송된다. 인공지능은 이 데이터를 분석해 연료 효율이 떨어지는 순간을 찾아내고, 언제쯤 부품을 교체해야 안전한지 예측한다. 그 결과 항공사는 엔진 고장으로 인한 지연을 줄이고 연료비도 크게 절감한다. 승객 입장에서는 더 안전하고 각자의 일정에 맞는 비행을, 항공사 입장에서는 비용 절감을 동시에 누릴 수 있는 것이다.

3) 사이버-물리시스템(Cyber-Physical System, CPS)

사이버-물리 시스템은 현실의 공장과 가상 세계를 동시에 연결하는 기술이다. 쉽게 말해 공장의 '디지털 쌍둥이(Digital Twin)'를 만드는 것이다. 독일 보쉬의 공장에서는 실제 생산라인과 똑같은 가상 모델이 운영되고 있다. 설비가 멈추기 전에 시뮬레이션 속에서 수백 번의 가정 상황을 실험하고 최적의 대안을 찾아낸다. 이는 마치 비행 시뮬레이터로 조종사가 위험한 상황을 연습하는 것처럼, 공장이 스스로 문제를 겪기 전에 가상 세계에서 대비하는 셈이다. 덕분에 현실에서는 불필요한 중단 없이 안정적인 생산이 가능해진다.

4) 로봇공학과 자동화

로봇과 자동화는 스마트제조의 또 다른 얼굴이다. 예전에는 사람을 대신해 단순한 반복 작업을 수행하는 것이 주 역할이었다면, 이제는 사람과 나란히 서서 협업하는 동료로 바뀌고 있다. 테슬라의 전기차 공장에서는 거대한 로봇 팔이 차체를 용접하는 작업장 옆에서, 협동 로봇이 사람과 함께 작은 부품을 조립한다. 직원들은 더 이상 무거운 공구를 들고 같은 동작을 반복하지 않는다. 대신 로봇이 힘든 일을 맡고, 사람은 창의적이고 세밀한 판단이 필요한 일을 담당한다. 이 광경은 “인간과 로봇이 같은 팀으로 일하는” 제조 환경이 가능하다는 것을 보여준다.

5) 적층제조(Additive Manufacturing): 3D 프린팅

3D 프린팅으로 일컫는 적층제조는 제품을 절삭하고 깎아내는 것이 아니라, 층층이 쌓아 올려 만드는 방식으로, 제조 방식을 완전히 새롭게 바꾸었다. GE는 항공기 엔진의 연료 노즐을 3D 프린터로 제작해 기존에 20여 개의 부품을 조립해야 했던 복잡한 구조를 단 하나의 부품으로 줄였다. 무게는 줄었고 내구성은 높아졌다. 무엇보다 놀라운 점은 설계 변경이 필요할 때 디지털 도면을 수정하고 바로 출력할 수 있다는 점이다. 엔지니어들은 이제 공장에서 금속을 깎고 조립하는 대신, “프린터 버튼을 누르는” 방식으로 개인 디바이스를 다루듯이 혁신을 실현하고 있는 셈이다.

6) 클라우드와 엣지 컴퓨팅

마지막으로 빼놓을 수 없는 기술이 클라우드와 엣지 컴퓨팅이다. 전 세계 공장에서 쏟아지는 데이터를 중앙의 클라우드로 모아 분석하거나, 현장에서 곧바로 처리해 즉각적인 대응을 가능하게 한다. BMW는 아마존 AWS와 협력해 전 세계 30여 개 공장의 데이터를 하나로 묶었다. 그 덕분에 한국 공장에서 발견된 문제를 독일과 미국 공장이 즉시 공유할 수 있고, 동일한 실수를 반복하지 않는다. 공장이 국경을 넘어 하나의 거대한 네트워크처럼 움직이는 것이다.

스마트제조의 핵심 기술들은 각각 독립적으로도 큰 역할을 하지만, 서로 연결될 때 비로소 진정한 힘을 발휘한다. 기계가 스스로 상태를 알리고, 인공지능이 이를 분석해 해결책을 제시하며, 가상 공장이 현실을 뒷받침하고, 로봇이 사람과 협력하며, 3D 프린터가 새로운 설계를 현실로 만들고, 클라우드가 이 모든 데이터를 전 세계로 확산한다. 이처럼 기술들은 잘 융합될 때 제조산업은 지능적이고 유연하며 고객 중심적인 산업으로 바뀌어가는 것이다.

스마트제조의 3C는 추상적인 개념이 아니라, 앞서 살펴본 핵심 기술들이 구현될 때 현실에서 모습을 드러낸다. 각 기술은 서로 다른 방식으로 고객맞춤화(Customization), 연결성(Connectivity), 협업성(Collaboration)을 강화하며, 이 세 가지가 결합될 때 비로소 스마트제조의 보다 성숙된 가치가 실현된다. 스마트제조의 3C 속성에 따라 앞서의 핵심 기술들이 어떻게 이용되는지 살펴보자.

(1) 고객맞춤화(Customization)와 연결된 기술들

맞춤화의 중심에는 3D 프린팅과 인공지능이 있다. 3D 프린팅은 고객의 요구에 따라 제품 설계를 즉시 반영하고, 복잡한 형태나 소량 생산도 경제적으로 가능하게 한다. 인공지능은 소비자의 취향과 사용 데이터를 분석해 어떤 제품 변형이 가장 적합한지 제안한다. 예컨대 GE의 항공기 연료 노즐처럼 기존에는 불가능했던 새로운 설계가 고객 요구에 맞춰 실현된다. 결과적으로 맞춤화는 단순히 "개인화된 제품"이 아니라, 사용자가 체감하는 주관적 가치를 구현하는 과정이 된다.

(2) 연결성(Connectivity)과 연결된 기술들

연결성은 주로 IoT, 클라우드, 엣지 컴퓨팅을 통해서 구현된다. 공장 설비와 제품, 그리고 공급망 전반이 IoT 센서를 통해 데이터를 실시간으로 교환하고, 클라우드는 이 방대한 데이터를 통합 · 분석한다. BMW가 AWS와 협력해 전 세계 공장의 데이터를 하나로 묶은 사례처럼, 연결성은 국경과 조직을 넘어 공장이 하나의 네트워크로 작동하게 만든다. 또한 엣지 컴퓨팅은 데이터를 현장에서 곧바로 처리해 즉각적인 대응을 가능케 하여, 연결된 체계의 민첩성(Agility)을 높인다. 연결성은 개별 공장을 초월해 "하나의 거대한 스마트 제조 생태계"를 만든다.

(3) 협업성(Collaboration)과 연결된 기술들

협업은 사이버-물리 시스템(CPS)과 로봇공학을 통해 더욱 강화된다. CPS는 현실 공장을 디지털 트윈으로 복제하여, 엔지니어 · 디자이너 · 운영자가 같은 데이터를 공유하고 함께 의사결정을 내리도록 돕는다. 보쉬의 공장에서 시뮬레이션을 통해 문제를 미리 해결하는 방식은 협업의 좋은 예이다. 또한 협동 로봇은 단순히 작업을 대체하는 것이 아니라, 사람과 나란히 서서 작업을 나누어 수행한다. 이는 인간과 기계가 파트너로 협력하는 새로운 협업 방식을 보여준다.

즉, 핵심 기술들은 각각 스마트제조의 3C 속성을 구현하는 도구이며, 이 기술들이 상호 보완적으로 적용될 때 스마트제조는 새로운 가치 창출의 플랫폼으로 확장된다.

연/습/문/제

4-1 한 자동차 회사가 기존에는 단일 차종을 대량 생산했지만, 최근에는 고객의 개별적 요구(색상, 내부 옵션, 안전 기능)를 반영한 소량 다품종 생산으로 전환하려 한다. 이 회사가 3D 프린팅, IoT, 클라우드 컴퓨팅을 도입한다면, 각각의 기술이 어떤 방식으로 맞춤형 생산과 운영 효율성을 동시에 달성할 수 있을지 설명하시오.

4-2 한 글로벌 전자제품 기업은 생산 공정에 사이버-물리 시스템(CPS)과 협동 로봇을 적용하고 있다. 만약 CPS가 충분히 구축되지 않고 협동 로봇만 투입된다면, 어떤 한계나 문제가 발생할 수 있을지 비판적으로 분석하고, 반대로 두 기술이 결합되었을 때 나타나는 시너지를 설명하시오.

5 스마트제조를 넘어서: 디지털 전환 (Digital Transformation, DX)

1) 제조기업, 디지털 파도에 올라타다

경기도의 자동차 부품 제조업체 한빛정공(가칭)은 오랫동안 '숙련자의 경험'과 '안정된 공급망'에 기대어 성장해 왔다. 그러나 시장은 달라졌다. 고객들은 더 빠른 납기와 다양한 맞춤 옵션, 그리고 친환경 인증까지 요구했고, 해외 경쟁사들은 이미 데이터 중심의 생산체제를 앞세워 적극적으로 들어오고 있었다. 단순히 ICT를 붙이는 수준으로는 대응이 불가능했다.

현장의 작업자들에게 변화는 곧 수많은 데이터와의 만남으로 시작되었다. 숙련된 감각으로만 다루던 기계에 센서가 붙고, 실시간 데이터가 흘러 들어오기 시작했다. 불량 가능성을 예측하는 알고리즘은 작업자가 듣지 못하는 진동을 포착했고, 그 결과 불량률은 절반으로 줄었다. 베테랑 작업자들은 처음에는

"내 손맛을 대신하나"라는 불안감을 가졌지만, 곧 자신의 경험이 데이터와 결합할 때 훨씬 정밀한 공정 관리가 가능하다는 것을 깨달았다. 데이터의 핵심은 정밀성과 실시간성이었고, 그 위에 경험이 더해지자 성과는 배가되었다.

생산관리 부서 역시 달라졌다. 과거에는 고객 주문 변동에 따라 늘 재고와 납기 사이에서 줄타기를 해야 했다. 하지만 디지털 트윈 시뮬레이션이 도입되면서 가상 환경에서 수많은 시나리오를 빠르게 검증할 수 있게 되었고, 관리자는 현실에 들어가기 전에 최적의 의사결정을 내릴 수 있었다. 데이터의 핵심은 예측 가능성과 유연성이었고, 그 덕분에 재고는 30% 줄고, 납기 준수율은 크게 높아졌다. 이제 관리자는 문제를 '발생한 뒤 대응'하는 사람이 아니라, '미리 대비하는 전략가'가 되었다.

경영진이 바라본 디지털 전환의 본질은 기업의 의사결정 체계 자체를 바꾸는 일이었다. 보고서와 경험에 의존하던 회의 대신, 실시간 데이터와 분석 결과가 중심이 되었다. 데이터의 핵심은 투명성과 공유성이었고, 이를 기반으로 부서간 협업이 원활해졌다. 경영진은 단순히 비용 절감이 아니라, "빠르게 학습하고 즉각 실행할 수 있는 기업"으로의 변화를 이끌었다.

이 변화는 고객과 시장에도 직접적으로 연결되었다. 고객사는 더 이상 단순히 납기와 가격만 따지지 않았다. 공동 플랫폼을 통해 수요 예측 데이터를 공유하고, ESG(Environmental, Social, Governance)경영 관련 정보를 실시간으로 확인하며, 새로운 부품 개발 과정에 참여하기 시작했다. 데이터의 핵심은 신뢰성과 연결성이었고, 그 결과 한빛정공은 단순한 공급자가 아닌 미래 전략을 함께 설계하는 파트너로 자리 잡았다.

결국 디지털 전환은 기업 내부의 기술 도입을 넘어, 작업자의 일하는 방식, 관리자의 판단 기준, 경영진의 리더십, 그리고 고객과의 관계까지 바꾸어 놓았다. 핵심은 데이터의 특성을 어떻게 각 영역에 맞게 활용하고, 이를 통해 새로운 가치를 만들어내는 가였다.

2) 디지털 전환: 정의 및 개념

디지털 전환(Digital Transformation, DT 또는 DX)이란 기업의 자원 · 우선순위 · 프로세스를 근본적으로 바꾸어 디지털 환경에 적합한 조직으로 재탄생하는 것을 의미한다. 이는 다음 세 가지 명제를 전제로 한다.

1. 디지털 전환은 불가피하다.
2. 기술 그 자체만으로는 충분하지 않다.
3. 전사적이고 포괄적인 변화가 필요하다.

이를 이해하기 위해 두 가지 글로벌 사례를 살펴보자.

(1) Weather Channel: 날씨정보 방송

방송 기반의 날씨 서비스였던 Weather Channel(1982년 창립)은 IBM 인수 이후 TWC(The Weather Company)라는 데이터 비즈니스 기업으로 변신했다. 매일 수십억 건의 데이터 요청을 처리하며, 항공 · 에너지 · 물류 · 보험 등 산업에 맞춤형 데이터를 판매했다. 그 결과 수십억 달러 규모의 신규 매출이 발생했다. 즉, 데이터는 기록이 아니라 자산이며, 연결될 때 가치가 창출되는 것이다.

(2) 브리태니카 백과사전(Encyclopaedia Britannica)

2010년 마지막 인쇄본을 끝으로, 브리태니카는 지식 전달 방식을 디지털로 완전히 전환했다. 이제 고객은 책을 '소유'하는 대신, 온라인 플랫폼에서 지식에 '접속'하고 '참여'한다. 즉, 고객과의 관계가 소유 중심에서 연결 · 참여 중심으로 이동하는 것이다.

이 두 사례는 기업이 기존 자산(방송, 책)을 버리고, 데이터와 고객 경험을 기반으로 근본적인 변화를 추진한 대표적 사례이다.

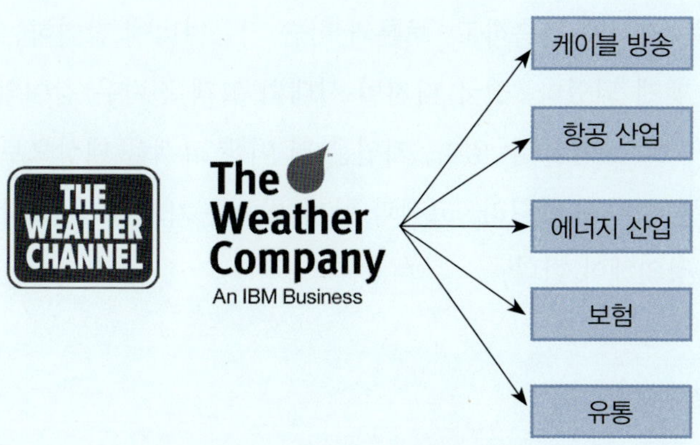

❙그림 7-3❙ The Weather Company: 데이터 서비스

3) 디지털 전환 전략: 다섯 가지 영역의 변화

디지털 전환을 단순히 새로운 기술의 도입이나 자동화 수준으로 이해한다면 본질을 놓치게 된다. 실제로 중요한 것은 기업이 고객을 위해 경쟁하고, 데이터를 다루고, 혁신을 추진하며, 가치를 정의하는 방식 전체가 어떻게 바뀌는가 하는 점이다. 즉, 고객, 경쟁, 데이터, 혁신, 가치라는 영역은 기업의 생존을 좌우하는 전략적인 디지털 전환의 축을 이룬다.

(1) 고객(Customer)

우선 고객의 의미가 근본적으로 달라졌다. 아날로그 시대에는 기업이 시장을 정의하고, 고객은 그저 정해진 제품을 소비하는 수동적 존재였다. 기업은 대규모 시장을 대상으로 표준화된 제품을 대량 생산하고 공급하는 방식을 통해 성과를 창출했다. 그러나 디지털 시대에 들어서면서 상황은 완전히 달라졌다. 고객은 더 이상 수동적인 존재가 아니라 능동적인 참여자가 되었으며, 네트워크의 일부로서 기업과 끊임없이 상호작용한다.

브리태니카 백과사전의 사례는 이러한 변화를 잘 보여준다. 인쇄본 백과사전이 중심이던 시절, 고객은 한 번 책을 구매하면 끝이었다. 그러나 온라인 기반의 서비스로 전환하면서 고객은 단순히 정보를 소유하는 것이 아니라 지속적으로 업데이트되는 지식에 접속하고, 토론과 학습 커뮤니티에 참여하는 방식으로 기업과 관계를 맺게 되었다. 결국 디지털 시대의 고객 전략은 참여와 연결, 맞춤형 경험 제공으로 요약할 수 있다. 기업은 더 이상 고객을 대상으로 일방적인 가치를 전달하는 존재가 아니라, 고객과 함께 새로운 가치를 공동 창출하는 파트너로 자신을 정의해야 한다.

(2) 경쟁(Competition)

경쟁의 개념 또한 크게 변했다. 과거에는 산업 내부에서 동일한 제품과 서비스를 생산하는 기업끼리 경쟁하는 것이 일반적이었다. 경쟁자는 명확히 규정되었고, 경쟁과 협력은 뚜렷하게 구분되는 관계였다. 그러나 디지털 시대에는 산업 간 경계가 무너지고, 경쟁자와 협력자의 차이가 모호해졌다. 때로는 경쟁 기업과도 데이터를 공유하고 공동 플랫폼에 참여하며, 동시에 서로의 시장을 잠식하는 일이 벌어진다.

Airbnb의 사례는 이를 잘 보여준다. Airbnb는 호텔 체인을 직접 공격하지 않았다. 대신 고객과 숙박 제공자를 연결하는 플랫폼을 만들어 전혀 새로운 방식의 경쟁 구도를 형성했다. 이 과정에서 전통적인 숙박업체는 단순히 객실 수를 늘려 경쟁할 수 없게 되었고, 협업과 제휴를 통해 플랫폼에 참여하거나 새로운 부가가치를 찾아야 했다. 즉, 디지털 전환 시대의 경쟁은 "누가 더 많은 자산을 보유하느냐"가 아니라, "누가 더 넓고 깊은 네트워크를 만들고, 이를 통해 데이터를 기반으로 한 가치를 창출하느냐"로 정의된다.

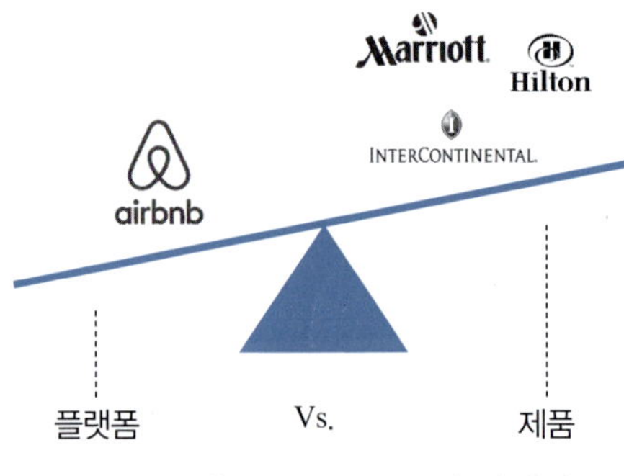

| 그림 7-4 | Airbnb의 경쟁력

(3) 데이터(Data)

데이터 전략은 디지털 전환의 핵심이다. 아날로그 시대에는 데이터를 수집하는 데 많은 비용이 들었고, 주로 정형화된 자료만을 사용했으며, 기업은 데이터를 보관하고 관리하는 것을 주요 업무로 삼았다. 그러나 디지털 시대에는 데이터가 언제 어디서나 끊임없이 생성되며, 특히 비정형 데이터의 가치가 높아졌다. 텍스트, 이미지, 영상, 센서에서 수집되는 신호 등 다양한 형태의 데이터가 실시간으로 축적된다.

Weather Channel의 변화는 이를 단적으로 보여준다. 전통적인 방송 채널이던 Weather Channel은 기상 데이터를 단순히 화면에 제공하는 수준에서 벗어나, 수십억 건의 데이터 요청을 실시간으로 처리하며 산업 전반에 판매하는 데이터 서비스 기업으로 전환했다. 날씨 예보라는 단일 정보가 항공, 물류, 에너지, 보험 등 다양한 산업에서 의사결정의 핵심 자산이 된 것이다. 여기서 중요한 점은 데이터가 저장되어 있는 상태로는 아무 가치가 없으며, 연결되고 공유될 때 비로소 새로운 가치를 만들어 낸다는 사실이다. 따라서 디지털 시대의 기업은 데이터를 보관하는 조직이 아니라, 데이터를 가공하고 자산화하여 활용하는 조직으로 변해야 한다.

(4) 혁신(Innovation)

혁신의 방식도 근본적으로 달라졌다. 아날로그 시대의 혁신은 전문가의 직관에 의존하거나, 막대한 비용과 시간이 소요되는 검증 과정을 거쳐야만 했다. 실험은 제한적이었고, 실패는 큰 위험으로 간주되었다. 따라서 혁신은 몇몇 프로젝트 단위로 진행되고, 완료가 되면 끝나는 성격을 띠었다.

그러나 디지털 시대에는 혁신이 지속적이고 반복적이며, 누구나 참여할 수 있는 활동으로 바뀌었다. 데이터 분석과 시뮬레이션 기술 덕분에 실험은 빠르고 저비용으로 가능해졌고, 실패는 더 이상 치명적인 손실이 아니라 값싼 학습의 기회가 되었다. 구글의 온라인 광고 실험은 이를 잘 보여주는 사례다. 수많은 배너 광고 문구와 디자인을 실시간으로 테스트하면서, 가장 효과적인 조합을 찾아내는 방식은 혁신이 얼마나 빠르고 저렴하게 이루어질 수 있는지를 입증한다. 디지털 전환 시대의 혁신은 '한 번의 프로젝트 완수'가 아니라 '끊임없이 배우고 개선하는 과정'으로 자리 잡는다.

(5) 가치(Value)

마지막으로 가치의 정의 자체가 변했다. 아날로그 시대에는 기업이 제공하는 가치가 곧 시장에서의 기준이 되었고, 고객은 이를 받아들이는 수동적 위치에 있었다. 가치 평가는 현재의 성과에 기반했고, 기업은 자사의 제품과 서비스가 얼마나 성공했는가를 자랑으로 삼았다. 그러나 디지털 시대의 가치는 훨씬 더 미래지향적이다. 고객의 현재 욕구가 아니라 미래의 니즈를 선제적으로 발굴하고, 가치속성을 능동적으로 변화시키는 것이 중요하다.

자율주행차를 예로 들어보자. 기존 자동차 산업의 가치는 엔진 성능이나 연비, 디자인 같은 현재적 속성에 의해 평가되었다. 하지만 자율주행차의 경우, 고객이 진정으로 원하는 가치는 단순히 이동 수단이 아니라 이동 중 경험, 안전성, 연결성, 그리고 서비스로서의 모빌리티이다. 이는 고객의 미래를 상상하고, 그 속에서 새로운 가치를 미리 창조해내는 능력을 필요로 한다. 따라서 디지털 전환 시대의 기업은 현재의 성과에 안주하는 것이 아니라, 스스로 가치의 경계를 끊임없이 재정의해야 한다.

영역	아날로그 시대		디지털 시대	디지털 전환 전략
고객	단일 대량 시장	→	Influencer 주도	고객네트워크 이용
경쟁	산업내	→	산업간	플랫폼 구축
데이터	정형화, 고비용	→	비정형, 가치창출	데이터는 자산
혁신	경험, 연륜	→	빠른 실행, 검증	신속한 시행
가치	기업이 정함	→	고객 수요가 정함	유연한 기업가치

| 그림 7-5 | 디지털 전환의 전략적 영역

이처럼 다섯 가지 전략은 서로 맞물려 있다. 고객은 참여와 연결을 요구하고, 경쟁은 산업의 경계를 넘어선다. 데이터는 새로운 자산이 되어 혁신의 속도를 가속화하며, 결국 기업은 현재의 가치를 제공하는 데 그치지 않고 고객의 미래 니즈를 반영하는 가치를 창출해야 한다([그림 7-5]).

디지털 전환은 기술적 혁신이 아니라 기업의 사고방식과 운영 체계를 재편하는 과정이다.

- 한빛정공은 작업자 · 관리자 · 경영진 · 고객 모두가 데이터의 새로운 특성을 활용하며 변화를 경험했다.
- Weather Channel과 브리태니카는 기존 자산을 버리고 데이터와 고객 경험을 중심으로 재창조에 성공했다.
- 다섯 가지 전략(Customer, Competition, Data, Innovation, Value)은 각각의 사례에서 공통적으로 드러난 디지털 전환의 핵심 영역이다.

디지털 전환은 기술적 변화 이상의 의미를 가진다. 이는 곧 기업이 어떻게 고객과 관계를 맺고, 경쟁을 정의하며, 데이터를 활용하고, 혁신을 추진하고, 가치를 만들어내는가에 관한 총체적 변화이다.

4) 디지털 전환과 스마트제조 전략의 연계

디지털 전환은 기업의 경영 전반을 변화시키는 전략적 활동이지만, 제조업에서는 그 효과가 특히 두드러진다. 제조 현장은 고객 요구, 공급망 경쟁, 생산 데이터, 혁신 방식, 가치 창출 등 모든 영역이 동시에 얽혀 있기 때문에, 디지털 전환의 다섯 가지 전략 요소가 그대로 스마트제조 전략으로 확장된다.

스마트제조는 단순히 자동화된 공장이나 IoT 기기를 설치하는 것이 아니라, Customization(고객맞춤화), Connectivity(연결성), Collaboration(협업성)이라는 세 가지 속성을 기반으로 운영된다. 이 세 가지는 앞서 살펴본 디지털 전환 전략과 직접적으로 연결된다.

우선 고객맞춤화(Customization)는 디지털 전환 영역의 고객 전략과 밀접하다. 디지털 전환이 고객을 단순한 수용자에서 참여자이자 공동 파트너로 역할을 확장하였다면, 스마트제조는 이러한 요구를 생산 현장에 반영하여 다품종 맞춤형 생산, 개인화 제품 설계, 고객 데이터 기반의 생산 시스템을 가능하게 한다. 예를 들어, 한빛정공이 고객사와 ESG 데이터를 공유하며 부품을 공동 설계한 사례는 고객맞춤화 전략이 실제 제조 현장에서 어떻게 구현되는지를 잘 보여준다.

다음으로 연결성(Connectivity)은 데이터 전략과 경쟁 전략을 동시에 뒷받침한다. 디지털 시대의 데이터는 비정형적이고 실시간으로 생성되며, 공유와 연결을 통해 가치가 만들어진다. 스마트제조에서는 센서, IoT, 클라우드, CPS와 같은 기술이 이 연결성을 보장한다. 이를 통해 생산 현장의 데이터가 고객 플랫폼, 공급망 파트너, 그리고 내부 운영 시스템과 유기적으로 결합한다. Weather Channel이 날씨 데이터를 다양한 산업에 실시간으로 제공했던 것처럼, 제조 기업도 생산 데이터를 단순 관리 대상이 아니라 새로운 경쟁우위의 자산으로 활용하게 된다.

마지막으로 협업성(Collaboration)은 혁신과 가치 전략을 새로운 차원으로 끌어올린다. 아날로그 시대의 혁신은 전문가 중심의 제한된 프로젝트였다면, 디지털 전환 이후에는 누구나 참여할 수 있는 빠른 검증과 학습 과정이 되었다. 스마트제조는 이러한 혁신을 공급망 파트너, 고객, 심지어 경쟁자와도 함께 수행하도록 한다. Airbnb가 플랫폼을 통해 고객과 공급자를 연결하며 새로운 가치 생태계를 만든 것처럼, 스마트제조는 디지털 생태계 안에서 협업을 통해 새로운 가치를 창출한다.

결국, 디지털 전환과 스마트제조 전략은 각자 실행되는 전략이 아니라 서로 긴밀히 맞물려 있다. 디지털 전환이 기업의 전략적 프레임을 제공한다면, 스마트제조는 그 프레임을 제조 현장에서 구체적으로 구현하는 장치라 할 수 있다. 고객 맞춤화, 데이터 연결성, 공급망 협업을 통해 제조업은 단순한 생산 기능을 넘어, 시장과 고객의 미래 전략을 함께 설계하는 주체로 확장되고 있다.

연/습/문/제

5-1 한빛정공, Weather Channel, 브리태니카 사례를 비교하여 각 기업이 활용한 데이터 특성과 성과를 정리하시오.

5-2 Airbnb와 한빛정공 사례를 함께 고려할 때, 플랫폼 기반 경쟁과 제조 현장의 데이터 기반 전환이 공통적으로 가지는 특징을 도출하고, 그 차이점을 논하시오.

5-3 스마트제조의 세 가지 속성 중 하나를 선택하여, 그것이 디지털 전환 전략의 어떤 영역과 가장 밀접하게 연계되는지를 설명하고, 해당 연계가 제조 기업의 경쟁우위에 어떤 영향을 주는지 구체적인 사례를 들어 논하시오.

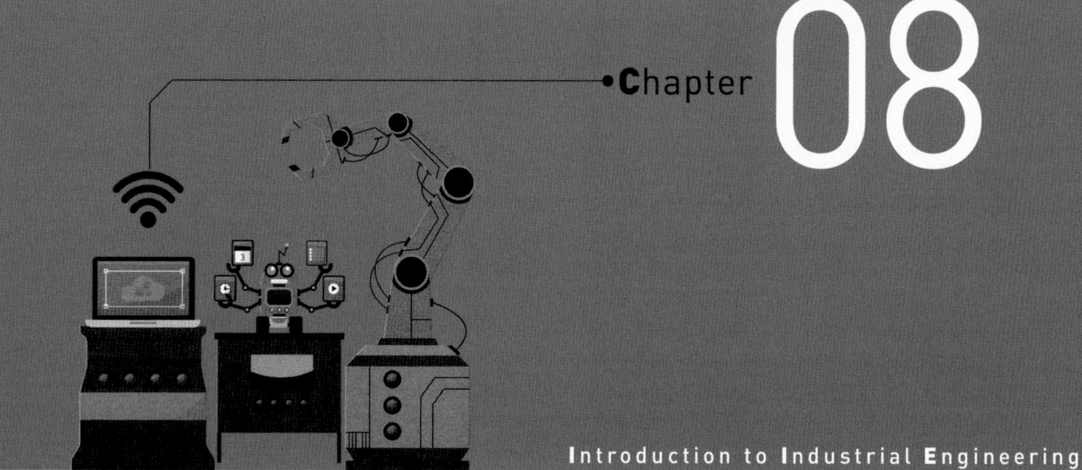

Chapter 08

Introduction to Industrial Engineering

공급망경영

1. 공급망 관리 개념 및 전략
2. 공급사슬 네트워크: 입지 결정
3. 수요 관리
4. 공급 관리
5. 물류 관리

Chapter

08 공급망경영

1 공급망 관리 개념 및 전략

현지와 서윤이는 자기만의 방식으로 하루를 시작한다. 특히, 두 사람은 집에서 요리를 하는 경우가 많은데, 서로 다른 방식의 라이프스타일을 추구하고 있다. 현지는 매일 시장이나 마트에 가서 신선한 재료를 하나하나 고르고, 그날 그날의 기분에 맞춰서 새로운 메뉴를 준비하는 것을 좋아한다. 새로운 맛을 발견하고, 다양한 재료로 매일 다른 음식을 만드는 것은 그의 삶에서 매우 큰 즐거움이다. 반면, 서윤이는 새로운 맛의 음식을 즐기지 않고, 메뉴를 고민하는 것이 싫어서 두세 가지로 정해진 메뉴의 식사를 하는 것을 선호한다. 그의 냉장고에는 이미 한 달 분의 재료들이 가득 쌓여 있고, 그는 주말마다 대형 마트에 가서 필요한 것들을 한 번에 대량으로 사둔다. 서윤이는 효율적이고 예측 가능한 생활이 중요하며, 이러한 삶의 방식은 그에게 안정감을 준다. 이처럼 두 사람은 음식 재료 구매와 보관, 요리의 관점에서 완전히 다른 성향을 보인다. 이 두 사람이 음식을 준비하고 만드는 과정을 통해, 공급망이 무엇이고, 어떠한 의사결정을 해야 하는지, 그리고 공급망의 전략에 따라서 의사결정이 어떻게 달라지는지 살펴보도록 하자.

가정에서 음식을 준비하기 위해서 우선 어떠한 음식을 얼마나 만들지 결정하고, 어떤 재료가 얼마나 필요한지 판단해야 한다. 오늘 현지는 참치 김치찌개를 먹기로 결정했다. 참치 김치찌개를 만들기 위해서는 김치, 참치 캔, 두부, 파, 마늘 같은 재료가 필요하고, 냉장고에 있는 재료가 부족하다면 이를 구매하기 위해서 시장이나 마트를 가야한다. 물론 온라인으로 재료를 구매할 수도 있지만, 현지는 마트에서 직접 물건을 보고 구매하는 것을 좋아한다. 마트에 도착하면 각 섹션의 선반에 배치되어 있는 제품들을 찾아보고, 필요한 음식 재료를 구매를 한다. 만일, 선반에 필요한 재료가 없다면 마트 주인한테 요청하여 창고에 있는 물건을 가져다 달라고 할 수도 있을 것이다. 이렇게 재료를 구매하고 집에 도착한 현지는 맛있는 식사를 요리할 수 있다.

그렇다면 이 재료들은 어떻게 마트로 전달되고 판매되고 있을까? 두부, 돼지고기, 참치 캔과 같은 식재료들은 각기 다른 생산시설에서 각기 다른 방식으로 마트로 배송이 되었을 것이다. 예를 들어, 돼지고기, 두부와 같이 신선도가 중요한 재료는 상하지 않도록 냉장시설이 잘되어 있는 냉장차를 타고 마트로 보내지고, 참치 캔과 같은 재료는 일반적인 트럭으로 상온에서 운송된다. 또한, 두부와 참치 캔이 마트로 보내지기 위해서는 공장에서 제조과정을 거쳐서 만들어 지며, 두부 공장에서는 두부 제조를 위해서 원산지에서 콩을 구매하고, 참치 캔 공장에서는 바다에서 잡힌 가다랑어와 참치를 포장하기 위해 필요한 다양한 원자재를 구매해야 한다. 이처럼 우리가 자주 먹는 김치찌개 하나를 만들기 위해서는 수많은 사람들의 손을 거쳐야만 한다. 우리는 이 과정을 공급망 또는 공급사슬(Supply Chain)이라고 부른다. [그림 8-1]은 간략하게 설명한 김치찌개의 공급망을 보여주고 있다.

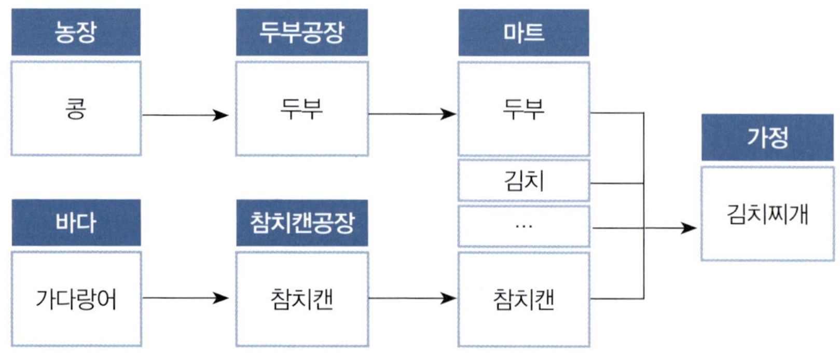

| 그림 8-1 | 참치 김치찌개의 공급망

공급망 관리란 원자재가 완제품이 되고, 고객에게 판매되는 '다양한 프로세스'를 통해 소비자가 원하는 가격의 제품을 원하는 시점에, 원하는 장소에 원하는 양만큼 보내주기 위한 '다양한 관리활동'을 의미한다. 이 때, 공급망의 '다양한 프로세스'란 원자재의 공급, 반제품과 완제품의 생산, 제품의 운송 및 보관, 소비자의 니즈 파악 및 판매 과정을 모두 포함한다. 그리고 '다양한 관리활동'은 공급망에서 이동하는 제품과 더불어 정보의 흐름과 자금의 흐름을 관리하기 위한 예측, 의사결정 및 실행을 수행하는 것을 의미한다. 이 과정에서 의사결정자는 인공지능과 데이터분석을 활용하여 다양한 예측을 수행하고, 수학적 최적화 모델을 활용하여 실행 계획에 대한 의사결정을 수행해야 한다.

공급망을 효과적으로 관리하기 위해 수행되는 예측과 의사결정의 종류는 비슷하지만 의사결정의 목적과 결과는 의사결정자의 가치와 전략에 따라 달라지게 된다. 현지와 서윤이의 예로 돌아가보자. 현지는 새로움을 추구하며 매일 새로운 음식을 만드는 것이 중요한 가치인 반면, 서윤이는 효율적이고 예측 가능한 생활이 중요한 삶의 가치이다. 이 둘은 삶의 가치가 다르기 때문에, 음식을 준비하기 위한 다양한 의사결정의 종류는 비슷하지만 목적과 결과는 달라지게 된다.

음식을 준비하기 위해서는 먼저 어떤 음식을 얼마나 요리할지 결정해야 한다. 어떤 음식을 어떤 요리방식으로 만들지 결정하는 것은 기업이 판매할 제품과 생산 프로세스를 설계하는 것과 같으며, 얼마나 많은 양을 요리할지 결정하는 것은 기업이 만드는 제품의 수요를 예측하는 결정과 같다. 현지는 매일매일 다른 메뉴의 음식을 만들어야 하기 때문에 짧은 주기로 새로운 메뉴를 생각해야 하며, 새로운 맛을 추구하기 위해서 새로운 조리법을 찾아보고 응용해야 한다. 또한, 한 번 음식을 요리할 때 하루 안에 소비할 만큼의 소량의 음식을 만들어야 한다. 반면, 서윤이는 한 가지 메뉴의 음식을 오랫동안 먹는 것을 선호하기 때문에 메뉴의 선정을 가끔 한 번씩만 하면 된다. 또한, 오늘 다 먹지 못한 음식은 내일 먹어도 아무런 불편함이 없기 때문에 음식 맛이 변하지 않는 기간 동안 소비할 만큼의 많은 양의 음식을 만들어도 괜찮다.

식사 메뉴, 요리 방식 그리고 음식의 양을 결정했다면, 이제는 조리 도구나 음식의 재료를 사야 한다. 조리 도구와 재료는 기업이 판매할 제품을 만들기 위해 필요한 설비와 원자재를 의미하며, 조리 도구나 재료를 사는 것은 기업이 공급자를 선정하고 원자재를 구매하는 구매 활동에 해당된다. 또한, 물건을 구매한 후 이를 직접 들고 올 것인지, 배달을 요청할지 정해야 하며 이는 기업의 물류 활동에 해당된다. 현지는 소량의 신선한 재료를 구매하기 위해서 농수산 시장이나 마트를 매일 방문할 예정이며 구매한 물량이 얼마 안 되기 때문에 직접 집으로 가져와서 원하는 시점에 요리를 시작할 것이다. 하지만, 서윤이는 대량의 음식재료를 비용효율적으로 구매하기 위해서 대형할인매장이나 온라인 쇼핑몰을 통해 가끔 한 번씩 재료를 구매할 예정이며, 구매한 물량이 많기 때문에 배송을 요청하고 집에 배달 될 때까지 기다렸다가 요리를 시작하려고 한다.

구매한 재료를 받으면 이를 냉장고에 보관해야 하며, 식사 후에 남은 음식도 다시 냉장고에 보관해야 한다. 구매한 재료를 냉장고에 보관하는 활동들은 기업이 원자재 재고를 관리는 것을 의미하며, 냉장고는 기업이 사용하는 창고를 의미한다. 음식을 만드는 것은 생산이나 서비스를 제공하는 활동에 해당되며, 완성된 음식을 다시 냉장고에 보관하는 것은 완제품 재고를 관리하는 활동에 비유할 수 있다. 현지는 매일 소량의 재고를 관리하기 때문에 작은 냉장고가 있어도 되지만, 서윤이는 음식재료를 대량으로 구매하기 때문에 큰 냉장고가 필요하다. 현지는 소량으로 매일매일 음식재료를 구매하기 때문에 관리해야 할 재료가 별로 없지만, 서윤이는 가끔 음식 재료를 구매하기 때문에 재료가 얼마나 남아있는지 관리하고, 언제 주문을 할지도 결정해야 한다.

〈표 8-1〉은 음식 만들기 과정에 필요한 의사결정과 현지와 서윤이의 결정을 요약하고 있다. 〈표 8-1〉에 정리된 것처럼 현지와 서윤이가 요리하기 위해 수행해야 하는 의사결정의 종류는 매우 유사하지만 의사결정의 결과는 매우 다르다. 이를 통해 누구의 결정이 맞거나 틀렸다는 관점이 아니라 서로 추구하는 삶의 가치가 다르기 때문의 결정이 다르다는 것으로 이해해야 한다.

표 8-1 음식 만들기와 공급망 관리

음식 만들기	공급망 관리	현지의 결정	서윤의 결정
메뉴 결정	제품 설계	다양한 메뉴를 다양한 방법으로 요리	동일한 메뉴를 동일한 방법으로 요리
조리방법 결정	생산 프로세스 설계		
음식 양 결정	수요 예측	소량	대량
구매 장소 결정	구매 관리 (공급자 선정)	농수산 시장, 마트 매일 방문	대형 할인 매장, 온라인 쇼핑몰 필요시 이용
조리도구, 음식재료 구매량 결정	구매 관리 (구매량 결정)	소량	대량
집에 가져오는 방법 결정	물류 관리 (운송 수단 결정)	직접 운반	배송 요청
음식 재료, 음식 보관	재고관리 (원자재, 완제품)	소형 냉장고	대형 냉장고, 남은 음식 수량 관리
요리	생산 관리, 품질 관리	매일 필요한 만큼 요리	음식 보관이 괜찮은 수준의 양만큼 요리

개인의 의사결정에 영향을 주는 삶의 가치는 공급망을 운영하는 기업에도 존재하며, 기업은 이러한 가치를 비전과 전략으로 표현하게 된다. 즉, 기업이 다른 기업과 어떠한 전략으로 경쟁할 것인가에 따라서 공급망의 모습과 의사결정의 결과가 달라지게 된다. 일반적으로, 기술이 빠르게 변화하고 수요를 예측하기 힘든 휴대폰, 컴퓨터와 같은 제품의 경우 재고를 많이 보관하기 어렵다. 더 좋은 기술의 신제품이 출시되면 현재의 제품은 사람들의 관심에서 멀어지게 될 것이고, 기존의 재고는 판매되지 않을 것이기 때문이다. 이러한 경우는 수요 변

화에 빠르게 대응할 수 있는 '반응적 공급망'을 운영하게 되며, 앞선 예제에서 필요할 때마다 소량의 재료를 구매하여 요리하는 현지의 상황과 비슷하다고 볼 수 있다. 반면, 설탕, 화장지와 같은 일상용품들은 상대적으로 수요가 안정적이며, 많은 재고가 있어도 오랜 기간 동안 판매할 수 있다. 이러한 제품들은 높은 가동율과 비용 효율적인 의사결정을 통해 공급망에서 발생하는 비용을 최대한 절감하여 수익을 얻을 수 있는 '효율적 공급망'을 운영하게 되며, 앞선 예제에서 값싸게 대량으로 구매하여 요리하는 서윤이의 상황과 비슷하다고 볼 수 있다(Fisher, 1997).

연/습/문/제

1-1 당신은 화장지를 구매하기 위해 동네 마트를 방문하려고 한다. 구매하려는 화장지의 공급망을 설명하시오.

1-2 이마트, 홈플러스와 같은 대형 마트와 GS25, CU와 같은 편의점은 서로 다른 전략으로 운영되고 있다. 대형 마트와 편의점은 공급망 관점에서 어떤 다른 전략을 기반으로 운영되는지 설명하시오.

2 공급사슬 네트워크: 입지 결정

지민, 수진, 하늘이는 고등학교 시절 한 동네에서 친하게 지낸 친구들이다. 이들은 대학에 진학하고, 직장 생활을 하면서 서로 다른 지역에 거주하게 되었다. 현재 지민이는 서초구 잠원동에 거주하고 있으며, 수진이는 마포구 합정동에 거주하고 있다. 또한, 하늘이는 송파구 잠실동에 거주하고 있다. 이들은 각자의 바쁜 일정을 보내며 살았지만, 오랜만에 만날 기회를 만들었다. 서울 내에서 모임 장소를 정하기로 했지만 거주지가 멀어서, 각자의 위치를 고려하여 만날 장소를 정하기로 했다.

| 그림 8-2 | 지민, 수진, 하늘이의 거주지

세 친구는 이동 거리를 줄이기 위해서 각자의 거주지를 기준으로 삼각형을 그리고 무게 중심점[01]을 찾아보기로 했다. 삼각형의 세 꼭짓점의 좌표가 각각 (x_1, y_1), (x_2, y_2), (x_3, y_3)으로 알려져 있다면 삼격형의 무게중심은 다음과 같이 계산할 수 있다.

$$\left(\frac{x_1+x_2+x_3}{3}, \frac{y_1+y_2+y_3}{3}\right)$$

이동 거리를 최소화하기 위한 최적의 위치를 찾기 위해서 각자 거주지의 위도와 경도를 정리한 결과는 〈표 8-2〉와 같다. 그리고 만남의 장소를 결정하기 위해서 계산한 무게 중심점은 위도 37.5246° N, 경도 127.0070° E으로 계산되었다. 아뿔싸! 이 지점은 동호대교와 한남대교 사이에 위치한 한강이었다.

---

01 무게 중심점은 꼭짓점에서의 거리 제곱의 합을 최소화하는 지점으로, 거리의 합을 최소로 하는 지점과는 다를 수 있다.

표 8-2 거주지의 위치

이름	거주지	위도	경도
지민	서초구 잠원동	37.5091° N	127.0099° E
수진	마포구 합정동	37.5509° N	126.9133° E
하늘	송파구 잠실동	37.5138° N	127.0978° E

세 친구들은 지하철 노선도를 이용해서 만나는 지점을 다시 정하기로 했다. 지민이는 고속터미널역, 수진이는 합정역, 하늘이는 잠실역에서 지하철을 탄다. 세명이 이동하는 시간을 최소화하는 지하철역을 최적화 문제로 찾을 수 있지만, 계산의 편의를 위해서 몇 개의 대안을 바탕으로 최적의 위치를 찾기로 했다. 우선, 각자가 살고 있는 동네를 만날 지점의 대안으로 설정하고, 추가로 압구정역, 강남역을 고려해 보기로 했다.

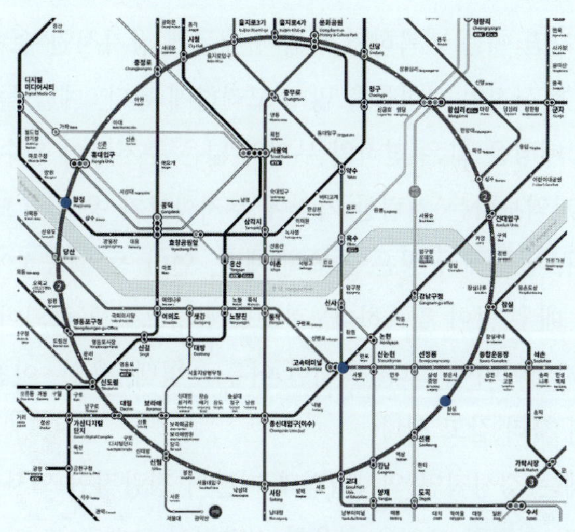

그림 8-3 지민, 수진, 하늘이의 지하철역

각 역 사이의 이동 시간을 계산한 결과는 〈표 8-3〉과 같다. 지민이가 고속터미널역에서 출발하면 합정역이 29분으로 가장 오래 걸리는 것으로 계산되었다. 수진이는 잠실역으로 가는 경우, 하늘이는 합정역으로 가는 경우 41분으로 가장 오래 걸리는 것으로 계산되었다. 각자가 목적지 역까지 이동하는 데 걸리는 시간을 계산한 후, 세 친구의 이동 시간의 합이 51분으로 가장 적게 걸리는 고속터미널 역에서 만나기로 정하였다.

표 8-3 세 친구들의 이동 시간

	고속터미널역	합정역	잠실역	압구정역	강남역
지민(고속터미널역)	0분	29분	23분	6분	11분
수진(합정역)	29분	0분	41분	31분	36분
하늘(잠실역)	23분	41분	0분	24분	12분
합계	51분	70분	64분	61분	59분

공급망 관리 분야에서는 이와 같은 문제를 활용하여 공장, 창고와 같은 시설물의 위치를 결정한다. 이를 입지선정(Facility Location) 문제라고 한다. 기업의 입지선정 문제는 일반적으로 장기적 의사결정 문제에 해당된다. 입지에 대해서 의사결정이 이뤄지면 이를 번복하기 어렵기 때문에 장기적인 수요 예측을 바탕으로 전략적이고 정성적인 사항들을 많이 고려하게 된다. 예를 들어, 대형 할인매장이나 아웃렛 매장은 넓은 면적의 부지와 넓은 주차장이 필수이다. 따라서, 좁고 비싼 도심 지역보다는 저렴한 가격에 부지확보가 용이한 도심 외각 지역에 위치하게 된다. 반도체 공장은 반도체 세정, 연마 등의 공정에 사용되는 깨끗한 산업용수가 매우 많이 필요하다. 전력도 안정으로 공급되어야 하고, 지진의 영향도 없는 지역이어야 한다. 이러한 이유로 평택, 용인, 이천과 같은 지역에 반도체 공장이 자리 잡고 있다.

입지 선정 문제는 정성적인 의사결정과 더불어 정량적인 의사결정도 수행되어야 한다. 수리적 최적화 모델을 활용한 정량적인 모델은 크게 평면 입지모형과 네트워크 모형으로 구분된다. 평면 입지모형은 모든 지역이 선택가능한 장소가 될 수 있는 경우이며, 무게중심을 활용한 위치 결정은 한가지 예라고 할 수 있다. 네트워크 모형은 지하철 노선과 같이 특수한 구조의 모형을 이용하는 문제이다. 일반적으로 네트워크는 위치를 표현하는 노드와 각 위치를 연결해주는 아크로 구성되며, 노드와 아크로 표현되는 네트워크는 그래프라고 불리기도 한다. 지하철 노선도에서는 지하철역이 노드에 해당되며, 지하철역을 이어주는 선들이 아크에 해당된다. 이러한 구조를 활용해 최적화 문제를 해결하는 많은 수학적 모델들과 알고리즘이 제시되어 다양한 분야에 활용되고 있다.

연/습/문/제

2-1 전자상거래 업체들은 빠르게 고객의 주문을 배송하기 위한 경쟁을 진행하고 있다. 마켓컬리와 쿠팡은 새벽배송, 로켓배송으로 다음날까지 배송을 보장해주는 서비스를 제공한다. 최근에는 한두 시간 이내에 주문한 물건을 신속하게 배송해 주는 퀵커머스 분야로 확장되었고, 배달의 민족에서 운영중인 B마트가 대표적인 예이다. 다음날 배송해 주는 전자상거래 업체와 한두 시간 내에 물건을 배송해 주는 전자상거래 업체의 물류센터 입지는 어떻게 다른지 논의하시오.

2-2 대형 카페 브랜드가 도심에 새로운 매장을 열려고 한다. 후보지로는 A, B, C, D의 네 지역이 있다. 각 지역의 인구수, 평균 소득, 경쟁 카페 수, 유동 인구수, 임대료는 다음 표와 같다. 매출은 인구수*평균소득*0.0002로 추정하며, 경쟁 카페 수 1개당 매출이 15% 감소한다. 이때, 순이익이 가장 높은 지역은 어디인가?

〈지역별 데이터〉

지역	인구 수(명)	평균 소득(만원)	경쟁 카페 수(개)	임대료(만 원/월)
A	15,000	350	2	500
B	10,000	420	1	600
C	20,000	500	3	400
D	12,000	380	2	550

3 수요 관리

인류는 아주 오랜 옛날부터 미래에 어떠한 일이 발생할지 알고 싶어 했다. 기원전 2000년 고대 바빌로니아에서는 하늘의 태양, 달, 별 등의 천체의 움직임을 관찰하고, 이를 통해 날씨를 예측하고 농사의 시기와 농사의 길흉을 알아보려고 했다. 고대 중국에서는 거북이 껍질을 불에 달궈 그 금이 간 방향, 모양, 색깔을 보고 하늘의 뜻을 해석해 황제의 결정을 도왔다. 중세 유럽에서는 점성술이 왕의 정치적 판단에까지 영향을 미쳤으며, 프랑스의 루이 14세는 중요한 결정을 내릴 때마다 점성가의 조언을 들었다는 기록도 있다. 우리나라 역시 천문을 관측해 농사를 짓는 시기를 파악했고, 전쟁 시기를 조정하기도 했다. 미래는 불확실하고 어떤 일이 일어날지 알 수 없다. 하지만 미래를 예측할 수 있다면 훨씬 더 현명한 결정을 내릴 수 있기 때문에 사람들은 아주 오랜 옛날부터 지금까지 다양한 방식으로 미래를 예측하려 노력 중이다.

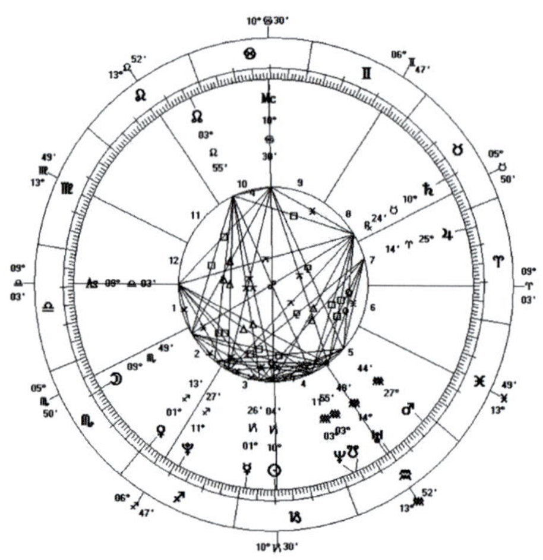

| 그림 8-4 | 바빌로니아의 점성술

기업경영과 공급망의 운영도 마찬가지이다. 미래에 상품이 얼마나 팔릴지, 어떤 시점에 수요가 급증하거나 감소할지를 알 수 있다면 보다 최적화된 공급

계획을 수립하여 낭비를 줄이고 고객 만족도를 높일 수 있을 것이다. 만일 실제 판매량보다 너무 많은 수요를 예측한다면 팔리지 않는 물건이 과도하게 많이 쌓여 기업의 손실이 발생할 것이고, 너무 적은 수요를 예측한다면 물건을 판매하지 못하는 기회 비용이 발생하고, 소비자들이 물건을 구매하지 못하여 고객 만족도가 떨어지게 될 것이다. 따라서 수요를 예측하는 것은 단순한 '미래 맞히기'를 넘어, 기업이 시장에서 경쟁하기 위한 핵심적인 도구라고 이해할 수 있다. 오늘날 기업들은 점성술이나 역술의 방식보다는 통계와 수학적 모델, 데이터를 바탕으로 예측 알고리즘과 인공지능을 만들고, 이를 통해 미래를 예측하려는 노력을 이어가고 있다.

공급망 관리를 위하여 미래의 수요가 얼마가 될지 예측하고, 시장수요의 변화를 감지하여 가격을 변동하거나 공급량을 변동하여 판매를 촉진하고 주문을 관리하는 일련의 과정을 수요관리라고 한다. 수요관리를 위한 다양한 활동 중에서 가장 핵심이 되며, 모든 의사결정의 출발점이 되는 것은 수요예측이다. 수요예측은 크게 전문가의 의견, 소비자 설문조사와 인터뷰 등에 기반한 정성적 예측과 과거의 데이터를 바탕으로 통계적 또는 수학적 기법을 활용하는 정량적 예측으로 구분할 수 있다. 일반적으로 먼 미래의 수요를 예측하기 위해서는 정성적 예측 방법을 활용하고, 가까운 미래의 수요를 예측하기 위해서는 정량적 예측 방법을 많이 활용하게 된다. 이중 데이터 기반의 정량적 예측을 두가지 예제를 통해 살펴보도록 하자.

예제1 클린홈산업은 주방용, 욕실용, 다목적 세제 등 다양한 제품을 제조하고 판매하는 세제 브랜드로, 고객들에게 믿을 수 있는 품질과 합리적인 가격으로 잘 알려져 있다. 이 기업이 판매하는 가정용 세제의 시장에서는 비교적 수요가 안정적으로 유지되고 있다. 수요계획 담당자인 지연 씨는 클린홈산업 세제의 생산 계획을 세우기 위해 지난 4주간의 판매량을 정리하였으며, 이는 〈표 8-4〉와 같다.

표 8-4 클린홈산업 세제의 지난 4주간 판매량

주차	1주차	2주차	3주차	4주차
판매량	2,000	2,100	2,050	2,050

지연 씨는 수요가 안정적이기 때문에 지난 4주간 판매된 물량의 평균 정도의 제품이 5주차에 판매될 것이라고 생각하고, 다음과 같이 5주차의 세제 판매량을 예측해 보았다.

$$\frac{2000+2100+2050+2050}{4}=2050$$

실제 5주차가 되었을 때, 클린홈산업은 2,100개의 제품을 판매했다고 가정해 보자. 이 경우는 예측량과 판매량의 차이가 50이 되며, 이를 수요예측 오차라고 한다. 지연 씨는 2주에서 5주차의 판매량 정보를 활용하여 6주차의 판매량을 예측해보았으며, 6주차 판매량은 2,075로 계산되었다.

$$\frac{2100+2050+2050+2100}{4}=2075$$

일정 시간(예: 일별, 주별, 월별) 간격으로 정리된 시계열(Time Series) 데이터를 활용하여 수요를 예측하는 방법을 시계열 예측(Time Series Analysis)이라고 한다. 지현씨는 가장 최근의 판매 데이터 n개의 평균을 활용하여 다음 시점의 수요를 예측하는 시계열 예측을 수행한 것이다. 이 방법을 n-기간 이동평균(n-Period Moving Average)이라고 하며, 수요가 안정적으로 유지될 때 활용될 수 있다. n-기간 이동평균법은 시점별로 다른 가중치를 두고 수요를 예측하는 가중 이동 평균(Weighted Moving Average), 단순 지수 평활(Simple Exponential Smoothing) 등의 방법으로 확장될 수 있다.

예제2 세현이는 용돈을 벌기 위해서 여름방학 동안 학교 앞에서 아이스크림을 팔기로 했다. 처음 며칠 동안은 매일 같은 양을 만들어 팔았는데, 어떤 날은 다 팔리지 않고 남았고, 어떤 날은 금방 매진되어 손님을 돌려보내야 했다. 적정 수준의 재료를 준비하기 위해서 아이스크림의 판매에 영향을 미치는 요인이 무엇인지 고민하던 세현이는 날씨가 아이스크림 판매량에 영향을 미치지 않았을까 생각하게 되었다. 〈표 8-5〉는 지난 10일 동안의 평균 기온과 아이스크림 판매량을 보여주고 있다.

표 8-5 지난 10일간 평균 기온과 아이스크림 판매량

일자	기온(℃)	판매량(개)	일자	기온(℃)	판매량(개)
7월 11일	25	95	7월 16일	29	125
7월 12일	26	105	7월 17일	30	130
7월 13일	27	110	7월 18일	25	90
7월 14일	26	98	7월 19일	28	115
7월 15일	28	120	7월 20일	32	135

세현이는 기온과 아이스크림의 판매량을 보다 직관적으로 살펴보기 위해서 [그림 8-5]와 같이 그래프를 그려보았다. 가로축은 기온을 나타내고, 세로축은 아이스크림 판매량을 나타낸다. 10일간의 기온과 판매량을 좌표평면 위에 점으로 나타내어 시각화한 결과 날씨가 더워지면 아이스크림의 판매량이 증가한다는 것을 이해할 수 있었다. 이 관계를 잘 활용하면, 내일의 날씨를 기반으로 아이스크림이 얼마나 많이 팔릴 것인지 예측할 수 있다. 이와 같은 방법을 인과형 예측 기법(Causal Forecast Method)이라고 한다.

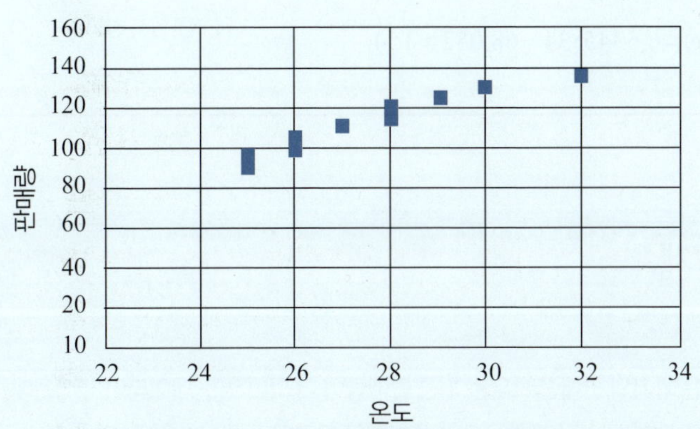

| 그림 8-5 | 온도와 아이스크림 판매량의 관계

세현이는 인과형 예측을 하기 그래프에 표시된 점들을 가장 잘 표현하는 직선은 다음과 같다는 것을 알게 되었다. 이러한 직선 식을 찾는 방법을 선형 회귀(Linear Regression)라고 하며, [그림 8-6]은 그 결과를 그래프로 보여주고 있다.

판매량$(y) = 6.5345 * $온도$(x) - 68.052$

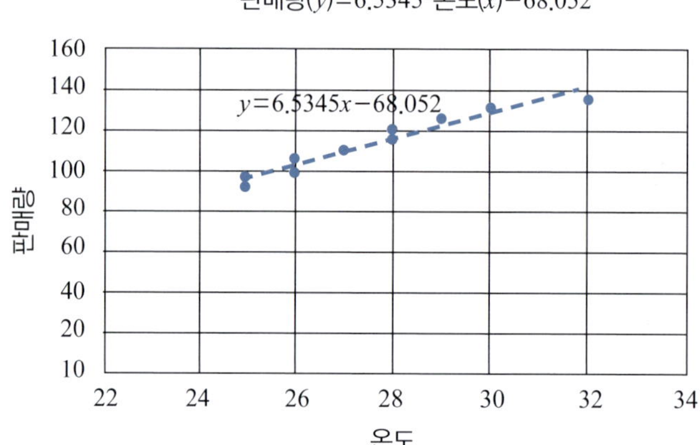

| 그림 8-6 | 온도와 아이스크림 판매량의 선형회귀 결과

세현이는 7월 21일에는 기온이 34°C로 매우 덥다는 것을 알게 되었고, 앞서 찾은 선형회귀식을 이용해서 판매량이 154개가 될 것이라고 예측할 수 있었다. 세현이는 154개의 아이스크림을 준비하였고, 성공적으로 매출을 올릴 수 있었다.

$$판매량(y) = 6.5345 * 34 - 68.052 \approx 154$$

연/습/문/제

3-1 지연씨는 과거의 판매량 보다는 최근 판매량이 더 의미 있는 데이터이기 때문에, 4주간의 판매량에 대한 데이터의 중요도가 주차별로 다르다고 판단하였다. 다음 표에 제시된 데이터의 주차별 중요도를 반영한 가중평균을 이용하여 5주차의 수요를 예측하시오.

클린홈 세제의 지난 4주간 판매량

주차	1주차	2주차	3주차	4주차
판매량	2,000	2,100	2,050	2,050
중요도(가중치)	0.1	0.2	0.3	0.4

3-2 예제 2에서 오늘의 평균 기온이 28℃라면 판매량은 얼마로 예측되는가?

4 공급 관리

기업은 수요를 예측한 뒤, 예측된 수요를 충족시키기 위해 제품이나 서비스 공급과 관련된 다양한 의사결정을 한다. 예를 들어, 장기적인 관점에서는 공장이나 창고를 새로 건설하기 위한 계획을 수립하고, 중기적인 관점에서 설비를 구입, 인력 채용 계획, 생산을 위한 정책을 수립한다. 단기적인 관점에서는 주별, 일별 생산 계획을 작성하고 생산할 제품의 투입 순서를 결정한다. 생산 계획뿐만 아니라 물건을 운송해 주기 위한 물류 계획, 자재를 구매하기 위한 구매 계획 역시 장기, 중기, 단기의 관점에서 계획을 수립하고 관리한다. 이와 같은 계획 수립의 과정에는 수학적 모델링, 시뮬레이션 등의 다양한 경영과학의 기법들이 활용된다.

전 세계에서 장난감을 생산해서 판매하는 넥트스 전자기업의 예를 생각해 보자. 이 회사는 전 세계 각지의 소비자에게 장난감을 신속하게 공급하기 위해 효율적인 공급 계획을 수립해야 한다. 이 회사는 한국, 멕시코, 폴란드에 생산 공장을 두고 있으며, 중국, 프랑스, 미국, 인도에 주요 물류센터가 위치해 있다. 각 공장은 정해진 생산 용량 범위 내에서 제품을 생산할 수 있고, 각 물류센터에서는 소비자 수요에 따라 일정 수량 이상의 제품을 공급받기를 원한다. 이때 각 공장에서는 얼마나 많은 제품을 생산하고, 어느 물류 창고로 얼마나 많은 제품을 운송해야 하는지 결정해야 한다. 이 회사는 전체 비용을 최소화하면서도 각 지역의 수요를 모두 충족시키기 위한 최적화 문제를 해결해야 한다. 최적화 문제 수립을 위해 주어진 데이터는 다음과 같다.

- 공급지(공장)
  - 한국 공장: 생산 가능량 600개, 생산 비용 6000원/개
  - 멕시코 공장: 생산 가능량 500 개, 생산 비용 3000원/개
  - 폴란드 공장: 생산 가능량 600 개, 생산 비용 4000원/개

- 물류 센터(수요지)
  - 중국 물류 센터: 수요 450개
  - 프랑스 물류 센터: 수요 350개
  - 미국 물류 센터: 수요 400개
  - 인도 물류 센터: 수요 300개

각 공급지에서 물류센터까지의 단위 운송 비용은 〈표 8-6〉과 같다.

표 8-6 공급지에서 물류센터로 운송을 위한 단위비용(원/개)

국가	중국	프랑스	미국	인도
한국	100원	890 원	1,060원	550원
멕시코	1,210원	900원	350원	1,530원
폴란드	780원	120원	1,010원	600원

이 문제에서 찾아야 하는 의사결정변수는 각 공장의 생산량과, 공장에서 창고로 보내는 운송량이다. 공장을 i(i=1: 한국, i=2: 멕시코, i=3: 폴란드)로 표시하고, 창고를 j(j=1: 중국, j=2: 프랑스, j=3: 미국, j=4: 인도)로 표시한다면, 의사결정변수는 i공장의 생산량 x_i과 i공장에서 j물류 센터로의 운송량 y_{ij}로 정의할 수 있다.

총 비용을 최소화하기 위한 생산량과 운송량을 결정하기 위해서는 목적함수를 정의해야 한다. 총 비용은 생산 비용과 운송비용의 합으로 계산할 수 있으며, 각 비용은 앞서 제시된 단위 비용과 아직은 미지수인 의사결정 변수의 곱으로 계산할 수 있다. 예를 들어, 한국 공장의 단위 생산 비용은 6000원이기 때문에, x_1만큼 생산한다면 $6,000x_1$의 비용이 발생하게 된다. 따라서 한국, 멕시코 폴란드에서 발생되는 총 생산비는 $6,000x_1+3,000x_2+4,000x_3$이 된다. 같은 방식으로, 한국에서 중국으로 보내는 운송 비용은 단위비용 100원에 운송량 y_{11}의 곱인 $100y_{11}$으로 계산할 수 있으며, 총 운송비는 3개의 공급지에서 4개의 물류센터로 보내지는 12가지 경로에서 발생되는 비용의 합으로 계산할 수 있다.

최종적으로 이 문제의 목적함수는 다음과 같다.

$$\begin{aligned} Min\ z = & 6,000x_1 + 3,000x_2 + 4,000x_3 \\ & + 100y_{11} + 890y_{12} + 1,060y_{13} + 550y_{14} \\ & + 1,210y_{21} + 900y_{22} + 350y_{23} + 1,530y_{24} \\ & + 780y_{31} + 120y_{32} + 1,010y_{33} + 600y_{34} \end{aligned}$$

다음으로 의사결정변수의 범위를 제약하는 제약식을 수립해야 한다. 이 문제에서는 ① 공급지에서 만들 수 있는 최대 생산량(생산제약), ② 생산량과 운송량과의 관계(공급제약), ③ 물류센터의 수요 충족(수요충족제약), ④ 생산량과 운송량은 음수가 될 수 없다는 제약(비음제약)을 반영할 수 있다.

우선, 각각의 공장에서 만들 수 있는 최대 생산량 제약은 다음과 같다.

$$x_1 \leq 600,\ x_2 \leq 500,\ x_3 \leq 600$$

각각의 공장에서 출발하는 물량의 합은 생산량을 넘어설 수 없다는 점을 쉽게 이해할 수 있다. 또한, 각 물류센터에 도착하는 제품의 양은 수요보다 크거나 같아야 모든 수요를 충족할 수 있다. 한국 공장에서의 출발하는 물량과 중국 물류창고에 도착하는 물량을 예로 도식화하면 [그림 8-7]과 같다.

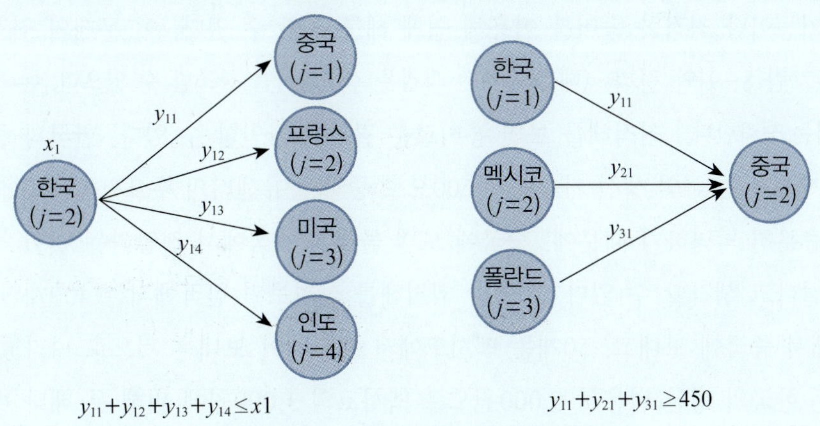

| 그림 8-7 | 공급제약과 수요충족제약

모든 공장의 공급 제약과 모든 물류센터의 수요충족제약을 수식으로 표현하면 다음과 같다.

$$y_{11}+y_{12}+y_{13}+y_{14} \leq x_1$$
$$y_{21}+y_{22}+y_{23}+y_{24} \leq x_2$$
$$y_{31}+y_{32}+y_{33}+y_{34} \leq x_3$$

$$y_{11}+y_{21}+y_{31} \geq 450$$
$$y_{12}+y_{22}+y_{32} \geq 350$$
$$y_{13}+y_{23}+y_{33} \geq 400$$
$$y_{14}+y_{24}+y_{34} \geq 300$$

마지막으로, 모든 의사결정변수(생산량, 운송량)는 음수가 될 수 없다는 제약을 포함하면 모든 제약식이 완성된다.

$$x_1,\ x_2,\ x_3 \geq 0,$$
$$y_{11},\ y_{12},\ y_{13},\ y_{14},\ y_{21},\ y_{22},\ y_{23},\ y_{24},\ y_{31},\ y_{32},\ y_{33},\ y_{34} \geq 0$$

이와 같이 작성된 최적화 문제는 선형계획법 문제에 해당되며, 엑셀의 해찾기 기능이나 최적화 솔버를 이용해 쉽게 해를 구할 수 있다. 이 문제의 최적해는 [그림 8-9]와 같다. (해를 구하는 과정은 경영과학을 참조할 수 있으며, 본 챕터에서는 생략한다.) 최적해를 보면 흥미로운 결과를 확인할 수 있다. 한국과 중국이 가깝고, 한국의 생산 가능량은 600으로 중국 물류센터의 수요량인 450에 비해 충분히 넉넉하기 때문에, 중국에 보낼 물건은 한국에서 전담하는 것이 좋을 것 같다고 생각할 수 있다. 하지만 최적해를 살펴보면 한국에서는 400개만 생산해서 중국에 보내고, 50개는 멕시코에서 생산해서 보내는 것으로 나타났다. 이는 한국의 생산 비용이 6,000원으로 멕시코의 3,000원에 비해 두 배나 비싸기 때문이다. 이러한 최적해의 결과는 한국에서 중국으로 보내는 저렴한 물류

비와 한국에서 생산하는 비싼 생산비를 통합적으로 반영해 계산된 것이다. 이와 같이 수학적 최적화 모델을 활용하면 주먹구구식의 판단이 아닌, 기업의 총 비용을 최소화할 수 있는 최적의 공급 계획 수립이 가능하다.

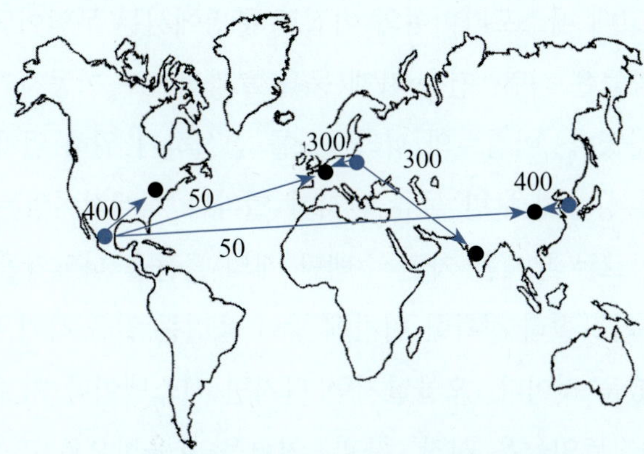

| 그림 8-8 | 최적의 생산 및 운송 계획

연/습/문/제

4-1 A식품회사에는 두 곳의 생산지에서 물건을 만들고, 두 곳의 물류 창고에 물건을 보내준다. 생산지 1의 생산량은 10, 생산지 2의 생산량은 20이다. 그리고 각각의 물류 창고의 수요량은 각각 15이다. 생산지에서 수요지까지의 운송 비용이 다음 표와 같을 때, 운송 비용을 최소화할 수 있는 최적화 수리식을 만드시오.

단위비용	물류창고 1	물류창고 2
생산지 1	3	1
생산지 2	2	2

4-2 (4-1)의 문제는 공급량과 수요량이 30으로 동일한 값으로 결정되어 있다. 이러한 문제를 균형수송문제(Balanced Transportation Problem)이라고 한다. 이 문제의 최적해를 구하시오. 단, Solver를 이용하지 말고 간단한 논리 구조(알고리즘)로 계산하시오.

5 물류 관리

최근 물류 관리의 중요성이 강조되고 있지만, 사실 물류 관리는 고대 문명부터 시작되었다. 고대 메소포타미아와 이집트 문명에서는 무역이 중요한 경제적 활동이었고, 사람들은 식량, 건축 자재 등을 효과적으로 이동시키기 위해 수로나 육로를 이용하였다. 이집트의 피라미드를 건설하기 위해 얼마나 많은 자재가 운반되었는지 상상해 보면 물류 관리가 얼마나 체계적이었는지 짐작할 수 있다. 수 톤에 이르는 무게를 가진 수백만 개의 돌들을 나일강을 따라 운반하고, 다시 사막을 가로질러 정확한 위치에 쌓아 올리는 일을 하기 위해서는 계획과 협력이 필요했을 것이다. 오늘날처럼 디지털 시스템이나 기계 장비가 없던 시대에, 고대 이집트인들은 시간, 자원, 인력을 효율적으로 조율하는 놀라운 조직 능력을 발휘한 셈이다.

| 그림 8-9 | 고대 문명의 물류

18세기 이후 시작된 1차 산업혁명은 물류 관리의 발전에 중요한 영향을 미쳤다. 방직기, 방적기와 같은 기계가 사용되기 시작하였고, 규모가 커지면서 공장의 개념이 만들어졌다. 증기기관의 발명으로 기계화된 대량 생산이 시작되고, 철강과 석탄을 운송하기 위하여 철도가 만들어지는 등 운송의 혁신이 시작되었다. 전쟁 역시 물류의 발전에 큰 기여를 하였다. 제때에 군수품을 공급하고, 군인의 이동을 계획하기 위해 효율적인 수송 방식이 필수적이었고, 1차, 2차 세계 대전에 이뤄진 군사물류의 발전은 전쟁 이후 민간 분야에 적용되면서 비용절감과 효율성을 극대화하는데 큰 영향을 미쳤다.

20세기 중반에 도입된 컨테이너는 물류 역사의 중요한 전환점이 되었다. 국제적으로 표준화된 규격의 컨테이너를 사용하면서 해상 운송의 비용을 크게 절감하였고, 운송 수단 간의 호환성이 가능하게 되었다. 또한, 크레인 등을 통한 상하차 작업이 가능해져서, 시간 단축 및 인건비 절감에도 큰 기여를 하였으며, 단단한 철제 구조의 컨테이너는 도난, 파손, 날씨로부터 화물을 보호해 주는 역할도 수행하였다. 이후, 물류 산업은 IT 기술과 결합하면서 자동화의 시대를 맞이하게 되었고, 드론, 자율주행차와 같은 새로운 혁신적인 물류 시스템이 지속적으로 개발되고 있다.

그렇다면 물류관리와 공급망 관리는 어떤 관계를 갖고 있을까? 공급망 관리는 소비자에게 상품이나 서비스를 제공하기 위해서 원자재 공급자부터 생산자, 물류 창고, 판매자를 거쳐 최종 소비자에게 전달되는 전 과정을 통합적으로 관리하는 것이라 설명하였다. 이때, 각각의 단계[02]에서 물건이 이동하는 과정을 물류라고 하며, 공급망 관리의 핵심적인 프로세스 중 하나라고 할 수 있다. 물류 관리의 범위는 국제적인 수준에서부터 지역적인 수준까지 매우 광범위하고 다양하다. 예를 들어, 물류 관리는 비행기나 배와 같은 대형 교통수단을 이용하여 국가 간 상품을 이동시키는 것에서부터 시작해, 트럭을 이용해 단지 내 또는 인근 동네에 상품을 효율적으로 배달하는 일까지 다양하게 나타난다. 이처럼 물류 관리의 범위는 국제 무역의 핵심적인 역할을 하기도 하며, 동시에 지역사회 내에서의 일상적인 물품 이동과 공급을 책임지는 중요한 기능을 수행한다.

물류 관리의 다양한 분야 중에서 전자상거래의 확산으로 그 중요성이 더욱 강조되고 있는 라스트마일 배송(Last-Mile Delivery)에 대해서 살펴보자. 라스트마일 배송이란 공급망 내에서 물류의 마지막 단계로, 소비자가 주문한 물건을 물류센터나 배송지로 부터에서 고객에게 직접 전달하는 과정을 의미한다.

02 공급망 관리에서 각 단계를 Stage 또는 Echelon이라고 한다.

이 마지막 1마일은 전체 배송 과정 중 거리로는 가장 짧지만, 비용과 시간 면에서는 가장 복잡하고 민감한 구간이다. 소비자 입장에서는 구매한 물건을 전달받는 사용자의 경험이 이뤄지는 단계이기 때문에, 추후 구매에 영향을 미칠 수 있다. 반면 공급자 입장에서는 교통 상황, 주소 정확도, 고객 부재, 수령 시간 조율 등 다양한 변수로 인해 물류 비용이 많이 발생하는 단계이기도 하다. 특히, 새벽 배송, 당일 배송과 같이 주문 이후 단시간에 물건을 배송받기 원하는 고객이 증가함에 따라 시장의 경쟁도 매우 치열한 분야라고 할 수 있다.

라스트마일 배송의 최적화를 이해하기 위해 민수의 사례를 살펴보자. 스타트업 기업인 퀵루트는 도심 내 라스트마일 배송을 전문으로 하는 물류 대행 기업이다. 이 회사의 핵심 서비스는 온라인 쇼핑몰 업체의 물품을 2시간 내 배송해 주는 것이다. 배송기사인 민수는 오늘도 태블릿으로 할당된 배송 리스트를 확인했다. 주문은 총 6건으로 확인되었다. 민수는 지금까지의 경험으로 방문할 집의 순서를 생각했으나, 이 순서가 가장 좋은 방법인지 확신이 서지 않았다. 다음날 민수는 물류연구소에 가장 좋은 방문 순서를 자동으로 생성해 줄 수 있는지 문의하였고, 물류연구소에서는 이 문제를 바로 해결해 주기로 약속했다.

일반적으로 한 사람이 여러 도시를 방문할 때 모든 도시를 정확하게 한 번씩 방문한 후, 출발지로 다시 돌아오기 위한 최단 경로를 찾는 문제를 외판원문제(Traveling Salesman Problem, TSP)라고 한다. 그리고 외판원 문제를 확장하여 여러 대의 차량이 여러 고객에게 상품을 배송하면서 총 비용을 최소화하는 최적의 경로를 찾는 문제를 차량경로문제(Vehicle Routing Problem, VRP)라고 한다. 외판원 문제이 비해서 차량경로문제에서는 차량의 수량 제한, 용량 제한과 같은 특수한 제약들이 추가적으로 반영된다. 이러한 제약 조건들로 인해 VRP는 TSP보다 훨씬 복잡하며, 실제 물류 및 운송 분야에서 다양한 유형의 문제로 변형되어 사용되고 있다. 예를 들어, 배송 차량의 적재 용량이 초과되지 않도록 고객의 주문량을 고려하는 용량 제한 VRP(Capacitated VRP), 각 고객이 정해진 시간 내에 상품을 수령해야 하는 경우를 고려하는 시간 창이 있는 VRP(VRP with Time Windows), 차량이 출발하는 차고지가 여러 개를 운영하는 다차고지 VRP(Multi-Depot VRP), 용량이나 성능이 다른 다양한 유형의 차량을 운영하는 이종차량 VRP(Heterogeneous VRP) 등이 있다. 최근에는 전기차의 특성을 반영하는 VRP(Electric VRP), 드론과 트럭의 배송을 함께 고려하는 VRP(VRP with Drones) 등으로 확장되어 활용되고 있다. 이러한 변형들은 실제 물류 운영 상황을 더욱 정밀하게 반영하고, 효율적인 자원 배분과 비용 절감을 가능하게 한다.

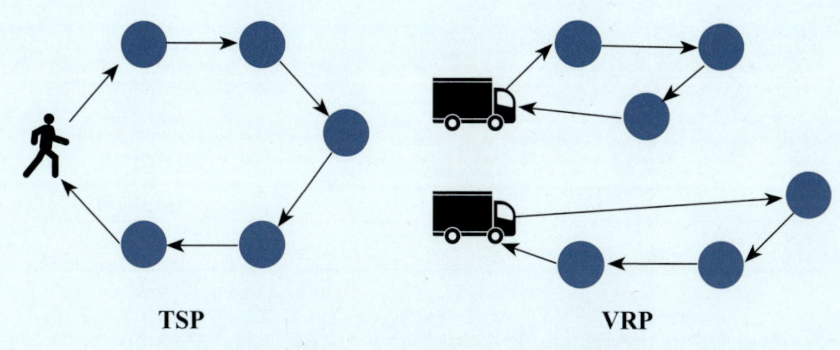

그림 8-10 외판원문제와 차량경로문제

외판원 문제와 차량경로문제는 모두 해를 찾는데 걸리는 시간이 매우 오래 걸리는 문제[03]에 해당된다. 예를 들어, 외판원문제에서 방문할 도시가 10개라면 가능한 경로의 수는 (10−1)!/2 = 181,440개이다. 만일 방문할 도시가 20개라면 약 6000억 개 이상의 경로가 존재해서 정확한 해를 구하는 건 사실상 불가능하다. 따라서 큰 사이즈의 문제를 풀어야 한다면, 일반적으로 휴리스틱이나 메타휴리스틱과 같은 알고리즘을 활용해 빠르게 근사최적해를 찾기 위해 노력한다.

03 이러한 문제를 NP-hard문제라고 한다.

연/습/문/제

5-1 한 외판원이 도시 A에서 출발하여 도시 B, C, D를 각각 한 번씩 방문한 뒤 다시 도시 A로 돌아오려고 한다. 도시 간 이동에 필요한 거리는 아래 표와 같다. 외판원이 모든 도시를 정확히 한 번씩 방문하고, 출발지인 도시 A로 돌아오는 최단 경로를 찾고, 총 거리를 구하시오. (힌트: 작은 사이즈의 문제이므로 모든 경우의 수를 비교하시오.)

	A	B	C	D
A	–	10	15	20
B	10	–	35	25
C	15	35	–	30
D	20	25	30	–

5-2 전기차를 활용한 VRP문제는 일반적인 차량을 이용하는 VRP 문제와 비교하였을 때 어떠한 특별한 사항을 반영해야 하는가?

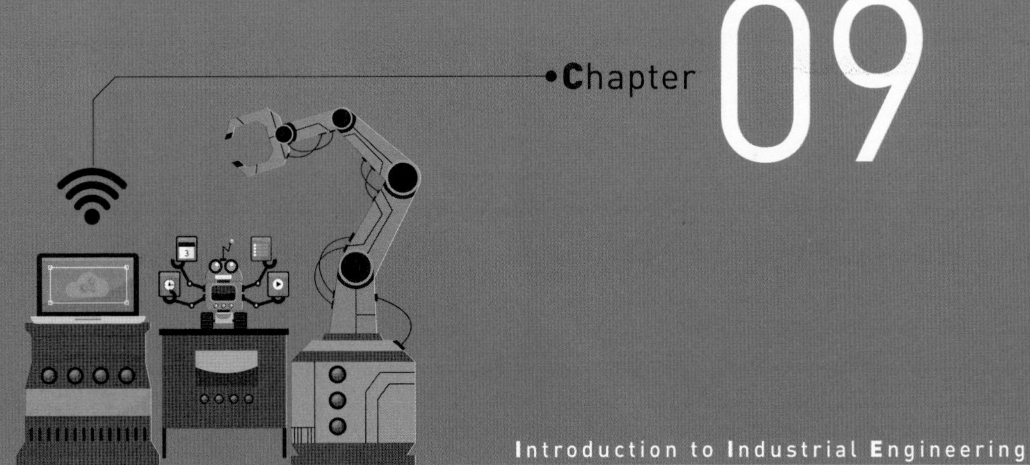

서비스경영

1. 서비스가 경제의 주체가 되고 있다
2. 대부분의 창업은 새로운 서비스의 개발에서 시작된다
3. 서비스의 성공은 고객과의 접근성에 있다
4. 왜 항공사는 좌석수보다 많은 오버부킹을 하는가
5. 같은 항공편 탑승객의 티켓 구매가격은 모두 다르다
6. 서비스에 대한 기다림은 긍정적인가, 부정적인가

Chapter

09 서비스경영

1 서비스가 경제의 주체가 되고 있다

서비스산업이 전체 산업생산의 50%를 넘은 것은 대표적 선진국인 미국과 영국의 경우 1960년대 초반이며 패전국으로서의 선진국인 독일과 일본도 1970년대 후반부터이다. 서비스산업 종사자의 비중도 비슷한 시기부터 전체 산업 인구의 절반을 넘어서기 시작하였다. 한국의 경우 전체 산업생산 및 산업인구 측면에서도 1990년대 초반에 서비스산업이 절반을 넘어서기 시작하였으며 현재는 전체 국가GDP 기준 60%, 고용의 기준으로 70%를 넘고 있다. 미국은 2024년 기준 서비스산업의 GDP 비중 및 산업 종사자 기준 모두 80%를 넘어서고 있다. 경제가 발전할수록 서비스산업은 경제의 중심이 되며 거의 모든 경제활동이 서비스산업이거나 서비스산업과 연관되었다고 할 수 있다.

인류가 산업을 통한 경제활동을 시작한 이래로 19세기 초까지는 콜린 클라크(Colin Clark)의 산업분류 체계상 1차산업이 주를 이루다가 산업혁명 이후 인간의 체력 이상의 동력을 생산하기 시작하면서 2차산업, 즉 제조업의 시대를 형성하여 왔다. 물론 현재도 제조업은 산업활동의 핵심을 이루며 경제적 부를 창출하는 핵심산업이지만 이제 3차산업에 해당하는 서비스산업이 모든 경제적 활동의 가장 큰 부분을 차지하고 있다. 서비스산업은 인간이 경제적 활동을 하기 시작할 무렵부터 함께 존재해 왔지만 지금은 새로운 비즈니스를 창출하고 또한 산업군을 주도하는 모든 부문이 서비스산업이라고 해도 과언이 아니다. 산업혁명이 제조업의 시대를 열어 100여 년이 넘도록 지속해 오고 제조업의 강국이 선진국이 되었듯이 서비스산업의 시대를 만들고 이를 이끌고 있는 산업동력의 핵심을 이해하고 또 다른 경제의 주체를 형성해 나가는 것은 필요하다.

서비스산업이 경제의 주축임을 여러 가지 측면에서 설명할 수 있지만 한 가지 예로서 2004년 기준 세계 10대 기업 중 서비스 기업은 2위 마이크로소프트, 6위 월마트뿐이었으나 20년이 지난 2024년 기준 세계 10대 기업 중 서비스기업은 1위 마이크로소프트, 2위 애플, 4위 알파벳, 5위 아마존, 7위 메타 등 6개 기업이며 마이크로소프트 기업의 경우 20년 동안 주식의 시가총액이 12배로 성장하였다(Visual Capitalist Forbes). 소비자의 입장에서 우리의 생활을 살펴보더라도 스마트폰을 이용하여 생활 전반을 계획하고 기록하고 예약하며 음악을 듣고 정보를 찾으며 쿠팡을 이용한 구매활동을 하며 카페와 패스트푸드와 식당을 결정하는 등 생활의 모든 활동이 서비스 기반으로 연결되어 있다. 이는 생활의 편리성을 가져다주는 서비스에 여러 가지 형태로 돈을 지출하고 있고 이러한 서비스기반 경제활동이 현대의 경제활동이라는 점이다.

서비스산업이 이처럼 경제활동의 주축이 된 이유는 무엇일까? 가장 큰 이유는 정보시스템(IT)과 인터넷이 보편화되면서 모든 경제활동을 주도하게 된 이유일 것이다. 이는 제조업의 시대를 산업혁명이 가져다 준 기계와 전기동력으로 가능하게 했다는 점과 유사하다. 정보시스템과 인터넷은 제조업 자체의 패러다임을 바꾸었으며 그로 인하여 이의 연장선상에서 인간이 필요로 하는 진정한 수요 또는 필요를 알게 되었고 이를 서비스산업으로 연계하되 정보시스템과 인터넷이 지역적 한계를 극복하면서 지금과 같은 서비스 시대를 열게 하였다. 제조업은 기본적으로 사람이 필요로 하는 제품을 상상하고 이를 생산하는 것이 핵심이었기에 제품을 생산하는 경쟁력이 필요하고 이는 또한 규모의 경제의 원리대로 대형화 및 집중화를 통한 생산성의 경쟁이었다. 반면 서비스는 개별화되어 있는 사람의 다양한 니즈를 파악하고 이를 만족시키는 서비스를 상상하여 서비스제품화하는 것이며 이를 실현하기에 필요한 기술은 누구나 접근하기 쉬운 인프라를 이용하는 것이 대부분이어서 제조업과는 다른 보편화된 산업화의 구조를 가지고 있다는 점이다. 결론적으로 누구나 쉽게 필요한 서비스에 대한 비즈니스화가 가능하다는 점이다.

서비스 산업군은 전통영역인 도매, 소매 등의 유통업, 수송 및 보관산업, 호텔 등의 숙박업과 연관된 레저산업, 병원 및 건강케어산업, 금융 및 재정서비스산업, 교육산업, 전문지식서비스산업, 정보산업, 정부를 포함하는 공공서비스산업 등 다양한 형태를 가지고 있다. Fritzsimmons 교수는 특성에 따라 이를 3개의 그룹으로 나누었다. 첫째, 순수서비스군 3차산업으로 호텔, 식당, 생활유지보수서비스, 둘째, 4차산업으로 규정한 수송, 통신, 도소매 유통, 금융, 공공서비스 등으로 풍족한 삶을 위한 인간의 교류차원의 서비스산업, 셋째, 5차산업이라고 정의하여 인간의 삶의 수준을 높이는 서비스산업으로 건강, 교육, 연구, 예술, 엔터테인먼트 산업 등이 이에 포함된다. 사회가 발전할수록 좀더 높은 차원의 서비스가 등장하고 발전하여 새로운 비즈니스의 기회가 많아지며 서비스의 창출은 이러한 서비스 군의 특성, 특히 본질적인 필요 및 수요시장을 인식할 때 더욱 발전된 모습으로 발전할 수 있다.

정보시스템과 인터넷으로 만들어진 인프라는 제조업을 단순히 제품을 생산하는 제조업이 아니라 고객이 필요한 제품을 최종수요자까지 전달하는 공급망 전체의 서비스 비즈니스로 바꾸었다. 고객수요응대라고 정의되는 모든 활동이 제품을 생산하는 과정을 제외하면 모든 과정이 서비스이고 이 활동의 대부분을 제조 기업이 담당하다가 이제는 이송, 분배, 보관, 전달과정이 수많은 객체가 나누어 담당하면서 부가가치를 생산하는 서비스활동이 되었다. 미국의 아마존과 한국의 쿠팡은 이러한 비즈니스를 담당하고 있으며 이 과정에 참여하는 수많은 비즈니스 그룹이 분담, 연계되어 운영되고 있다. 누가 만드느냐보다 어느 루트를 통해 필요한 제품을 전달받느냐가 더 큰 경제활동이 되었다. 또한 제조업은 하나의 이벤트로서 좋은 제품을 생산하기 위한 경제활동에서 고객과 지속적인 관계 속에 공급망 관계를 유지하기 위한 비즈니스 활동이 필요하게 되었고 이는 제조업서비스라는 새로운 영역을 창출하게 된다.

인터넷이 창출해 낸 새로운 비즈니스는 이제 상상이 곧 비즈니스의 영역이 되었다. 기존의 물리적 이동이 필요하던 제품이 이제는 인터넷 온라인망을 통해 고객에게 직접 전달되거나 또는 비즈니스의 활동을 가능하게 하거나 도움을 주는 서비스로 창조되어 고부가 가치의 경제활동이 되었다. 우선 모든 결제시스템이 온라인으로 가능하게 되었고 물리적 현금이 불필요한 시대가 되었다. 고객이 필요로 하는 모든 정보 또는 생활의 질을 높여주는 니즈, 예를 들면 넷플릭스 서비스, 카카오 또는 인스타그램을 통한 SNS 서비스, 각종 앱을 통한 생활 속 편이도를 높이는 모든 경제활동이 수많은 서비스를 창조해 내고 있다.

현대의 서비스산업은 기존의 서비스산업에 속하면서도 다른 서비스를 제공하면서 성공적인 비즈니스의 형태를 취하고 있다. 한 예를 들면 스타벅스 카페의 경우이다. 카페는 커피나 차를 고객들에게 제공하여 편안함을 제공하는 전형적인 서비스산업이다. 세계적으로 커피가 보편화되어 카페가 성업 중이던 17,18세기부터 최근까지도 전세계 어디에서나 다양한 형태로 운영되고 있었다. 그러나 하워드 슐츠가 기존의 커피원두 판매회사이던 스타벅스를 1987년 인수하면서 고객에서 직접 커피를 판매하는 커피전문점으로 새롭게 탄생시켰고, 2024년 기준 전세계에 36,000여 개의 점포, 한국에만 약 1,900여 개 이상의 점포를 운영하고 있다. 비즈니스 차원보다도 더 중요한 것은 스타벅스가 카페 문화를 새롭게 창조하고 고객들에게 숨어있었던 고급 카페문화에 대한 니즈를 채워주었다는 것이다. 단순히 카페가 아니라 쉬는 장소이자 일하는 장소, 또는 문화를 체험하는 장소로 자리매김하였다. 또한 고객과 시장을 확인한 경쟁자들에게 비슷한 형태의 카페산업을 활성화하게 하였고 아울러 이보다 상위의 카페 및 하위의 보편화된 카페도 동시에 산업화되어 새로운 서비스 문화시장으로 자리 잡았다. 이 과정에는 인터넷과 IT 기술이 뒷받침하고 있으며 부유하고 다양화된 고객층의 고급수요에 대한 충족과정이 새로운 형태의 서비스 시장과 서비스산업이 형성되었다.

기존의 1차산업과 2차산업도 정보시스템과 인터넷을 통해 새로운 산업 패러다임으로 혁신하고 있지만 서비스산업의 혁신이 가장 압도적이며 1, 2차산업도 이제는 서비스 산업을 통한 경제활동을 위한 방향으로 바뀌고 있다고 할 수 있다. 예를 들면 제조업이 추구하는 스마트 팩토리의 경우 결국은 고객이 필요로 하는 제품을 고객이 원하는 장소에 고객이 원하는 시간에 전달하기 위한 자동화 및 고객화를 달성하기 위하여 공장의 제조수준과 구조를 설계하고 있기 때문이다. 실제로는 산업의 분류 자체가 무의미해지고 이제는 모든 경제활동이 고객에게 무형, 유형의 제품을 전달하기 위한 총괄적 서비스활동이라고 볼 수 있다. 서비스는 인간이 필요한 모든 것을 제공하기 위한 과정이며 이를 비즈니스화하는 과정이라고 볼 수 있다. 때로는 인간이 무엇이 필요한지 알지 못하고 있다가 상상에 의한 서비스 창출이 이루어진 후에 필요했던 것임을 알기도 한다. 이는 인터넷이 등장하기 전에는 모든 사람들이 그것을 진정으로 필요로 하고 있었는지 자체를 알지 못했었고 국방에서 개발되어 인간에 개방되면서 인터넷의 효능과 필요성을 알게 되었고 이제는 모든 서비스산업의 기본 인프라가 되었다.

연/습/문/제

1-1 다음의 기업들의 비즈니스 영역에서 제공하고 있는 서비스에 대해서 (a) 서비스의 핵심, (b) 서비스에서 사용되는 핵심기술, (c) 서비스 비즈니스의 성공요인, (d) 향후 성장 가능성에 대해서 간략히 그러나 구체적으로 답하시오.

> 아마존, 넷플릭스, 카카오톡, 스타벅스, 페덱스, IKEA, ChatGPT, 인터파크, 캐치테이블, 동네빨래방, 동네헬스짐, 유튜브, 맛집

2 대부분의 창업은 새로운 서비스의 개발에서 시작된다

경제활동으로의 서비스를 학자들은 “사람, 기술 및 시스템에 의해서 공동으로 가치를 교환하고 생산하는 경제활동”이라고 정의하였다. 다소 쉽지 않게 정의되는 이유는 짧은 단어로 정의하기 어렵고 한편으로는 서비스가 매우 다양하다는 의미이다. 우선 서비스의 대부분은 무형의 가치 또는 무형의 경험으로 시간이 지나면 사라지는 형태로 유형의 제품을 획득하는 제조업과 대비된다. 예를 들면 병원에서 진료서비스를 받는 경우 고객에게 전달되는 서비스는 질병에 대한 정보와 치료인데 서비스의 핵심은 치료라고 하는 무형의 가치이다. 또한 서비스가 전달되는 과정은 고객과 서비스 제공자의 상호협력과정이 필요하고, 이 과정이 서비스의 생산과정이면서 소비과정으로 볼 수 있다. 일반적으로 생산과 소비가 분리되어 있는 제조업과는 다른 형태의 프로세스로 구성되어 있는 것이다. 인터넷을 통해 온라인으로 제공되는 서비스도 결국은 사람과 사람이 직접 만나는 서비스 전달 과정이 온라인으로 옮겨갔을뿐 공동으로 가치를 교환하고 전달하는 서비스의 핵심은 동일하다고 할 수 있다.

식당, 호텔, 항공 서비스는 고객이 필요로 하는 니즈를 일정한 장소나 설비를 통해 제공하게 되는데 서비스가 생산되는 것은 고객이 서비스를 제공받기 위해 서비스 시설에 도착하게 되면서이다. 또한 서비스가 생산됨과 동시에 서비스가 소비된다. 서비스의 생산과 소비의 동시성은 보관되지 않으며 미리 제공할 수도 없다. 따라서 제조업처럼 별도의 공장에서 많은 양을 생산하여 재고를 유지하고 있다가 고객의 수요변동성을 대비하는 시스템체계를 운영할 수 없다. 서비스의 제공능력이 곧 서비스의 생산능력이며 판매능력이 된다. 식당의 테이블 수, 항공편의 좌석 수, 콜센터의 직원 수, 고속도로의 톨게이트 수가 서비스 제공능력이다. 이러한 특성 때문에 생산과 소비가 별도의 장소에서 발생할 수 없고 고객의 수요가 있는 곳에 서비스 제공설비가 있어야 한다. 스마트폰 생산공장은 중국과 베트남에 대규모로 만들 수 있어도 스타벅스는 고객이 있는 도심 지역에 수많은 작은 점포로 존재할 수밖에 없다. 또한 생산과 소비의 동시성으로 소비가 발생하기 전에 생산이 별도로 이루어지지 않기 때문에 서비스의 품질관리가 훨씬 더 어렵다.

서비스는 제공되는 순간이 지나면 없어지기 때문에 재고로 보존될 수가 없는데 이는 사실 서비스의 동시성의 결과이기도 하다. 항공기가 이륙하면 좌석이 비었다 하더라도 그 시간에 제공될 수 있었던 서비스는 영원히 사라진다. 고객의 수요는 일정하지 않기 때문에 가변적으로 서비스를 제공할 수 없는 상황에서는 고객의 수요와 서비스의 제공, 즉 공급 간의 균형을 맞추는 것이 서비스의 효율적인 운영일 것이다. 서비스는 사람과 설비를 통해 제공되기 때문에 이를 변화무쌍한 고객의 수요에 따라 가변적으로 변동하기에는 큰 비용이 발생하고 이를 최소화하기 위한 여러 종류의 운영 전략이 필요하다. 수요를 평준화하기 위한 방법으로 예약시스템, 또는 가격변동을 통한 수요의 이동을 유도한다. 예약시스템이 많이 발달한 것은 대부분 항공, 병원, 식당, 호텔 등이며 파격적인 가격할인도 이로 인한 수요를 이동하기 위한 방법이다. 서비스의 제공자 입장에서도 파트타임 직원을 수시 채용하고 고객의 셀프서비스를 유도하는 것도 결국은 일정한 수준의 서비스 공급능력을 변동성 많은 고객의 수요에 제한된, 또는 일정한 수준의 공급능력으로 대응하기 위한 방법이다. 대표적으로 인기 있는 맛집에서 고객에게 기다리게 하는 것도 서비스의 공급과 수요를 맞추기 위한 방법인데 고객의 기다림은 사실 그만큼의 손실임을 알면서도 공급능력을 효율적으로 증가시키고 감소시키기에 필요한 비용보다 작기 때문에 취하는 방법이다.

서비스는 무형의 가치이다. SNS를 통해 정보와 의견을 교환하거나 연극이나 영화를 통해 고객에게 전달되는 감성은 물론 무형의 가치이다. 그러나 모든 서비스는 비록 식당에서 음식을 제공받고 항공편을 통해 여행을 할 수 있더라도 제품을 전달받는 것은 아니다. 쿠팡을 통해 제품을 구매하고 배민을 통해 음식을 배달 받더라도 고객이 만족하는 것은 기본적으로 제공된 서비스이다. 이러한 서비스는 구매하기 전에 볼 수 있거나 만질 수 있거나 테스트해 볼 수도 없다. 서비스의 종류에 따라 라이선스가 필요하고 또한 서비스에 대한 사전등록, 각종 규제가 적용되는 것도 이러한 무형성의 특징 때문에 서비스 제공자와 고객 간의 상호신뢰 수준을 최소한의 수준에서 확보해야 하기 때문이다. 또한 대부분의 서비스는 다른 고객들의 평판이 중요하고 신뢰할 만한 수준의 브랜드 네임이 서비스 성공의 핵심이 된다. 서비스는 제품과 달리 특허라고 하는 것이 거의 없다. 고객의 댓글과 맛집에서 볼 수 있는 연예인의 방문 사인이 중요한 이유이기도 하다. 서비스 비즈니스에서의 프랜차이즈는 무형의 가치에 대한 신뢰를 고객에게 전달하기 위한 방법이며 고객에게 접촉이 이루어져야 하기 때문에 수많은 점포가 널리 있어야 하는 필요성에서 발달한 전략이다. 서비스의 무형성은 비슷한 비즈니스 시장으로서의 쉬운 접근성을 제공하기도 하지만 이미 구축된 서비스 비즈니스의 경우는 진입장벽이 되기도 하고 혁신적인 변화를 가로막기도 한다.

무엇보다도 서비스의 차별적인 특징은 서비스의 생산과정에 서비스를 구매하는 고객이 직접 참여하고 공동으로 협력한다는 점이다. 제품은 생산과정과 소비과정이 철저하게 구분되어 있고 대부분 생산과정에 고객이 참여하지 않는다. 다만 완성된 제품이 고객에게 전달된다. 그러나 서비스는 생산과 소비의 동시성과 아울러 제공자의 활동과 소비자의 활동이 함께 이루어진다. 그렇기 때문에 동일한 서비스라도 고객의 참여 방법에 따라 서비스의 품질은 전혀 다르게 전달될 수 있다. 서비스를 제공하는 직원의 수준이나 서비스의 제공 개념에 따라 고객이 받아들이는 만족도가 전혀 다르다. 또한 고객이 어느 수준으로 서비스 생산에 참여하느냐에 따라 전혀 다른 서비스라고 느낄 수 있다. 그렇기 때문에 서비스를 제공하는 설비의 수준도 중요하고 고객의 적극적 참여 및 사전 숙지 유도과정이 서비스 프로세스에는 필요하다. 이러한 특징은 서비스 프로세스가 대형화 및 효율화 과정이 제조업보다 훨씬 더 어렵게 한다. 서비스는 기본적으로 개인화된 형태로 전달되는 것이기 때문에 이 과정에 발생하는 인적 물적 비용이 높을 수밖에 없다. 종종 스타벅스 카페의 커피값이 원두값에 비해 비싸다고 생각한다. 그러나 스타벅스에 가는 이유는 원두와 커피만을 구매하러 가는 것은 아니다. 공장에서 기계에 의해 생산되는 커피믹스가 아니라 개별화된 주문에 따라 하나씩 내려지는 커피와 또한 스타벅스의 안락한 쉼, 그것도 고객마다 다르게 느껴지는 감성의 서비스를 찾아 그곳을 방문한다. 동일한 서비스라도 고객마다 다르게 받아들여지는 특성 때문에 또한 이를 허용하고 가능하게 하는 서비스의 설계가 필요하다.

서비스는 고객의 진정한 니즈와 또한 감성적인 교류까지 파악하여 서비스 비즈니스가 설계되고 또한 운영되는 것이 필요하다. 스타벅스 카페는 처음 비즈니스를 시작할 때 타깃고객층이 감성 충만한 전문직 중년 여성층이었다고 한다. 그 고객층은 커피가격보다 커피맛을 중요하게 생각하고 여유롭게 카페에서 담소와 또는 여유를 즐기고자 하는 상류층이기를 원하는 사람들이다. 이러한 니즈에 맞게 스타벅스 카페와 서비스를 설계하여 지금의 고급 카페문화를 만들었다. 아마존은 하나의 플랫폼에 세상의 모든 제품을 담은 것도 중요하지만 고객들이 가장 힘들어하고 귀찮아하는 지불 프로세스를 가장 단순하고 쉽게 설계하고 이를 운영함으로 아마존을 경험한 고객층이 떠나가지 않도록 하였다. 카카오톡의 핵심기능은 메시지 전달이지만 무제한의 대화를 가능하게 하고 또한 수많은 이모티콘을 제공하여 마치 함께 마주앉아 있는 듯한 생활의 일부분인 것처럼 다양한 고객을 가상공간에 담아두는 서비스를 제공하였다. 이러한 고객들의 만족감은 사실은 고객조차도 이러한 서비스를 이용하기 전까지는 내가 필요로 하는 서비스가 이러한 것임을 직접적으로 알지 못했던 것이 대부분이다.

비즈니스로서의 서비스의 창출은 무궁무진하다. 서비스가 가지는 특성을 잘 활용하여 새로운 니즈를 발견하고 이를 하나의 비즈니스 아이템으로 발전시키는 것은 앞으로도 무한한 가능성이 있다. 특히 요즘의 서비스는 경험의 서비스라고 정의한다. 즉, 서비스 프로세스를 통해 경험을 제공하고 고객을 서비스 프로세스에 끌어들여 때로는 고객이 담당하게 하지만 이는 결국 고객이 체험해야 서비스가 완성되어 하나의 경제활동이 된다. 고객은 부지불식간에 서비스 제공자가 요구하는 활동 또는 수고를 담당하고 참여하면서도 이 경험에 대해 비용을 지불할 만한 충분한 가치가 있다고 생각한다. 키오스크를 통해 음식을 주문하는 수고를 하지만 이는 누가 간섭하지 않는 자유 속에서 여유롭게 주문을 하는 시간을 즐기며 본인 스스로 선택한 메뉴에 대해서는 늘 호감을 갖게 한다. 여행, 예술감상, 엔터테인먼트 등도 기본적으로 고객의 경험을 만들어 주는 서비스이지만 더욱더 개인화된 경험을 만들게 하고 이를 기록으로 만들게 하는 여러 종류의 부가 서비스 등은 고객에게 더욱 풍요로운 서비스 경험을 제공한다.

새로운 서비스 비즈니스는 어떻게 만들어지는가? 모든 산업에서의 혁신과정이 그렇듯이 새로운 비즈니스는 신규 기술이 개발되면서 이를 이용하는 비즈니스가 탄생하여 과학적 발전이 산업을 견인하는 경우이고 또 하나의 방향은 고객층에서 필요로 하는 수요와 니즈가 발생하면서 이를 만족시키기 위한 비즈니스가 탄생한다. 인터넷은 사실 일반인에게 오픈되기 전까지는 사람이 필요로 한다고 생각하지 못했었고 기술이 시장에 등장하면서 이를 이용한 수많은 인터넷 비즈니스가 탄생하였다. 보편화된 택배서비스는 고객이 필요로 하고 있었고 특히 팬데믹시즌을 겪으면서 급속도로 성장하며 대규모 산업비즈니스가 되었다. 그러나 대부분의 서비스는 이러한 과학적 기술, 특히 IT와 인터넷의 기술을 이용하여 수요자인 고객의 니즈를 충족하는 형태로 개발되고 설계 운영된다.

전세계 시장을 대상으로 택배서비스를 제공하는 페덱스(FedEx)의 비즈니스의 개발은 설립자 프레드릭 스미스(Frederick Smith)가 예일대학교에서 전기공학을 전공하는 학생이었을 때 경제학 강의를 수강하면서 학기 프로젝트로 제시한 아이디어였다. 당시에도 비슷한 종류의 소화물 우편이 존재했고 사실 완벽히 새로운 비즈니스는 아니었지만 전기공학에서의 회로네트워크 개념을 이용하여 허브 앤 스포크(Hub and Spoke) 개념의 전국 택배시스템을 제안하였다. 수업에서 그 아이디어는 말도 안 되는 터무니없는 것으로 평가되어 C학점을 받았다고 한다. 미국 중앙에 허브를 통한 택배는 볼티모어에서 60km 떨어져 있는 워싱톤(DC)까지의 택배를 위해 항공기로 수천 km 이송하는 과정이 필요한 설계는 모두에게 설득력을 얻지 못했다. 그러나 그는 약 8년 후 자신의 재산과 투자를 받아 소형 항공기 14대로 이 비즈니스를 시작했고 지금은 전세계 220여 개국에 50,000개 내외의 점포를 두고 650여 대 항공기, 20만 대 이상의 차량, 50만 명 이상의 종업원으로 운영되는 대형 서비스 비즈니스가 되었고 특히, 소화물 운송에서 가장 빠르고 가장 신뢰할만한 서비스 비즈니스가 되었다. 무엇보다 중요한 것은 고객이 필요로 하는 서비스에 대한 인식과 이를 가능하게 하는 기술, 수많은 하드웨어형태의 설비(항공기와 차량), 이를 실시간으로 최적화하여 운영가능하게 하는 IT 기술 및 지능의 적절한 조합 및 경영일 것이다.

3 서비스의 성공은 고객과의 접근성에 있다

서비스는 기본적으로 서비스 제공자와 고객의 공동프로세스이기 때문에 생산과 소비가 분리될 수 없으며 따라서 고객이 가까이 있거나 고객이 서비스 제공 체계에 쉽게 접근할 수 있어야 한다. 이에 대해 혁신적인 수단을 제공한 것이 인터넷이고 그로 인하여 인터넷시대가 서비스 전성시대를 만들고 있으며 경제활동의 주축이 되어 가고 있다. 그러나 서비스의 대부분은 서비스 제공자와 고객 간의 물리적인 만남으로 가능하게 된다. 제조업은 생산된 제품을 고객에게 전달하는 과정인 수송이 점점 효율화되면서 고객과 더욱 멀어지고 있고 가장 비용이 싼 지역에서 대형의 규모로 생산되는 것을 추구한다. 그러나 서비스는 물리적인 만남을 필요로 하기 때문에 고객과 더욱 가까이 있어야 비즈니스가 성공한다. 국내에 50,000개 이상의 점포를 가지고 있는 편의점은 작은 점포로 운영되어 고객이 분포밀도와 동일하게 계속 분산된다. 카페가 대형화되어 운영되는 곳도 있지만 이는 일부 특이한 곳 외에는 일정 규모 이하의 작은 점포가 좀더 넓은 지역에 분포한다. 서비스 산업의 가장 큰 어려움 중의 하나는 대형화로 인한 규모의 경제 원리가 적용하기 힘들다는 점이다. 온라인만으로 구현되는 서비스가 아니라면 대부분 일정 설비나 시설을 통하여 고객을 만나고 서비스를 통한 접점이 필요하다.

서비스는 통상적으로 서비스제공자와 고객과의 만남으로 시작되기 때문에 고객이 접근가능하도록 또는 쉽게 매력적으로 접근하도록 물리적 거리가 가깝고 서비스시설이 주는 선호도 또한 중요하다. 이는 일단 고객과의 접점으로 만난 고객이 서비스를 채택할 수 있도록 해야 하고 또한 여러 번 방문하도록 만들어야 한다. 이러한 서비스 접점에서 시설 및 서비스 제공자로부터 고객이 느끼는 모든 영향력을 서비스 스케이프(Servicescape)라고 하는데 이는 서비스시설에 도착하였을 때 받는 인상과 서비스 시설에서 자연스럽게 서비스를 받을 수 있도록 하고 쉽게 순화되고 적응할 수 있도록 하기 위한 모든 내용을 포함한다. 호텔의 로비는 숙박하는 장소는 아니지만 고객이 받는 첫인상 및 모든 서비스를 대표하는 곳이기에 가장 화려하다. 고급레스토랑에서의 서비스 프로세스와 맥도날드 또는 푸드코트에서의 서비스 프로세스는 전혀 다르고 서비스 시설의 형태 및 고객의 동선 또한 다르다. 때로는 사전 지식이나 학습이 필요하기도 하고 비용절감을 위한 키오스크 설치 등으로 일부서비스를 고객에게 전가되기도 한다. 제공되는 서비스의 본질에 따라 고객과의 접점을 늘려서 고급화되고 개인화된 서비스를 제공하는 프로세스를 제공할 것인지 고객의 자율적 참여를 유도하고 서비스 제공자와의 접점을 최소화 또는 셀프서비스 위주의 체계를 설계하는 등이 서비스 비즈니스 성공의 핵심이 되는 것은 서비스가 기본적으로 고객과의 접근성 및 접점에서 서비스의 대부분, 즉 서비스의 전달 및 고객만족이 결정되기 때문이다.

서비스 비즈니스의 성공은 서비스를 제공하는 시설이나 사람과 고객과의 편리하고 효율적인 접근으로 시작되는데 가장 우선시되는 전략은 가격우선정책으로 모든 비즈니스의 첫 번째 목표인 낮은 가격으로 많은 고객을 유치하고자 하는 것이다. 이는 서비스공급의 대량화가 한계가 있다 하더라고 최대한으로 규모의 경제를 실현할 수 있는 수준의 대형화를 달성하거나 혁신적인 기술, 특히 정보화기술을 통해 낮은 가격으로 고객을 유치하는 전략이다. 표준화된 서비스를 제공하는 맥도널드나 피자헛, 대형사이즈만의 제품을 제공하는 코스트코, 항공서비스를 표준화하여 낮은 항공료를 제공하는 사우스웨스트항공, 공급수송망을 효율적으로 구성하여 낮은 회원가격으로 서비스를 제공하는 쿠팡 및 배달의 민족 등이 그 예이다. 이는 결국 고객이 접근 가능한 이동거리의 범위 내에서 프로세스의 표준화 및 단순화로 고객의 접근을 유도하고 이를 비즈니스의 핵심 전략으로 운영하는 것이다.

고객의 접근을 전혀 다른 방식으로 유도할 수도 있는데 가장 보편화된 핵심 전략은 세분된 고객 그룹에 대한 차별화전략이다. 스타벅스를 찾는 고객은 메가커피를 찾는 고객과 달리 차별화된 카페서비스를 기대한다. 그것이 커피의 맛이든 또는 카페의 안락한 분위기나 지원되는 IT서비스이든 차별화된 고객을 향한 접근을 창조하는 것이다. 스타벅스의 초기 서비스는 고객들에게 원두를 파는 것이었다. 그러나 시애틀에 처음 오픈한 일지오날레(Il Gionale) 카페는 카페의 고급서비스를 기대하는 고객층에게 최고의 접근성을 제공하고 직접 고객의 만남을 통해 차별화된 서비스를 제공했다. 이로부터 10년 내에 1,500개 내외, 20년 내에 7,500개 내외, 2025년 기준 약 17,000여 개, 전세계 기준으로 40,000여 개로 늘어났다. 스타벅스를 찾는 고객은 모든 카페고객 중에서 세분화된 고객그룹 중에서 일부 고객그룹일 것이다. 반면 메가커피나 컴포즈커피도 그들만의 차별화된 전략으로 서비스체계를 제공하는데 카페는 대부분 소형이며 매장보다는 테이크아웃에 중점을 둔 고객층을 대상으로 하고 있다. 이러한 차별화전략은 당연히 그들의 매장 위치 선정에도 직접적으로 관련되어 있다. 서비스는 보편적인 모든 고객을 물리적으로 상대할 수 없기 때문에 특정 고객그룹 또는 특정형태의 서비스에 집중하여 주어진 범위 내에서의 규모의 형제를 실현하고 고객에게는 고급서비스임을 인식시켜 고객과의 접점에 대한 충성도를 확보하는 것이 중요하다. 대부분의 맛집은 메뉴가 단순하며 유명한 소형병원도 특정 분야의 환자 그룹을 대상으로 하고 있다.

모든 서비스 제공시설이 위치의 결정에 신중할 수 밖에 없다. 일반적으로 서비스시설은 한번 설치되면 장기간 사용하게 되며 이를 이동하기 위한 비용이 크기 때문에 전략적 관점에서 세밀한 분석이 필요하다. 대부분의 유통 서비스는 상권의 중심에 위치하고자 할 것이고 물류서비스는 물류이동량을 최소화하기 위하여 고객과의 거리를 최소화하는 곳에 입지를 잡아야 한다. 위치에 따라 경쟁자와의 고객확보에 얼마나 유리한가가 결정된다. 아래 [그림 9-1]과 같이 (0,1) 사이의 도로 축에 두 개의 서비스회사가 입지의 위치 결정을 하고자 한다. 만약 A업체는 원점에서 a만큼 떨어진 곳에 위치를 잡고 (좌표 a), B업체는 1이라는 위치에서 b만큼 떨어진 곳(좌표 1-b) 에 위치한다고 가정한다. 모든 고객은 (0,1) 사이의 도로에 균일하게 분포되어 있다고 가정하고 또한 고객도 가까이 위치한 점포에서 서비스를 받는 것을 선호한다고 가정하자. A의 점포는 (0,a) 사이의 모든 고객과 (a,1−b) 사이의 고객 중 반, 즉 B점포보다 A점포에 더 가까운 고객 $\left(a,\ a+\frac{1-b-a}{2}\right)$을 서비스하게 되고 이는 곧 $\frac{1-b+a}{2}$의 고객을 담당한다. 마찬가지로 B점포가 담당하게 되는 고객은 $\frac{1+b-a}{2}$이다. A점포와 B점포의 입장에서는 시장을 극대화하기 위해서 $a=b=1/2$의 위치에 서비스 시설을 개설하고자 할 것이고 이는 곧 도로축상의 가운데에 모이게 된다. 이 경우 고객들의 평균 이동거리는 1/4이 된다. 그러나 고객은 두 점포가 1/4과 3/4 위치에 있을 때 가장 효율적일 것이며, 이 경우 평균 이동거리는 1/8이다. 경쟁서비스 시설이 한 곳으로 모이는 성향을 설명할 수 있는 이 모델을 호텔링(Hotelling) 모델이라고 한다.

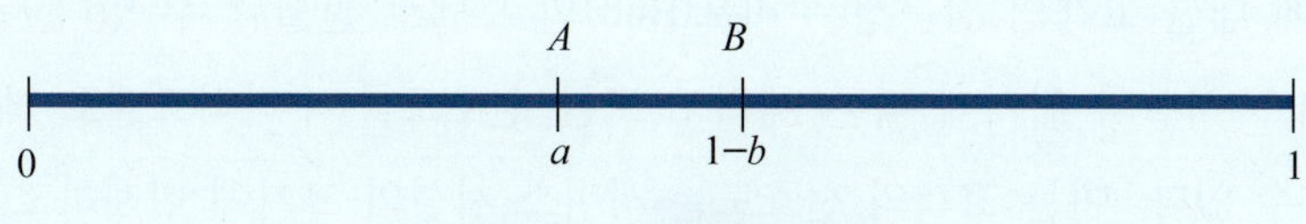

| 그림 9-1 | 호텔링 모델

서비스의 제공자 입장에서 서비스 설비의 최적위치를 결정하는 것은 서비스의 종류에 따라 다르다. 예를 들어 배달 전문 피자하우스를 오픈한다고 가정하자. [그림 9−2]와 같이 500세대 아파트와 1,000세대 아파트를 연결하는 도로축 상에 피자하우스를 열 수 있는 4곳의 입지 중 가장 적합한 곳은 어디일까? 적합하다고 하는 의미는 평균적으로 발생하는 수요에 대해 배달로 인한 수송거리의 합을 최소화하는 곳에 위치한다는 의미이다. 세대수의 크기에 따라 비례하여 수요가 발생할 것으로 보고 통상적으로 (500:1000) = (1:2)에 위치한 C라고 생각한다. 그러나 C에서의 이동거리는 500×600m+1,000×300m=600,000m인데 반하여 D에서의 이동거리는 500×900m+1,000×0m=450,000m이다. 이 경우 수요가 발생하는 지점 간의 거리에 상관없이 수요가 많은 곳이 항상 최적위치가 된다. 다만 두 곳의 수요가 같다면 수요가 발생하는 장소 두 곳 모두 최적위치이며 사실 중간의 어느 지점도 총소요비용을 최소로 하는 지점이 된다.

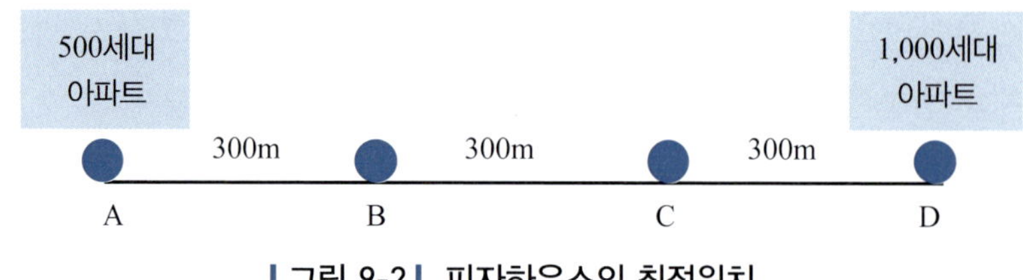

| 그림 9-2 | 피자하우스의 최적위치

그러나 서비스의 종류가 달라지면 이에 상응하는 최적의 위치도 다르다. 예를 들면 응급서비스 즉, 소방서나 병원응급실과 같이 고객의 관점에서 응급상황시 가장 빠른 시간에 서비스를 받는 것이 필요한 경우라면 가장 멀리 있는 고객까지의 거리를 최소화하는 것이 가장 합리적인 최적의 위치일 것이다. 이 경우 위와 같은 1,500세대를 위한 최적의 소방서 위치는 전체의 중간지점, A와 D 지점으로부터 450m 떨어진 중간지점이다.

시장에 대한 고객의 접근성은 허프(Huff)의 모델로 판별할 수 있다. 즉 고객과 서비스 시설의 위치에 따른 매력도 또는 선호도를 수리적모델로 제시하여 평가할 수 있다. 이는 고객의 선호도는 서비스 시설의 크기에 비례하고 거리에 반비례할 것으로 일반적인 상식으로 정의하여 다음과 같은 수리식을 제시하였다. 고객 i의 서비스시설 j에 대한 선호도(A_{ij})는 시설의 크기(S_j)와 고객과 서비스 시설간의 거리(T_{ij})의 함수로 표시할 수 있다. 또한 고객 i가 서비스시설 j로부터 서비스를 구매할 확률(P_{ij})은 모든 시설이 가지고 있는 전체 선호도 중에서 고객 i가 시설 j에 대한 선호도가 차지하는 부분으로 계산할 수 있다.

$$A_{ij}=\frac{S_j}{T_{ij}}, \qquad P_{ij}=\frac{A_{ij}}{\Sigma_j A_{ij}}$$

위에서 제시한 두 개의 아파트 단지에서 B와 C 위치에 두 개의 피자하우스가 있고 B에 위치한 피자하우스의 시설크기가 C의 피자하우스 시설크기의 3배로 선호도가 이에 비례하고 거리도 300m를 간단히 각각 1이라고 가정하자. A 아파트 세대의 B와 C에 대한 선호도는 각각 (3/1, 1/2)이며 따라서 A아파트 500세대는 선호도의 비율대로 6:1로 분배되어 435세대는 B피자하우스로 65세대는 C피자하우스로 각각 분할될 것으로 예측된다. D아파트 세대의 B와 C에 대한 선호도는 각각 (3/2, 1/1)이며 D아파트 1,000세대는 B와 C피자하우스에 3:2으로 분할되어 각각 600, 400세대가 이용할 것으로 분석된다. 따라서 B피자하우스의 고객은 1,035세대, C피자하우스의 고객은 465세대일 것이다. 이와 같은 분석은 여러 서비스 시설의 후보지에 대해 분석함으로 고객에 대한 시장 분석의 기본적 사항을 제시해 줄 수 있다.

연/습/문/제

3-1 아래와 같은 일직선상의 도로에 5개의 고객그룹(A, B, C, D, E)이 위치하고 있다. 각 고객그룹의 서비스 요청 빈도는 각각 (5, 2, 4, 6, 7)이다. 5개 고객그룹에 서비스를 제공할 서비스 센터를 건립하고자 하는데 원활한 서비스 제공을 위하여 서비스센터로부터 고객까지의 이동거리의 총합을 최소화하는 지점을 찾고자 한다. 이동거리의 총합은 고객까지의 이동거리와 고객그룹의 서비스 요청 빈도수를 곱하여 계산된다. 서비스센터를 건립하는 적절한 위치는 어디인가? (힌트: 본문의 피자하우스 예를 통하여 발견한 사실을 일반화하면 고객이 위치한 곳 중의 하나이며 이를 수학적으로 증명할 수 있다.)

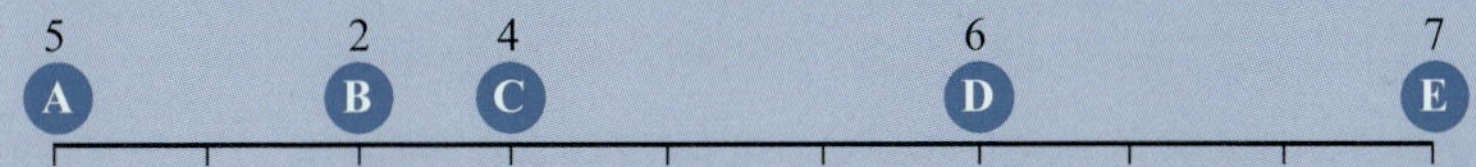

3-2 동네에 현재 규모 100㎡의 헬스센터(Gym)가 하나 운영되고 있다. 주요고객은 3개 지역의 주택단지로 구성되어 있으며 각각 (200, 500, 300) 세대로 구성되어 있고 헬스센터의 고객은 세대수에 비례한다고 보고 있다. 현재 새로운 헬스센터를 오픈하기 위해 두 가지 대안 A, B를 분석하고 있다. 현재 헬스센터 및 대안 A, B와 지역고객간의 거리 및 대안 헬스센터의 규모는 다음과 같다, 헬스센터를 찾는 고객의 분포가 허프(Huff)모형을 따른다고 할 때 고객의 선호도 측면에서 어느 대안이 좋은지 분석하시오.

	규모	헬스센터까지의 거리		
		지역 1	지역 2	지역 3
(현재) 헬스센터	100	5	10	10
대안 A	100	10	5	15
대안 B	200	20	10	5
고객 세대수		200	500	300

4 왜 항공사는 좌석수보다 많은 오버부킹을 하는가

모든 비즈니스가 그렇지만 공급과 수요를 적절히 맞추는 것이 생산성의 기본이다. 고객의 원하는 수요를 원하는 시간에 공급하는 것이 모든 경제활동의 핵심이다. 공급이 많으면 이로 인한 재고가 발생하고 가격이 하락한다. 대부분의 고객 수요는 공급보다 훨씬 더 변동성이 많고 시간과 장소에 따라 변동하는 수요를 공급이 맞추는 능력이 곧 경쟁력이다. 모든 비즈니스는 공급과 수요를 맞추는 매칭게임이라고 할 수 있다. 제조업에서 공급수요 균형을 맞추기 위한 가장 좋은 무기는 재고이다. 공급능력은 대부분 탄력적이지 않고 용량을 늘리기 위한 투자는 비용이 소요되며 시간도 필요하다. 따라서 적절한 예측을 통하여 수요를 예측하고 때로는 현재의 수요보다 많은 양을 생산하여 재고로 보유하고 있다가 수요가 증가하면 이를 공급한다. 에어컨 공장은 연중 비슷한 규모의 생산능력으로 가동되지만 수요는 대부분 여름을 앞둔 시기에 폭증하며 이를 미리 생산해둔 재고로 충당한다. 여기에서 재고유지비와 생산을 진행하기 위한 고정비간의 최적점을 찾는 것이 제조 생산운영의 기본이다.

서비스는 제조업과 같이 재고로 변동하는 수요를 맞출 수 없다. 왜냐하면 서비스는 고객의 수요가 발생할 때 공급이 동시에 생성하기 때문이다. 예를 들면 한번 이륙한 항공기는 비록 좌석을 다 채우지 못하고 출발하였어도 그 시간의 항공좌석의 공급은 재고처럼 나중에 판매할 수 있는 것이 아니며 이륙과 동시에 사라진다. 이것이 서비스의 생산소비 동시성이다. 따라서 서비스의 생산이 이루어지는 시점의 능력에 만족되어지는 수요는 정해져 있기 때문에 서비스 운영에서 균형을 맞추기 위한 전략으로 수요를 관리할 수도 또한 공급을 관리할 수도 있다. 공급관점에서 수요를 채우고도 남는 공급은 과잉생산이며 정해진 서비스 공급능력보다 수요가 많으면 넘치는 수요는 결국 사라지는 수요, 과잉수요이다.

수요는 기본적으로 고객측에서 발생하는 것이지만 공급의 측면에서 최대한 만족할 수 있도록 수요를 조절할 수 있다. 대표적으로 예약시스템은 특정시간에 집중되는 수요를 공급능력에 맞추어 분산시키는 운영방법이다. 또한 비수기의 서비스를 유도하기 위해 할인가격의 서비스를 제공하는 것은 성수기의 수요를 분산시켜 서비스 공급자의 서비스 능력을 최대한 활용하고자 하는 수요관리 방식이다. 조조할인은 수요의 분산뿐 아니라 수요 창출의 효과를 기대한다. 고객이 다른 시간대로 이동하려 하지 않거나 수요관리로 인한 이점이 적다고 판단하면 고객이 원하는 시간에 서비스를 요청하게 되고 이 경우 대부분 발생하는 것이 서비스 받기 전의 기다림이다. 적절한 기다림은 마케팅에도 도움이 되겠지만 일반적으로 기다림은 서비스 품질의 저하를 가져오고 고객의 충성도에 악영향을 준다. 이를 극복하기 위하여 기다리는 동안의 여러 가지 서비스를 제공하거나 기다림의 수준을 미리 알려줌으로 불만을 최소화한다.

서비스에서 수요과 공급의 균형을 맞추기 위한 대표적 운영방식 중 하나는 예약제도이다. 이는 제공 가능한 서비스를 미리 판매하는 것으로 서비스 공급능력의 다른 슬롯(Slot)으로 수요를 분산시키는 방법인데 서비스의 공급능력의 가동률 높이기 위하여 수요를 분산시켜 기다림을 최소화하고 서비스의 가용성을 보장한다. 예약의 가장 큰 문제는 노쇼(No Show) 이다. 노쇼가 발생하면 서비스의 특성상 회복할 수 없는 손실이 발생하고 이에 대한 페날티가 없다면 서비스의 공급자의 입장에서는 큰 손해가 될 수 있다. 어쩌면 항공티켓을 구매하는 사람은 여러 항공사에 같은 시간대의 티켓을 동시에 예약하고 실제 탑승시에는 그중 하나만 선택하여 사용할 수도 있다. 이를 방지하기 위하여 호텔은 예약시 신용카드 번호를 요구하고 노쇼가 발생해도 최소 일박에 대한 숙박비를 결제한다. 그러나 페널티를 감수하고서라도 노쇼는 발생할 수 있고 또는 출발 임박한 예약취소 때 서비스 제공자는 회복할 수 없는 손실이 발생하기 때문에 오버부킹(Over-Booking)이라는 방법을 사용한다. 항공사는 좌석 수 이상으로 티켓을 판매하고 초과판매한 좌석 수만큼의 노쇼가 발생하면 문제없지만 때로는 노쇼가 발생하지 않아 일부 고객은 해당 항공서비스를 받을 수 없게 된다. 이 경우 서비스 제공자의 오용을 방지하기 위해 적절한 수준의 보상을 하도록 법으로 강제 규정하고 있다. 우리는 종종 항공터미널에서 특정 고객을 급하게 호출하는 방송을 듣게 되는데 이는 대부분 탑승이 임박한 시간에 좌석 수보다

고객 수가 초과한 경우 적절한 고객에게 탑승하지 않고 보상을 수용하도록 종용하기 위한 고객을 찾는 경우이다.

서비스를 제공하는 항공사의 입장에서 오버부킹으로 예약하는 초과고객의 수준은 어느 정도가 적정할까? 이는 노쇼로 인하여 비어있는 좌석상태로 운항했을 때의 손실과 초과예약에 대한 보상 금액과의 상관관계이다. 좌석 하나의 예상이익을 C_U(Under-Booking Cost), 좌석 하나에 대한 보상금액을 C_O(Over-booking Cost)라고 하고 적절한 수준의 오버부킹좌석수를 O^*라고 하자. C_U가 큰 값이라면 또는 증가하면 O^*는 증가할 것이고 C_O가 큰 값이거나 증가한다면 O^*는 감소할 것이다. X를 예약 후 탑승 직전 취소하는 예약건수라고 가정할 때 이를 수식으로 표현하면 $C_U : C_O = Pr(X \le O^*) : Pr(X \ge O^*)$로 표현할 수 있다. 이는 곧 $C_O \cdot Pr(X \le O^*) = C_U \cdot [1 - Pr(X \le O^*)]$이고 이를 정리하면 다음과 같은 식을 유도할 수 있다.

$$Pr(X \le O^*) = \frac{C_U}{C_O + C_U}$$

예를 들면 김포발 제주행 150좌석의 항공편에 대해서 항공좌석 티켓값은 10만원이고 오버부킹으로 인하여 탑승하지 못하는 고객에 대한 보상금액이 30만원이라고 하자. (통상 보상 금액은 티켓값보다는 비싸야 한다. 그렇지 않으면 고객의 측면에서 억울할 것이다). X(예약 후 탑승 직전 취소하는 예약건수)가 정규분포 $X \sim N(5,2)$를 따른다고 하자. (예약취소건수의 분포는 과거 데이터를 분석하여 쉽게 도출할 수 있다). 이를 위 식에 대입하면 다음과 같이 계산된다.

$$CSL = Pr(X \le O^*) = \frac{C_U}{C_O + C_U} = \frac{10}{30 + 10} = 0.25$$

$$Pr(X \le O^*) = Pr\left(\frac{X - \mu}{\sigma} \le \frac{O^* - 5}{2}\right) = Pr\left(Z \le \frac{O^* - 5}{2}\right) = 0.25$$

$$\frac{O^* - 5}{2} = -0.675, \qquad O^* = 3.7$$

즉, 적절한 오버부킹의 좌석수는 3.7좌석, 3 또는 4좌석이 된다. 이는 빈 좌석으로 인한 손실과 오버부킹으로 인한 보상 사이의 균형점이 된다.

서비스의 운영과점에서 서비스의 제공능력은 수요의 변동성에 맞추어 융통성 있게 또한 빠르게 변경하여 대응할 수가 없다. 항공기의 좌석수, 식당의 좌석수, 호텔의 객실수, 의사의 진료가능시간 등은 대부분 일정하게 유지되며 이를 변경하는 것은 통상적으로 시간과 비용이 많이 소요된다. 그럼에도 불구하고 정해진 능력을 효율적으로 운영하기 위한 대표적 방법은 서비스의 대표적 특성인 고객과의 공동생산 개념을 활용하는 것이다. 카페나 패스트푸드 상점은 요즈음 고객들에게 음식음료 픽업, 반납 및 뒷처리 등을 맡기며 셀프서비스로 운영되기도 한다. 이러한 프로세스는 고객이 담당하기 때문에 서비스의 공급능력과 상관없다. 키오스크 주문 과정도 비용절감의 방법이지만 결국은 서비스 공급자의 업무 중 일부를 고객이 전담하게 된 것이다. 인터넷으로 운영되는 대부분의 서비스는 공동생산과정을 서비스 제공자 대신 웹화면으로 대체되고 고객만이 생산에 참여하게 되는 효율성을 가지게 되었다. 사실은 서비스 공급능력은 무한대의 능력을 가진 IT 시스템으로 대체되고 오직 고객만이 서비스 생산능력을 결정하게 되는 무한대의 효율성을 가지게 되었다.

그래도 서비스의 대부분은 서비스 제공자에 의해서 생산되기 때문에 작업자의 능력이 중요하다. 제조업보다 서비스 비즈니스에서는 작업자의 복합능력이 훨씬 더 필요하다. 또한 실제 운영과정에서 다양한 일을 할 수 있도록 교육과 훈련 및 서비스 제공자의 자율적 활동이 많이 요구된다. 또한 이러한 공급자의 제한적인 공급능력 융통성 때문에 제조 프로세스보다 훨씬 더 임시직, 가변적 작업자가 많이 운영되고 있다. 고객을 상대하지 않고 제품생산에 전념하는 경우는 작업시간을 능력에 맞게 결정하지만 서비스는 운영시간을 이를 필요로 하는 고객이 결정하기 때문에 또한 시간대별 수요의 편차도 크기 때문에 이에 대응하는 서비스 운영시간대는 통상 시프트 근무라는 형태로 많이 운영된다.

서비스수요의 다양성에 대응하는 서비스 공급측면에서의 효율성을 기하기 위하여 고객의 세분화(Customer Segmentation) 및 이에 대한 대응하는 방식을 취할 수 있다. 서비스 수요의 다양성을 최대한 수용하도록 하는 정책을 운영하면 당연히 이에 대한 가격을 높이 책정할 수 있고 또한 반대로 수요의 다양성을 제한하는 정책을 운영하여 낮은 가격으로 서비스를 제공할 수 있다. 스타벅스는 다양한 카페고객 모두를 목표고객으로 정하지 않고 오히려 최상의 커피맛과 안락한 카페분위기를 선호하는 고객층을 중점고객 대상으로 선정한다. 이는 일부 고객수요를 제한하지만 이들 고객층의 성향을 파악하여 수요의 다양성을 줄이고 공급능력의 효율화를 취한 전략이다. 또한 타깃고객층 중에서도 고객을 세분화하여 카페에서 매장의 고객과 드라이브인(Drive In) 고객을 구분하여 서비스를 받도록 하여 이에 대한 서비스공급을 효율적으로 운영한다. 고객 세분화는 서비스 비즈니스의 타깃고객층을 중심으로 서비스의 공급과정을 최대한 효율화하면서 이를 통해 서비스 이미지를 고급화 또는 보편화함으로 수요에 대한 최상의 서비스공급체계를 가능하게 한다.

연/습/문/제

4-1 고급뷔페레스토랑에서 자주 발생하는 예약노쇼에 대한 관리를 위해 오버부킹제도를 운영하고 만약 자리가 없어 서비스를 제공받지 못하는 고객에 대해서 이에 대한 보상으로 30만 원을 지급한다. 뷔페 레스토랑의 일인 이용가격은 20만 원이다. 다음은 과거 데이터를 분석하여 노쇼가 발생하는 분포를 나타낸다. 적절한 오버부킹의 사람 수를 책정하시오.

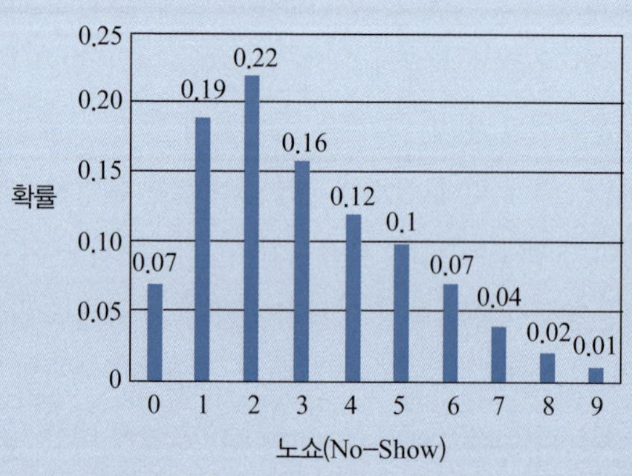

4-2 다음의 서비스 비즈니스에서 효율적인 서비스 제공을 위해 고객 세분화가 어떻게 이루어지고 있는지 설명하시오.

> 항공서비스, 병원의 의료서비스, 병원 응급실서비스, 은행의 서비스, 운동경기나 공연서비스, 백화점서비스

5 같은 항공편 탑승객의 티켓 구매가격은 모두 다르다

같은 항공기의 탑승객의 티켓 구매가격은 모두 다르다고 하는 이야기를 들은 적이 있을 것이다. 이게 사실이 아니더라도 실제로 같은 항공기의 고객의 티켓 구매가격은 매우 다양하다. 그렇다고 이들이 항공편 이용과정에서 받게 되는 서비스가 다른 것은 아니고 거의 비슷하다. 제품을 구매할 때는 특별한 경우를 제외하고는 거의 비슷한 가격을 지불하는데 비해 동일한 서비스, 동일한 공연을 관람하면서 왜 가격이 다를까? 또한 이에 대해서 불평하지 않고 고객들은 받아들일까? 제품은 제품자체가 가지고 있는 고유의 가치수준이 더 중요하지만 서비스는 이를 받아들이는 고객에 의해 가치가 결정되는 성향이 강하고 특히 시간이 지나면 서비스 가치가 소멸되는 특성이 어우러져 서비스 공급자가 고안한 최적의 공급정책이기 때문이다.

서비스에 대한 다양한 고객층이 있어서 고객층마다 가격에 대해 서비스 구매에 대해 다르게 반응할 수 있다. [그림 9-3]과 같이 일반적인 수요공급 원칙에 따라 가격이 상승할수록 수요가 감소한다고 가정한다. 서비스 제공자의 입장에서 매출은 (가격×판매량)이기 때문에 [그림 9-3]의 사각형의 넓이가 매출액이 된다. 하나의 가격을 운영하면 왼쪽 그림과 같이 가격 2.5를 실행하여 매출액 (2.5×2.5=6.25) 가 최상의 방법이다. 그러나 오른쪽 그림과 같이 3개의 가격대를 운영하면 총매출액은 (4.5×1+3.2×1+2×1=9.7)로 늘어난다. 문제는 세 가

지 가격에 대해 동일한 서비스가 운영될 수 있는가인데 서비스이기 때문에 가능하다. 항공편은 3개월 전 예약하면 싼 가격에 구매할 수 있고 동일한 서비스라도 제공되는 추가 서비스나 제약사항에 따라 다른 가격으로 판매된다. 다른 가격의 동일한 서비스가 존재할 수 있음을 고객 모두 알고 인정하기 때문에 가능하다. 가격 대비 수요의 함수는 시즌별로 바꾸기 때문에 할인가격대의 운영도 시기에 맞게 다양하게 운영한다. 이를 서비스가 가지고 있는 수요의 다양성, 변동성을 고려한 서비스 공급자의 수율정책(Yield Management)이라고 한다.

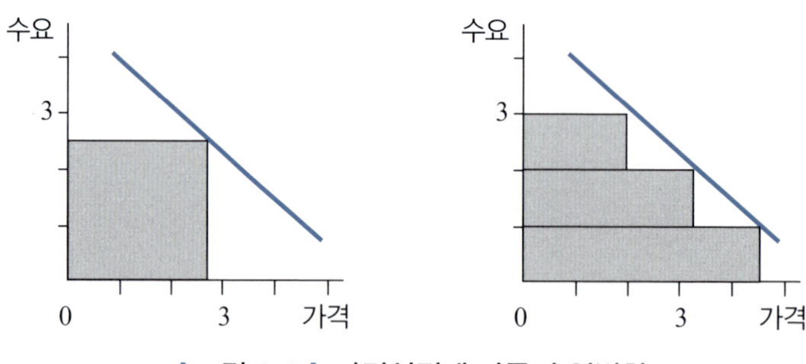

| 그림 9-3 | 가격선정에 따른 수익변화

다양한 고객을 위한 할인가격은 어떻게 결정할까? 좌석수가 정해져 있는 항공편의 경우를 예로 들어 설명하고자 한다. 항공편좌석이 100개라면 100번째의 좌석은 고객이 100명일 때 매출이 일어나고 고객이 99명이면 매출이 발생하지 않는다. 즉 100번째의 좌석의 가치는 항공편 가격 $\times$ *Prob*(고객수 $\geq$ 100)이라고 할 수 있다. x를 고객수라고 하면 S번째 좌석의 기대한계수익(EMR: Expected Marginal Revenue)은 가격 $\times$ Prob($x \geq S$)라고 할 수 있다. 고객수 x가 [그림 9-4]와 같은 분포를 따른다면 고객수가 S보다 클 확률을 이용하여 기대한계수익을 계산할 수 있다. 예를 들면 이코노믹 클래스 항공편의 판매가가 200만 원이고 고객수는 정규분포 $N(100, 20)$를 따른다면 80번째 좌석의 기대한계수익은 $\text{EMR}(80) = 200 \cdot \text{Prob}(x \geq 80) = 200 \cdot (1 - Z_{-1}) = 200 \cdot 0.8413 = 168$만 원이라고 할 수 있다.

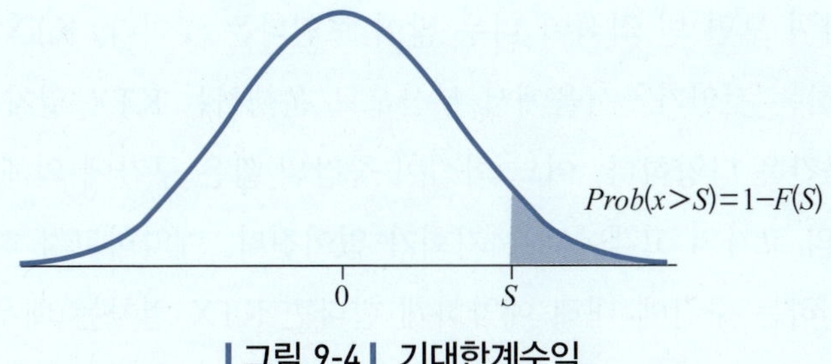

| 그림 9-4 | 기대한계수익

EMR을 이용하여 항공편의 3개월 전 예약 할인가격에 할당되는 좌석수를 적절하게 정할 수 있다. 예를 들어 150석의 보잉737 미국LA행 항공편의 정상가는 250만 원이다. 정상가 항공편의 고객 수요는 정규분포 $N(100,15)$를 따른다고 분석되었다. 3개월 전 예약되는 할인가는 100만 원으로 결정되었다.

$$EMR(103)=250\cdot\left(1-\frac{Z_{103-100}}{15}\right)=250\cdot(1-0.5793)=105$$

$$EMR(104)=250\cdot\left(1-\frac{Z_{104-100}}{15}\right)=250\cdot(1-0.6064)=98$$

즉, 103번째 좌석의 EMR은 105만 원이고 104번째 좌석의 EMR은 98만 원이다. 따라서 최소한 103개의 좌석은 정상가판매를 위한 좌석으로 남겨두고 47석을 할인가판매에 할당하는 것이 합당하다([그림 9-5]).

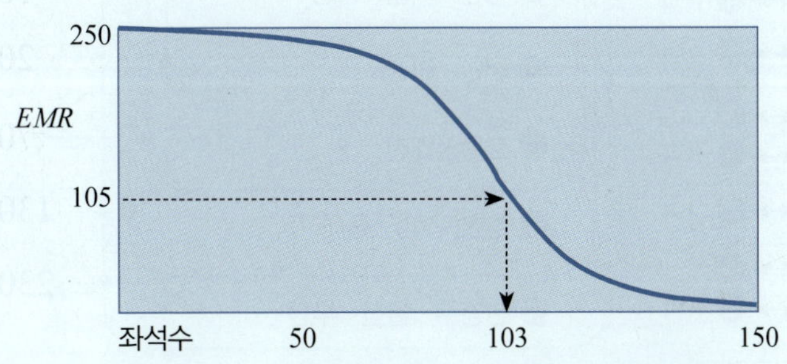

| 그림 9-5 | 기대한계수익을 이용한 가격 결정

KTX 열차를 이용하다 보면 가끔 이해되지 않는 경험을 한다. 티켓 구매시에는 좌석이 없어 환승하는 편을 구매하거나 때로는 입석을 구매하기도 하는데 막상 탑승하여 보면 빈 좌석이 너무 많이 보인다는 것이다. KTX는 어떻게 좌석 배정을 하는 것인가? 서울에서 부산으로 운행하는 KTX 열차의 경우 고객마다 이용구간은 다양하다. 어느 좌석이 중간의 짧은 구간에 의해 점유되면 좀 더 긴 구간의 고가의 고객에게는 기회가 없어진다. 예약하고자 하는 고객에게 언제라도 원하는 구간에 대해 예약하게 한다면 KTX 열차는 매우 비효율적으로 좌석이 할당될 것이다. 이는 서비스제공자인 KTX의 입장에서 경영상 문제를 야기할 것이다. 대체적으로 긴 구간의 고객에게 우선권을 주되 중간거리의 고객, 및 짧은 거리의 고객에게도 일정 수준 할당한다. [그림 9-6]에서와 같이 긴 구간의 1, 2, 3그룹에게 40%의 좌석에 대해 우선권을 주고 다른 그룹에게도 일정량을 할당한다. 또한 예약시간대 별로 이 비율을 보정해 가면서 최대한으로 모든 좌석이 다양한 구간의 고객들로 채워질 수 있도록 운영한다. 이 과정은 KTX 열차의 이용고객의 데이터를 분석하여 최적의 운영 정책을 실행한다. 이러한 정교한 수율정책으로 KTX 좌석 점유율이 10~15% 이상 증가하였다(중앙일보, 2019).

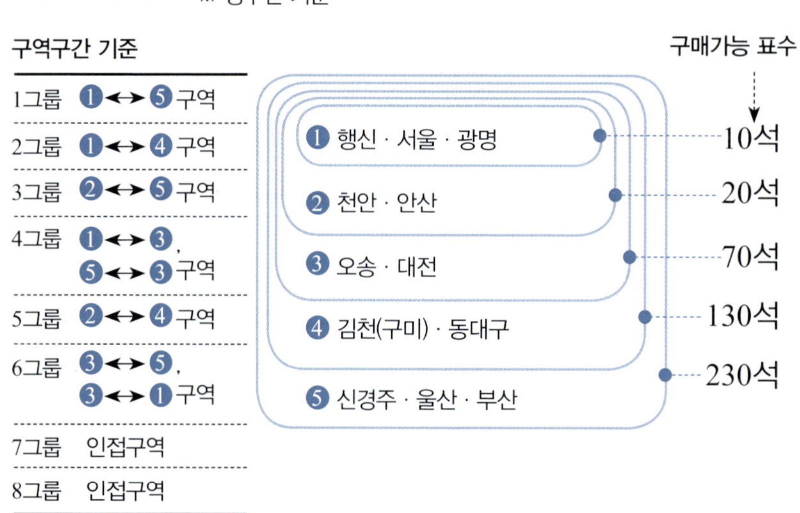

| 그림 9-6 | KTX 좌석할당

연/습/문/제

5-1 서비스의 수요(D)가 가격(X)에 반비례한다고 알려져 있는 경우, 즉 $D=A/X$의 관계가 있을 때 하나의 가격을 운영하면 최대의 수익은 A가 된다. 3가지 가격대를 운영하고자 할 때 전체 수익을 최대로 하기 위한 3가지 가격대(X_1, X_2, X_3)를 어떻게 설정하는 것이 적절한가?

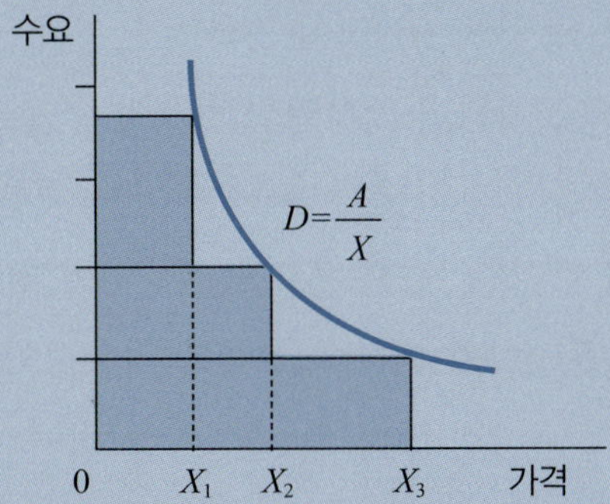

5-2 유명가수 공연의 티켓을 판매하고 있다. 고객층은 크게 두 개의 그룹으로 나눌 수 있다. 가격에 덜 민감한 충성고객층(D_1)과 가격에 민감한 민감고객층(D_2)으로 나누어지며 충성고객층을 위한 로얄석과 민감고객층을 위한 일반석에 대한 가격을 설정하고자 한다. 로얄석의 가격은 p_1, 일반석의 가격을 p_2라고 하면 좌석에 대한 수요가 다음과 같이 분석되었다.

$$D_1 = 1{,}200 - 40 \cdot p_1$$
$$D_2 = 1{,}200 - 60 \cdot p_2$$

좌석 하나당 10만 원의 비용이 소요된다고 할 때 공연 총수익을 최대로 하기 위하여 로얄석과 일반석의 가격은 얼마로 해야 하며 그때 판매되는 좌석수는 각각 얼마로 예상되는가? 또한 전체 좌석수가 600석으로 제한된다면 로얄석과 일반석의 가격은 얼마가 적절하고 그때의 좌석수는 각각 얼마인가?

5-3 제주의 프리미엄 호텔은 겨울철 비수기에 10일 동안 100개의 객실, 총 1,000개의 객실에 대해 일정 수량에 대해서 홈쇼핑 할인가 판매 계획을 세우고 있다. 정상가격은 1박당 20만 원이고 할인가는 12만 원으로 책정하고 있다. 정상가격에 대한 고객수요는 정규분포 $N(500, 100)$를 따른다고 분석되었다. 홈쇼핑 할인가 판매에 할당되어야 할 객실수의 적절한 값은 얼마인가?

6 서비스에 대한 기다림은 긍정적인가, 부정적인가

우리는 서비스를 받는 도중에 많이 기다린다. 은행에 가서 기다리고 병원에 가서 진료를 받기 위해 기다린다. 콜센터에 전화를 걸어도 2분 기다리라고 한다. 맛집에서 기다리는 것은 기본이고 공연티켓을 인터넷으로 예약하기 위해 홈페이지에 클릭해도 내 앞에 500명이 기다리고 있다. 서비스를 제공하는 능력이 고객의 수요만큼 충분하다면 기다림이 발생하지 않는다. 그러나 고객수요는 변동성이 많아서 고객수요의 최댓값 만큼의 공급능력을 준비해 놓는 것은 비즈니스관점에서 적합하지 않다. 고객 수요를 예측하여 적정선에서 공급능력을 정하고 이를 기준으로 운영하기 때문에 고객의 기다림이 발생한다. 때로는 기다림을 일부러 발생시켜서 서비스 비즈니스를 홍보하거나 마케팅의 수단으로 사용하기도 하지만 모든 종류의 기다림은 고객의 불만족을 발생시키고 일부 고객은 떠나가기 때문에 항상 비즈니스 관점에서 손실이다. 제품은 사전에 생산, 재고로 유지하여 수요증가에 대해 대비할 수 있지만 서비스는 항상 생산과 소비가 동시에 발생하기 때문에 재고의 개념이 없고 서비스능력이 부족할 때 발생하는 기다림을 나름대로 관리해야 하고 때로는 이 기다림이 서비스의 긍정적인 효과로 나타날 수도 있다.

서비스에 대한 기다림은 고객이 아직 서비스를 실질적으로 받지 못하는 상태에서 대기하는 것이기 때문에 일종의 고객의 경험이기도 하고 여러 가지 심리적 요인과 합쳐져 후에 받게 되는 서비스와 연계성을 가지고 있다. 슈퍼마켓에서 구매하기 위해 계산대의 줄에 서서 기다리다 보면 항상 다른 줄이 먼저 빠져나가는 것을 경험한다. 그래서 다시 줄을 바꾸면 원래의 줄이 먼저 빠진다. 특히 불공평하다고 생각되는 기다림은 불만을 증폭시킨다. 특정 고객을 위한 패스트 트랙 라인은 불공평하다고 생각하기 때문이고 공항에서 일등석 고객을 위한 입국심사대 라인은 일반고객의 라인에서 보이지 않거나 멀리 배치하여 불만을 최소화한다.

서비스 자체에 대한 기대치가 높으면 일정 수준의 기다림은 고객의 입장에서 많이 너그러워지며 기다림 자체를 당연하다고 생각할 수도 있다. 이 모든 경우를 포함해서 서비스는 고객과의 상호작용이며 공동작업 및 경험이기 때문에 서비스 프로세스는 기다림부터 시작되는 것이다. 따라서 기다림 동안에 받게 되는 첫 인상은 남은 서비스 프로세스에 대한 고객의 인식 및 고객만족에 큰 영향을 준다. 이를 캣치업 볼(Catch-Up Ball) 효과라고 한다. 즉, 뒤처진 주자가 앞 주자를 따라 잡는 것이 매우 어렵듯이 서비스의 기다림 가운데 형성된 인상은 그 후의 서비스 과정에 영향을 주고 역전이 이루어지기가 어렵다는 의미이다. 따라서 기다림을 단순히 시간 소비가 아니라 기다림의 느낌을 최소화할 필요가 있다. 병원에서 진료를 기다리다 보면 내 앞에 몇 명이 대기하고 있다는 정보를 준다든지 콜센터에서 기다림의 예상시간을 알려주는 것은 정보를 알 때의 기다림이 수월하기 때문이다. 사실 병원 진료시 대기 줄 관리하는 것을 보면 기다림의 장소가 바로 진료실 앞에 있다든지 3~5명의 대기환자는 대기실 앞의 의자에 앉도록 하는 것은 사실 아직도 기다림의 상태가 변한 것은 아니지만 일단 그 순간부터는 서비스를 받고 있다고 느끼게 하거나 적어도 관리받고 있다는 생각에 기다림으로 인식하지 않는다. 디즈니랜드의 놀이기구를 기다릴 때도 기다림의 줄 속에서 일정시간동안 반드시 필요하지 않은 비데오를 관람하게 하거나 여러 단계의 방을 단계적으로 이동하게 하는 것은 기다림에 대한 불만 요소를 최소화하는 과정이다.

기다림은 반드시 서비스의 과정뿐 아니라 모든 오퍼레이션(Operation)에서 나타나기 때문에 이에 대한 수학적 모형 및 연구가 많이 이루어졌다. 기다림에 대한 분석은 결국 고객에 대한 분석이고 서비스를 제공하는 공급능력에 대한 분석을 포함하고 있다. 카페의 서비스과정을 살펴보면 시간당 평균 20명이 도착하고 바리스타는 시간당 평균 20잔의 커피를 내릴 수 있는 능력을 가지고 있어도 기다림이 발생한다. 그것도 심각한 수준으로 라인이 길어질 수 있다. 수요와 공급이 균형을 이루고 있는데도 왜 기다리는 줄이 길어질까? 그것은 도착하는 고객이 일정한 시간마다 도착하는 것이 아니고 바리스타의 커피내리는 시간도 (때로는 주문에 따라) 일정하지 않기 때문이다. 이와 같은 카페에서도 어떤 시간에는 바리스타가 놀고 있을 수도 있고 어떤 시간에는 긴 줄의 상태에 매우 바쁠

수 있다. 따라서 심지어 바리스타의 능력이 시간당 20잔이고 고객의 도착이 시간당 10명이라고 해도 기다림은 발생할 수 있다. 이러한 기다림의 시스템(Queueing System)은 다양하게 분석할 수 있는데 줄이 하나인 경우와 여러 줄인 경우, 하나의 줄이라도 서비스 제공자(여기서 이를 서버라고 한다)가 다수인 경우, 서비스의 종류가 여러 단계가 있는 경우, 고객내 등급(Class)이 있어서 특정 그룹은 우선권이 있는 경우 등 다양한 경우에 대해 분석을 통해 효율적인 기다림의 구조를 설계할 필요가 있다.

가장 간단한 서비스체계에 대해 기다림의 상황을 분석해 보기로 한다. 고객은 일정한 분포의 시간대 간격으로 도착하고 이에 대한 서버는 일정한 분포의 시간으로 고객에게 서비스를 제공한다. 한 명의 바리스타가 운영하는 카페라고 보면 된다. 이 때 고객간의 도착시간 간격은 통상적으로 아무 연관관계가 없다. 이는 카페에 도착하는 고객과 그 다음 고객은 서로 모르는 사람으로 고객 각자의 계획에 의해 온다고 가정한다. 이러한 경우를 가장 잘 묘사하는 분포는 지수분포이다. 시간당 평균적으로 λ명의 비율로 도착한다면 평균적인 도착시간 간격은 $1/\lambda$시간이 될 것이다. 바리스타의 서비스 시간(주문받아 커피 내리는 시간)도 서비스 간의 독립적이고 평균적으로 μ명의 고객에 대해 서비스할 수 있다고 하면 이 시스템의 평균적인 가동률, 즉 서버가 고객을 응대하고 있는 시간의 비율은 λ/μ로 계산되며 이를 ρ로 표시한다. (자세한 수리적 분석은 생략한다) 따라서 카페에 한 명의 고객도 없을 확률은 $1-\rho=1-\lambda/\mu$이다. 또한 시스템 내 평균적인 기다림의 줄의 길이는 $\frac{\lambda}{\mu-\lambda}$이며 고객이 기다리는 평균시간은 $\frac{1}{\mu-\lambda}$이다. 예를 들어 고객이 평균적으로 시간당 10명이 도착하고 바리스타는 시간당 평균적으로 15명을 응대할 수 있다면 이 카페의 가동률은 67%이며 33%의 시간은 카페에 고객이 한명도 없다고 볼 수 있다. 또한 평균적으로 기다리는 줄(현재 서빙받고 있는 고객 포함)의 길이는 2명이며 카페에 들어온 고객이 카페에서 보내는 시간은 1/5시간 즉, 평균 12분이다. 평균적으로 도착하는 고객수에 비해 바리스타의 능력이 충분해보여도 고객의 도착시간과 바리스타의 고객응대시간의 불확실성 및 변동성으로 인하여 대부분 고객은 카페에 도착했을 때 1명이상의 고객이 현재 기다리고 있다고 볼 수 있다. 특히 λ의 값이 μ의 값에 근접하면 즉,

서버의 능력이 도착비율에 근접하면 기다리는 라인의 길이는 급속하게 커지고 기다리는 시간 또한 기하급수적으로 늘어난다.

고객의 기다리는 시간에 대한 분석은 적절한 서비스 시스템을 설계, 운영하는데 도움이 된다. 예를 들어 한 카페에서 고객의 기다림이 길어져 서비스 만족도를 개선하기 위한 방법을 강구하고 있다. 현재는 λ=8, μ=10로서 가동률은 80%이고 평균적인 기다림의 라인 길이는 4, 평균 기다리는 시간은 30분이다. 두 가지 대안을 고려 중인데 대안 A는 한 명의 바리스타를 추가 고용하는 것이고 대안 B는 고객대응시간이 2배가 빠른 전문 바리스타로 대체하는 안이다. 대안 B의 경우는 λ=8, μ=20이므로 가동률은 40%이고 평균적인 기다림의 라인 길이는 0.67, 평균 기다리는 시간은 5분임을 쉽게 구할 수 있다. 대안 A의 경우는 다소 복잡한 분석과정을 거쳐 다음의 [그림 9-7]과 같이 구할 수 있다. 대안 A와 대안 B는 가동률에서 동일하다. 카페에서 서빙받고 있는 시간을 포함한 라인의 길이 및 소요시간은 전문 바리스타를 고용하는 대안 B가 더 좋다고 판단된다. 이는 서비스 시간도 단축될 뿐 아니라 대안 A의 경우 한 명의 고객만 있게 되는 경우 바리스타 한 명은 아무런 도움이 되지 않으며 유휴상태가 되기 때문이다. 한편으로는 고객이 카페에 도착하여 기다리는 줄에서 순수하게 기다리는 시간이 더 문제가 될 수 있다. 비록 기다리는 시간이라고 해도 현재 고객을 위해 바리스타가 서빙하고 있다면 이는 서비스 받고 있기 때문에 이를 불만을 가지는 시간이 아닐 수 있다. 이와 같이 순수하게 기다리는 시간 및

	현재	대안 A	대안 B
가동율(ρ)	80%	40%	40%
시스템 내 라인의 길이	4	0.95	0.67
순수기다림의 라인의 길이	3.2	0.15	0.27
시스템 내 소요시간	30분	7분	5분
순수기다림의 소요시간	24분	1분	2분

| 그림 9-7 | 기다림 분석을 통한 두 대안의 비교

기다리는 고객의 라인의 길이만 평가한다면 대안 A가 대안 B보다 상대적으로 낫다고 할 수 있다.

연/습/문/제

6-1 충남 서산 해미에 호떡으로 유명한 맛집이 있다. 이 집에서 시간당 평균 75개의 호떡을 만들 수 있다. 물론 호떡은 고객이 도착하여 주문이 들어오면 만들기 시작한다. 고객의 도착이 시간당 15명인 경우, 25명인 경우, 50명인 경우, 70명인 경우 각각에 대하여 평균적인 기다리는 라인의 길이와 기다리는 시간을 계산하여 도착율의 증가에 따라 어떻게 라인의 길이와 기다리는 시간이 증가하는지 설명하시오. 단 고객의 도착과 서버의 대응시간은 본문에서와 같이 이상적인 지수분포를 따른다고 가정한다. (이 사례는 2021년 KBS 라디오방송에서 호떡공급경제학이라는 이름으로 잘못 분석되어 소개된 내용이다.)

6-2 카페의 바리스타가 한 명인 경우 카페 내의 기다리는 고객의 수 $L = \frac{\lambda}{\mu - \lambda}$를 가동율 ρ의 함수로 표시하고 가동율이 (0.3, 0.4, 0.5, 0.6, 0.7, 0.8, 0.9, 0.95, 0.99)로 증가함에 따라 기다리는 고객의 수(L)의 값을 계산하여 증가 속도를 설명하시오.

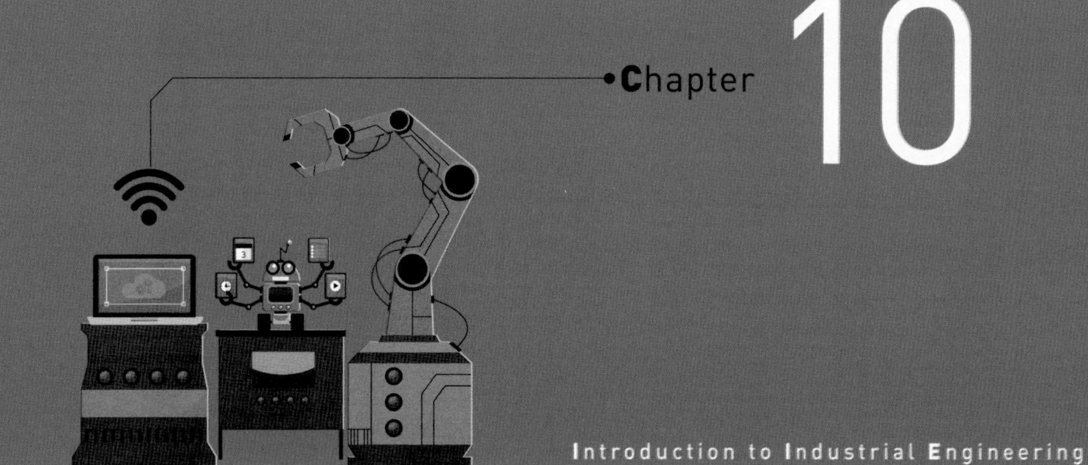

인간공학

1. 인간 중심의 기술을 위한 학문, 인간공학
2. 신체적 특성을 고려한 제품 설계
3. 인지적 특성을 반영한 제품 설계
4. 제어장치의 설계
5. 인간공학 실험 연구

Chapter

10 인간공학

1 인간 중심의 기술을 위한 학문, 인간공학

| 그림 10-1 | 인간공학적 설계를 반영한 제품(높이 조절식 책상(IKEA), 키보드 및 마우스(Logitech)

인체공학적 제품이라는 말을 들어본 적이 있는가? 인체공학적 의자, 인체공학적 키보드 등 '인체공학'이라는 단어는 일상에서 매우 친숙하다. 어떤 제품이 인체공학적이라는 말은, 해당 제품이 인간 사용자의 신체적 특성과 사용 환경에 맞게 설계되었다는 뜻이다. [그림 10-1]은 이러한 인체공학적 설계가 반영된 다양한 제품을 보여준다. 좌측의 높이 조절식 책상은 사용자가 앉거나 서 있는 상태 모두에서 편안하게 활용할 수 있도록 설계되었다. 또한 개인마다 키, 앉은키, 팔 길이가 다르므로 사용자가 직접 자신에게 맞는 높이로 조절할 수 있다. 중앙의 키보드는 직선 배열이 아닌, 팔을 책상 위에 올렸을 때 손이 자연

스럽게 안쪽으로 모이는 구조를 반영하였다. 또한 손목 받침대를 제공하여 손목이 뒤로 과도하게 꺾이는 것(신전)을 방지한다. 우측의 마우스는 일명 '버티컬 마우스'라 불리며, 손바닥과 손목이 책상면을 향하는 대신 측면을 바라보도록 디자인되었다. 이를 통해 팔과 손목이 중립자세를 유지한 채 사용할 수 있다.

이처럼 인간의 특성에 맞게 설계하는 분야를 영어로는 어고노믹스(Ergonomics)라고 하며, 정식 번역으로는 '인간공학'이라고 한다. 보편적 정의로 인간공학은 '인간의 능력, 한계, 및 특성에 대한 이해를 바탕으로, 이를 도구, 기계, 시스템, 과업, 환경의 설계에 적용하여 인간의 상호작용을 효율적이고 안전하며 만족스럽게 만드는 학문'이라 할 수 있다. 인간공학은 크게 신체적 인간공학(Physical Ergonomics)과 인지적 인간공학(Cognitive Ergonomics)으로 구분되는데, 신체적 인간공학은 근골격계 부담, 작업 자세, 힘의 크기, 인체 치수 등과 같은 신체적 특성을 연구하여 설계에 반영한다. 예를 들어 의자, 책상, 기계 조작 레버와 같은 물리적 인터페이스가 이에 해당한다. 반면, 인지적 인간공학은 주의, 기억, 의사결정, 상황 인식, 인간–컴퓨터 상호작용 등 정신적 과정을 다룬다. 예컨대 항공기 조종석 계기판, 자동차 내비게이션 인터페이스, 모바일 앱의 사용자 경험 설계는 인지적 인간공학의 연구 대상이다. 현대의 인간공학은 이 두 가지 영역을 모두 고려하는 통합적 접근을 취한다. 스마트폰과 같은 정보기기는 화면 크기나 무게와 같은 물리적 요인뿐 아니라 메뉴 구조나 알림 방식과 같은 인지적 요인까지 동시에 고려해야 하기 때문이다.

제품이나 시스템이 비인간공학적으로 설계되었을 경우 사용자는 의도하지 않았음에도 잘못된 행동이나 판단을 하게 되며, 이는 인적 오류로 직결된다. 이는 개인의 부주의나 능력 부족 때문이 아니라, 불편한 작업 자세, 과도한 신체적 부담, 직관적이지 않은 인터페이스, 복잡한 절차와 같은 구조적 요인이 사용자의 한계를 넘어서는 상황을 만들기 때문이다. 이로 인해 버튼을 잘못 누르거나 작업 순서를 혼동하거나 중요한 경고를 인지하지 못하는 등의 문제가 발생하며, 결과적으로 효율 저하와 안전사고, 품질 불량이 뒤따른다. 실제로 산업 현장뿐 아니라 일상 속에서도 책걸상이 불편하면 집중이 흐트러지고, 키오스크 화면이 복잡하면 결제를 제대로 마치지 못하는 것처럼 작은 불편이 곧 오류로 이어진다.

이러한 오류는 개인을 탓한다고 해결되지 않는다. 오히려 설계 단계에서부터 인간의 특성을 고려하지 않으면 누구라도 같은 실수를 반복할 수밖에 없다. 따라서 인간공학에서는 개인 책임을 넘어 시스템적 관점에서 문제를 바라본다. 즉, 사용자가 실수하더라도 사고로 이어지지 않도록 장치를 마련하는 것뿐만 아니라, 처음부터 실수가 발생하기 어려운 환경을 만드는 것이 중요하다. 이를 위해 우리는 인간의 신체적 · 인지적 한계와 개인 간 차이를 이해하고, 이를 바탕으로 다양한 제품과 시스템에 적절히 적용할 필요가 있다. 결국 인적 오류를 완전히 없앨 수는 없지만, 이를 예측하고 저감할 수 있는 방안을 제시함으로써 오류 발생 확률을 줄이고 발생 시 피해를 최소화하는 것이 인간공학의 역할이라고 할 수 있다.

당신이 일상적으로 사용하는 모든 도구는 인간공학의 적용 대상이 될 수 있다. 의자, 앱, 의료기기, 군사용 장비 등 그 범위는 매우 넓다. 인간공학을 적용한 의료기기와 산업용 장비는 사고율을 감소시키고, 작업 효율과 사용자 만족도를 동시에 높인 것으로 보고된다. 그러나 좋은 인간공학 설계는 눈에 잘 띄지 않는다. 불편함이 없을 때 우리는 그것을 인식하지 못하며, 설계가 잘 되었다는 사실을 자연스럽게 받아들이게 된다. 또한 인간공학자는 문제가 발생하기 전에 예방하려 한다. 이를 위해 사람의 몸과 마음을 먼저 이해하고, 그 바탕 위에서 제품과 시스템을 설계한다. 이렇게 만들어진 작은 차이와 세밀한 조정이 결국 사용자의 안전, 효율, 만족도를 크게 높인다.

기술이 발전할수록 인간공학의 중요성은 더욱 커진다. 자율주행 자동차, 로봇, 인공지능 시스템 등 최첨단 기술 역시 결국 사람이 사용하는 것이기 때문이다. 자율주행차의 경우, 시중에 나와 있는 대부분의 차량은 Level 2~3 수준의 조건부 자율주행 기능을 제공하며, 고속도로 등 특정 환경에서만 자율주행이 가능하고 그외 구간에서는 운전자가 직접 주행해야 한다. 문제는 운전자가 수동 주행 시에는 주변 상황을 모두 인지하고 있지만, 자율주행 상태에서 차량에 지나치게 의존하면서 도로 상황을 제대로 살피지 않거나 스마트폰, 영상 콘텐츠 등 다른 작업에 집중하는 경우가 발생할 수 있다는 점이다. 갑자기 차량이 운전 제어를 운전자에게 넘겨야 하는 상황에서, 운전자가 주변 상황을 충분히 인지하지 못하면 사고 위험이 높아진다. 이러한 상황에서 사람들의 안전을 확보할 방법을 찾는 문제 역시 앞으로 미래 인간공학이 해결해야 할 중요한 과제 중 하나다.

만약 당신이 어떤 제품을 보면서 '누가 이걸 이렇게 만들었지?' 혹은 '이걸 이렇게 고쳤으면 얼마나 좋을까?'라는 생각을 해본 적이 있다면, 이미 인간공학적 관점에서 사고하고 있는 것이다. 인간공학은 단순히 제품이 작동하는 방식을 설계하는 것을 넘어, 사람의 능력과 한계, 행동 특성을 고려하여 사용자가 보다 안전하고 효율적으로, 그리고 편안하게 상호작용할 수 있도록 돕는 학문이다. 우리는 매일 의식하지 못한 채 스마트폰, 컴퓨터, 자전거, 키오스크 등 수많은 제품과 시스템을 사용한다. 이들 도구가 사람 중심으로 설계되었는지에 따라 사용은 편해지기도 하지만, 반대로 수많은 실수를 유발하기도 한다. 인간공학은 이렇게 일상 속에서 우리가 수행하는 다양한 상호작용을 최적화하고, 궁극적으로 사용자의 안전과 효율, 만족을 높이는 것을 목표로 한다.

2 신체적 특성을 고려한 제품 설계

당신은 평균보다 키가 큰 편인가, 작은 편인가? 다리는 긴 편인가, 짧은 편인가? 레오나르도 다빈치는 인체 비례도(Vitruvian Man)를 그리며 인간의 몸에는 일정한 규칙성이 있다고 기록하였다. 그는 배꼽을 중심으로 원을 그리면 손끝과 발끝이 원에 닿고, 키와 양팔 길이가 같다고 설명했다. 이러한 비례의 규칙성은 흥미롭지만 실제로는 완전히 정확하지 않다. 사람마다 얼굴이 다르듯 신체 치수에도 개인차가 존재한다. 어떤 이는 키에 비해 팔이 길고, 또 다른 이는 팔이 짧다. 이렇듯 사람별로 서로 다른 신체적 치수를 고려하고, 이를 제품 설계에 반영하는 분야를 인체측정학(Anthropometry)이라고 한다.

인체측정학은 그리스어 anthropos(사람)와 metron(측정)에서 유래한 말로, 인간의 신체 치수를 과학적으로 측정하고 분석하여 제품 설계에 응용하는 학문이다. 키, 팔 길이, 다리 길이, 부피, 체중, 무게중심 등 다양한 신체 특성을 데이터로 남겨, 작업공간과 제품을 인간에게 적합하게 설계하는 것이 핵심 목적이다. 자동차 설계의 경우, 자동차 시트의 위치와 형태, 페달의 거리와 크기, 스티어링 휠의 높이와 깊이, 계기판과 디스플레이의 배치, 천장의 높이 등 거의 모든 요소에서 인체측정 데이터가 중요하게 활용된다.

인체 치수는 성별, 연령, 성장 단계 등 다양한 요인에 따라 달라진다. 평균적으로 남성이 여성보다 키가 크고 체중이 많이 나가는 경향이 있으므로, 남성 사용자를 대상으로 하는 경우에는 여성 사용자를 고려할 때보다 더 크게 제작하는 것이 일반적이다. 연령에 따라서도 차이가 나타나는데, 대부분의 인체 치수는 20대 무렵 최대치를 기록한 뒤 점차 줄어드는 경향을 보인다. 따라서 20대를 대상으로 설계할 때는 청소년이나 고령자를 고려할 때보다 조금 더 크게 만드는 것이 필요하다. 때때로 이러한 신체 특성은 우리의 직관에 반하기도 한다. 예를 들어, 대부분 연령대에서 남성이 여성보다 키가 크지만, 10대 초반에는 여성이 더 큰 경우도 있다. 실제 국내 조사 결과에 따르면, 12세 여자아이의 평균 키는 152.1cm로 같은 나이 남자아이 평균 키 151.3cm보다 더 크다. 이렇듯 설계자는 사용자의 신체 특성을 정확히 이해해야 실제 사용에 적합한 제품을 만들 수 있다.

국내에서는 이러한 설계에 필요한 데이터를 체계적으로 제공하기 위해 '사이즈 코리아(https://sizekorea.kr)'라는 국가 단위 조사 사업이 수행되고 있다. 사이즈 코리아는 주기적으로 1만 명 이상을 대상으로 키, 몸무게, 팔 · 다리 길이, 둘레 등 수백 가지 신체 치수를 측정하여 데이터베이스를 구축하고 있으며, 이 자료는 의류 산업뿐 아니라 가구, 자동차, 전자제품, 건축 설계 등 다양한 산업에서 활용된다. 이렇게 축적된 대규모 인체측정 데이터는 개별 측정을 반복할 필요를 줄여 제품 설계 시 시간과 비용을 절약하고, 과학적 근거로 활용될 수 있다.

그렇다면 인체 치수를 제품 설계에 어떻게 활용할 수 있을까? 이상적인 방법은 맞춤 정장을 제작하듯 모든 개인의 특성에 맞추어 완전히 개인화된 결과물을 개발하는 것이다. 이 경우 사용에 대한 만족도는 가장 높아지지만, 실제로는 제작 과정에 많은 시간이 소요되고 생산 비용 또한 크게 증가한다. 따라서 현실의 설계에서는 다수의 사용자가 활용할 수 있도록 인체 측정 자료를 기반으로 한다. 이러한 접근 방식에는 평균치를 고려한 설계, 조절식 설계, 극단치를 이용한 설계의 세 가지 방법이 있다.

평균치를 고려한 설계는 인체 치수에서 평균값을 기준으로 제품을 제작하는 방식이다. 이 방식은 모든 사용자가 완벽히 편안하게 이용할 수는 없지만, 대량생산 제품이나 공공장소에서 불특정 다수가 사용하는 경우 효과적이다. 예를 들어, 공공 도서관의 의자나 카페의 테이블은 평균 설계가 적용된 사례로, 사용 시간이 짧거나 이용자가 불특정 다수일 때 큰 문제 없이 활용될 수 있다. 평균 설계는 비용 효율성과 범용성 측면에서 장점이 있으나, 사용자의 신체 특성과 맞지 않는 제품을 장기간 사용할 경우 불편함, 피로 누적, 작업 효율 저하와 같은 문제가 발생할 수 있다. 따라서 평균치를 고려한 설계는 반드시 필요한 상황에 한정하여 신중하게 적용해야 한다.

조절식 설계는 사용자의 신체 특성에 맞추어 높이, 거리, 각도 등을 조절할 수 있도록 한 방식을 말한다. 대표적인 예로는 높이 조절식 테이블, 자동차 시트의 앞뒤 거리 및 높이 조절 기능, 모니터의 각도 조절 기능 등이 있다. 조절식 설계는 평균 설계보다 사용자 편의성을 크게 향상시키지만, 조절 장치의 추가로 인해 제작 비용이 증가하고 내구성 문제가 발생할 수 있다. 따라서 설계 시 어느 범위까지 조절 가능하게 할지를 결정하는 것이 중요하며, 이를 통해 다양한 체형을 가진 사용자가 안전하고 효율적으로 이용할 수 있다.

극단치를 고려한 설계는 사용자 집단에서 가장 크거나 가장 작은 치수를 기준으로 제품을 설계하는 방법이다. 예를 들어, 그네의 최대 하중은 가장 무거운 사용자를 기준으로 설정해야 하며, 이 경우 상대적으로 가벼운 사용자는 안전하게 이용할 수 있다. 반대로, 상부장 선반의 높이는 가장 작은 사용자를 기준으로 낮게 설계함으로써 접근성을 확보할 수 있다. 이 경우 키가 큰 사용자는 다소 불편함이 있더라도 손쉽게 사용할 수 있으며, 별도의 발판이나 보조 장치를 필요로 하지 않는다. 만약 최대값을 기준으로 높게 설치할 경우, 키가 작은 사용자는 접근이 불가능해져 추가적인 장치가 요구된다.

인체측정 데이터를 활용할 때 중요한 개념 중 하나가 백분위수이다. 백분위수란 전체 집단에서 특정 비율의 사람들을 포함하는 기준 값을 의미한다. 예를 들어, 95th 백분위수는 집단의 95%가 그 값 이하에 속함을 뜻한다. 인체 치수 데이터는 일반적으로 정규분포를 따른다고 가정할 수 있으며, 특정 백분위수 값은 평균과 표준편차를 이용해 계산한다. 계산식은 다음과 같다.

$$X_p = \bar{x} + F \times s$$

여기서 $\bar{x}$는 평균, s는 표준편차, F는 해당 백분위수에 대응하는 승수 계수이다. 예를 들어, 5th 백분위수의 F값은 −1.645, 99th 백분위수의 F값은 +2.326이다. 이 개념은 실제 설계 상황에서 활용될 수 있다. 예를 들어, 한국 남자 대학생의 평균 키가 175cm이고 표준편차가 10cm라고 가정하자. 체육관 남자 락커룸의 출입문을 설계할 때는 대부분의 학생이 불편 없이 통과할 수 있도록 상위 극단치인 99th 백분위수를 기준으로 한다. 이를 계산하면 다음과 같다. $175+2.326\times10\approx198$cm. 따라서 문의 높이는 최소 198cm 이상이어야

표 10-1 정규분포의 백분위수별 승수 계수

백분위수	승수 계수(F)
1st	−2.326
5th	−1.645
10th	−1.282
25th	−0.674
50th	0.000
75th	0.674
90th	1.282
95th	1.645
99th	2.326

한다. 일반적으로 설계에서는 사용자 집단의 5th 또는 95th 백분위수를 주로 활용하지만, 대상 사용자의 특성과 목적에 따라 적절한 기준을 선택한다. 이러한 접근은 다양한 범위의 인체 치수에 해당하는 사용자들이 안전하고 편리하게 시설이나 장비를 이용할 수 있도록 보장한다.

신체적 작업부하의 평가

인간공학에서는 사람이 다양한 과업을 수행할 때 신체에 가해지는 부담을 평가하기도 한다. 이를 작업부하(Workload)라고 하며, 강하고 지속적인 작업부하는 근골격계 질환 등 건강에 부정적인 영향을 줄 수 있다. 아래 그림에서 두 작업자를 살펴보자. 왼쪽 그림의 작업자는 바구니가 낮게 위치하여 허리를 숙인 채 작업을 수행하고 있다. 반면 오른쪽 그림은 인간공학적으로 개선된 사례로, 바구니의 높이를 올리고 각도를 기계적으로 조절하여 작업자가 허리를 과도하게 숙이지 않고도 물건을 정리할 수 있도록 설계되었다. 이를 통해 신체적 작업부하를 줄이면서 작업을 지속할 수 있다.

| 그림 10-2 | 허리를 굽혀 자재를 정리하는 기존 작업 환경(좌)과 허리를 편 상태로 자재를 정리할 수 있는 인간공학적 장치(우)

그렇다면 특정 작업이 신체적으로 부담이 되는지, 혹은 안전한지 어떻게 판단할 수 있을까? 근골격계 관련 작업부하를 평가하는 방법 중 하나로 OWAS(Ovako Working Posture Analysis System)가 있다. OWAS는 본래 철강업에서 작업자들의 작업 자세를 분석하여 부하 정도를 평가하고, 부적절한 자세를 선별하여 개선하기 위해 제안된 방법이다. OWAS는 작업자의 자세를 네 가지 항목(등, 팔, 다리, 취급 하중)으로 구분하여 각각을 체크한 후, 이들의 조합을 통해 OWAS 코드를 도출한다. 아래 표는 작업 자세와 해당 코드의 의미를 보여준다.

표 10-2 OWAS 작업 자세 평가 기준 및 코드

부위	자세	설명	코드
등	곧게 폄	작업자의 등이 곧게 펴 있음	1
	구부려짐	작업자의 등이 앞으로 20도 이상 굽혀짐	2
	비틀어짐	작업자의 등이 비틀어지거나 20도 이상 측면으로 기울여짐	3
	구부리고 비틀어짐	몸통의 굽힘과 비틀림이 동시에 발생	4
팔	양팔이 어깨 아래	작업자의 양팔이 어깨 수준 아래에 위치	1
	한 팔이 어깨 높이 이상	작업자의 한쪽 팔은 어깨 수준 아래에 있고, 다른 한쪽 팔 또는 그 일부가 어깨 수준 위	2
	두 팔이 어깨 높이 이상	작업자의 양팔(또는 팔의 일부)이 어깨 수준 위에 위치	3
다리	앉기	의자에 앉은 자세	1
	양 다리를 곧게 펴고 서기	양쪽 다리가 곧게 펴져 있고, 두 다리 사이에 균형 있게 체중이 실린 상태	2
	한 다리를 곧게 펴고 서기	한쪽 다리를 곧게 펴고 다른 쪽 다리는 구부린 상태로 서 있으며, 두 다리 사이에 체중 균형이 맞지 않는 상태	3
	양 다리를 구부리고 두 다리 사이에 균형을 잡고 서거나 웅크리기	허벅지-종아리 각도가 150도 이하이면서, 두 다리 사이에 균형 있게 체중이 실린 상태	4
	한 다리를 구부리고 두 다리 사이에 균형이 맞지 않게 서거나 웅크리기	허벅지-종아리 각도가 150도 이하이면서, 두 다리 사이의 체중 균형이 맞지 않는 상태	5
	무릎 꿇기	작업자가 한쪽 또는 양쪽 무릎을 바닥에 대고 있는 상태	6
	걷기	작업자가 걷고 있는 상태	7
하중	10kg 이하	작업자가 취급하고 있는 하중 10kg 이하	1
	10~20kg	작업자가 취급하고 있는 하중 10~20kg	2
	20kg 이상	작업자가 취급하고 있는 하중 20kg 이상	3

〈표 10-2〉를 바탕으로 [그림 10-2]의 좌측 작업자의 부하 수준을 코드로 나타내면, 허리 굽힘 2-양팔이 어깨 아래 1-양 다리 곧게 폄 2-하중 10kg 이하 1로 정리되며, 이를 줄여 OWAS 코드 2121로 표현할 수 있다. 이 코드를 바탕으로 작업자 자세의 위험도를 표를 통해 확인할 수 있는데, 2-1-2-1 코드의 최종 위험 수준은 2로 평가된다.

표 10-3 등 · 팔 · 다리 자세와 하중에 따른 위험 등급

다리		1			2			3			4			5			6			7		
하중		1	2	3	1	2	3	1	2	3	1	2	3	1	2	3	1	2	3	1	2	3
등	팔																					
1	1	1	1	1	1	1	1	1	1	1	2	2	2	2	2	2	1	1	1	1	1	1
	2	1	1	1	1	1	1	1	1	1	2	2	2	2	2	2	1	1	1	1	1	1
	3	1	1	1	1	1	1	1	1	1	2	2	3	2	2	3	1	1	1	1	1	2
2	1	2	2	3	2	2	3	2	2	3	3	3	3	3	3	3	2	2	2	2	3	3
	2	2	2	3	2	2	3	2	3	3	3	4	4	3	4	4	3	3	4	2	3	4
	3	3	3	4	2	2	3	3	3	3	3	4	4	4	4	4	4	4	4	2	3	4
3	1	1	1	1	1	1	1	1	1	2	3	3	3	4	4	4	1	1	1	1	1	1
	2	2	2	3	1	1	1	1	1	2	4	4	4	4	4	4	3	3	3	1	1	1
	3	2	2	3	1	1	1	2	3	3	4	4	4	4	4	4	4	4	4	1	1	1
4	1	2	3	3	2	2	3	2	2	3	4	4	4	4	4	4	4	4	4	2	3	4
	2	3	3	4	2	3	4	3	3	4	4	4	4	4	4	4	4	4	4	2	3	4
	3	4	4	4	2	3	4	3	3	4	4	4	4	4	4	4	4	4	4	2	3	4

OWAS 위험 수준은 1~4등급으로 분류되며, 각 등급의 의미는 다음과 같다. 등급 1은 신체적 부하가 크지 않은 자연스러운 자세를 의미하며, 등급 2는 약간의 부하가 있어 근시일 내 자세 교정이 필요한 상태를 나타낸다. 등급 3은 신체적 부하가 높아 근골격계에 해로운 영향을 줄 수 있으며, 가능한 한 빨리 교정이 필요하다. 등급 4는 극도로 부적절한 자세로 즉시 조치가 필요한 상태를 뜻한다. 따라서 [그림 10-2]의 좌측 작업자는 허리를 굽힌 채 바구니를 정리하는 동작으로 인해 신체적 부하가 발생하며, OWAS 평가 결과 등급 2에 해당

한다. 이는 근시일 내 자세 교정이 필요함을 의미하며, 오른쪽 그림과 같이 바구니 높이와 각도를 조정하는 인간공학적 개선을 통해 작업자의 신체적 부담을 줄이고 안전하게 작업을 수행할 수 있다.

연/습/문/제

2-1 당신은 업무용 의자를 설계하고 있으며, 의자의 좌판 높이 조절 범위를 결정하고자 한다. 사람이 편하게 앉기 위해 좌판은 앉은 오금 높이와 동일하게 조정 가능해야 한다. 조절식 설계를 적용하여 1% 여성부터 99% 남성까지 사용할 수 있도록 하려고 한다. 또한, 조절부의 재료가 고정부보다 비싸므로, 고정부를 최대한 길게, 조절부를 최소한으로 설계하고자 한다. 아래 표를 참조하여, 1% 여성부터 99%남성까지 커버하기 위한 좌판 높이의 조절 범위를 구하고, 이 때 고정부와 조절부의 길이를 도출하시오.

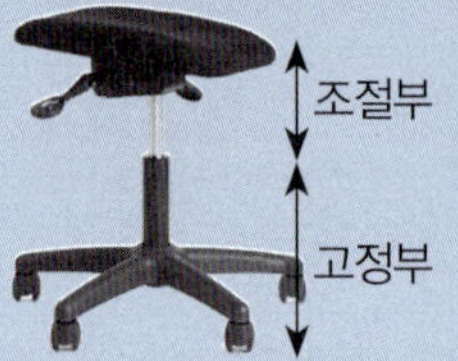

성별	앉은 오금 높이 평균(mm)	앉은 오금 높이 표준편차(mm)
남성	413.22	21.20
여성	373.36	19.52

2-2 다음 그림은 자동차 수리공이 차량의 휠을 교체하고 있는 장면이다. 작업자의 작업 자세를 OWAS 기준에 따라 코드화하고, 작업 자세를 평가하시오.

3 인지적 특성을 반영한 제품 설계

인간을 이루는 두 가지 핵심 요소는 신체와 정신이다. 인간공학 분야에서도 신체 인간공학과 함께 인지 인간공학이 중요한 연구 영역으로 자리잡고 있다. 과거 주로 수공구를 활용한 육체적 작업이 중심이었던 산업 환경이, 점점 컴퓨터 기반 작업과 디지털 환경으로 이동하면서 인간의 인지적 특성을 고려한 설계의 중요성은 더욱 커졌다. 특히 인간과 컴퓨터의 상호작용을 다루는 분야는 인간-컴퓨터 상호작용(Human-Computer Interaction, HCI)이라고 한다. 예를 들어, 중요한 서류를 정부기관 사이트에 제출해야 하는 상황을 생각해보자. 만약 '제출' 버튼이 화면 상단의 작은 메뉴 속에 숨어 있거나, '임시 저장' 버튼과 매우 유사한 위치와 모양으로 배치되어 있다면, 사용자는 버튼을 찾느라 주의가 분산되고, 잘못 눌러 제출을 누락하거나 제출하지 않고도 완료했다고 착각할 수 있다. 이처럼 인간의 인지적 특성을 반영하지 않은 설계는 중요한 업무 수행 과정에서 실수와 오류를 유발할 수 있다.

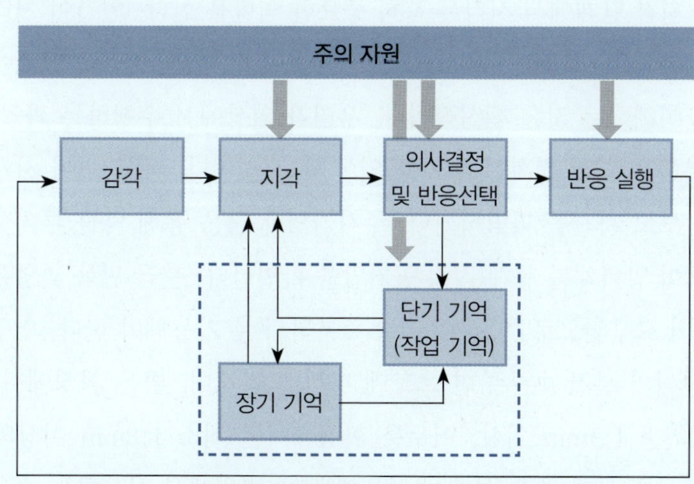

| 그림 10-3 | 인간의 정보처리 모형(Wickens, 1992)

인간의 인지 과정을 설명하기 위해 정보처리 모형이라는 개념이 사용된다.

이는 인간이 외부 환경과 상호작용할 때 내부에서 일어나는 과정을 체계화한 것이다. 컴퓨터가 입력 장치를 통해 자극을 받아들이듯, 인간도 다양한 감각 기관을 통해 시각, 청각, 촉각, 후각, 미각 정보를 받아들인다. 이렇게 들어온 정보는 지각 단계를 거쳐 선별되고 통합되며, 기존 기억과 결합 및 비교되어 의사결정으로 이어진다. 이처럼 정보처리 모형은 감각 입력부터 지각, 기억, 의사결정 및 반응 선택으로 이어지는 연속적인 과정을 통해 인간 행동을 설명한다. 이후, 인간은 선택된 의사결정 반응에 맞추어 행동을 실행한다. 우리가 각종 시스템 또는 제품과 상호작용하는 과정은 외부로부터 정보를 수용하고, 다시 이를 통해 외부 환경을 조작하는 과정의 반복으로 수행되는 것이다.

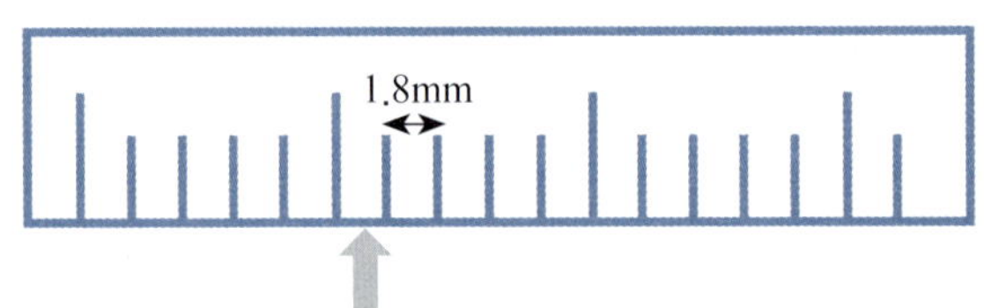

| 그림 10-4 | 저조도 환경에서 눈금이 명확하게 구분되는 최소 간격(71cm 시야 거리에서 1.8mm)

감각 및 지각 단계에서 시각은 특히 중요한 역할을 한다. 인간이 처리하는 정보의 70% 이상은 시각을 통해 들어오기 때문이다. 따라서 제품 설계에서 시각적 특성을 이해하는 것은 핵심적이다. 우리가 일상에서 수행하는 과업 중 하나는 기계 눈금을 통해 정확한 수치를 읽어 내는 것이다. 예를 들어 시계의 시침과 분침을 보고 시간을 파악하거나, 주사기의 눈금을 통해 약물 투여량을 조절하며, 타이어 압력계를 통해 적정 공기압을 확인한다. 눈금 판독 과업은 정밀한 수치 해석이 요구되므로, 인접 눈금이 충분히 구분 가능해야 한다. 연구에 따르면 눈금 간격의 분간성은 주변 조도에 따라 달라지며, 밝은 환경에서는 71cm 거리에서 최소 1.3mm 이상, 어두운 환경에서는 최소 1.8mm 이상의 간격이 필요하다. 이를 실제 제품 설계에 적용해보자. 병원에서 사용하는 수은 온도계는 35℃부터 42℃까지 0.1℃ 단위로 눈금이 표시된다고 할 때, 간호사가 약 30cm 거리에서 온도계를 판독한다고 가정하면 필요한 최소 눈금 간격은 다음과 같이 계산할 수 있다.

$$\text{밝은 환경: } 1.3\times\frac{30}{71}=0.55(mm)$$

$$\text{어두운 환경: } 1.8\times\frac{30}{71}=0.76(mm)$$

우리는 스마트폰이나 모니터에서 글자를 읽고 내용을 이해한다. 눈금 하나하나가 명확히 구분되어야 정확한 측정이 가능한 것처럼, 일상에서 접하는 텍스트도 읽히기 용이하도록 설계되어야 한다. 그렇다면, 텍스트의 크기는 어떻게 설계해야 할까? 텍스트의 가독성을 높이려면 글자가 충분한 시각(Visual Angle)을 확보해야 한다([그림 10-5]). 시각이란 글자를 볼 때 망막에 형성되는 각도를 말하며, 글자 높이(H)와 관찰 거리(D)를 알면 계산할 수 있다. 글자를 바라보는 각도를 α라고 하면, 시각은 다음과 같이 표현할 수 있다.

$$\frac{\alpha}{2}=\tan^{-1}\left(\frac{H}{2D}\right)$$

실제로 우리가 다루는 글자는 각도가 매우 작으므로, $\tan(x)\approx x$로 근사할 수 있다. 또한 시각을 라디안 단위에서 더 직관적인 단위인 각 분(Arc Minute, ′)으로 환산할 수 있다. 1도(°)는 60분(′)이며, 1라디안은 약 57.3°이다. 따라서 시각각을 분 단위로 나타내면 다음과 같이 표현된다.

$$\alpha(')=57.3\times60\times H/D$$

국제 표준 ISO는 텍스트의 시각 크기에 대한 기준을 제시한다. 최소 기준은 10′이며, 권장 기준은 15~20′다. 이보다 작은 텍스트는 읽기 어렵거나 인식에 많은 노력이 요구된다. 따라서 스마트폰 화면, 기기 디스플레이, 안내 표지판 등에서 글자 크기를 정할 때 이러한 기준은 필수적인 참고 자료가 된다.

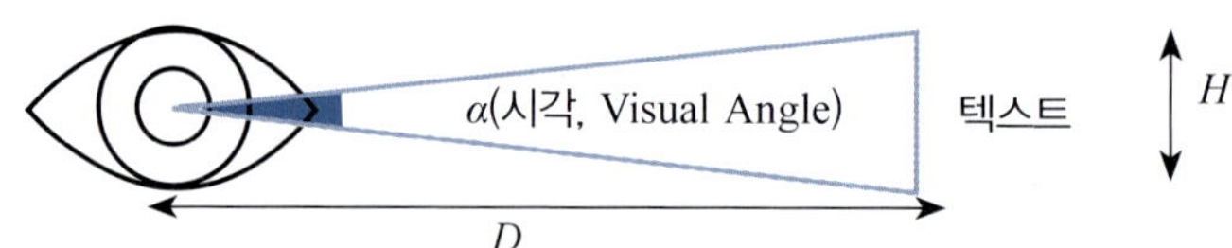

| 그림 10-5 | 시각(Visual Angle)의 결정 요인: 관찰 대상의 크기(높이)와 거리

사람이 감각으로 정보를 받아들인 후, 이를 처리하고 유지하는 데 중요한 역할을 하는 것이 기억이다. 인간의 기억은 감각기억, 단기기억(작업기억), 장기기억으로 나눌 수 있으며, 이 중 설계에서 가장 큰 영향을 미치는 것은 단기기억이다. 단기기억은 컴퓨터의 RAM과 같이 정보를 일시적으로 보관하는 역할을 하지만, 용량이 제한적이며 쉽게 사라진다는 특성이 있다. 일반적으로 인간은 약 7개 정도의 정보를 동시에 유지할 수 있으며, 이를 초과하는 정보는 쉽게 잊혀진다(이를 밀러의 마법의 숫자 7±2라고도 한다). 이러한 기억 한계를 보완하기 위해 제품 설계에서는 사용자가 기억에 과도하게 의존하지 않도록 해야 한다. 일관성 있는 버튼 배치(예: 동의는 항상 오른쪽), 단계별 안내(예: 전체 진행 상황에서 현재 단계 표시), 시각적 피드백, 최근 검색어 기능 등은 모두 사용자의 단기기억 부담을 줄이고 오류를 최소화할 수 있는 설계 요소이다.

일상생활에서 단기기억의 한계로 인해 인적 오류가 발생하는 사례는 흔히 접할 수 있다. 대표적인 예가 '모드 오류'이다. 이는 사용자가 현재 모드 상태를 기억하지 못하고 다른 모드처럼 조작하여 실수를 범하는 오류를 말한다. 예를 들어, 차량 운전자가 주차장 차단기 앞에서 결제를 위해 기어를 후진으로 놓고, 잠시 차를 뒤로 이동시키는 상황을 생각해보자. 운전자는 단기기억에 의존해 기어 상태를 기억해야 하지만, 순간적인 주의 분산이나 스트레스로 인해 기어를 전진으로 놓는 것을 잊어버릴 수 있다. 이때 운전자는 현재 기어 상태를 제대로 인지하지 못한 채 악셀 페달을 밟아 사고를 일으킬 가능성이 있다. 이러한 상황을 방지하기 위해 차량 내 인터페이스는 충분한 시각적 피드백을 제공하여 사용자가 현재 기어 상태를 직관적으로 확인할 수 있도록 설계해야 한다.

단기기억의 부담을 줄이기 위해 고려할 수 있는 방법 중 하나가 양립성(compatibility)을 위배하지 않고 설계하는 것이다. 양립성이란 사용자가 기대하는 조작과 시스템의 실제 반응이 얼마나 일치하는지를 의미한다. 인간은 이전 경험과 신체적 직관을 바탕으로 입력과 결과의 관계를 기억하며 조작을 수행하는데, 양립성이 높으면 사용자는 단기기억에 큰 부담을 주지 않고 자연스럽게 조작할 수 있다. 반대로 양립성이 낮으면 사용자는 입력과 결과를 기억하고 계산해야 하므로 단기기억 부담이 증가하고 오류 가능성이 높아진다.

키보드에서 화살표의 배열을 예시로 살펴보자. [그림 10-6] 왼쪽의 정방형(역 T자형) 배열은 위쪽 키가 실제 화면 상단 이동과 직관적으로 연결되고, 아래쪽 키는 하단 이동과 연결된다. 좌우 키 또한 물리적 위치와 화면 움직임이 잘 대응한다. 따라서 공간 양립성이 매우 높으며, 사용자는 별도의 학습 없이도 자연스럽게 조작할 수 있다. 이 때문에 현재 대부분의 키보드가 이 배열을 채택하고 있다. 반면 [그림 10-6] 오른쪽의 압축형 배열은 공간 효율성을 위해 상·하 키를 좌우 키와 같은 일렬에 배치했다. 이 경우 위쪽 화살표 키가 실제로는 일렬의 중간에 위치하게 되어, 사용자가 직관적으로 '위 방향'을 연상하기 어렵다. 상·하·좌·우 키의 상대적 위치가 인간이 익숙한 물리적 공간 구조와 맞지 않으므로, 양립성이 떨어진다. 그 결과 사용자는 원하는 방향 키를 누르기 전 순간적인 혼동을 겪거나, 심지어 잘못 입력하는 오류를 경험하기 쉽다. 이는 특히 빠른 반응이 필요한 작업(예: 게임, 문서 내 빠른 이동 등)에서 문제를 일으킨다.

실제 다양한 제품에서도 공간 절약, 부품 절감 등 여러 제약으로 인해 인간의 인지 특성과 상충되는 설계가 이루어지는 경우가 많다. 설계자 입장에서는 제품 크기를 줄이고 간결한 배열을 구현하는 것이 장점일 수 있으나, 사용성 측면에서는 공간 양립성을 해치고 사용자의 단기기억 부담을 증가시키는 대가를 치

| 그림 10-6 | 키보드 화살표의 배치 비교: 양립성을 고려한 배치 vs 고려하지 않은 배치

르게 된다. 결국 인간공학적 설계에서 가장 중요한 것은 인간의 인지적 과정을 존중하는 것이며, 효율성만을 고려한 설계는 실제 사용 환경에서 인적 오류와 사고를 유발할 수 있다.

연/습/문/제

3-1 현수막의 텍스트 크기 디자인

(a)공과대학 건물 1층에 인간공학 수업에서 1등을 한 학생의 이름을 현수막으로 게시하려고 한다. 현수막에 표시되는 글자의 높이는 20cm이고, 학생들이 이를 바라보는 관찰 거리는 약 57.3m이다. 이때 글자의 시각(Visual Angle)을 분(′) 단위로 계산하고, 해당 글자 크기가 가독성 측면에서 적절한지 판단하시오.

(b) 가독성을 높이기 위해 텍스트의 최소 높이는 얼마인가?

참고(수치 판단 기준)

- 10′ 이하: 글자 인식이 어렵다.
- 10′~20′: 집중하면 읽을 수 있으나 빠르게 읽히지 않는다.
- 20′이상: 빠르고 쉽게 읽을 수 있는 권장 시각이다.

3-2 자동차 클러스터 속도계 설계

당신은 자동차 제조회사의 UI/UX 디자이너로서 새로운 차량의 속도계를 설계하고 있다. 운전자가 운전석에 앉아 속도계를 관찰하는 거리는 평균 65cm라고 한다. 또한, 해당 차량의 속도계는 0km/h부터 160km/h까지 10km/h 간격으로 주눈금이 표시되며, 2km/h마다 보조 눈금이 삽입된다. 속도계의 눈금부는 원의 3/4 형태(270도)로 설계할 예정이다.

(a) 야간 운전 시에도 눈금 구분이 용이하도록 하려면, 10km/h 간격의 주눈금 사이의 최소 물리적 간격은 몇 mm 이상이어야 하는가?

(b) 문제 2-1.에서 구한 눈금 간격을 바탕으로, 전체 속도계의 호 길이(0km/h부터 160km/h까지)가 최소 몇 cm 이상이어야 하는지 계산하시오.

(c) 270도 형태의 속도계로 설계할 때, 속도계 다이얼의 최소 지름은 몇 cm 이상이어야 하는가?

3-3 가스레인지의 위치 배열 설계

아래 그림은 가스레인지의 화구와 조작 다이얼 스위치의 배열을 나타낸 것이다. 그림에서는 네 개의 버너가 사각형 형태로 배치되어 있으나, 각 버너를 조작하는 다이얼은 일렬로 배치되어 있다. 그림과 배열에서 나타날 수 있는 문제점을 설명하고, 이를 개선할 수 있는 디자인을 제시하시오.

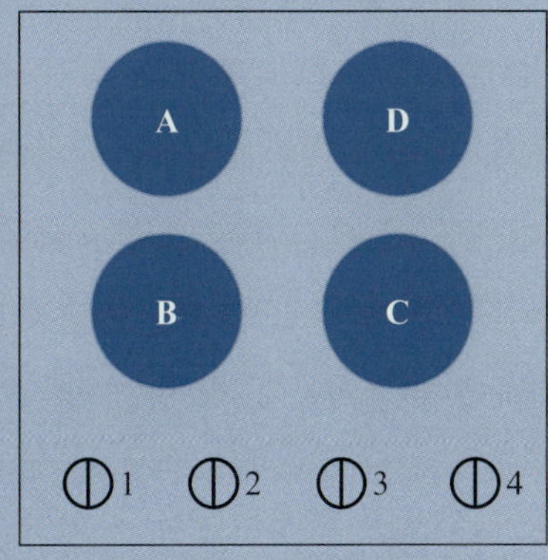

4 제어장치의 설계

시스템을 조작할 때 사용자는 대부분 어떤 장치를 통해 명령을 전달한다. 자동차를 운전하기 위해 핸들을 잡고 페달을 밟으며, 컴퓨터를 사용할 때는 키보드와 마우스를 조작하고, 스마트폰에서는 터치스크린을 터치한다. 이처럼 사용자가 시스템과 상호작용할 때 사용하는 장치를 제어장치(Control)라고 한다. 제어장치는 단순한 입력 수단을 넘어 사용자의 정확성과 효율성, 편의성에 직접적인 영향을 미친다. 잘못 설계된 제어장치는 사용자가 실수를 하거나 작업 효율이 떨어지게 만들며, 시스템 전체의 사용성을 저해한다. 따라서 인간공학적 관점에서 사용자가 시스템을 정확하고 신속하게 조작할 수 있도록 제어장치를 설계하는 것이 중요하다.

우리는 마우스를 사용해 PC를 조작한다. 화면 크기가 커질수록 한 화면에 표시되는 정보량이 늘어나므로, 사용자는 원하는 위치로 커서를 이동시키기 위해 손을 더 많이 움직여야 한다. 이때 마우스 민감도가 낮게 설정되어 있다면 손을 크게 움직여야 커서가 화면을 따라가므로 피로가 증가하고 작업 효율이 떨어진다. 반대로 민감도를 너무 높게 설정하면 손을 조금만 움직여도 커서가 크게 이동하여 목표 지점 근처까지 빠르게 도달할 수 있지만, 클릭 대상 근처에서 세밀한 조정이 필요할 때 정확도가 떨어질 수 있다. 특히 작은 버튼이나 링크를 선택할 때는 민감도가 지나치게 높으면 커서가 지나쳐버려 오히려 작업 속도가 느려지거나 실수가 발생할 가능성이 커진다.

이처럼 제어장치의 이동과 반응 간의 관계는 단순한 속도 문제가 아니라, 정확성과 편의성을 함께 고려해야 하는 인간공학적 설계 요소 중 하나이다. 이를 정량적으로 나타낸 것이 제어-반응 비율(Control-Response Ratio, C/R Ratio) 또는 제어-표시 비율(Control-Display Ratio, C/D Ratio)이다. C/R Ratio는 제어장치의 이동 거리와 화면상의 커서 이동 거리 간 비율로 정의되며, 적절한 비율을 설계하면 빠른 이동과 정확한 조정 간 균형을 맞출 수 있다. 이러한 원리는 마우스뿐 아니라 버튼, 레버, 터치스크린 등 다양한 제어장치 설계에 적용할 수 있다.

$$C/R\ Ratio = \frac{\text{제어장치의 이동 거리}}{\text{표시장치의 이동 거리}}$$

계산식에 따르면, C/R Ratio가 작을수록 시스템이 민감하여, 제어장치를 조금만 움직여도 표시장치에서 많은 이동이 발생한다. 반대로 C/R Ratio가 클수록 시스템이 둔감하여, 제어장치를 많이 움직여야 표시장치가 이동한다. 예를 들어, 마우스를 잡고 5cm 이동 시 모니터 상 커서가 30cm 이동한다면, C/R Ratio = 5/30≈0.167으로 계산할 수 있다. 원운동을 하는 제어장치에서도 동일하게 적용할 수 있는데, 길이 20cm 레버를 90° 회전하여 디스플레이 상 커서가 30cm 이동했다면, 해당 시스템의 C/R비는 다음과 같이 계산될 수 있다(그림 10-7).

$$C/R\ Ratio = \frac{\text{손잡이 부분의 이동 거리}}{\text{표시장치의 이동 거리}} = \frac{2\pi r \times \left(\frac{90}{360}\right)}{30\text{cm}}$$

$$= \frac{2 \times 3.14 \times 20\text{cm} \times \frac{1}{4}}{30\text{cm}} = 1.047$$

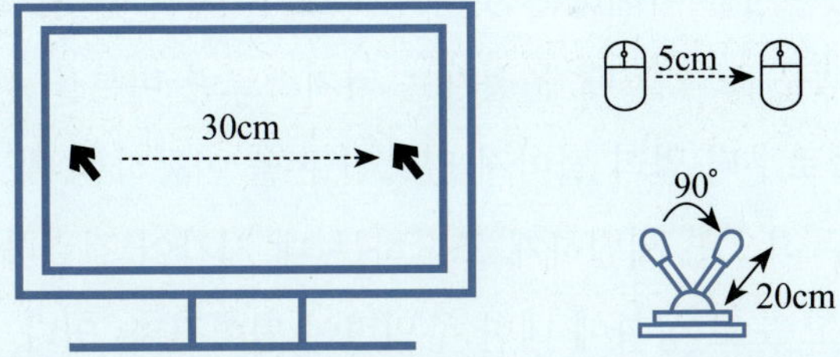

| 그림 10-7 | 마우스와 레버 사용 시 디스플레이 반응 예시

최적의 C/R Ratio가 존재할까? 일반적으로 C/R Ratio와 인간의 수행성능은 밀접하게 연관되어 있다. C/R Ratio가 작아 제어장치가 민감해지면, 사용자는 시작 위치에서 목표 지점까지 커서를 빠르게 이동시킬 수 있다. 우리는 이것을 이동시간(Travel Time)이라고 한다. 그러나 민감도가 지나치게 높으면 목표 지점 근처에서 손끝을 미세하게 조정해야 하며, 이를 조정시간(Adjustment Time)이라고 한다. 조정시간이 길어지면 클릭이나 조작 정확도가 떨어지고, 실수가 발생할 가능성이 커진다. 반대로 C/R Ratio가 지나치게 크면 손을 많이 움직여야 하므로 이동시간이 길어지고 피로가 증가한다. 최적의 C/R Ratio는 시스템의 유형과 사용 목적, 제어장치와 표시장치의 특성에 따라 달라지며, 이를 실험적으로 결정하는 것이 중요하다.

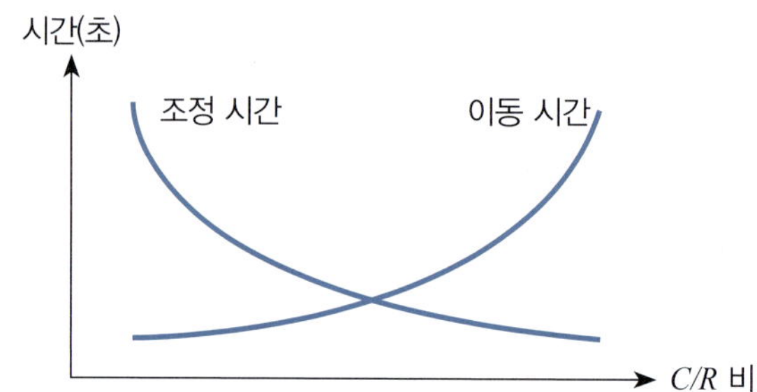

| 그림 10-8 | 인간의 시스템 제어 시 C/R비에 따른 이동시간과 조정시간 변화

이러한 이동시간과 조정시간 간의 상호작용은 인간 행동을 정량적으로 예측하려는 연구로 이어진다. 인간공학에서는 사용자가 목표를 얼마나 빠르고 정확하게 선택할 수 있는지를 이해하는 것이 중요하다. 예를 들어, 차량 운전 중 인포테인먼트 시스템을 조작할 때 운전자는 터치스크린 버튼을 정확히 선택해야 한다. 버튼이 핸들로부터 멀리 떨어져 있으면 손을 이동하는 데 시간이 오래 걸리고, 버튼이 너무 작으면 세밀하게 조작하는 데 시간이 걸린다. 이로 인해 조작 속도가 느려지고 도로 상황에 대한 주의력이 떨어질 수 있다.

목표물을 선택하는 과업 수행 시간을 정량적으로 예측하기 위해 Fitts' Law가 제안되었다. Fitts' Law는 목표 선택 시간을 다음과 같은 수식으로 표현한다.

$$T = a + b * log_2\left(1 + \frac{D}{W}\right)$$

여기서 T는 목표물을 선택하는 데 걸리는 시간이며, a와 b는 입력 장치 특성에 따라 달라지는 상수이다. D는 시작점에서 목표까지의 거리, W는 목표의 크기를 의미한다. 이에 따르면, 시작점에서 목표까지의 거리가 멀수록 과업 수행시간은 길어지고, 목표가 작을수록 정확히 클릭하는 데 걸리는 시간은 증가한다. 다시 말해, 사용자가 목표 타깃 근처까지 접근하는 시간은 거리 D에 의해 좌우되고, 목표 근처에서 정확히 선택하기 위한 시간은 목표물 크기 W에 의해 결정된다. 이러한 모델은 오늘날에도 다양한 인터페이스의 설계 및 평가에 폭넓게 활용되고 있다.

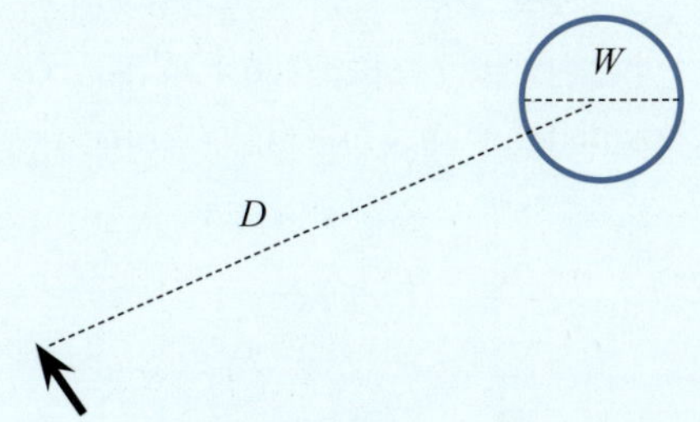

| 그림 10-9 | Fitts' Law: 목표물 선택 시간(T)은 목표물까지의 거리(D)와 목표물 너비(W)에 의해 결정

공장 설비에서 응급 상황 시 기계를 긴급 정지할 수 있는 비상 버튼의 위치를 결정해야 한다고 가정하자. 주변 설비와 공간적 제약으로 인해 두 가지 설치 옵션이 존재한다. A안은 주 작업영역에서 10cm 떨어진 위치에 지름 2cm 버튼을 설치하는 경우이다. B안은 주 작업영역에서 30cm 떨어진 위치에 지름 10cm 버튼을 설치하는 경우이다. Fitts' Law에 따르면 목표 선택 시간(T)은 버튼까지의 거리(D)와 버튼 너비(W)의 비율과 단조 증가 함수 관계를 가진다. 단순 계산으로 보면, A안의 D/W 비율은 10/2=5, B안은 30/10=3으로, B안이 A안보다 더 빠르게 버튼을 누를 수 있음을 보여준다. 따라서 두 옵션 중에서는 이동 거리가 다소 길더라도 버튼 크기가 큰 B안을 선택하는 것이 바람직하다. 이렇게 하면 조정 시간을 최소화하여 정확성을 높일 수 있으며, 응급 상황에서도 실수를 줄이고 안전하게 기계를 정지시킬 수 있다.

연/습/문/제

4-1 로봇의 가동범위를 고려한 C/R Ratio 설계

(a) 당신은 로봇의 팔을 조작할 수 있는 핸드 컨트롤러를 손에 쥐고 있다. 당신이 들고 있는 컨트롤러와 로봇의 집게부분의 이동에 대한 C/R ratio가 0.2라고 했을 때, 당신이 0.5m 만큼 손을 올리면 로봇은 몇 m 만큼 물체를 들어올리겠는가?

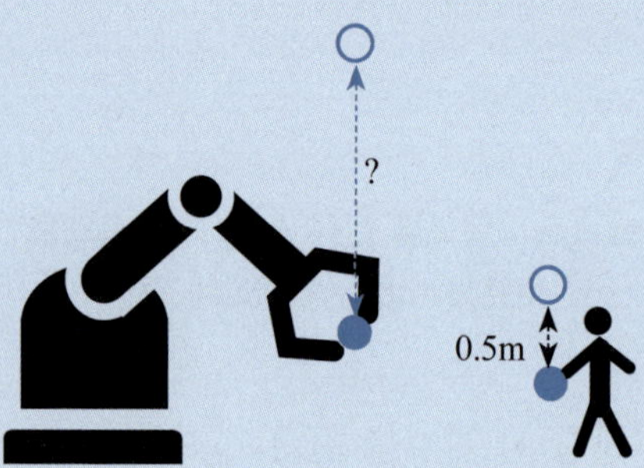

(b) 같은 상황에서, 공장 내부의 천장 높이 때문에 C/R비를 조절해야 할 일이 생겼다. 공장의 천장은 3.5m로, 이를 넘으면 로봇이 천장에 충돌한다. 사용자가 핸드 컨트롤러를 들 수 있는 최소 높이가 0.6m, 최대 높이가 2m라고 하자. 이때, 로봇이 바닥과 천장과 충돌하지 않으면서도 가장 많은 구간을 움직이게 하기 위해서는 C/R비가 얼마로 설정되어야 하는가?

4-2 마우스 커서의 버튼 클릭속도 예측

(a) 다음은 두 가지 버튼 크기와, 두 가지 버튼과 커서 간의 위치에 따른 4가지 상황을 나타낸 것이다. 어떤 버튼이 가장 빠르게 클릭될 수 있는가? 어떤 버튼이 클릭하는 데 가장 오래 걸릴까?

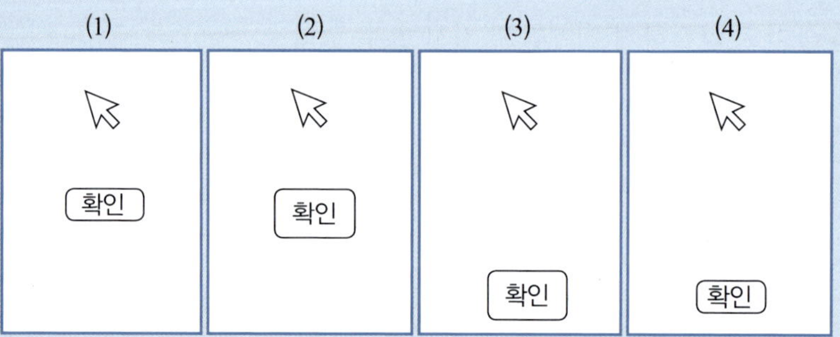

(b) 영수는 28cm 만큼 떨어진 거리에 있는 너비 4cm의 버튼을 클릭할 때 0.5초, 30cm 만큼 떨어진 거리에 있는 너비 2cm의 버튼을 클릭할 때 0.6초가 걸렸다고 한다. 이때, 63cm 거리에 위치한 1cm 버튼을 클릭하는데 몇 초가 걸릴 것으로 예상되는지 Fitts' law을 이용하여 계산하시오.

5 인간공학 실험 연구

기초 조사자료와 모델링을 통해 모든 제품과 시스템의 설계를 수행할 수 있다면 참 좋을 것이다. 하지만 대개의 경우에는, 우리가 설계하고 싶은 설계 변수의 효과를 정확히 표현하는 자료를 수집하는 것은 어려운 일이다. 인간공학에서는 이러한 상황에서 실험(Experiment)을 통해 이를 해결한다. 실험연구(Experimental Research)는 특정 변수가 인간의 행동과 성능, 주관적 평가 등에 미치는 영향을 체계적이고 통제된 환경에서 분석하는 연구방법론이다. 실험연구의 핵심적 특징은 연구자가 의도적으로 조작하는 변수인 독립변수(Independent Variable)와 그 결과로 나타나는 변화를 측정하는 종속변수(Dependent Variable) 간의 인과관계를 규명한다는 점이다. 특히, 인간공학 실험에서는 인간 피험자를 대상으로 데이터를 수집한다는 점이 다른 분야와 구별되는 특징이다.

인간공학 실험연구에서 독립변수는 세 가지 주요 범주로 분류된다. 예를 들어, 당신이 전기킥보드 설계팀에서 안전성을 개선하는 업무를 맡고 있다고 가정해보자. 이때, 설계팀은 사용자가 전기킥보드를 안전하게 조작하고 편리하게 이용할 수 있도록 다양한 설계 요소와 환경 조건을 실험을 통해 평가할 필요가 있다. 첫째, 과업 관련 변수(Task-related Variables)는 연구 대상이 되는 시스템, 제품, 도구의 물리적 특성이나 기능적 속성을 의미한다. 전기킥보드 안전성 연구를 예로 들면, 바퀴 크기, 발판 너비 및 길이, 손잡이 높이, 제동 시스템 유형, 가속 제어 방식 등이 이에 해당한다. 이러한 변수들은 인간-기계 상호작용에서 기계 측면의 요인들을 포괄하며, 사용자가 과업을 수행할 때 직접적인 영향을 미친다. 둘째, 환경변수(Environmental Variables)는 사용자가 시스템을 사용하는 물리적 · 사회적 환경 조건을 나타낸다. 도로 표면 유형, 조명 조건, 기상 조건, 교통 밀도, 소음 수준 등이 이에 포함되며, 이러한 변수들은 사용자의 경험과 수행 성능에 중요한 영향을 미칠 수 있다. 셋째, 피험자 관련 변수(Subject-related Variables)는 개별 사용자의 신체적, 인지적, 경험적 특성을 의미한다. 신체 계측치, 사용 경험, 연령대, 인지적 능력, 성별 등이 이에 해당하며, 이러한 개인차 변수는 실험 결과를 일반화하고 해석하는 데 중요한 역할을 한다.

실험연구에서 종속변수는 독립변수의 조작으로 인해 나타나는 인간의 반응을 측정하는 데 초점을 둔다. 단순히 신체 치수나 가동 범위와 같은 자료를 수집하는 조사연구(Descriptive Study)와 달리, 실험연구에서는 인간의 수행 성능, 주관적 경험, 생리적 변화를 포괄적으로 평가하는 종속변수를 활용한다. 전기 킥보드의 예로 돌아가보면, 성능변수(Performance Variables)는 사용자가 킥보드를 주행하면서 나타내는 수행도를 객관적으로 측정할 수 있는 변수들을 말한다. 직선 주행 정확도, 균형 유지 시간, 제동 반응 시간, 오류 발생 빈도, 과업 완료 시간 등이 여기에 포함되며, 설계 변경이 실제 조작에 어떤 영향을 미치는지 평가할 수 있다. 주관적 반응변수(Subjective Response Variables)는 사용자가 주행 경험을 어떻게 지각하는지를 측정한다. 예를 들어, 지각된 안전성, 조작 용이성, 편안함 정도, 만족도, 신뢰도 평가 등을 통해 설계 변경이 사용자 경험과 안전에 미치는 영향을 확인할 수 있다. 이러한 주관적 반응 변수는 주로 설문지의 형태를 활용하여 수집된다. 마지막으로 생리적 변수(Physiological Variables)는 사용자의 신체적 반응을 객관적으로 측정하여 주행 중 부하나 스트레스 수준을 평가한다. 근전도를 통한 근육 활성화 정도, 심박변이도를 통한 자율신경계 활동, 피부전도도를 통한 각성 수준, 뇌파를 통한 인지적 부하, 안구운동을 통한 시각적 주의 등이 대표적인 측정 항목이다. 이러한 생리적 변수를 측정하기 위해, 인간공학 실험에서는 피험자가 다양한 센서 장비를 착용한 상태에서 실험을 수행하게 된다. 이를 통해 설계 요소와 환경 조건이 사용자의 신체적, 인지적 반응에 미치는 영향을 객관적으로 평가할 수 있다.

실험연구의 핵심 목표는 독립변수가 종속변수에 미치는 인과관계를 규명하고, 그 영향 크기와 방향성을 정량적으로 평가하며, 이를 바탕으로 설계 최적화 기준을 제시하는 데 있다. 이러한 목표를 달성하기 위해 연구자는 연구 설계 초기 단계에서 구체적인 연구가설(Hypothesis)을 수립한다. 연구가설이란 독립변수와 종속변수 간의 예상되는 관계를 명확하고 검증 가능한 문장으로 표현한 것이다. 연구가설은 실험 설계와 분석의 기초가 되며, 변수 간 관계를 객관적으로 파악하고 설계 개선을 위한 근거를 제공하는 역할을 수행한다.

연구 가설을 수립하기 전, 연구자는 먼저 연구 대상 시스템이나 제품의 특성과 관련된 기존 문헌, 선행연구, 경험적 관찰을 검토하여 연구 문제를 정의한다. 이를 통해 독립변수와 종속변수 사이에 잠재적 인과관계가 존재할 가능성을 탐색한다. 예를 들어, 전기킥보드 설계팀에서 바퀴 크기가 주행 안전에 미치는 영향을 평가하고자 할 때, 기존 연구와 관찰 결과를 검토하면 바퀴가 작을수록 작은 요철이나 불규칙한 도로 표면에도 민감하게 반응할 수 있음을 알 수 있다. 이는 바퀴 크기가 사용자의 안전성, 균형 유지 능력, 제동 효율 등과 같은 종속변수에 영향을 미칠 가능성을 시사한다. 이후 연구자는 인과관계를 규명하기 위해 조작할 독립변수와 그 영향을 측정할 종속변수를 명확히 구분한다. 앞서 언급하였듯, 독립변수에는 과업 및 시스템 특성, 환경 조건, 피험자 특성 등이 포함되며, 종속변수에는 수행 성능, 주관적 평가, 생리적 지표 등이 포함된다.

이후, 독립변수의 변화가 종속변수에 어떠한 방향과 정도로 영향을 미칠지를 예상하는 연구가설 수립과정이 이어진다. 이 과정은 선행연구 결과, 인간공학 원리, 설계 경험 등을 기반으로 이루어진다. 예상 관계를 바탕으로 연구자는 구체적이고 검증 가능한 형태로 가설을 기술한다. 일반적으로 연구가설은 "~하면 ~할 것이다" 또는 "~할수록 ~하다"와 같은 형태를 사용하게 된다. 전기킥보드 실험 설계의 사례를 들면, "바퀴 크기가 클수록 주행 안전성이 향상될 것이다." "발판 너비가 넓을수록 사용자의 균형 유지 시간이 증가할 것이다.",

"손잡이 높이가 사용자의 신체에 적합할수록 조작 용이성이 높아질 것이다." 등이 연구 가설의 예시이다.

실험 설계의 유형: 피험자 내 설계와 피험자 간 설계

실험연구를 수행할 때 연구자가 내려야 할 중요한 결정 중 하나는 실험 설계 방식의 선택이다. 실험 설계는 크게 피험자 내 설계(Within-Subjects Design), 피험자 간 설계(Between-Subjects Design), 그리고 이 두 방식을 결합한 혼합 설계(Mixed Design)로 구분된다. 각각의 설계 방식은 고유한 특징과 장단점을 가지며 연구 목적과 상황에 따라 적절한 선택이 필요하다.

피험자 내 설계는 동일한 피험자가 모든 실험 조건에 참여하는 방식이다. 즉, 각 피험자는 독립변수의 모든 수준을 경험하게 되며, 이를 통해 개인 내에서의 변화를 직접적으로 관찰할 수 있다. 이 설계 방식의 가장 큰 장점은 개인차에 의한 변동성을 통제할 수 있다는 점이다. 동일한 개체가 모든 조건에 참여하므로 개인의 고유한 특성, 능력, 성향 등이 실험 조건 간에 동일하게 유지되어, 독립변수의 순수한 효과를 더욱 명확하게 파악할 수 있다. 또한 상대적으로 적은 수의 피험자로도 통계적으로 의미 있는 결과를 얻을 수 있어 경제적이고 효율적이다. 그러나 피험자 내 설계는 갈수록 실험에 익숙해지게 되는 순서 효과와 같은 문제점을 수반할 수 있다. 즉, 먼저 수행한 조건이 이후 조건의 수행에 영향을 미치거나, 연습 효과나 피로 효과 등이 결과를 왜곡할 가능성이 있다. 이를 해결하기 위해서는 카운터밸런싱(Counterbalancing) 기법을 사용하여 조건의 순서를 피험자 간에 다양하게 배치할 필요가 있다.

피험자 간 설계는 서로 다른 피험자 집단이 각각 다른 실험 조건에 참여하는 방식이다. 각 피험자는 독립변수의 한 수준에만 노출되며, 조건 간의 비교는 서로 다른 집단 간의 차이를 통해 이루어진다. 이 설계 방식의 주요 장점은 순서 효과나 전이 효과의 문제가 발생하지 않는다는 점이다. 각 피험자가 오직 하나의 조건에만 참여하므로 이전 조건의 경험이 현재 조건의 수행에 미치는 영향을 배제할 수 있다. 그러나 피험자 간 설계는 개인차에 의한 변동성이 결과에 포함될 수 있다는 단점을 가진다. 서로 다른 집단이 각 조건을 수행하므로 집단 간의 개인차가 독립변수의 효과와 혼재될 가능성이 있다. 이를 해결하기 위해서는 무작위 배정을 통해 피험자를 각 조건에 배치하고, 충분한 수의 피험자를 확보하여 개인차의 영향을 통계적으로 상쇄시켜야 한다.

혼합 설계는 피험자 내 설계와 피험자 간 설계를 결합한 방식으로, 일부 독립변수는 피험자 내 요인으로, 다른 독립변수는 피험자 간 요인으로 설정한다. 이러한 설계는 각 설계 방식의 장점을 활용하면서 단점을 보완할 수 있는 효과적인 접근법이다. 특히 복수의 독립변수가 있는 실험에서 각 변수의 특성에 따라 적절한 설계 방식을 선택할 수 있다. 예를 들어, 시간이 지남에 따라 변화하는 변수는 피험자 내 요인으로, 개인의 고정적 특성과 관련된 변수는 피험자 간 요인으로 설정할 수 있다.

드론의 조종 능력 평가를 위한 실험 설계를 구체적인 사례로 살펴보자. 이 실험에서는 두 가지 독립변수가 설정되어 있다. 첫 번째 독립변수인 드론의 크기는 30cm와 60cm의 두 수준으로 구성되고, 두 번째 독립변수인 드론의 최대 속도는 5m/s, 10m/s, 15m/s의 세 수준으로 구성된다. 따라서 전체적으로 $2\times3=6$개의 실험 조건이 형성된다. 각 조건별로 40명의 데이터를 수집하고자 한다면, 설계 방식에 따라 필요한 피험자 수가 달라진다.

피험자 내 설계를 활용할 경우, 동일한 피험자가 모든 6개 조건에 참여하게 된다. 각 조건별로 40명의 데이터가 필요하지만, 같은 피험자가 모든 조건을 수행하므로 총 40명의 피험자만 있으면 된다. 각 피험자가 6개 조건을 모두 수행하여 전체적으로 240개(40명×6조건)의 데이터 포인트가 생성되지만, 각 조건당 40개의 데이터를 확보할 수 있다. 피험자 간 설계를 활용할 경우, 각 조건에 서로 다른 피험자 집단이 참여한다. 6개의 조건 각각에 40명씩 배정해야 하므로 총 240명의 피험자가 필요하다. 각 피험자는 하나의 조건에만 참여하여 총 240개의 데이터 포인트가 생성되며, 각 조건당 40개의 데이터를 확보할 수 있다. 혼합 설계에서 드론의 크기를 피험자 간 변수로 설정할 경우, 피험자는 먼저 드론 크기에 따라 두 집단으로 나뉘고, 각 집단 내에서는 세 가지 속도 조건을 모두 경험한다. 30cm 드론 집단과 60cm 드론 집단 각각에서 40명의 피험자가 3가지 속도 조건을 모두 수행해야 하므로, 총 80명의 피험자가 필요하다. 각 집단에서 40명이 3개 조건을 수행하여 120개의 데이터가 생성되고, 두 집단을 합치면 240개의 데이터 포인트가 확보된다.

연/습/문/제

5-1 대학 강의 태블릿 필기에 따른 학습 경험 연구 설계

(a) 대학 강의에서 학생들의 태블릿 필기와 관련된 실험을 수행하려 한다. 아래 나열된 독립변수들을 과업관련변수, 환경관련변수, 피험자관련변수로 구분하시오.

독립 변수 및 수준	
필기방식(타이핑/펜필기/혼합)	학년(1학년/4학년)
학생 평균평점(2점대/3점대/4점대)	태블릿 화면 크기(8인치/10인치/12인치)
주변 조명(밝음/어두움)	강의 난이도(낮음/중간/높음)
성별(남성/여성)	소음환경(소음 없음/소음 존재)

(b) 대학 강의에서 학생들의 태블릿 필기와 관련된 실험을 수행하려 한다. 아래 나열된 종속변수들을 수행성능변수, 주관적 변수, 생리적 변수로 구분하시오.

종속변수	
강의 내용 퀴즈점수	필기 정확도
주관적 학습 몰입도	주관적 작업부하(NASA-TLX)
심박 변이도(Heart Rate Variability)	필기 중 시선 분포
필기 오타 수	수업에 대한 자기효능감

(c) 독립변수와 종속변수를 하나씩 선택하여 연구 가설을 수립하시오.

5-2 스마트 워치의 텍스트 가독성 평가를 위한 실험 설계

당신은 스마트 워치의 텍스트 가독성을 평가하기 위한 실험을 설계하고 있다. 이 실험에서는 세 가지 독립변수가 설정되어 있다. 첫 번째 독립변수인 화면 밝기는 낮음과 높음의 두 수준으로, 두 번째 독립변수인 텍스트 크기는 8pt, 10pt, 12pt으로, 세 번째 독립변수인

폰트 유형은 고딕과 명조의 두 수준으로 구성된다. 따라서 전체적으로 $2 \times 3 \times 2 = 12$개의 실험 조건이 형성된다. 각 조건별로 25명의 데이터를 수집하고자 할 때, 다음에 답하시오.

(a) 피험자 내 설계(Within-Subjects Design)를 하려고 할 때, 필요한 총 피험자의 수는 몇 명인가?

(b) 피험자 간 설계(Between-Subjects Design)를 하려고 할 때, 필요한 총 피험자의 수는 몇 명인가?

(c) 혼합 설계(Mixed Design)를 하려고 할 때, 화면 밝기를 피험자 간 변수, 텍스트 크기와 폰트 유형을 피험자 내 변수로 설정한다면 몇 명의 피험자를 모집해야 하는가?

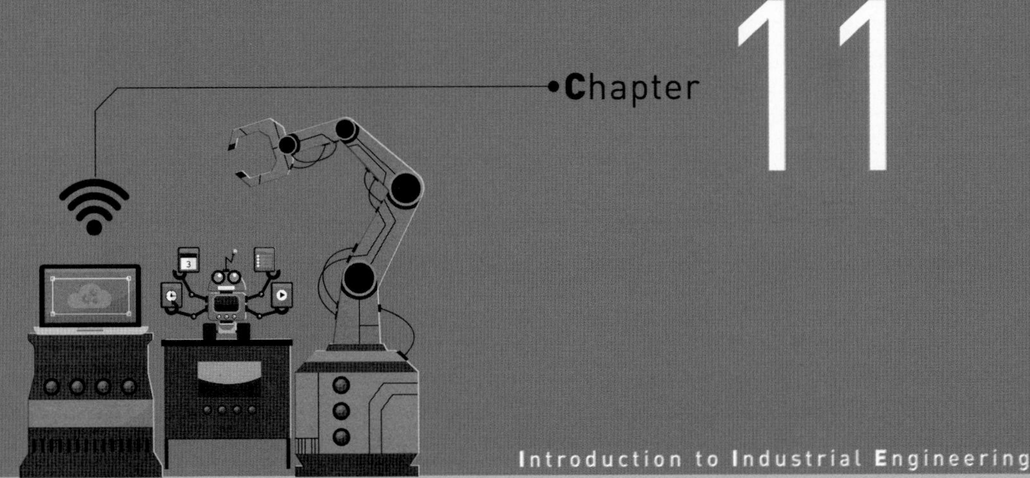

기술경영

1. 기술경영이란
2. 기술경영 논의의 흐름
3. 기업경영과 기술경영
4. 기술경영의 핵심 요소
5. 기술가치사슬과 기술경영 프레임워크
6. 기술사업화(Technology Commercialization)
7. 하이테크 기업의 기술로드맵과 신제품 출시
8. 기술경영은 기업경영의 본질

Chapter

11 기술경영

1 기술경영이란

기술이 기업경쟁력의 핵심 자원으로 부상하면서 이를 전략적이고 체계적으로 관리해야 할 필요성이 증가하고 있다. 이러한 배경에서 기업의 기술개발 역량과 기술자산의 효과적인 관리를 위해 나타난 분야가 기술경영으로, 이 기술경영의 개념을 보다 쉽게 이해하기 위해 가상의 기업인 Y-Fine 사례를 먼저 살펴보도록 하자.

Y-Fine은 서울에 위치하는 중견 바이오헬스케어 기업으로, 기존에는 일반적인 혈당 측정기를 생산해 안정적인 매출을 올려왔다. 그러나 고령화와 만성질환 증가, 디지털 헬스케어의 부상, 그리고 유사한 제품으로 인한 시장 경쟁심화 등으로 인해 기존 제품만으로는 장기적 경쟁력을 유지하기 어렵다는 판단에 이르게 되었다.

Y-Fine은 새로운 제품을 개발하기로 결정하고, 먼저 다양한 기술적 대안들을 검토했다. 여기에는 회사의 기존 혈당 측정기의 정확도를 개선하는 방법, 병원 전용 원격 모니터링 장비 개발, 그리고 인공지능 기반 웨어러블 기기 개발 등이 있었다. Y-Fine은 시장조사(소비자 수요와 시장 규모 등)와 경쟁사 동향,

그리고 규제 등을 고려할 때 웨어러블 기기가 가장 높은 성장 잠재력을 지니고 있다고 판단하고 웨어러블 제품을 개발하기로 최종 결정하였다.

회사는 프로젝트 착수 전, 철저한 타당성 검토를 실시하였다. 예상 개발 비용과 규제 승인 소요 시간, 핵심 부품 조달 가능성, 그리고 주요 병원 · 보험사와의 파트너십 가능성 등을 검토했다. 분석 결과, 위험 요인은 존재했지만 시장 기회가 크다고 판단되어 전담 R&D 팀을 신설하고 연구 자원을 대거 투입하였다.

연구개발은 단순히 연구소만의 몫이 아니었다. 제품개발, 임상시험, 품질관리, 그리고 마케팅 부서까지 모두 참여하는 통합 프로젝트 팀이 구성되었다. 특히 국내 대형 병원과 협력하여 임상 데이터를 확보하고, 이를 기기 설계에 반영하는 구조를 마련함으로써 제품의 신뢰성을 높였다.

수년간의 연구 끝에, Y-Fine은 'Y-Band'라는 인공지능 기반 웨어러블 기기를 출시하였다. 이 기기는 사용자의 혈당, 심박수, 활동량을 실시간으로 측정하고, AI 알고리즘을 통해 건강 이상 징후를 조기에 경고해주는 기능을 갖추었다. 출시 직후 소비자와 의료기관에서 큰 호응을 얻었고, 글로벌 시장에서도 빠르게 점유율을 확대할 수 있었다.

그러나 Y-Fine은 이 성공에 만족하지 않았다. 웨어러블 기기도 언젠가 경쟁사 기술에 의해 대체될 수 있다는 점을 인식하고, 유전자 기반 맞춤형 헬스케어와 비침습형 혈압 · 혈당 측정 기술의 개발을 진행하고 있다. 또한 기존 Y-Band의 개선 버전을 정기적으로 출시해 기술 노후화에 선제적으로 대응하고 있다.

이상의 Y-Fine 사례에서 보이는 일련의 기술개발 과정은 기술경영의 본질을 잘 보여주고 있다. 회사는 시장 동향과 미래 기술을 면밀히 검토하여 개발할 기술을 선택하고 R&D 타당성을 철저히 분석하였으며, 조직 전체가 협력적으로 움직여 신제품을 성공적으로 시장에 출시하였다. 동시에 기술의 노후화와 대체(Replacement) 가능성까지 고려해 장기적인 경쟁력을 확보하고자 노력하였다. 즉, Y-Fine의 사례는 기술 옵션의 식별과 평가, R&D 관리, 기술의 조직 통합, 신기술 구현, 노후화와 대체라는 다섯 가지 요인을 종합적으로 실행한 대표적인 기술경영 사례라 할 수 있다.

기술경영은 기술을 단순히 관리해야 할 자원이 아니라, 기업 전략의 핵심 요소로 간주한다. 즉, 기술경영은 "기술을 중심으로 어떻게 경영할 것인가"라는 관점에서 기술을 활용하여 시장, 조직, 고객 가치를 연결하고, 이를 통해 기업이 지속적인 경쟁우위를 확보하는 데 중점을 둔다. 따라서 기술경영은 기술의 개발 · 획득 · 활용 · 보호 · 폐기까지의 전 과정을 관리하는 활동뿐만 아니라 사업화, 신시장 개척, 고객 경험의 변화 등과 관련되는 조직내 모든 활동을 포괄하는 개념이라고 할 수 있다. 참고로 Management of Technology(MOT)와 Technology Management(TM)는 우리말로 동일하게 '기술경영'으로 번역되지만, 이들은 학문적 · 실무적 관점에서 구분되어 사용되는 경향이 있다. 그러나 실제 현장에서 이 둘을 엄격하게 구분하는 것은 현실적으로 어려우며, 본 장에서는 통칭하여 기술경영이라는 표현을 사용한다.

기술경영이 주목을 받은 계기가 된 미국 국가연구위원회(National Research Council)의 1987년 보고서에서는 기술경영을 '공학, 과학, 경영 학문을 연결하여 조직의 전략적 · 운영적 목표를 수립하고 달성하기 위해 필요한 기술적 역량을 기획 · 개발 · 실행하는 활동(MOT links engineering, science, and management

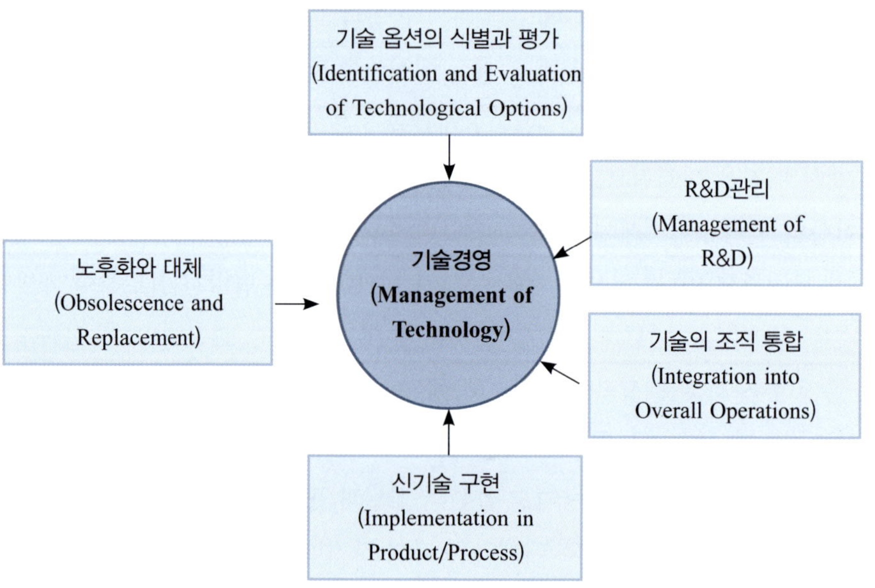

| 그림 11-1 | 기술경영의 핵심 요소

출처: National Research Council(1987).

disciplines to address the planning, development, and implementation of technological capabilities to shape and accomplish the strategic and operational objectives of an organization)'으로 정의하고 [그림 11-1]과 같이 5가지 핵심 요소(key elements)를 제안하였다.

2 기술경영 논의의 흐름

기술경영은 시대적 환경, 시장지배적 기술, 경영환경의 변화에 따라 논의의 초점이 달라져 왔다. 1970년대 이전에는 국방, 산업, 경제에서 과학과 기술의 중요성이 증가하였지만, 당시 기업들은 기술을 생산성 향상의 수단으로 접근하는 경향이 강하였다. 따라서 기업은 생산 효율을 높이기 위한 공정 혁신과 자동화, 그리고 기업의 경영 목표 달성을 위해 필요한 기술을 효율적으로 개발하는 연구개발 관리(R&D Management)에 관심이 있었다. 따라서 이 시기 기술경영은 효율적인 프로젝트 수행과 자원 배분(Resource Allocation)이 핵심 과제였으며, 대표적으로 PERT나 CPM(Critical Path Method)과 같은 프로젝트 관리 기법이 도입되었다.

1970~1980년대에 들어서면서, 일본 기업들의 기술력 강화를 통한 경쟁력 향상은 글로벌 기업 특히 미국 기업들에게 기술 자체가 경쟁전략의 핵심 요소임을 깨닫게 했다. 즉, 기술을 단순한 도구가 아니라 관리해야 할 자원(Resource)으로 간주하고 개발, 도입, 보호, 활용, 대체까지의 전 과정을 체계적으로 다루려는 시도가 이루어졌다. 이 시기는 단순히 효율적 R&D 관리를 넘어, 기술을 기업의 전략적 목표와 일치시키는 필요성이 대두되었으며, 이를 위해 기술포트폴리오(Technology Portfolio), 기술수명주기(Technology Life Cycle), S-curve 모델과 같은 도구들이 활용되었으며, MIT와 Stanford 등의 대학에서는 MOT 대학원 과정이 개설되어 학문적 기반도 마련되었다.

1990년대에 접어들면서 정보통신 혁명과 인터넷의 확산은 기업 환경을 급격하게 바꾸었다. 기술과 시장, 조직, 고객 가치를 연결하는 활동이 강조되었으며, 이에 따라 기술경영 논의는 혁신과 조직역량으로 옮겨갔다. 단순히 어떤 기술을 보유하고 있는지가 아니라 변화하는 환경 속에서 기술을 통합 · 재구성할 수 있는 동태적 역량(Dynamic Capabilities)이 중요하다는 인식이 확산되었기 때문이다. 이 시기 기업들은 내부 역량뿐만 아니라 외부 지식과 자원을 적극 활용하기 시작했고, 이와 관련된 개방형혁신(Open Innovation)의 초기 개념이 싹트기 시작했다.

이후 2000년대에는 인터넷과 모바일 기술의 폭발적 성장으로 인해 기술 개발 속도가 기업 전략의 핵심 변수로 부각되는 시기라고 할 수 있다. 이 때 Henry Chesbrough에 의해 개방형혁신의 개념이 정식으로 제시되면서, 기업은 더 이상 모든 기술을 내부에서 개발하지 않고 외부와의 협력을 통해 혁신을 가속화하는 방법들을 도입하였다. 이와 함께 벤처 기업들의 증가로 인해 기술가치평가, 기술이전(Technology License)과 같은 실무적 도구들이 중요성을 더해갔다. 기술예측, 로드맵, 기술이전, 산학연 협력이 활발히 논의되었고, 구글과 애플은 기술 중심 전략을 기반으로 자사만의 경쟁력 있는 플랫폼과 생태계를 구축함으로써 세계 시장을 선도했다.

최근에는 4차 산업혁명과 디지털 전환이 핵심 이슈로 부상하고 있다. 이에 따라 인공지능, IoT, 빅데이터 같은 신기술은 단순히 기업 내부의 효율성을 개선하는 데 그치지 않고 산업 구조와 경쟁 구도를 재편하고 있다. 특히 ESG 경영과 지속가능성에 대한 사회적 요구가 커지면서, 기업은 "기술을 활용한 가치 창출과 사회적 책임"을 동시에 달성해야 하는 과제를 안게 되었고, 이러한 맥락에서 기술경영은 기업 · 시장 · 사회 · 환경 전체의 지속 가능한 미래를 설계하는 종합적 관리 활동으로 진화하고 있다.

이상의 논의를 요약하면, 기술경영은 지난 시간 동안 기업의 기술자원 관리 →기술과 전략의 통합→혁신과 사업화→디지털 전환과 지속가능성이라는 흐름으로 점차 그 영역이 확장되고 심화되어 왔음을 알 수 있다.

3 기업경영과 기술경영

전통적으로 기업의 경영전략은 재무, 마케팅, 인사, 생산과 같은 다양한 기능(Function) 전략을 종합하여 기업의 방향을 설정하는 활동으로 이해되어 왔으며, 기술경영은 이러한 기능들을 지원하는 보조적 역할에 머무르는 경우가 많았다. 경영진이 시장과 재무 관점에서 전략적 목표를 세우면, 기술은 그것을 달성하기 위한 수단으로 간주되었던 것이다. 그러나 21세기 들어 기술 발전 속도가 가속되고, 기술이 산업과 시장 전반의 핵심 경쟁 요인으로 자리매김하면서, 기술경영은 단순한 지원(Support) 기능이 아니라 기업경영과 불가분의 관계를 가지는 핵심 요소로 부상하였다. 실제로 이제 기업의 성패는 얼마나 기술을 효과적으로 탐색, 개발, 활용하느냐에 달려 있는데, 이렇게 기술경영이 기업경영의 중심축으로 자리 잡은 배경을 살펴보면 다음과 같다.

첫째, 고객이 인지하는 제품과 서비스의 가치가 기술에 의해 정의되는 시대가 도래하였다. 인공지능, 빅데이터, 자율주행, 바이오 기술 등은 단순히 제품 성능을 높이는 차원을 넘어 고객의 삶의 방식과 경험 자체를 변화시키며 새로운 가치를 제공하고 있다. 따라서 고객 중심의 경영전략을 수립하려면 고객이 느끼는 가치와 만족에 영향을 주는 기술을 개발하고 관리하는 기술경영, 즉 고객가치 창출을 위한 기술경영이 요구되고 있다.

둘째, 기술은 기업 내부의 효율성을 높이는 수준을 넘어, 산업 전체의 구조와 가치사슬을 바꾸는 역할을 한다. 스마트폰과 플랫폼 기술은 통신 · 가전 산업을 넘어 금융, 유통, 콘텐츠 산업까지를 재편하였으며, 이는 기술이 단순한 비용 절감이나 생산성 향상을 넘어서 산업 경쟁 질서를 변화시키고 있음을 보여준다. 기업이 이러한 흐름 속에서 생존하기 위해서는 기술을 단순히 '활용'하는 것을 넘어, 기술을 경영의 최전선에서 '체계적으로 관리'해야 한다.

셋째, 환경 규제, 에너지 전환, ESG 경영이 요구되는 시대에서 기술적 혁신 없이는 기업의 장기적 성장과 생존을 보장할 수 없다. 예를 들어 탄소중립 달성을 위해서는 단순한 효율성 개선이 아니라 새로운 에너지 기술에 기반한 친환경 공정으로의 전환, 자원 순환 기술 등이 복합적으로 필요하다. 이러한 변화 속에서 기업이 사회적 책임을 다하고 지속가능성을 확보하기 위해서는 기술은 단순히 이윤 극대화의 도구가 아니라 그 이상의 역할까지 요구되고 있다.

실제 많은 글로벌 기업들은 이미 기술경영을 기업경영의 최전선에 두고 있다. 테슬라는 스스로를 자동차 기업이 아니라 기술 중심의 에너지 혁신 기업으로 정의하고, 배터리, 소프트웨어, 에너지 관리 등 새로운 기술 개발과 상용화를 통한 시장 발굴과 선점을 통해 성장하고 있으며, 이 과정에서 기술경영 기법들을 활용하고 있다. 아마존(Amazon)은 온라인 서점에서 출발했지만, 최근에는 인공지능(AI)과 클라우드 컴퓨팅(AWS)을 핵심으로 삼아 세계적인 기술 플랫폼 기업으로 성장했다. 기술을 전략적으로 관리하고 사업화한 결과 단순 판매와 유통을 넘어선 다각적인 비즈니스 모델 창출에 성공한 것이다. 애플은 하드웨어, 소프트웨어, 서비스가 긴밀히 통합된 기술경영 전략을 바탕으로 세계적인 혁신 기업으로 자리매김했다. 단순히 스마트폰이나 PC제조를 넘어, iOS, App Store, iCloud 등 자사만의 폐쇄적이면서도 강력한 생태계를 구축했다. 이러한 전략은 고객 충성도를 극대화하고, 지속적인 수익 창출 구조를 만들었다. 특히 애플은 반도체 설계(Apple Silicon, M1 · M2 칩)까지 기업 역량으로 내재화하면서 기술 주도권을 강화하였다. 구글은 검색엔진 기업으로 출발했지만, 인공지능(AI), 클라우드, 자율주행(웨이모), 헬스케어(Verily) 등 다각적 영역으로 사업을 확장하고 있다. 여기서 핵심은 방대한 데이터를 기반으로 한 AI 기술경영 역량이라고 할 수 있다. 구글은 '검색에서 AI 퍼스트(AI First)'로 전략을 전환하면서, AI를 전사적 전략의 중심에 두었다. 그 결과 단순 광고 수익 모델을 넘어, 다양한 산업에서 기술 기반 플랫폼 사업자로 자리매김할 수 있었다.

결국 기업경영이 "어떤 시장에서, 어떤 방식으로 경쟁할 것인가"에 초점을 둔다면, 기술경영은 "어떤 기술을 탐색, 개발, 활용하여 경쟁할 것인가"에 초점을 둔다고 할 수 있다. 현재의 비즈니스 환경에서 두 개념은 독립적으로 존재할 수 없으며, 반드시 상호 보완적 관계를 맺어야 한다. 경영전략이 아무리 훌륭해도 기술경영이 뒷받침되지 않으면 실행력을 잃게 되고, 반대로 기술경영이 혁신적이라도 기업경영과 연계되지 않는다면 시장성과 지속가능성을 확보할 수 없기 때문이다. 따라서 오늘날 기업에게 기술경영은 단순한 하위 기능(Function) 전략이 아니라 기업경영의 성과와 존립을 좌우하는 핵심 동력이라고 할 수 있다. 이에 따라 많은 기업에서는 최고기술책임자(CTO)를 두고 있는데, 이는 조직 내에서 기술을 경영 전략과 유기적으로 연계하고, 기술 포트폴리오를 관리하며, 미래 기술 환경을 예측하여 기업의 지속 성장을 이끄는 핵심 위치라 할 수 있다. 오늘날 CTO는 단순히 기술적 전문성을 넘어, 기술 예측과 로드맵 수립, 외부 기술 도입 및 협력, 그리고 기술사업화까지 포괄하는 총괄 책임자로 자리매김하면서, 기술경영을 기업 경영의 중심축으로 끌어올리는 중요한 역할을 수행하고 있다.

4 기술경영의 핵심 요소

기술은 단순한 연구개발의 결과물이 아니라 기업의 경쟁우위와 직결되고, 나아가 시장 구조와 사회의 변화를 이끌어가는 동력이다. 따라서 기술경영을 이해하려면 기술의 생애주기 전반을 바라보고, 기술이 기업 전략과 어떻게 연결되는지를 살펴보아야 한다. 본 절에서는 기술경영을 구성하는 ① 기술 옵션의 식별과 평가, ② 연구개발 관리와 타당성 검토, ③ 기술의 조직 통합, ④ 신기술 구현, ⑤ 기술의 노후화와 대체 이 5가지 핵심 요소를 실제 사례와 함께 살펴보고자 한다.

1) 기술 옵션의 식별과 평가(Identification and Evaluation of Technological Options)

기업이 직면하는 가장 중요한 질문 중 하나는 “우리는 앞으로 어떤 기술을 선택하고, 어떤 기술에 조직의 자원을 투자해야 하는가?”라고 할 수 있다. 기술경영의 출발점은 바로 여기서 시작되며, 이것이 바로 '기술 옵션의 식별과 평가(Identification and Evaluation of Technological Options)'이다. 여기서 기술 옵션이란 기업이 현재 또는 미래에 선택할 수 있는 다양한 기술적 대안(Alternative)들을 의미한다. 이 대안은 내부 연구개발을 통해 확보할 수도 있고, 외부 기업으로부터 도입하거나 공동개발을 통해 얻을 수도 있으며, 때로는 인수합병(M&A) 같은 전략적 방법을 통해 확보되기도 한다.

기술 옵션을 식별한다는 것은 단순히 "새로운 기술을 찾아낸다"라는 의미에 그치지 않는다. 그것은 기술, 산업, 경제 환경 등을 폭넓게 살펴보고, 미래 사회와 시장에서 어떤 기술이 요구될지, 또 경쟁사가 어떤 기술을 준비하고 있는지를 예측하는 활동을 포함한다. 예를 들어, 2000년대 초반 스마트폰 시장이 열리기 전, 애플은 단순히 기존의 휴대폰 기술을 발전시키는 것이 아니라 멀티미디어, 터치스크린, 인터넷 접속이라는 기술 옵션들을 새롭게 조합할 수 있다는 가능성을 식별했고, 이 선택이 결국 아이폰의 탄생과 스마트폰 시장으로 이어졌다.

기업이 기술 옵션을 체계적으로 찾고 관리하기 위해 사용하는 방법에는 여러 가지가 있다. 대표적으로는 기술로드맵(Technology Roadmap)이 사용되며, 기술로드맵은 시장, 제품, 기술의 관계를 시간 축을 중심으로 표현하여, 조직의 전략적 의사결정을 지원하는 계획 도구이다. 또한 최근에는 빅데이터와 인공지능을 활용하여 방대한 특허 데이터를 분석하고, 이 특허 분석(Patent Analysis)을 통해 특정 산업에서 어떤 기업들이 어떤 기술을 개발하고 있는지를 파악하고 이를 기반으로 미래 유망 기술을 도출하는 방법이 사용되고 있다. 그 외에도 전문가들의 집단지성을 활용하는 델파이 기법(Delphi Method), 선도 기업의 활동을 비교하는 벤치마킹(Benchmarking) 등이 기술 옵션 식별에 활용된다. 일반적으로 이러한 방법들은 단독으로 사용되기보다는 상호 보완적으로 사용되며, 기술 환경에 대한 다각적인 분석을 통해 기업은 적절한 기술 옵션을 식별할 수 있다.

기술 옵션을 식별한 뒤에는 그것을 평가하는 과정이 뒤따르는데, 아무리 흥미롭고 혁신적으로 보이는 기술이라 하더라도 실제로 기업이 활용할 수 없다면 의미가 없기 때문이다. 평가 기준은 기업의 문화 및 전략, 처한 상황 등에 따라 달라질 수 있지만 일반적으로 기술적 타당성, 경제적 타당성, 시장성, 사회적 · 환경적 영향 등으로 나눌 수 있다. 기술적 타당성은 해당 기술이 현재의 과학적 · 공학적 지식과 기업의 역량으로 구현 가능한지를 따지는 것이다. 예를 들어 2026년 현재 양자컴퓨터는 매우 유망할 것으로 전망되고 있지만, 대부분의 기업에게 당장은 기술적으로 활용할 수 없는 옵션이다. 경제적 타당성은 개발 혹은 도입에 소요되는 예상 비용과 이를 통한 기대 수익(Expected Profit)을 비교하는 것으로, 신기술이 혁신적일지라도 생산 단가가 지나치게 높으면 시장 진입이 어렵다. 시장성은 소비자가 해당 기술을 수용할 의사(Willingness)가 있는지를 의미하는데, 기술이 아무리 뛰어나더라도 소비자들이 필요성을 느끼지 못하면 시장 확산에 실패할 수 있으며 구글 글래스(Google Glass)가 대표적인 예라고 할 수 있다. 마지막으로 최근 사회적 · 환경적 영향이 점점 더 중요해지고 있는데, 지속가능성과 ESG(Environmental, Social, Governance) 경영이 강조되는 시대에는 수익뿐만 아니라 해당 기술이 환경에 미치는 영향까지 고려해야 한다.

(사례) 기술 옵션 평가

2020년대 들어 인공지능(AI) 산업이 급성장하면서, 데이터 처리 속도를 획기적으로 높일 수 있는 메모리 기술이 필요해졌다. SK하이닉스는 이 흐름을 읽고 고대역폭 메모리(High Bandwidth Memory, HBM)을 전략적 기술 옵션으로 식별했다. HBM은 기존 DRAM보다 대역폭이 훨씬 넓고, AI 연산에 최적화된 구조를 가지고 있다. 하지만 HBM은 단가가 높고 생산 공정이 복잡해 초기에는 상용화에 어려움이 많았다.

그럼에도 불구하고 SK하이닉스는 AI 시대의 시장성, 자사의 반도체 생산 역량에 기반한 기술적 타당성, 그리고 데이터센터와 GPU 기업들의 수요 예측을 종합적으로 고려해 투자를 결정했다. 그 결과, 2024년 SK하이닉스는 HBM 시장 점유율에서 삼성전자를 추월하는 성과를 거두었고, 글로벌 반도체 산업의 새로운 리더로 부상하게 되었다. 이 사례는 기술 옵션 식별과 평가가 기업의 성패를 좌우하는 중요한 전략적 의사결정임을 잘 보여준다.

참고로 기술 옵션의 식별과 평가에서 유의해야 할 점은 이것이 단순히 엔지니어 개인이나 특정 팀(Team)의 역할에 국한되지 않고, 경영진의 전략적 판단, 연구개발자의 전문성, 마케팅 부서의 시장 이해, 재무 부서의 비용 분석 등이 종합적으로 작동하는 과정이라는 것이다. 즉, 기술 옵션의 식별과 평가는 기업 내 모든 기능을 연결하는 교차기능적(Cross-Functional) 활동이라고 할 수 있다.

앞으로 신기술은 더욱 빠르게 등장하고 사라질 것이며, 특히 AI, 바이오, 친환경 에너지 등의 새로운 기술들은 상호 융복합하면서 기업에게 새로운 기회와 위협을 동시에 제공할 것이다. 따라서 기술 옵션을 바라볼 때 단순히 "이 기술이 흥미롭다"라는 관점이 아니라, 그것이 경제적 · 사회적 맥락에서 어떤 의미 혹은 가치를 가지는가까지 고려하는 훈련이 필요하다.

2) R&D 관리(Management of R&D)

기업의 연구개발(R&D, Research and Development)은 단순히 신기술을 만드는 행위를 넘어, 기업의 미래를 설계하고 준비하는 핵심 활동이다. 하지만 모든 연구개발 프로젝트가 성공하는 것은 아닌데, 실제 많은 프로젝트가 기술적 한계, 비용 문제, 시장 부적합성 등의 다양한 이유로 실패한다. 따라서 연구개발의 관리에서 가장 중요한 것은 프로젝트를 시작하기 전에 사전타당성분석(Ex-Ante Feasibility Analysis)을 수행하고, 연구개발의 전 과정을 체계적으로 관리하는 것이다.

일반적으로 신제품 출시는 기초연구→응용연구→개발→상용화라는 단계를 거친다. 기초연구 단계에서는 과학적 원리를 탐구하고 새로운 가능성을 모색하는 단계이며, 응용연구 단계에서는 이 지식을 활용해 구체적인 기술로 발전시킨다. 개발 단계에서는 프로토타입을 제작하고 실험을 거쳐 실제 활용 가능한 형태로 만든다. 마지막으로 상용화 단계에서는 이를 제품이나 서비스에 적용해 시장에 출시한다. 이 과정 특히 연구개발 단계에서 중요한 것은 각 단계마다 위험(Rick)과 불확실성(Uncertainty)을 관리하는 것이다. 기초연구 단계에서는 실패 확률이 높고 성과가 불확실하지만, 성공했을 때 그 파급효과는 매우 크다. 반대로 상용화 단계에서는 기술적 위험은 줄어들지만, 시장에서 수용될지 여부가 새로운 불확실성으로 등장한다. 따라서 연구개발 관리는 단순히 "연구를 한다"가 아니라 "각 단계별로 위험을 관리하고 자원을 효율적으로 배분"하는 활동이라고 할 수 있다.

연구개발의 타당성 검토는 크게 세 가지 측면에서 이루어지며, 특히 연구개발의 초기 단계에서 중요하다.

- 기술적 타당성: 현재의 기술 수준과 기업의 역량으로 해당 프로젝트를 수행할 수 있는가? 프로젝트 수행을 위해 필요한 장비, 인력, 노하우를 충분히 가지고 있는가? 등
- 경제적 타당성: 프로젝트를 수행하는 데 드는 비용과 예상되는 수익이 균형을 이루는가? 투자 대비 수익(ROI)이 긍정적인가? 등
- 시장성: 시장은 이 기술을 받아들일 준비가 되어 있는가? 소비자들이 필요성을 느끼고 실제 구매할 가능성이 있는가?

기술개발 프로젝트의 경제적 타당성을 평가하는 한가지 사례를 살펴보자. 고정비용 10억 원이 투입되는 기술개발 프로젝트가 있다. 연구개발을 통한 기술개발 성공 확률은 60%로 분석되었으며, 만약 개발이 실패할 경우, 투입된 비용 10억원은 전부 손실로 귀결된다. 기술개발이 성공할 경우에는 시장 상황에 따라 기업의 수익 규모가 달라지는데, 수요가 많은 경우는 30% 확률로 50억 원의 수익을 거둘 수 있고, 중립적인 경우는 50% 확률로 20억 원의 수익을 얻을 수 있으며, 수요가 기대 이하인 경우에는 20% 확률로 5억 원의 수익이 예상된다. 이와 같은 조건에서 본 프로젝트의 기대 수익을 계산하면 다음과 같다.

- 기술개발에 성공했을 경우의 기대 수익: (0.3×50억)+(0.5×20억)+(0.2×5억)=26억
- 기술개발 성공 확률을 반영한 전체 기대 수익: (0.6×26억)+(0.4×0억)=15.6억
- 프로젝트의 기대 순이익: 15.6억−10억=5.6억

이러한 결과는 프로젝트가 기대 순이익(Expected Net Profit) 관점에서 긍정적인 투자 대안임을 의미한다. 즉, 기술개발과 시장수요 확률을 고려할 때 투자비용을 초과하는 수익을 얻을 가능성이 높다는 것이다. 그러나 동시에 기술개발 실패 시 10억 원의 손실이 발생할 수 있으며, 시장 상황이 비관적으로 전개될 경우에는 수익이 제한적이라는 점에서 위험 요인 역시 존재한다. 따라서 의사결정자는 기댓값뿐 아니라 불확실성에 따른 위험 수준과 본인의 리스크 감내도를 함께 고려해야 하며, 여기서는 민감도 분석(Sensitivity Analysis)을 추가적으로 수행한 후 최종 결정을 하게 된다.

제약 산업은 이러한 R&D 관리와 타당성 검토의 대표적인 사례를 보여준다. 신약 개발은 평균 10년 이상 걸리며, 수천억 원의 비용이 든다. 그러나 임상 시험 단계에서 대부분의 후보 물질이 실패한다. 따라서 제약 회사는 초기 단계에서 철저한 타당성 검토를 수행하고, 단계별로 프로젝트를 중단하거나 계속할지를 결정하는 Stage-Gate Process, Decision Tree 기법 등을 활용한다. 또 다른 사례는 현대자동차의 수소차 개발이다. 전기차 시장이 급성장하는 가운데, 현대자동차는 수소연료전지를 또 다른 대안으로 고려했다. 그러나 수소차는 충전 인프라가 부족하고 초기 비용이 높다는 문제가 있었다. 현대차는 기술적 가능성, 정부의 정책 지원, 장기적인 환경 규제 강화 전망 등을 종합적으로 고려해 타당성을 검토했다. 그 결과, 단기적으로는 어려움이 있더라도 장기적으로는 경쟁력이 있다고 판단해 수소차 개발을 지속하고 있다.

3) 기술의 조직 통합(Integration into Overall Operations)

새로운 기술이 성공적으로 개발되었다고 해서 그것이 곧바로 기업의 경쟁우위로 이어지는 것은 아니다. 기술은 반드시 기업의 운영(Operation) 전반에 통합되어야 하며, 이 과정이 실패하면 혁신은 무용지물이 된다. 기술의 조직 통합이란 기술을 기업의 생산 시스템, 인적 자원, 조직문화, 공급망 등 다양한 운영 요소에 자연스럽게 녹여내는 과정을 말한다.

기술을 조직에 통합하는 과정에서 가장 흔히 나타나는 문제는 저항(Resistance)으로, 새로운 기술은 구성원들의 기존의 업무 방식과 역할을 변화시키며 이는 직원들에게 불안감을 줄 수 있다. 예를 들어, 자동화 기술이 도입되면 일부 직원은 일자리를 잃을까 두려워하거나, 새로운 기술을 배우는 데 어려움을 겪을 수 있다. 따라서 기업은 변화관리를 효과적으로 수행해야 한다. 변화관리는 단순히 기술 교육을 제공하는 것이 아니라, 리더의 명확한 비전 제시, 단계적 도입, 직원들의 참여 유도 등을 포함하며, 이 과정을 통해 직원들은 새로운 기술이 위협이 아니라 기회라는 점을 이해하게 된다.

아마존 물류센터는 기술 통합의 성공 사례라고 할 수 있다. 아마존은 물류창고에 로봇 시스템(Kiva)을 도입했지만, 기존 직원들을 대규모로 해고하는 대신 로봇과 사람이 협업할 수 있는 구조를 설계했다. 이를 통해 생산성을 크게 향상시키면서도 직원들의 저항을 최소화했다. 반면, 일부 병원에서는 최신 의료기기를 도입했음에도 불구하고 의료진의 교육 부족으로 활용도가 떨어지는 경우가 있다. 이는 기술 통합이 단순히 장비를 사들이는 것이 아니라, 조직 전체가 새로운 기술을 활용할 수 있는 구조와 문화를 갖추는 과정임을 보여준다. 결국 기술 통합이 성공하려면, 경영진의 전략적 리더십과 현장의 수용성이 함께 작동해야 한다.

4) 신기술 구현(Implementation in Product/Process)

신기술 구현은 크게 제품 혁신(Product Innovation) 혹은 공정 혁신(Process Innovation)으로 나타나는데, 제품 혁신은 새로운 기술을 적용해 신제품을 만드는 것이고, 공정 혁신은 기존 제품을 더 효율적으로 생산하거나 비용을 줄이는 새로운 방법을 도입하는 것이다. 신기술을 실제 제품이나 공정에 구현하는 것은 기업의 연구개발 성과가 시장과 만나는 순간이자, 기업의 혁신이 실제로 검증되는 단계라고 할 수 있다.

일반적으로 제품혁신의 경우 프로토타입 제작→파일럿 생산→대량생산→

시장 출시의 단계를 거친다. 프로토타입 단계에서는 아이디어가 실제로 구현 가능한지를 시험하고, 파일럿 생산 단계에서는 소규모로 생산해 품질과 효율성을 검증한다. 대량생산 단계에서는 생산라인을 최적화하고 비용을 낮추며, 마지막으로 시장 출시 단계에서는 고객의 반응을 확인하고, 제품을 개선한다.

애플 아이폰은 제품 혁신의 대표적인 사례로, 애플은 기존 휴대폰에 음악 재생, 인터넷 접속, 터치스크린 기능을 결합해 새로운 제품을 구현했다. 반면, 도요타의 린 생산 방식은 공정 혁신의 사례라고 할 수 있다. 도요타는 생산 프로세스를 효율화해 불필요한 낭비를 줄이고, 높은 품질을 유지하면서도 비용을 절감했다.

신기술 구현과 관련하여 유의해야 할 사항은 기술적 성공과 시장적 성공이 항상 일치하지 않는다는 것이다. 기술이 뛰어나다고 해서 반드시 시장에서 성공하는 것은 아니며, 시장의 성공을 위해서는 소비자의 필요(Needs)와 사회적 수용성이 함께 고려되어야 한다.

5) 노후화와 대체(Obsolescence and Replacement)

모든 기술은 생명주기를 가진다. 처음에는 새로운 기술로 각광받다가, 시간이 지나면 점차 경쟁력을 잃고 결국 다른 기술로 대체되는데, 이 과정을 기술 노후화와 대체라고 한다. 기술은 일반적으로 도입→성장→성숙→쇠퇴라는 생명주기를 따른다. 쇠퇴기에 접어든 기술은 더 이상 경쟁력을 유지하기 어렵고, 새로운 기술로 대체되는데, 슘페터(Schumpeter)는 이를 "창조적 파괴(Creative Destruction)"의 과정이라고 불렀다. 새로운 기술은 기존 질서를 파괴하면서 동시에 새로운 시장과 기회를 창출하기 때문이다.

노후화와 대체를 잘 설명하는 대표적인 사례는 카메라 산업이다. 필름 카메라는 오랫동안 사진의 대명사였지만, 디지털 카메라가 등장하면서 빠르게 노후화되었다. 이후 스마트폰 카메라가 디지털 카메라마저 대체하면서, 많은 전통적인 카메라 제조사들이 시장에서 퇴출되었다. 코닥은 디지털 전환을 늦게 시도하다 몰락했지만, 캐논과 니콘은 새로운 기술을 적극적으로 받아들여 생존할 수 있었다. 관련된 또 다른 예는 넷플릭스와 블록버스터의 경쟁이다. 블록버스터는 DVD 대여라는 기존 기술에 안주했지만, 넷플릭스는 스트리밍 기술로 전환하면서 시장을 장악했다. 최근에는 에너지 산업에서 기술 대체가 진행 중인데, 화석연료 중심의 에너지 생산이 점차 쇠퇴하고, 태양광 · 풍력 · 수소와 같은 재생에너지 기술이 새로운 주류로 자리 잡고 있다. 기술 노후화와 대체를 관리하기 위한 기업의 전략을 살펴보면 다음과 같다.

- 단계적 철수 전략: 기존 기술의 수익을 극대화하며 점진적으로 철수하는 전략
- 듀얼(Dual) 전략: 기존 기술과 신기술을 동시에 운영하며 전환기를 관리하는 전략
- 전면 전환 전략: 과감히 기존 기술을 버리고 신기술로 전환하는 전략

기술경영은 단순히 "새로운 기술을 개발하는 것"이 아니라 언제 그리고 어떻게 기존 기술을 버리고 새로운 기술로 전환하는가 까지를 포함한다는 것을 기억할 필요가 있다. 이 과정에서 기업은 위험을 감수해야 하지만, 동시에 새로운 기회를 얻을 수 있으며 이를 통해 지속적 성장을 가능하게 한다.

연/습/문/제

4-1 현재 여러분이 관심 있는 산업에서 향후 5년간 중요한 기술 옵션은 무엇일지 예측해 보자.

4-2 본문에 제시된 프로젝트 경제성 평가 사례를 의사결정나무(Decision Tree)로 표현해 보자.

4-3 프로그래머가 ChatGPT, Gemini 등과 같은 생성형 AI를 자신의 업무에 활용할 때 장점과 위험은 무엇일까?

4-4 현재 우리가 사용하는 기술 중에서 10년 후 사라질 가능성이 높은 것은 무엇일까?

4-5 기술노후화와 대체 관련하여 듀얼 전략의 장점과 단점은 무엇인가?

5 기술가치사슬과 기술경영 프레임워크

기업 경영에서 기술가치사슬(Technology Value Chain)은 기술이 단순한 지식이나 자산에 머무르지 않고 기업의 경쟁력과 시장 성과로 연결되는 일련의 과정을 의미한다. 기술가치사슬은 기술이 기업 내에서 생성 · 축적 · 활용되는 전 과정을 체계적으로 설명하는 개념으로, 기업이 기술을 단순한 비용 요인이 아닌 경영성과를 만들어 내는 핵심 동력으로 전환할 수 있도록 하는 틀을 제공한다.

기술경영의 관점에서 기술가치사슬은 [그림 11-2]와 같이 기술전략, 기술예측, 기술로드맵 작성, 기술포트폴리오 관리, 그리고 기술사업화 · 기술이전이라는 다섯 단계로 구성된다. 각 단계에서는 앞서 살펴본 기술경영의 다섯 가지 핵심 요소인 기술 옵션의 식별과 평가, R&D 관리, 기술의 조직 통합, 신기술 구현, 노후화와 대체가 복합적으로 활용되며 적용된다.

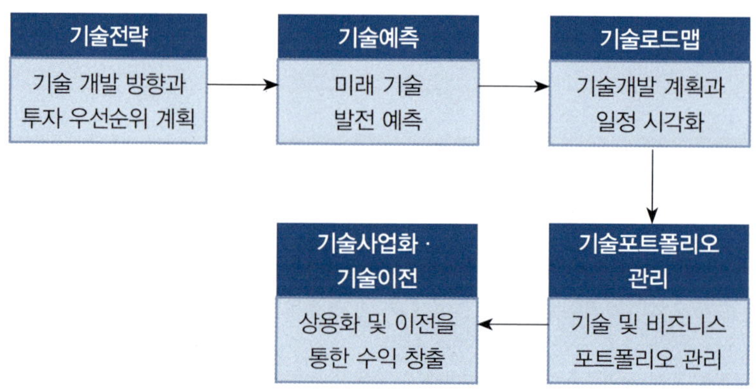

| 그림 11-2 | 기술가치사슬

우선 기술전략 단계에서는 기업이 미래 경쟁력을 확보하기 위해 어떤 기술을 집중적으로 개발할지, 또 어떤 기술을 포기할지를 결정한다. 이때 기술 옵션의 식별과 평가를 통해 잠재적으로 가치 있는 기술을 선별하고, R&D 관리를 통해 자원을 효과적으로 배분하며, 기술의 노후화와 대체 가능성을 고려하여 장기적 관점의 전략을 마련한다. 이러한 과정을 통해 기술전략은 기업의 비전과 기술 활동을 연결하는 출발점이 된다.

다음으로 기술예측 단계는 미래 기술의 변화와 발전 가능성을 체계적으로 전망하는 과정이다. 이 단계는 단순히 미래를 추측하는 것이 아니라, 자사와 경쟁사의 연구개발 동향, 특허와 논문 분석, 시장 수요, 기술수명주기(Technology Life Cycle) 등을 종합적으로 고려하여 앞으로 어떤 기술이 부상할지, 언제 상용화될지, 그리고 그것이 산업과 사회에 어떤 영향을 미칠지를 분석한다. 이러한 예측은 기업이 불확실성이 높은 기술 환경 속에서 전략적으로 대응할 수 있도록 도와주며, 중장기적인 연구개발 방향과 투자 우선순위를 설정하는 근거가 된다. 기술예측은 기술가치사슬 내에서 기술전략 수립과 로드맵 작성 사이의 연결고리 역할을 하는데, 기술전략에서 설정한 목표와 비전에 따라 어떤 기술이 필요할지를 탐색하고, 그 결과를 구체적인 로드맵과 실행계획에 반영하게 된다. 따라서 기술예측은 단순한 미래 전망을 넘어, 기업이 신기술 개발과 사업화 기회를 선제적으로 포착할 수 있도록 하는 핵심 단계라고 할 수 있다.

기술로드맵 작성 단계에서는 기술예측을 통해 도출된 미래 기술 변화와 발전 가능성을 구체적인 실행계획으로 연결하는 과정이다. 이 단계에서는 기업이 달성하고자 하는 비전과 전략적 목표를 기준으로, 어떤 기술을 언제, 어떤 방식으로 개발 혹은 도입하고 이를 제품과 공정에 적용할 것인지를 체계적으로 정리한다. 로드맵 단계에서는 단순히 시간에 따른 기술 개발 일정만 제시하는 것이 아니라, 기술이 상용화되기까지 필요한 핵심 역량, 인력, 자원, 협력 네트워크 등도 함께 고려해야 하는데, 이를 통해 기업은 기술 투자 시점과 우선순위를 명확히 하고 불필요한 중복투자를 줄이며 시장 변화에 따른 대응 전략을 마련할 수 있기 때문이다. 기술로드맵은 기술전략을 실행 가능한 계획으로 전환시키는 역할을 하며, 동시에 조직 내부의 의사소통과 외부 이해관계자와의 협력을 조율하는 핵심 수단으로 기능한다.

이어지는 기술 포트폴리오 운영 단계에서는 로드맵을 통해 수립된 기술 개발 계획과 연구 과제를 종합적으로 운영하고 균형을 맞추는 과정이다. 기업은 다양한 기술과 프로젝트에 한정된 자원을 배분해야 하므로, 이 기술 포트폴리오 관리에서는 각각의 기술이 가지는 위험 수준, 투자 비용, 성공 가능성, 시장성, 전략적 중요성 등을 종합적으로 평가한다. 이를 통해 기업은 단기적으로 수익을 창출할 수 있는 기술과 장기적으로 성장 잠재력이 높은 기술 사이에서 균형을 유지하고, 한정된 자원을 가장 효과적으로 사용할 수 있다. 포트폴리오 관리는 단순히 기술을 나열해 관리하는 것이 아니라, 기술 간의 상호 연계성과 우선순위를 고려하여 전략적으로 운영하는 데 초점을 둔다. 예를 들어, 핵심 기술에 자원을 집중하면서도 보완적 기술이나 차세대 대체 기술을 일정 수준 유지함으로써 불확실한 미래에 대비할 수 있다. 이를 통해 기업은 위험을 분산하고, 환경 변화나 예기치 못한 기술 실패에도 유연하게 대응할 수 있다. 따라서 포트폴리오 관리는 기업의 중장기 경영전략을 달성하기 위한 조정과 최적화의 과정이라고 할 수 있으며, 이를 통해 기업은 기술 경쟁력을 유지하고 장기적 성과를 달성할 수 있다. [그림 11-3]은 기술 포트폴리오 관리에서 일반적으로 사용되는 BCG Matrix를 보여주고 있으며, 기업은 각 카테고리 기술에 대해 기업의 전략에 따라 차별적으로 관리한다.

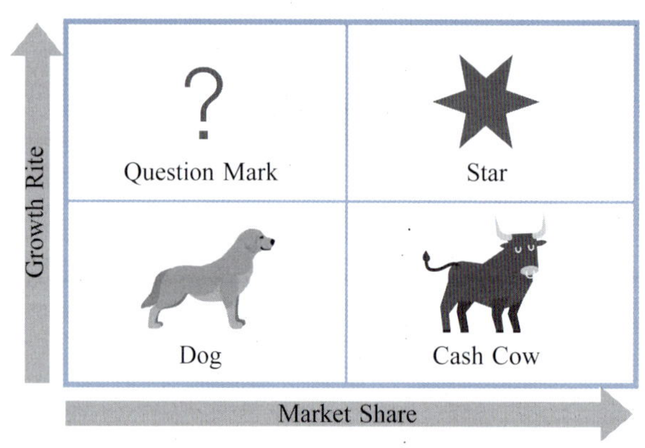

| 그림 11-3 | BCG Matrix

마지막으로 기술이전과 사업화 단계는 연구개발 성과를 시장에서 실질적인 경제적 가치로 전환하는 과정으로, 연구실에서 개발된 기술이 실제 제품이나 서비스로 실현되는 단계이다. 여기서 중요한 것은 연구 부서와 사업 부서 혹은 마케팅 부서 간의 원활한 커뮤니케이션을 통해 기술의 가치를 극대화하고 시장

의 수용성을 높이는 것이다.

결국, 기술가치사슬의 다섯 단계는 기술경영의 핵심 요인이 실제 기업 활동에서 어떻게 구체적으로 적용되는지를 보여주는 체계라 할 수 있다. 전략 수립에서는 기술 옵션과 R&D 관리, 예측 단계에서는 노후화와 대체, 로드맵 단계에서는 조직 통합과 신기술 구현, 포트폴리오 운영에서는 평가와 관리, 사업화 단계에서는 구현과 대체가 중심적으로 작동한다. 이처럼 다섯 가지 요인은 각 단계마다 다른 방식으로 강조되지만, 전체적으로는 서로 긴밀히 연결되어 기업의 기술 경쟁력을 강화하고 지속적인 성장의 기반을 마련하는 역할을 한다.

연/습/문/제

5-1 기술 포트폴리오 분석 결과 STAR와 CASH COW로 분류된 기술에 대한 기업의 투자 전략은 무엇일까?

6 기술사업화(Technology Commercialization)

우리 속담에 '구슬이 서말이라도 꿰어야 보배'라는 말이 있다. 예쁜 구슬이 아무리 많아도 그것을 목걸이나 장식품으로 만들지 않으면 그 가치가 제대로 드러나지 않는다는 의미이다. 마찬가지로 기업이나 개인이 아무리 우수한 기술을 개발해서 보유하고 있더라도 그것이 단순히 연구성과나 특허로만 머물러 있다면 기업에게는 실질적으로 경제적 가치가 없다(혹은 낮다)고 할 수 있다.[01]

01 시장에서는 직접 사업화할 목적이 아니라 경쟁기업 혹은 후발기업에 대한 시장 진입 장벽(Entry Barrier)을 만들기 위해 기술을 개발하고 특허를 확보하는 전략도 관찰되는데, 이러한 전략을 방어적 특허(Defensive Patent) 전략이라고 한다.

기술은 '구슬'과 같은 잠재력을 지니고 있지만, 그것을 시장과 연결하고 제품이나 서비스의 형태로 구체화하는 과정이 반드시 필요하며, 이 과정이 기술가치 사슬의 마지막인 기술사업화 과정이다. 기술사업화를 통해 기술의 가치를 극대화하기 위해서는 시장조사, 수요분석, 비즈니스 모델 개발, 투자유치, 생산과 유통, 마케팅 등 일련의 체계적인 절차를 거쳐야 한다. 따라서 기업이나 연구자는 기술개발 단계에서부터 이를 어떻게 활용하고 소비자의 가치와 연결할 것인지에 대한 전략적 사고와 실행력을 함께 가져야 한다.

한국의 대표적인 바이오 기업인 셀트리온은 2000년대 초반 항체 바이오시밀러를 개발했는데, 셀트리온은 초기부터 기술을 사업화하는 전략에 집중했다. 즉, 단순히 의약품을 개발하는 것에 그치지 않고 글로벌 임상, 규제 승인, 생산 인프라 구축, 파트너십 체결 등 사업적 요소를 결합해 기술을 시장에 내놓았다. 이러한 전략 덕분에 셀트리온은 2012년 세계 최초로 항체 바이오시밀러인 '램시마'의 국내/해외 허가를 획득하였으며 20년 만에 글로벌 바이오의약품 시장의 핵심 기업으로 자리매김할 수 있었다. 이 사례는 기술사업화가 단순히 연구성과의 연장선이 아니라, 기업의 성패를 좌우하는 핵심 활동임을 잘 보여준다.

기술사업화(Technology Commercialization)란 연구개발을 통해 창출된 기술을 기업의 제품, 서비스, 프로세스에 적용하여 시장에서 가치를 창출하는 과정을 의미한다. 기술이 연구실에서 발견 · 발명되는 순간은 기업 입장에서 '출발점'에 불과하다. 실제로는 기술을 상용화해 고객이 구매하고 사용할 수 있는 형태로 전환해야 비로소 경제적 가치를 만들어낼 수 있다. 여기서 주의해야 할 것은 기술사업화가 단순한 기술 이전이나 판매가 아니라 연구개발–시장 분석–사업모델 개발–지적재산권(IP) 확보–생산 · 유통 인프라 구축–마케팅–판매까지 이어지는 종합적 과정이라는 것이다. 일반적으로 기술사업화는 다음과 같은 단계로 진행된다.

① 기술 검증(Proof of Concept): 연구 성과가 실제 환경에서도 작동하는지 시험

② 시장성 평가(Market Assessment): 해당 기술이 충족할 수 있는 고객 니즈와 시장 규모 분석

③ **사업모델 개발(Business Model Development):** 기술이 어떤 방식으로 수익을 창출할지 구조화(예: 제품 판매, 라이선스, 플랫폼 기반 모델 등)

④ **지적재산권 확보(IPR Management):** 특허, 상표, 저작권 등 권리를 확보해 경쟁 우위를 창출

⑤ **시제품 제작 및 파일럿 운영:** 기술을 기반으로 한 제품/서비스의 초기 형태를 제작하고, 제한된 환경에서 시험 운영

⑥ **양산 및 시장 진입:** 대량생산 체계를 구축하고, 마케팅 · 유통 전략을 통해 시장에 진입

⑦ **스케일업과 글로벌화:** 초기 시장에서 입지를 확보한 후, 새로운 시장과 응용 분야로 확장

이상의 기술사업화 과정을 통해 알 수 있는 것은 기술사업화의 성공은 기술 자체의 우수성만으로 보장되지 않는다는 점이다. 오히려 시장 적합성, 자금 조달, 파트너십, 규제 대응, 타이밍 같은 경영적 요소들이 성패를 좌우한다. 실제로 구글은 뛰어난 인공지능 기술을 다수 보유하고 있지만, 일부는 상용화되지 못하고 연구실 단계에 머무르고 있다. 반면, 스타트업 오큘러스(Oculus)는 가상현실 기술을 빠르게 제품화하고 시장에 선보여 페이스북(현 메타)에 인수되며 성장의 발판을 마련했다. 두 사례는 기술 그 자체보다 어떻게 시장에 안작시키는가가 중요함을 보여준다. 실제 많은 기업들이 기술력은 충분하지만 사업화 단계에서 실패를 경험하는데, 그 요인으로는 시장 수요 과대평가, 정부 규제(Regulation) 간과, 지적재산권 보호 미흡, 자금 부족, 내부 역량 부족 등이 있다.

기술사업화는 기술경영의 꽃이라고 불린다. 왜냐하면 연구 성과를 경제적 · 사회적 가치로 연결시키는 최종 관문이기 때문이다. 기업은 기술사업화를 통해 연구개발에 투입된 막대한 자원을 회수할 수 있고, 소비자는 새로운 제품과 서비스를 통해 삶의 질을 높일 수 있다. 따라서 기술사업화를 단순히 '연구 성과의 판매'로 이해하지 말고, 기술과 시장을 잇는 전략적 과정으로 바라볼 필요가 있다.

연/습/문/제

6-1 대학이나 연구소에서 개발한 기술이 시장에서 외면받는 이유는 무엇일까?

7 하이테크 기업의 기술로드맵과 신제품 출시

하이테크(High-Tech) 산업은 기술 변화 속도가 빠르고, 기술과 시장의 불확실성이 높은 특성이 있다. 이러한 환경에서 기업들이 생존하고 성장하기 위해서는 단순히 신기술을 개발하는 데 그치지 않고, 언제 어떤 기술을 개발해 시장에 내놓을 것인가를 체계적으로 계획할 필요가 있는데, 이러한 필요성에서 등장한 것이 바로 기술로드맵(Technology Roadmap)이다. 예를 들어 반도체 기업은 향후 10년간 공정 효율성을 얼마나 향상시킬 것인지, 스마트폰 기업은 매년 어떤 신기능을 도입할 것인지를 이 기술로드맵에 반영한다. 이는 기업에게 단순한 미래 계획표가 아니라, 기술전략과 경영전략을 연결하는 다리(Bridge)로서의 역할을 하는데, 기업의 역량뿐만 아니라 기술의 불확실성과 시장의 변동성을 함께 고려해야 하므로 과학적 분석과 함께 관리자의 경험과 직관 등이 종합적으로 요구된다.

이를 살펴보기 위해 가상의 헬스케어 기업이 직면한 상황을 살펴보도록 하자. 여러분은 헬스케어 스타트업 기업의 CEO이며, 이 기업은 웨어러블 손목형 디바이스를 생산하고 동시에 앱을 통해 건강 데이터를 측정하는 구독(Subscription) 기반의 맞춤형 서비스를 제공하는 비즈니스 모델을 가지고 있다. 최근 건강에 대한 사회적 관심으로 디바이스 판매량과 앱서비스 구독 이용자 수는 증가하고 있지만, 동시에 기존 이용자의 이탈률도 높아지고 있다. 분석 결과 고객들은 “새로운 기능의 업데이트가 느리다”고 불만을 표하는 반면, 제품/

소프트웨어 개발팀은 "업데이트가 너무 잦아 품질과 안정성이 떨어진다"는 의견을 제시하고 있다.

여러분은 제품 출시 그리고 소프트웨어 업데이트 주기를 어떻게 할 것인지에 대해 두 가지 방법 중에서 고민하고 있다. 첫번째 방안은 연 1회 신제품(디바이스)을 시장에 출시하고 분기마다 정기적으로 기능(소프트웨어)을 업데이트하는 것이다. 이렇게 하면 일정이 예측 가능하고 품질 관리가 상대적으로 쉬우며, 조직 내부의 조율도 수월하다는 장점이 있다. 그러나 경쟁사가 우리 회사의 제품/소프트웨어 업데이트 주기에 맞춰 한 템포 빠르게 신기능을 포함한 제품을 출시할 경우 이탈율이 더욱 높아질 수 있는 단점이 있다. 두번째 방안은 정부의 규제 승인, 타기업과의 파트너 협업, 마라톤/등산 대회와 같은 행사, 경쟁사 신제품 출시 등과 같은 외부 이벤트에 맞춰 신제품을 출시하거나 앱에 신규 기능을 추가하는 방식이다. 이는 시장과 소비자의 주목도를 높이고 마케팅 효과를 극대화할 수 있지만, 출시 일정이 불확실하고 이로 인해 품질 리스크가 커질 수 있다.

위의 사례는 예측 가능성과 안정성을 중시할 것인가, 아니면 시장 모멘텀과 임팩트(Impact)를 중시할 것인가라는 두 가지 전략 중에서 하나를 선택해야 하는 상황을 설명하고 있다. 이는 기술전략 중에서도 중요한 Time Pacing과 Event Pacing, 보다 근본적으로는 기업의 기술로드맵과 관련되어 있다.

먼저 Time pacing은 외부 사건과 무관하게 기업이 스스로 정한 일정(Time Schedule)에 따라 혁신을 추진하는 전략이다. 기업은 내부적으로 "매년 신제품 출시", "2년 주기 기술 업그레이드"와 같은 주기를 정하고, 이에 맞추어 로드맵을 설계한다. 인텔(Intel)은 대표적으로 Time Pacing 전략을 구사한 기업으로, 오랫동안 "틱톡(Tick-Tock)" 전략이라는 이름으로 CPU를 2년 주기로 개선하는 로드맵을 유지했는데, 한 주기에는 미세공정을 줄이고(틱), 다음 주기에는 새로운 아키텍처를 도입(톡)하는 방식이었다. 이 일정은 경쟁사의 움직임에 따라 바뀌지 않고 자사 내부의 계획에 맞추어 추진되었으며, 이를 통해 인텔은 시장의 신뢰를 얻고, 반도체 기술 발전의 표준을 주도할 수 있었다.

애플(Apple)의 아이폰 출시 주기 역시 Time Pacing의 전형적인 사례라고 할 수 있는데, 애플은 매년 가을 새로운 아이폰을 발표한다. 시장 상황이나 경쟁사의 일정과 무관하게 항상 정해진 시점에 신제품을 내놓으며, 소비자와 투자자 그리고 관련 서비스기업들 역시 이를 기정사실로 받아들이고 의사결정을 진행한다. 애플의 로드맵은 단순한 신제품 발표 일정이 아니라, 소비자의 기대를 형성하고 시장의 리듬을 선도하는 전략적 도구라고 할 수 있다.

이러한 Time Pacing 기반 기술개발과 출시의 장점은 예측 가능성과 안정성이다. 기업은 일정한 리듬을 유지함으로써 내부 자원 배분을 효율적으로 관리하고, 소비자는 정기적 업그레이드에 대한 기대를 갖게 된다. 그러나 외부 환경이 급격히 변화할 경우, Time Pacing 전략은 신속한 대응이 어려운 한계가 있다.

반면 Event Pacing은 경쟁사의 신제품 출시, 시장 수요의 급변, 규제 변화, 사회적 사건과 같은 외부 사건(Event)에 맞추어 로드맵을 수정하는 전략으로, 이 경우 기업의 기술 개발은 사전에 정해진 일정보다 외부 환경에 의해 더 큰 영향을 받는다. 삼성전자는 애플이 2007년 아이폰을 출시하자, 당초 계획을 수정하고 스마트폰 시장 진입을 서둘렀으며 갤럭시 시리즈는 이러한 대응의 결과였다. 당시 삼성전자의 기술로드맵은 원래의 일정보다는 애플의 아이폰 출시라는 외부 사건에 의해 크게 전환되었고, 이는 Event Pacing 전략의 전형적인 모습이라고 할 수 있다. 제약 산업에서도 유사한 경우를 찾아볼 수 있는데, 2020년 COVID19 팬데믹이 발생하자, 화이자와 모더나를 비롯한 글로벌 제약사들은 기존의 장기적 연구 로드맵을 대폭 수정했다. 팬데믹이라는 사건에 대응하기 위해 백신 개발에 연구개발 자원을 집중하였으며, 그 결과 단기간에 mRNA 백신이 상용화되었고, 이는 위기 대응형 Event Pacing의 대표적 사례라고 할 수 있다.

이러한 Event Pacing 기반 로드맵의 강점은 민첩성이라고 할 수 있다. 기업은 외부 사건이 주는 기회를 빠르게 포착해 시장을 선점하거나 경쟁에서 뒤처지지 않을 수 있다. 그러나 이러한 전략은 장기적인 일관성을 유지하기 어렵고, 자칫 외부 사건에 끌려다니며 자사 제품 정체성의 혼란이 발생할 수 있는 위험이 있다.

그렇다면 현실의 하이테크 기업들은 어떤 전략을 사용할까? 많은 기업들이 Time Pacing 전략을 기본으로 하고 Event Pacing을 혼합적으로 활용하는 경우가 많다. 언제부터인가 애플은 매년 정해진 시점에 신제품을 발표(Time Pacing)하면서도, 외부 사건에 맞추어 제품 기능을 수정하거나 새로운 서비스를 추가하기도 한다(Event Pacing). 최근 EU의 충전 단자 규제에 따라 아이폰에 USB-C 포트를 채택한 사례가 이에 해당한다고 할 수 있다. 자동차 기업들(테슬라, 현대차 등)은 장기적으로 전기차 · 자율주행차 로드맵을 유지(Time Pacing)하면서도, 정부의 환경 규제 강화나 경쟁사의 기술 발표에 따라 세부 계획을 수정(Event Pacing)한다.

기술로드맵은 기업이 기술개발의 방향을 정하고, 연구와 시장을 연결하는 나침반 역할을 하는 기술전략의 핵심이라고 할 수 있다. 그러나 로드맵이 효과적으로 작동하려면 기업이 어떤 혁신 리듬을 택할 것인지 분명히 해야 한다. Event Pacing은 불확실성이 큰 환경에서 기민하게 대응할 수 있는 장점이 있고, Time Pacing은 안정적인 계획을 바탕으로 시장의 신뢰를 얻을 수 있다. 따라서 하이테크 기업들은 두 방식을 적절히 조화시켜야 한다. 장기적으로는 Time Pacing으로 조직 내부의 리듬과 시장의 기대를 관리하면서, 동시에 예상치 못한 사건이 발생했을 때 Event Pacing으로 신속히 대응하는, 안정성과 유연성을 동시에 추구하는 것이 적절하며, 이를 위한 조직 구조를 운영하는 것이 필요하다.

연/습/문/제

7-1 일반적으로 많은 하이테크 기업들이 기본적으로 Time Pacing 전략을 사용하는 이유는 무엇인가?

8 기술경영은 기업경영의 본질

매일 새로운 신기술이 시장에 소개되고 경쟁이 치열해지는 오늘날, 기업경영과 기술경영은 더 이상 분리될 수 없는 관계가 되었다. 기술경영은 단순한 경영 지원 활동이 아니라, 기업이 전략적 목표를 실현하고 시장에서 생존하기 위한 가장 중요한 자원과 역량을 체계적으로 관리하는 일련의 활동이라고 할 수 있다. "기술이 곧 경영이고, 경영이 곧 기술이다"라는 말은 현대 기술경영의 중요성을 명확히 표현하고 있으며, 관리자는 기술에 대한 이해와 함께 이를 전략적으로 활용할 수 있는 능력을 가져야 한다.

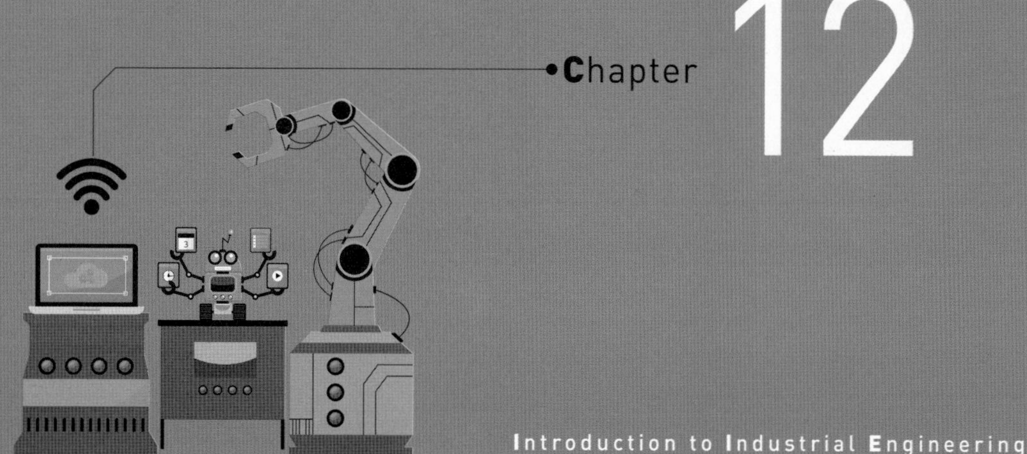

금융공학

1. 돈의 시간 가치
2. 확률로 보는 투자 세계
3. 포트폴리오 공학
4. 옵션 DIY
5. 금리 엔지니어

Chapter

12 금융공학

1 돈의 시간 가치

'오늘의 1달러는 내일의 1달러보다 더 가치 있다'는 말처럼, 돈의 시간 가치는 돈의 가치가 시간에 따라 달라진다는 개념이다. 즉, 같은 금액의 돈이라도 현재 손에 쥔 돈이 미래에 받는 돈보다 더 가치 있음을 의미한다. 왜 그럴까? 현재 가진 돈은 바로 투자해 이자를 벌거나 지금 필요한 소비에 활용할 수 있지만, 미래의 돈은 그런 기회를 제공하지 않는다. 또한 미래에는 인플레이션이나 위험 등 여러 변수가 생겨 돈의 실질 가치가 떨어질 수 있다. 이러한 이유로 재무에서는 '시간은 돈'이라는 말이 나오며, 시간을 거슬러 돈의 가치를 계산하는 일이 금융 의사결정의 핵심이 된다.

현대 금융에서 시간 가치는 매우 중요하지만, 의외로 많은 사람이 이를 직관적으로 이해하지 못하는 경우가 있다. 실제로 한국은행 조사에 따르면 일반인의 '돈의 시간가치' 이해도가 낮아 이에 대한 맞춤형 교육이 필요하다는 지적도 존재한다. 다행히도 돈의 시간 가치는 복잡한 수학보다 몇 가지 개념과 원리만 이해하면 감을 잡을 수 있다. 본 에피소드에서는 돈을 시간 속에 여행시키는 흥미로운 스토리텔링 메타포를 통해 복리와 단리, 할인율과 현재가치, 채권의 현금흐름과 가격, 만기수익률(YTM) 계산, 금리 민감도 분석 등을 차근차근 살펴본다. 이를 통해 금융공학의 기초 개념인 시간 가치를 체득하고, 현업에서 어떻게 활용되는지 알 수 있다.

1) 복리 vs 단리

돈의 시간 여행 첫 번째 여정은 이자와 함께 떠나는 것이다. 먼저 단리와 복리의 차이를 살펴본다. 단리는 원금에만 이자가 붙고, 복리는 불어난 금액(원금+이자)에 다시 이자가 붙는 방식이다. 역사적으로 이자율(Interest Rate) 개념은 고대 메소포타미아 문명까지 거슬러 올라가며, 복리 개념의 가장 오래된 사례는 약 4,400년 전 수메르 문명에서 발견된다. 인류는 오래전부터 시간이 지나면 돈이 불어나는 현상에 주목해 왔다.

예를 들어, 원금 100만 원을 연 5%로 30년 동안 투자한다고 가정한다. 단리로 운용하면 이자는 매년 원금(100만 원)의 5%인 5만 원씩만 발생하여 30년 후 총 이자 150만 원을 더해 최종 250만 원이 된다. 반면 복리로 운용하면 발생한 이자를 매년 재투자해 이자에 이자가 붙으므로 30년 후 금액은 약 432만 원으로 늘어난다. 이는 단리보다 180만 원 이상 더 불어난 것이다. 시간이 길어질수록 복리 효과는 기하급수적으로 커진다.

연 5%로 30년 투자할 경우 복리는 시간이 지날수록 단리와 큰 격차를 보인다. 초기 100을 투자하면 단리는 매년 같은 금액씩 늘어나 선형적으로 증가하지만, 복리는 매년 증가폭이 커지며 곡선 형태로 성장한다. 10년을 넘어가면서 복리 곡선이 눈에 띄게 가파르게 상승해 단리와의 격차가 벌어진다. 이자율이 고정되고 기간이 길어질수록 복리의 위력은 더욱 커지며, 아인슈타인도 이를 극찬한 바 있다.

단리는 이해하기 쉬우나 장기간 자산 증식 면에서는 복리에 밀린다. 단리 방식은 매 기간 동일한 이자만 발생해 성장 속도가 일정하다. 반면 복리는 '이자가 다시 이자를 낳는' 구조라서 시간에 따라 성장 속도가 가속된다. 은행 정기

예금처럼 이자를 만기 때 한 번 지급하는 상품은 단리에 가깝고, 적금이나 배당 재투자 펀드처럼 이익을 꾸준히 재투자하는 상품은 복리 효과를 낸다. 현실에서는 대부분 복리로 운용되지만, 두 개념을 구분해 이해할 필요가 있다.

복리의 힘을 보여주는 고전적 일화로 '체스판의 쌀알' 이야기가 있다. 한 신하가 왕에게 첫 번째 체스판 칸에는 한 알, 두 번째 칸에는 두 알, 세 번째 칸에는 네 알 식으로 칸이 넘어갈 때마다 두 배씩 쌀알을 달라고 했다. 왕은 요구가 소박해 보여 승낙했지만, 64번째 칸까지 채우려면 상상을 초월하는 곡물이 필요했다. 2의 거듭제곱으로 불어나는 복리의 위력은 초기에는 미미해 보여도 시간이 흐를수록 엄청난 격차를 만든다.

결국 돈을 불리는 방법에는 단리와 복리가 있으며, 장기 투자에서는 복리가 훨씬 유리하다. 반대로 돈을 빌릴 때 복리로 이자가 불어나면 채무가 눈덩이처럼 커질 수 있으니 주의해야 한다. 대출 이자를 최소화하려면 여윳돈이 생길 때마다 원금을 중도상환해 이자 부담을 줄이는 것이 바람직하다.

2) 할인율과 현재가치

이번에는 시간 여행의 방향을 바꾸어 미래의 돈을 현재로 가져오는 방법을 살펴본다. 현재가치(Present Value, PV)란 미래의 일정 시점에 받을 현금이 지금 시점에서 얼마의 가치와 동등한지를 계산한 값이다. 이 개념의 핵심에는 할인율(Discount Rate)이 있다. 할인율은 쉽게 말해 "돈의 미래가치가 시간에 따라 얼마나 빨리 감소하는가"를 나타내는 비율로, 곧 기회비용과 요구수익률과 연결된다. 현재 자금을 다른 곳에 투자하여 얻을 수 있는 예상 수익률이, 미래 현금흐름에 적용할 할인율이 되기 때문이다.

현재가치 PV를 구하는 공식은 다음과 같다.

$$PV = \frac{FV}{(1+r)^n}$$

여기서 FV는 미래가치, r은 할인율, n은 기간(연도)이다. 예를 들어 5년 후 1,000원을 받을 예정이라면, 할인율을 연 5%로 가정할 때 현재가치는

$$PV=\frac{1,000}{(1+0.05)^5}\approx 783.5$$

원이 된다. 반대로 현재 783.5원을 연 5% 복리로 운용하면 5년 후 1,000원이 된다. 즉 할인은 복리 계산의 역방향 과정이다.

그렇다면 적정 할인율은 어떻게 정할까? 이는 해당 현금흐름의 위험 수준과 대안 투자수단의 수익률에 달려 있다. 위험이 없는 현금흐름(예: 정부가 보장하는 국채 만기 상환금)에 대해서는 일반적으로 무위험 이자율을 할인율로 사용한다. 예컨대 오늘 은행 정기예금 금리가 연 3%라면, 확실한 1년 후 1,030원은 오늘 1,000원과 동일한 가치로 본다. 반면 기업 배당금처럼 위험이 수반되는 현금흐름에는 무위험금리에 위험프리미엄을 더해 더 높은 할인율을 적용한다. 불확실성이 클수록 투자자는 현재가치를 크게 할인(낮게 평가)하기 때문이다. 실무에서는 국채 · 회사채 등 비교 가능한 시장금리를 기준으로 할인율을 산정한다.

요컨대 현재가치는 "미래의 돈을 지금 얼마로 볼 것인가"를 계산한 값이며, 할인율은 그 평가에 쓰이는 기준 수익률이다. 할인율이 높을수록 먼 미래의 돈 가치는 급격히 줄어들고, 할인율이 낮으면 미래 가치가 더 크게 인정받는다. 인플레이션이 오르거나 투자 대안의 기대수익률이 상승하면 할인율도 커지므로 동일한 미래 금액의 현재가치는 감소한다. 반대로 저금리 · 저물가 환경에서는 같은 미래 금액도 상대적으로 높은 가치를 인정받는다.

3) 채권의 현금흐름과 가격

채권은 일정 기간 정해진 이자를 지급하고 만기에 원금을 상환하는 증권으로, 대표적인 미래 현금흐름 상품이다. 채권 투자자는 발행자(정부나 기업 등)에

게 돈을 빌려주고 그 대가로 쿠폰 이자를 주기적으로 받으며, 최종 만기에는 액면금액을 돌려받는다. 예컨대 '표면금리 5 %, 만기 5년, 액면 1,000만 원'인 채권 한 장을 산 투자자는 매년 이자 50만 원(1,000만×5%)씩 받고, 5년 뒤에는 마지막 이자와 함께 원금 1,000만 원을 상환받는다.

채권 가격은 이러한 미래 현금흐름의 현재가치를 모두 더한 값으로 결정된다. 투자자가 요구하는 할인율(시장 수익률)로 각 쿠폰과 만기 상환금을 할인해 합산하면 그 채권의 이론 가격이 나온다. 연 1회 쿠폰을 가정하면 공식은 다음과 같다.

$$\text{채권가격} = \sum_{t=0}^{N} \frac{\text{쿠폰}}{(1+y)^t} + \frac{\text{액면가}}{(1+y)^N}$$

여기서 y는 채권의 요구수익률(할인율), N은 만기까지 연수다. 쿠폰은 $t=1$부터 $N-1$까지 매년 지급되고, $t=N$년에는 쿠폰과 액면가가 함께 지급된다.

〈예시〉

액면 1,000원, 만기 3년, 쿠폰 5 %(연 50원)인 채권이 있다. 시장이 적정 수익률을 연 4 %로 본다면, 이 채권의 이론 가격 P는 다음과 같다.

- 1년째 쿠폰 50원의 PV: $50/(1.04)^1 = 48.08$원
- 2년째 쿠폰 50원의 PV: $50/(1.04)^2 = 46.23$원
- 3년째 쿠폰+원금 1,050원의 PV: $1,050/(1.04)^3 \approx 935.44$원

세 값을 더하면 P≈1,029.75원이 된다. 요구수익률이 쿠폰률(5 %)보다 낮으므로 액면 1,000원보다 높은 프리미엄 가격이 형성되는 셈이다. 반대로 시장수익률이 5 %보다 높으면 채권 가격은 액면가 이하로 내려가는 할인 상태가 된다.

일반적으로 쿠폰률과 시장금리(YTM)의 관계는 다음과 같다.

- 쿠폰률>YTM일 때: 채권 가격>액면가(프리미엄 발행)

- 쿠폰률<YTM일 때: 채권 가격<액면가(디스카운트 발행)
- 쿠폰률=YTM일 때: 채권 가격=액면가(파리티, par)

이 관계는 현재가치 원리에서 비롯된다. 시장 요구수익률(YTM)이 높아질수록 미래현금흐름을 더 크게 할인하므로 가격이 떨어지고, 반대로 요구수익률이 낮아지면 할인폭이 작아져 가격이 오른다. 따라서 이미 발행된 채권의 가격은 금리 변동에 따라 움직인다. 예를 들어 금리가 전반적으로 하락하면 과거에 높은 쿠폰으로 발행된 채권은 귀해져 프리미엄이 붙고, 금리가 상승하면 기존 채권은 쿠폰이 낮아 매력이 줄어들어 할인되어 거래된다.

4) 만기수익률(YTM) 계산

만기수익률(YTM)은 채권을 만기까지 보유할 경우 투자자가 얻게 될 총수익률을 의미한다. 앞서 채권 가격을 계산할 때 할인율로 사용한 y가 곧 YTM에 해당한다. YTM은 채권의 미래 현금흐름(쿠폰 및 만기상환금)의 현재가치 합이 시장 가격과 일치하도록 만드는 할인율로 정의된다. 예컨대 채권 가격이 950원이라면, 이 가격이 미래 현금흐름의 현재가치 합이 되도록 하는 할인율 y가 곧 그 채권의 YTM이다.

YTM은 채권 투자자의 내부수익률(IRR)과 동일하며, 채권 간 수익성을 비교하는 표준 지표로 활용된다. 그러나 계산은 쉽지 않다. 채권 현금흐름이 여러 번 발생할 경우 다음 방정식을 할인율 y에 대해 풀어야 한다.

$$\text{채권가격} = \sum_{t=0}^{N} \frac{\text{쿠폰}}{(1+y)^t} + \frac{\text{액면가}}{(1+y)^N}$$

이 식은 일반적으로 y에 대한 N차 방정식이 되며, 쿠폰이 존재하면 2차 이상의 다항식으로 전개되어 해를 직접 구하기 어렵다. 따라서 보통 시도-오차(Trial & Error) 방법, 금융 계산기 · 스프레드시트, 혹은 프로그래밍 기법을 이용해 YTM을 추정한다.

본질적으로 YTM 계산은 IRR 계산과 동일하다. YTM은 채권을 만기까지 보유한다는 가정 아래 '약속된 수익률'을 제시하지만, 쿠폰 재투자 이율이나 조기상환 여부에 따라 실제 실현 수익률은 YTM과 달라질 수 있다. 그럼에도 불구하고 변동 요인을 배제하고 일관된 비교 기준을 마련하기 위해 시장에서는 YTM 지표를 활용한다.

연/습/문/제

1-1 **김금융은 100만 원을 은행에 예금하여 30년간 투자하려고 한다. 이때 은행이 연 5%의 단리이자만 지급하는 상품과, 연 5% 복리로 이자를 지급하는 상품 중 하나를 선택할 수 있을 때 아래 물음에 답하시오.**

(a) 단리 상품에 투자할 경우 30년 후 원리금은?

(b) 복리 상품에 투자할 경우 30년 후 원리금은?

(c) 두 경우의 차이는 얼마이며, 복리가 단리보다 약 몇 %나 불어나는지 계산하시오.

1-2 **B기업이 3년 만기 채권을 발행했다. 액면가는 1,000원, 쿠폰금리 5%(연 1회 이자지급), 만기 상환 시 액면 1,000원을 돌려준다. 이 채권에 대해 다음 물음에 답하시오.**

(a) 시장 요구수익률이 4%라면, 이 채권의 이론 가격은 얼마인가?

(b) 시장에서 이 채권이 95만 원(액면 1,000원 기준 950)에 거래되고 있다면, 만기수익률(YTM)은 대략 얼마로 추정되는가?

(c) (a)의 상황에서 요구수익률이 3%로 하락하거나 5%로 상승하면, 이 채권 가격은 각각 어떻게 변할지 해당 가격 변동을 퍼센트로 나타내시오.

2 확률로 보는 투자 세계

대학생 김금융은 친구들과 주식 투자에 대해 이야기하며 "왜 어떤 주식은 위험하다고 하고, 어떤 주식은 안정적이라고 할까?"라는 의문을 가졌다. 투자에서 리스크는 단순한 직감이 아니라 확률과 숫자로 표현된다. 확률적 사고는 불확실한 시장에서 투자 결정을 내릴 때 필수적이며, 이를 위해 로그수익률, 로그정규 분포, VaR(Value at Risk), CTE(Conditional Tail Expectation), 변동성 같은 개념이 사용된다. 이들은 투자 포트폴리오의 손실 가능성을 정량화하고, 리스크와 수익의 균형을 평가하는 데 도움을 준다. 예를 들어, 주식의 일일 가격 변동을 로그수익률로 분석하면 변동성(Volatility)을 측정할 수 있고, VaR은 특정 확률로 손실이 얼마나 클지 예측한다. 이 장에서는 '확률적 투자자'가 되어 리스크를 숫자로 표현하고 확률적으로 사고하는 세계로 여행해 보고자 한다.

1) 로그수익률이란 무엇인가

로그수익률은 자산 가격의 변화를 로그 형태로 표현한 지표로, 투자 수익률을 분석할 때 주로 사용된다. 일반 수익률(%) 대신 로그수익률을 사용하는 이유는 시간에 걸친 수익률의 합산이 더 간단하고, 가격 변화의 분포가 로그정규 분포에 가까워 통계적으로 다루기 쉽기 때문이다. 로그수익률은 다음과 같이 정의된다.

$$r_t = \ln\left(\frac{P_t}{P_{t-1}}\right)$$

로그수익률의 특징은 연속적인 시간 동안의 수익률 합산이 단순 덧셈으로 계산된다는 점이다. 또한, 로그수익률은 음수 가격을 방지하며, 장기적으로 주식 가격 분포가 로그정규 분포를 따른다고 가정할 때 유용하다. 이를 통해 변동성

(표준편차)을 계산하고, 리스크를 정량화할 수 있다.

> **(사례)**
>
> 펀드매니저는 로그수익률을 사용해 포트폴리오의 일일 변동성을 측정한다. 예를 들어, 주식 A의 일일 로그수익률의 표준편차가 2%라면, 이는 주가가 하루에 약 2% 내외로 변동할 가능성이 높음을 의미한다. 이를 바탕으로 리스크 관리 전략을 수립하거나, 옵션 가격을 계산할 때 로그수익률의 분포를 활용한다.

2) 로그정규 분포와 변동성

로그정규 분포는 자산 가격이 따르는 확률 분포로, 주식이나 기타 자산의 가격이 음수가 될 수 없다는 점을 반영한다. 로그수익률이 정규분포를 따른다고 가정하면, 자산 가격은 로그정규 분포를 따른다. 이는 가격이 특정 범위 내에서 변동하며, 극단적인 상승 가능성이 하락 가능성보다 크다는 점을 보여준다.

변동성(Volatility)은 로그수익률의 표준편차로 정의되며, 자산의 가격 변동성을 나타낸다. 변동성이 높을수록 자산 가격의 불확실성이 크다. 예를 들어, 연간 변동성이 20%인 주식은 로그수익률의 표준편차가 0.2로, 가격이 평균적으로 20% 내외로 변동할 가능성이 높다.

$$S_t = S_0 \cdot e^{(\mu - \sigma_2^2)t + \sigma\sqrt{tZ})}$$

여기서 (S_0)는 초기 가격, (μ)는 기대수익률, (σ)는 변동성, $\mu - \sigma_2^2$가 기대 로그수익률(Z)는 표준정규분포를 따르는 랜덤 변수, (t)는 시간이다.

> **(사례)**
>
> 헤지펀드는 변동성을 추정해 옵션 가격을 책정하거나, 포트폴리오의 리스크를 평가한다. 예를 들어, 변동성이 높은 주식은 VaR 계산 시 더 큰 손실 가능성을 보여, 투자자는 이를 바탕으로 포지션 크기를 조정한다.

3) VaR과 CTE: 리스크의 정량화

VaR(Value at Risk)은 특정 신뢰수준(예: 95%)에서 일정 기간 동안 발생할 수 있는 최대 손실을 추정하는 지표다. 예를 들어, 1일 95% VaR이 100만 원이라면, 하루 동안 95% 확률로 손실이 100만 원을 초과하지 않는다는 의미다. VaR은 다음과 같이 계산된다.

1. 로그수익률의 평균과 표준편차를 구한다.
2. 신뢰수준에 해당하는 정규분포의 z-점수(예: 95%는 $(z=-1.645)$)를 사용한다.

$$VaR = V \cdot (1 - e^{\mu + z\sigma})$$

CTE(Conditional Tail Expectation), 또는 꼬리 기댓값은 VaR을 초과하는 손실의 기댓값을 계산한다. 즉, 최악의 5% 상황에서 평균 손실을 예측한다. CTE는 VaR보다 더 보수적인 리스크 지표로, 극단적 손실을 평가할 때 유용하다.

(사례)

은행은 VaR과 CTE를 사용해 자본 적정성을 평가한다. 예를 들어, 포트폴리오 가치 10억 원, 일일 로그수익률 평균 0.1%, 표준편차 2%일 때, 95% VaR은 약 3,190만 원으로 계산된다. 이는 하루 동안 95% 확률로 손실이 3,190만 원을 넘지 않음을 의미한다. CTE는 이 손실이 발생할 경우 평균 손실을 추가로 분석해 리스크를 보수적으로 관리한다.

4) 샤프비율: 리스크 대비 수익 평가

샤프비율(Sharpe Ratio)은 투자 포트폴리오의 초과수익을 변동성으로 나눈 값으로, 단위 리스크당 수익을 평가한다. 샤프비율이 높을수록 동일한 리스크에서 더 높은 수익을 얻는 효율적인 투자로 간주된다. 수식은 다음과 같다.

$$Sharpe\ Ratio = (E[R_p] - R_f)\,/\,\sigma_p$$

여기서 $E[R_p]$는 포트폴리오의 기대수익률, R_f는 무위험 수익률, (σ_p)는 포트폴리오의 변동성이다.

(사례)

펀드매니저는 샤프비율을 통해 포트폴리오 성과를 비교한다. 예를 들어, 포트폴리오 A의 연간 기대수익률이 10%, 변동성이 15%, 무위험 수익률이 2%라면 샤프비율은 ((10−2)/15=0.53)이다. 이는 단위 리스크당 0.53%의 초과수익을 얻음을 의미한다.

연/습/문/제

2-1 포트폴리오 가치 5억 원, 일일 로그수익률의 평균이 0.05%, 표준편차가 1.5%이다.

(a) 95% 신뢰수준에서 1일 VaR을 계산하시오. (z-점수: −1.645)

(b) 금일 주식 가격이 100원이고, 내일 가격이 로그정규 분포를 따른다고 가정할 때, 95% 신뢰수준에서 내일의 최소 주식 가격을 구하시오.

2-2 펀드 A의 연간 기대수익률은 12%, 변동성은 20%이고, 무위험 수익률은 3%이다.

(a) 펀드 A의 샤프비율을 계산하시오

(b) 펀드 B의 샤프비율이 0.7이고, 동일한 무위험 수익률과 변동성을 가정할 때, 펀드 B의 기대수익률을 구하시오.

3 포트폴리오 공학

김금융은 최근 들어 고민이 깊어졌다. 아르바이트와 용돈을 모아 드디어 100

만원이라는 목돈을 만들었는데 투자를 시작해보고 싶었기 때문이다. 스마트폰으로 주식 앱을 들여다보며 김금융은 고민했다. 삼성전자는 안정적으로 보이지만 수익률이 아쉽고, 카카오는 성장 가능성이 높아 보이지만 변동성이 클 것 같았다. 그러던 중 동기인 박투자가 다가와서 조언을 해주었다. "계란을 한 바구니에 담지 마!"

박투자 선배는 100만 원을 나누어서 투자하는 것, 즉 삼성전자에 50만 원, 카카오에 50만 원 이런 식으로 분산투자하는 방법을 제안했다. 김금융은 이 조언을 듣고 더욱 궁금해졌다. "단순히 수익을 반씩 나누는 것이 아니라, 더 효율적으로 투자할 수 있는 방법이 있을까?" 그날 밤, 김금융은 마코위츠의 포트폴리오 이론에 대해 인터넷을 찾아보기 시작했다. 그리고 곧 놀라운 사실을 발견하게 되었다. 실제로 수학적으로 계산해보면, 적절히 분산투자를 했을 때 전체 투자 위험이 개별 주식의 위험보다도 낮아질 수 있다는 것이었다.

포트폴리오 공학은 여러 자산을 조합하여 위험을 최소화하면서 수익을 극대화하는 방법을 연구하는 분야이다. 김금융이 경험한 것처럼, 단순한 직감을 넘어서 수학적이고 과학적인 방법으로 최적의 투자 조합을 찾는 것이 바로 이 분야의 목표이다. 오늘날 연기금, 보험사, 자산운용사 등 모든 금융기관이 이 이론을 바탕으로 수조원의 자금을 운용하고 있으며, 개인 투자자들도 이 원리를 이해하면 더 현명한 투자 결정을 내릴 수 있다.

1) 포트폴리오와 분산투자의 마법

김금융이 선배의 조언대로 삼성전자와 카카오에 50만원씩 나누어 투자하기로 결정했다고 가정해보자. 이때 김금융의 포트폴리오 성과는 어떻게 계산할 수 있을까? 포트폴리오 수익률과 포트폴리오 위험의 개념을 통해 이를 알 수 있다.

두 자산으로 구성된 포트폴리오의 기대수익률은 각 자산의 기대수익률을 가중평균한 값이다.

$$E(R_p)=w_1\times E(R_1)+w_2\times E(R_2)$$

여기서 w_1, w_2는 각각 자산 1, 2의투자 비중이고 $E(R_1)$, $E(R_2)$는 각 자산의기대수익률이다. 예를 들어, 삼성전자의 기대수익률이 12%, 카카오의 기대수익률이 18%라면, 김금융이 50:50 비중으로 투자했을 때 포트폴리오의 기대수익률은 다음과 같다.

$$E(R_p)=0.5\times 12\%+0.5\times 18\%=15\%$$

수식을 보면 포트폴리오 수익률이 단순한 가중평균이라는 것을 확인할 수 있고 이는 수학적으로 매우 직관적이다. 이는 수익률의 선형성(Linearity) 때문이다. 수익률은 각 자산의 수익률에 투자비중을 곱해서 더하면 되는 단순한 구조를 가지고 있다

하지만 위험(변동성)은 전혀 다른 이야기이다. 위험을 측정하는 표준편차의 경우, 단순히 각 자산의 표준편차를 가중평균해서는 구할 수 없다. 왜 그럴까?

실제 금융시장에서 자산들은 서로 어느 정도 연관성을 가지고 움직인다. 예를 들어, 경제가 좋을 때는 대부분의 주식이 함께 오르는 경향이 있고, 경제가 나쁠 때는 함께 떨어지는 경향이 있다. 하지만 모든 주식이 정확히 같은 패턴으로 움직이지는 않는데, IT 주식과 전통 제조업 주식은 서로 다른 요인에 영향을 받아 때로는 반대 방향으로 움직이기도 한다. 이러한 자산 간의 움직임 패턴이 포트폴리오의 전체 위험을 결정하는 핵심 요소이다. 만약 두 자산이 완전히 같은 방향으로 움직인다면 분산투자의 효과는 제한적이다. 하지만 두 자산이 서로 다른 패턴으로 움직인다면, 한 자산의 손실을 다른 자산의 이익으로 상쇄할 수 있어 전체적인 위험이 줄어들게된다.

김금융의 경우를 예로 들어보자. 삼성전자 주식이 어떤 날 5% 떨어졌다고 가정하자. 만약 카카오 주식이 같은 날 2% 올랐다면, 50:50으로 투자한 김금융의 포트폴리오는 $(-5\%\times 0.5)+(2\%\times 0.5)=-1.5\%$의 손실을 보게 된다. 이는 삼성전자에만 투자했을 때의 −5% 손실보다 훨씬 작다. 이것이 바로 위험의 상쇄 효

과이다. 마치 시소의 양쪽에 앉은 두 사람이 서로 균형을 맞춰주는 것과 같은 원리이다.

실제로 역사적 데이터를 분석해 보면, 적절히 분산투자된 포트폴리오의 위험은 개별 자산들의 단순 평균 위험보다 낮게 나타난다. 포트폴리오 이론의 핵심은 바로 여기에 있다. “전체가 부분의 합보다 작을 수 있다”는 것이다. 그렇다면 어떤 자산들을 어떤 비율로 조합해야 가장 효과적인 분산투자가 될까? 이 질문의 답을 찾기 위해서는 자산들 간의 관계를 더 정확히 측정할 수 있는 도구가 필요하다.

2) 상관계수: 분산투자 효과의 열쇠

포트폴리오의 위험을 정확히 이해하기 위해서는 상관계수(Correlation Coefficient)라는 통계적 개념을 반드시 알아야 한다. 상관계수는 두 확률변수 간의 선형 관계의 강도와 방향을 측정하는 지표로, 포트폴리오 이론에서 핵심적인 역할을 담당한다. 두 자산 i와 j의 상관계수 ρ_{ij}는 다음과 같이 정의된다.

$$\rho_{ij} = \frac{Cov(R_i, R_j)}{\sigma_i \sigma_j} = \frac{(E[(R_i - E(R_i))(R_j - E(R_j))])}{\sigma_i \sigma_j}$$

$Cov(R_i, R_j)$는 두 자산 수익률의 공분산(Covariance)이고, σ_i와 σ_j는 각각 자산 i와 j의 표준편차이다. 상관계수는 항상 −1과 +1 사이의 값을 가지며, 이 값에 따라 두 자산 간의 관계를 다음과 같이 해석할 수 있다.

① $\rho = +1$: 완전 양의 상관, 두 자산이 완전히 동일한 패턴으로 움직임

② $\rho = 0$: 무상관, 두 자산의 움직임 사이에 선형 관계가 없음

③ $\rho = -1$: 완전 음의 상관, 두 자산이 완전히 반대 방향으로 움직임

포트폴리오의 위험은 개별 자산의 위험뿐만 아니라 이들 간의 상관관계에 크게 의존한다. 두 자산으로 구성된 포트폴리오의 분산은 다음 공식으로 계산

된다.

$$\sigma_p^2 = w_1^2\ \sigma_1^2 + w_2^2\sigma_2^2 + 2w_1w_2\sigma_1\sigma_2$$

이 공식에서 중요한 점은 세 번째 항인 공분산 항(Covariance Term) $2w_1\ w_2\ \sigma_1\ \sigma_2$이다. 이 항의 부호와 크기가 포트폴리오의 전체 위험을 결정하는 핵심 요소가 된다.

상관계수의 값에 따른 분산투자 효과를 구체적으로 살펴보자. 앞선 예시와 동일하게 김금융이 삼성전자와 카카오 주식에 각각 50%씩 투자한다고 가정하자.

- 삼성전자: 기대수익률 12%, 표준편차 20%
- 카카오: 기대수익률 18%, 표준편차 30%

상관계수에 따른 포트폴리오 위험 변화를 보면 〈표 12-1〉과 같다.

표 12-1 상관계수에 따른 포트폴리오의 위험변화

상관계수	포트폴리오 표준편차	위험 감소 효과	분산투자 프리미엄
+1.0 (완전양의상관)	25.0%	0.0%p	0%
+0.5 (중간 양의상관)	22.9%	2.1%p	8.4%
0.0 (무상관)	18.0%	7.0%p	28.0%
−0.5 (중간 음의상관)	11.2%	13.8%p	55.2%
−1.0 (완전음의상관)	5.0%	20.0%p	80.0%

두 주식의 위험을 단순히 평균내면 25%인데, 상관계수가 낮을수록 실제 위험은 훨씬 낮아진다. 나아가 서로 다르게 움직이는 자산들을 조합하면, 전체 위험이 개별 자산의 위험보다도 낮아질 수 있다. 이 분석 결과는 몇 가지 중요한 시사점을 제공한다. 먼저, 비선형적 위험 감소효과가 존재한다. 상관계수가 +1에서 0으로 변할 때 위험 감소 효과는 7%이지만, 0에서 −1로 변할 때는

13%로 더 큰 것을 관찰할 수 있다. 다음으로, 임계점이 존재한다. 상관계수가 0 근처에서 분산투자 효과가 급격히 증가하는 것을 확인할 수 있다. 마지막으로 최적화가 가능하다. 완전 음의 상관관계에서는 포트폴리오 위험이 개별 자산 위험의 최솟값(20%)보다도 낮아질 수 있다. 이러한 상관계수 분석은 실제 포트폴리오 구성 시 전략적 지침을 제공한다.

3) 효율적 프론티어: 최적 투자의 경계선

100개의 서로 다른 주식에 투자할 수 있다면, 가능한 포트폴리오 조합은 무수히 많다. 투자할 때 우리는 항상 수익은 높이고 싶지만 위험은 줄이고 싶어하는 딜레마에 빠진다. 하지만 일반적으로 높은 수익을 얻으려면 높은 위험을 감수해야 한다. 그렇다면 "주어진 위험에서 최대한 높은 수익을 얻거나, 원하는 수익에서 가장 낮은 위험으로 투자할 수 있는 최적의 조합"은 무엇일까? 투자 가능한 모든 자산을 조합했을 때, 동일한 위험 수준에서 가장 높은 수익을 제공하는 또는 동일한 수익 수준에서 가장 낮은 위험을 제공하는 포트폴리오들을 연결한 선을 효율적 프론티어(Efficient Frontier)라고 한다. 다시 말해, 효율적 프론티어는 최고의 투자 조합들만 모아놓은 선이다. 효율적 프론티어의 특징은 다음과 같다.

① **위로 볼록한 곡선 형태**: 직선이 아닌 곡선 형태로, 이는 분산투자의 효과

② **위험과 수익률의 교환관계**: 곡선을 따라 오른쪽으로 갈수록 위험은 증가하지만 수익률도 함께 증가

③ **한계수익 체감**: 위험을 조금씩 더 감수할 때마다 얻을 수 있는 추가 수익률은 점점 감소

④ **영역별 특징**: 곡선 위의 모든 점은 효율적 포트폴리오이며 곡선 아래쪽(A)은 비효율적 영역, 곡선 위쪽(B)은 달성 불가능한 영역이다.

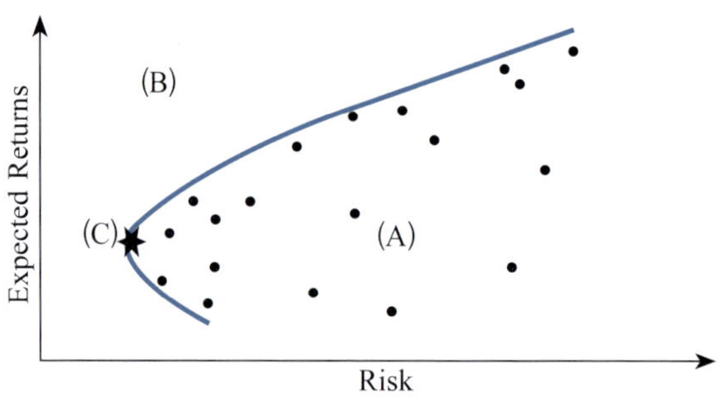

| 그림 12-1 | 최소분산 포트폴리오

곡선 위의 모든 점들은 같은 위험에서 더 높은 수익을 얻거나, 같은 수익에서 더 낮은 위험을 가질 수 없기 때문에 '효율적'이다. 가장 왼쪽 점(C)은 위험이 가장 낮으며, 실제로 개별 주식들보다도 낮은 위험을 가질 수 있다. 이를 최소분산포트폴리오(MVP)라고 한다.

4) CAPM과 베타: 시장과의 관계

김금융이 투자를 시작한 지 몇 달 후, 뉴스에서 "코스피가 10% 상승했다"는 소식을 들었다. 그런데 자신이 투자한 삼성전자는 12% 올랐고, 카카오는 15% 올랐다. 왜 시장 전체보다 더 많이 오른 것일까? 이를 설명하는 것이 자본자산가격모델(CAPM)과 베타(β)이다.

CAPM은 1960년대 윌리엄 샤프(William Sharpe), 존 린트너(John Lintner), 잭 트레이너(Jack Treynor)에 의해 개발된 이론으로, 개별 자산의 기대수익률이 그 자산이 시장 전체 위험에 얼마나 민감한지에 따라 결정된다고 설명한다. CAPM의 핵심 아이디어는 매우 직관적이다. 투자자들은 위험을 감수하는 대가로 수익을 요구하는데, 이때 시장 전체와 함께 움직이는 정도가 클수록 더 높은 수익률을 요구한다는 것이다. CAPM은 다음과 같은 간단한 공식으로 표현된다.

$$E(R_i)=R_f+\beta_i\,[E(R_m)-R_f]$$

$E(R_i)$: 자산 i의 기대수익률

R_f : 무위험수익률

β_i : 자산 i의 베타(시장민감도)

$E(R_m)$: 시장포트폴리오의 기대수익률

$[E(R_m)-R_f]$: 시장위험프리미엄

이 공식을 말로 풀어쓰면 (자산의 기대수익률) = (무위험수익률)+(베타)×(시장위험프리미엄)이다. 베타는 개별 자산이 시장 전체의 움직임에 얼마나 민감하게 반응하는지를 나타내는 지표로, 수학적으로는 다음과 같이 정의된다. 베타의 값에 따른 해석은 다음과 같다.

① $\beta=1$: 시장과 동일한 변동성

② $\beta>1$: 시장보다 높은 변동성 (공격적 자산)

③ $\beta<1$: 시장보다 낮은 변동성 (방어적 자산)

④ $\beta=0$: 시장과 무관한 움직임

⑤ $\beta<0$: 시장과 반대 방향 움직임 (매우 드물다)

연/습/문/제

3-1 다음 두 자산으로 포트폴리오를 구성하려고 한다. 질문에 답하시오.

- 자산 A (안정주): 기대수익률 8%, 표준편차 12%
- 자산 B (성장주): 기대수익률 16%, 표준편차 24%
- 투자비중: A에 70%, B에 30%
- 상관계수: 0.4

(a) 이 포트폴리오의 기대수익률을 구하시오.

(b) 이 포트폴리오의 표준편차를 구하시오.

3-2 현재 시장 상황이 다음과 같다고 가정하자. 질문에 답하시오.

- 무위험수익률(Rf): 3%

- 시장 기대수익률(E(Rm)): 11%
  (a) 베타가 1.2인 ABC기업 주식의 CAPM 기대수익률을 구하시오.
  (b) 현재 15%의 기대수익률을 제공하는 XYZ기업의 베타를 구하시오.

4 옵션 DIY

포트폴리오 투자를 시작한 지 6개월이 지난 김금융은 나름 투자의 맛을 알게 되었다. 삼성전자와 카카오에 분산투자한 결과 큰 손실 없이 안정적인 수익을 거두고 있었고, 마코위츠의 포트폴리오 이론도 어느 정도 이해하게 되었다. 하지만 최근 들어 새로운 고민이 생겼다. "100만 원으로 시작한 투자가 이제 110만원이 되었는데, 더 큰 수익을 낼 수 있는 방법은 없을까?"

그러던 어느 날, 경영학과 선배인 이파생이 흥미로운 이야기를 들려주었다. "금융아, 옵션이라는 게 있는데 10만 원으로 100만 원어치 주식을 움직일 수 있어!" 김금융은 놀라며 물었다. "그게 무슨 말이에요?"

이파생 선배의 설명에 따르면, 옵션은 실제로 주식을 사지 않고도 주가 상승으로부터 수익을 낼 수 있는 신기한 금융상품이었다. 예를 들어, 삼성전자 주가가 현재 7만 원인데 한 달 후 8만 원이 될 것이라고 확신한다면, 옵션을 이용해 실제 100주를 살 돈이 없어도 마치 100주를 가진 것처럼 수익을 낼 수 있다는 것이었다. 더욱 놀라운 것은 손실 면에서의 차이였다. 주식을 직접 사면 주가가 폭락할 때 큰 손실을 보지만, 옵션은 처음에 지불한 금액만 잃으면 그것으로 끝이라는 것이었다.

그날 밤 김금융은 옵션에 대해 본격적으로 공부하기 시작했다. 그리고 옵션이 단순한 투기 도구가 아니라는 사실을 알게 되었다. 연기금과 보험회사들은 옵션을 이용해 수십조원의 자산을 보호하고 있었고, 개인 투자자들도 적절히 활용하면 포트폴리오의 위험을 줄이면서 수익 기회를 늘릴 수 있었다. 마치 보험처럼 위험을 관리하는 도구로도 활용할 수 있다는 것이었다.

옵션은 "선택권"을 사고파는 금융상품이다. 적은 돈으로 큰 수익을 낼 수 있는 레버리지 효과와 손실을 제한하는 보험 효과를 동시에 제공한다. 하지만 시간의 경과, 주가 변동성, 금리 변화 등 여러 요인이 복합적으로 작용하는 복잡한 상품이기도 하다. 오늘날 전 세계 파생상품 시장에서 하루에 거래되는 옵션의 규모는 수백조원에 달하며, 기관투자자부터 개인투자자까지 다양한 목적으로 활용하고 있다. 김금융처럼 옵션의 기본 원리를 이해한다면, 투자의 새로운 차원을 경험할 수 있을 것이다.

1) 옵션이란 무엇인가: 권리와 의무의 차이

김금융이 옵션을 처음 접했을 때 가장 혼란스러웠던 부분은 "권리는 있지만 의무는 없다"는 개념이었다. 일반적인 거래에서는 계약을 맺으면 양쪽 모두 의무를 지는데, 옵션은 왜 다를까? 이를 이해하기 위해서는 옵션의 정의부터 명확히 해야 한다.

옵션(Option)은 특정 자산을 미리 정해진 가격에 특정 기간 내에 사거나 팔 수 있는 권리를 거래하는 금융상품이다. 여기서 핵심은 "권리"라는 단어이다. 의무가 아닌 권리이기 때문에 유리할 때만 행사하고, 불리할 때는 포기할 수 있다. 옵션은 크게 두 가지 종류, 콜옵션과 풋옵션으로 나뉜다. 콜옵션(Call Option)은 특정 자산을 미리 정해진 가격에 살 수 있는 권리이다. 김금융이 삼성전자 주식을 8만 원에 살 수 있는 콜옵션을 샀다고 가정해보자. 만약 한 달 후 삼성전자 주가가 9만 원이 되었다면, 김금융은 8만 원에 사서 즉시 9만 원에 팔아 1만 원의 차익을 얻을 수 있다. 하지만 주가가 7만 원으로 떨어졌다면 8만 원에 살 의무가 없으므로 그냥 권리를 포기하면 된다. 시장에서 7만 원에 사면 되기 때문이다. 반면 풋옵션(Put Option)은 반대로 특정 자산을 미리 정해진 가격에 팔 수 있는 권리이다. 김금융이 삼성전자를 7만 원에 팔 수 있는 풋옵션을 샀다고 하자. 주가가 6만 원으로 떨어지면 시장에서 6만 원에 사서 7만 원에 팔아 1만 원의 차익을 얻는다. 하지만 주가가 8만 원으로 올랐다면 7만 원에 팔 필요 없이 시장에서 8만 원에 팔면 되므로 권리를 포기한다.

옵션 거래에는 두 가지 입장이 있다. 옵션 매수자(Option Buyer)는 프리미엄을 지불하고 권리를 산다. 권리만 있고 의무는 없으므로 유리할 때만 행사한다. 최대 손실은 지불한 프리미엄으로 제한되지만, 이론적으로 무한대의 수익이 가능하다. 반면 옵션 매도자(Option Seller)는 프리미엄을 받고 의무를 진다. 매수자가 권리를 행사하면 반드시 응해야 한다. 최대 수익은 받은 프리미엄으로 제한되지만, 손실은 매우 클 수 있다.

옵션 거래에서 사용되는 주요 용어들을 정리하면 다음과 같다. 행사가격(Strike Price)은 옵션을 행사할 때 적용되는 미리 정해진 가격이다. 만료일(Expiration Date)은 옵션 권리가 소멸되는 날짜로, 이 날까지만 권리를 행사할 수 있다. 프리미엄(Premium)은 옵션을 사기 위해 지불하는 가격으로, 옵션의 시장가치를 나타낸다. 기초자산(Underlying Asset)은 옵션의 대상이 되는 자산으로, 주식, 지수, 상품 등이 될 수 있다.

이처럼 옵션은 "보험"과 유사한 성격을 갖는다. 자동차 보험료를 내면 사고가 나지 않을 때는 보험료만 손실이지만, 사고가 나면 큰 보상을 받는 것처럼, 옵션도 프리미엄을 내고 불리한 상황에서는 권리를 포기하지만 유리한 상황에서는 큰 수익을 얻을 수 있다. 이러한 비대칭적 손익구조가 옵션의 가장 큰 특징이자 매력이다.

2) 옵션의 손익구조: 그래프로 보는 마법

그렇다면 옵션을 사고 팔면서 실제로 얼마나 벌고 잃을 수 있을까? 주식은 비교적 단순하다. 주가가 오르면 수익, 떨어지면 손실이다. 하지만 옵션은 행사가격, 프리미엄, 만료일 등 여러 요소가 복합적으로 작용하여 독특한 손익 패턴을 만들어낸다. 이를 시각적으로 보여주는 것이 바로 손익도표(Payoff

Diagram)이다. 김금융이 앞서 예시로 든 삼성전자 콜옵션을 다시 살펴보자.

- 현재 주가: 75,000원
- 행사가격: 80,000원
- 프리미엄: 2,000원
- 만료일: 1개월 후

만료일 주가에 따른 김금융의 손익을 계산해 보면 아래의 〈표 12-2〉와 같다.

표 12-2 만료일 주가에 따른 손익(콜 옵션)

만료일 주가	옵션 가치	총 손익	손익률
70,000원	0원	−2,000원	−100%
75,000원	0원	−2,000원	−100%
80,000원	0원	−2,000원	−100%
85,000원	5,000원	3,000원	+150%
90,000원	10,000원	8,000원	+400%

이 데이터를 그래프로 그리면 놀라운 패턴이 나타난다. 주가가 행사가격(80,000원) 이하일 때는 손실이 일정하게 −2,000원으로 고정되어 있다. 하지만 행사가격을 넘어서면 주가 상승에 비례하여 수익이 급격히 증가한다. 손익분기점(Break−Even Point)은 행사가격+프리미엄=82,000원이다.

이번에는 김금융이 삼성전자 풋옵션을 샀다고 가정해 보자.

- 현재 주가: 75,000원
- 행사가격: 70,000원
- 프리미엄: 1,500원
- 만료일: 1개월 후

풋옵션의 손익도표는 콜옵션과 정반대 모양이다. 주가가 행사가격 이상일 때는 손실이 −1,500원으로 고정되고, 행사가격 아래로 떨어질수록 수익이 증가한다. 손익분기점은 행사가격 − 프리미엄 = 68,500원이다.

표 12-3 만료일 주가에 따른 손익(풋 옵션)

만료일 주가	옵션 가치	총 손익	손익률
60,000원	10,000원	+8,500원	+567%
65,000원	5,000원	+3,500원	+233%
68,500원	1,500원	0원	−0%
70,000원	0원	−1,500원	−100%
75,000원	0원	−1,500원	−100%

옵션의 손익도표가 보여주는 가장 중요한 특징은 비선형성이다. 주식은 주가 변동에 비례하여 선형적으로 손익이 변하지만, 옵션은 행사가격을 기준으로 손익 패턴이 완전히 달라진다. 이러한 비선형성은 다음과 같은 전략적 활용을 가능하게 한다. 이처럼 옵션은 단순한 투기 수단이 아니라 위험과 수익을 원하는 대로 조합할 수 있는 정교한 도구이다. 하지만 이러한 유연성의 대가로 시간 가치 소멸, 변동성 민감도 등 복잡한 요소들을 이해해야 한다는 과제가 따른다.

3) 옵션 가격의 비밀: 무엇이 가격을 결정하는가

옵션의 손익구조를 이해한 후 가장 당황스러운 것은 옵션 가격의 변화일 것이다. 삼성전자 주가가 1,000원 오른 날, 자신이 가진 콜옵션은 500원밖에 오르지 않는다. 반대로 주가가 별로 움직이지 않은 날에도 옵션 가격은 계속 떨어진다. 옵션 가격은 도대체 어떻게 결정되는 것일까. 옵션 가격은 단순히 기초자산의 가격 변화만으로는 설명할 수 없는 복잡한 구조를 가지고 있다. 내재가치와 시간가치는 옵션 가격의 두 기둥이다. 옵션의 가격은 크게 두 부분으로 나뉜다. 내재가치(Intrinsic Value)와 시간가치(Time Value)이다.

옵션 프리미엄=내재가치+시간가치

내재가치는 옵션을 지금 당장 행사했을 때 얻을 수 있는 이익이다. 콜옵션의 경우 현재 주가에서 행사가격을 뺀 값이고, 음수가 나오면 0이다. 풋옵션은 반대로 행사가격에서 현재 주가를 뺀 값이다.

- 콜옵션 내재가치=Max(현재주가−행사가격, 0)
- 풋옵션 내재가치=Max(행사가격−현재주가, 0)

예를 들어, 삼성전자 주가가 82,000원이고 행사가격이 80,000원인 콜옵션의 내재가치는 2,000원이다. 하지만 이 옵션의 실제 시장가격이 3,500원이라면, 나머지 1,500원이 바로 시간가치이다. 시간가치는 옵션이 만료일까지 더 유리해질 가능성에 대한 프리미엄이다. 만료일이 멀수록, 기초자산의 변동성이 클수록 시간가치는 높아진다. 시간가치는 만료일에 가까워질수록 급격히 감소하며, 만료일에는 0이 된다. 이를 시간가치 소멸(Time Decay)이라고 한다.

옵션 거래자들은 각 요소가 옵션 가격에 미치는 영향을 측정하기 위해 '그리스'라는 지표들을 사용한다. 델타(Delta)는 기초자산 가격이 1원 변할 때 옵션 가격이 얼마나 변하는지를 나타낸다. 콜옵션의 델타는 0과 1 사이, 풋옵션의 델타는 −1과 0 사이의 값을 가진다. 델타가 0.5인 콜옵션은 주가가 1,000원 오르면 옵션 가격이 500원 오른다는 의미이다. 감마(Gamma)는 델타의 변화율을 나타낸다. 주가가 변할 때 델타가 얼마나 변하는지를 측정한다. 감마가 높으면 주가 변동 시 델타가 빠르게 변하여 옵션 가격의 변화폭이 가속화된다. 세타(Theta)는 시간가치 소멸을 나타낸다. 하루가 지날 때마다 옵션 가격이 얼마나 감소하는지를 보여준다. 세타는 항상 음수이며, 만료일에 가까워질수록 절댓값이 커진다. 마지막으로 베가(Vega)는 변동성이 1% 변할 때 옵션 가격 변화를 나타낸다. 변동성이 높아지면 모든 옵션의 가격이 상승하고, 변동성이 낮아지면 하락한다.

연/습/문/제

4-1 다음과 같은 콜옵션을 구매했다. 질문에 답하시오.

- 기초자산: ABC주식 (현재가 50,000원)
- 행사가격: 52,000원
- 프리미엄: 1,500원
- 만료일: 1개월 후

(a) 만료일에 ABC주식이 55,000원이 되었을 때 총 손익을 구하시오.
(b) 손익분기점에 도달하려면 만료일 주가가 얼마가 되어야 하는가?

4-2 다음은 XYZ주식의 풋옵션에 관한 문제이다. 질문에 답하시오.

- 기초자산: XYZ주식 (현재가 80,000원)
- 행사가격: 75,000원
- 프리미엄: 2,000원
- 만료일: 2개월 후

(a) 현재 이 풋옵션의 내재가치는 얼마인가?
(b) 현재 이 풋옵션의 시간가치는 얼마인가?

5 금리 엔지니어

김금융은 친구들과 카페에서 대출금리와 예금금리가 오르는 얘기를 듣고 "왜 금리가 오르면 모두 긴장하는 거지?" 라고 생각했다. 금리는 경제의 심장 박동과 같아, 상승하면 채권 가격이 하락하고 은행의 부채 · 자산 관리가 어려워진다. 이처럼 금리 리스크(Interest Rate Risk)란 금리 변동에 따라 채권이나 대출 등의 자산 · 부채 가치가 달라지면서 생기는 위험을 말한다. 예를 들어, A은행이 단기 저금리로 돈을 빌려 장기 고금리 채권에 투자했다면, 금리 상승 시 높은 이자비용을 부담하고 채권 가격도 떨어져 큰 손실을 볼 수 있다. 전통적인 금리 리스크 관리 도구로 듀레이션(Duration)과 볼록성(Convexity)이 있다. 이들은 채권 가격의 금리 변동 민감도를 측정해주어, '만기 상이(Maturity Mismatch)' 전략의 위험을 알려준다. 오늘날 보험사나 연기금 같은 기관은 듀레이션, 볼록성을 활용한 면역 포트폴리오(Immunization Portfolio)를 구성해 미래 지급 의무를 대비하며, 또한 금리 파생상품(FRA, 금리스왑 등)으로 헤지 전략을 짠다. 이 장에서는 '금리 엔지니어'가 되어 금리 리스크 관리의 세계로 여행해 보고자 한다.

1) 듀레이션이란 무엇인가

듀레이션은 채권 가격 변화의 감도를 보여주는 지표이다. 풀어 말하면, 채권에 수익률(Yield)이 1%p(ppt) 변하면 가격이 몇 % 변하는지 알려주는 값이라고 할 수 있다. 예컨대 듀레이션이 3인 채권은 금리가 1%p 오르면 대략 가격이 3% 떨어진다. 수식으로는 Macaulay 듀레이션(D_M)이 대표적이다. 만기 3년, 액면 100원, 연 5원 쿠폰 채권의 경우, 각 연도별 현금흐름의 현재가치 가중평균만기라는 개념으로 정의된다.

$$D_M = \frac{1\times\frac{5}{(1+i)} + 2\times\frac{5}{(1+i)^2} + 3\times\frac{105}{(1+i)^3}}{\frac{5}{(1+i)} + \frac{5}{(1+i)^2} + \frac{5}{(1+i)^3}}$$

실무에선 이를 $(1+i)$로 나눈 값을 수정듀레이션(Modified Duration)으로 부르고, 금리 민감도를 바로 얻을 수 있다. 예를 들어, 3년 5% 쿠폰, 수익률 6%인 채권의 맥컬리 듀레이션은 약 2.86년, 수정듀레이션은 약 2.70년이다. 이를 통해 금리가 1%p 오를 때 가격이 약 2.7% 떨어진다고 예측할 수 있게 된다.

듀레이션이 긴 채권이 위험한 이유는, 만기가 길수록 금리 변동에 의한 가격 변화가 커지기 때문이다. 예를 들어 같은 쿠폰 · 수익률이라면 만기가 30년인 채권은 5년 채권보다 가격 변동폭이 훨씬 커진다. 일반적으로 쿠폰이 낮거나 만기가 길거나 현재 수익률이 낮을수록 듀레이션은 커진다. 그러므로 금리 상승기에는 듀레이션이 긴 채권을 보유하면 더 큰 손실을 볼 위험이 있다.

(사례)

은행과 보험사는 듀레이션을 이용해 자산과 부채의 듀레이션 갭(Duration Gap)을 관리한다. 예를 들어, 보험사가 현재 시가 100억 원인 자산 포트폴리오의 수정듀레이션이 5년, 지급해야 할 부채의 듀레이션이 7년이라면, 금리가 상승할 때 부채 가치가 자산 가치보다 더 많이 떨어져 순자산(NAV)이 감소한다. 이를 막기 위해 자산 구성(예: 장기채 증가)이나 파생상품(IRS) 활용으로 듀레이션을 조정한다. 듀레이션은 이렇게 자산 · 부채감리에 필수적인 도구이며, 금리 변동에 따른 가격 변화를 예측하는 직관적인 지표가 된다.

2) 볼록성이란? 듀레이션 한계 보완하기

듀레이션은 금리 변화에 대한 1차 근사(선형 추정)만 알려주므로, 금리가 큰 폭으로 변할 때는 정확도가 떨어진다. 이때 볼록성(Convexity) 개념이 필요하다. 볼록성은 채권 가격–금리 곡선의 곡률(Curvature)을 측정한다. 금리–가격 그래프는 일반적으로 아래로 볼록한 형태를 가지는데, 이는 금리가 많이 내려갈수록 가격 상승폭이 점점 완만해짐을 의미한다. 즉, 듀레이션이 일정하더라도 실제 가격 변화는 금리 변화 방향에 따라 비대칭이므로 볼록성이 높으면 금리 하락 시 가격 상승폭이 더 커지고, 금리 상승 시 가격 하락폭은 상대적으로 작아지게된다.

(1) 볼록성이란?

수학적으로 볼록성은 채권 가격 P에 대한 이계도함수이다. 수정듀레이션 D를 알고 있다면, 가격 변화의 2차 항으로 볼록성 C를 추가해 근사할 수 있다.

$$\frac{\Delta P}{P} \approx -D\Delta i + \frac{1}{2}C(\Delta i)^2$$

여기서 C는 볼록성 값으로, 1단위 금리변화에 대한 가격 변화율의 변화량을 나타낸다. 실제로 시장에선 $(-D+0.5\times C\times \Delta i)\times \Delta i$ 형태로 가격 변화를 보정한다.

예를 들어, 5년 5% 쿠폰 채권의 듀레이션이 4.33, 볼록성이 11.97라면, 금리가 1%p 하락($\Delta i = -0.01$)할 때 가격 상승률은 듀레이션만 쓰면 4.33%지만, 볼록성까지 고려하면 $-\mathrm{D}\Delta i + 0.5\times \mathrm{C}\times(\Delta i)^2 = 4.39$로 약간 더 커진다. (볼록성 효과는 금리 하락폭이 크거나 듀레이션이 긴 채일수록 뚜렷해지기 때문이다.)

(사례)

볼록성은 리스크를 좀 더 보수적으로 평가할 때 사용한다. 예를 들어, 두 채권이 동일한 듀레이션을 가져도 볼록성이 더 높은 채권이 금리 변동시 더 안정적인(오른쪽으로 치우친) 성과를 낸다. 투자자가 금리 변동 위험을 회피하려면 듀레이션뿐 아니라 볼록성까지 고려해 복합면역(Composite Immunization) 전략을 짜기도 한다. 특히 옵션부 채권(Callable Bond 등)은 듀레이션과 볼록성이 시시각각 변하므로, 이러한 상품에서는 볼록성을 반드시 검토해야 한다.

3) 면역 포트폴리오(Immunization Portfolio)란

금리 변화로부터 순자산을 보호하기 위해 면역화(Immunization) 전략을 쓴다. 면역화는 자산 포트폴리오의 듀레이션을 부채(또는 목표현금유출)의 듀레이션과 일치시켜, 금리 변동 시 자산가치 변화분과 부채가치 변화분이 상쇄되도록 하는 방법이다. 즉, 자산과 부채의 기간을 맞추면 금리가 오르내려도 전체 순자산의 변동을 최소화할 수 있다.

(1) 듀레이션 매칭이란?

가장 간단한 면역화 방법은 단일 목적 면역화(Target Date Immunization)이다. 예를 들어 5년 후 100원이 필요한 의무가 있다면, 5년 만기 제로쿠폰채권을 78.35원$\left(=\frac{100}{1.05^5}\right)$에 매입하면 완벽히 면역화된다. 금리가 바뀌면 채권가격과 부채의 현재가치가 동일하게 변해 손익이 0이 된다.

(2) 복합 포트폴리오 면역화란?

여러 만기의 채권을 조합할 수도 있다. 예를 들어 10년 후 100원 지불 의무가 있는 경우(현재금리 5%라면 PV=61.39원), 5년 만기 제로 채권과 15년 만기 제로 채권을 적절히 섞어 듀레이션이 10년이 되도록 투자할 수 있다. 앞서 예시처럼 약 39.18원(5년)과 63.81원(15년)을 투자하면 두 채권 합계의 듀레이션은 10년이 되어, 금리 변화 시에도 순 PV가 거의 일정하게 유지된다. (실제로 금리가 5%→6%로 1%p 상승해도 자산-부채 현재가치 차이는 미소한 차이만 발생한다.)

면역화는 대형 보험사나 연기금이 장기 지급의무를 대비해 자주 쓰는 전략이다. 예를 들어 보험사는 수리적 최저 이자율(결과적으로 부채평가율)과 실제 운용수익률 사이의 차이를 줄이기 위해 포트폴리오 면역화를 추진한다. 면역화의 장점은 금리 변동에 관계없이 예정된 수익을 거둘 수 있다는 점이다. 단점은 시장금리가 내려갔을 때 생길 수 있는 초과수익 기회를 포기하게 되며, 수익률곡선의 비평행 이동(단기와 장기 금리 변화 폭 차이)이 발생하면 완벽한 면역이 어려워질 수 있다는 점이다.

(사례)

예를 들어 최근 미국 연방준비제도(Fed)가 금리를 급격히 올리던 시기에, 연기금들은 채권 포트폴리오 듀레이션 조정을 통해 부채 지불능력을 면밀히 관리하였다. 국내에서도 자산부채관리(ALM) 차원에서 면역화가 강조된다. 또한, 자산운용사들은 채권펀드 운용시 듀레이션과 볼록성 두 지표를 함께 고려해 국채 및 회사채 포트폴리오를 구성한다.

4) 금리 파생상품(Forward Rate Agreement, Swap)이란

금리 리스크를 보다 세밀하게 관리하기 위해 금리 파생상품을 사용한다. 대표적으로 선도금리계약(Forward Rate Agreement, FRA)과 금리스왑(Interest Rate Swap, IRS)이 있다.

(1) 선도금리계약이란?

미래의 특정 시점 금리를 미리 약정하는 계약이다. 예를 들어 6개월 후 3개월짜리 대출금리를 현재 시점에 고정할 수 있다. 즉, FRA 계약을 맺으면 미래의 금리가 A이면 A, B이면 B 대신 우리가 정한 고정 금리로 이자를 주고받는 것이죠. 한마디로 "미래의 금리를 지금 락(lock)"하는 도구이다. 은행이나 기업은 고정금리로 차환 위험을 막거나 수익률을 예측 가능하게 하기 위해 FRA를 쓴다.

(2) 금리스왑이란?

서로 다른 이자 지불 흐름을 교환(Exchange)하는 계약이다. 가장 흔한 형태는 고정금리↔변동금리 교환이다. 예를 들어 회사 A는 변동금리 채무만 발행할 수 있고, 금융사 B는 고정금리 조건이 필요하다고 한다. 이들은 스왑 계약으로 A가 B에게 고정금리 이자를 내고, B는 A에게 변동금리(예: COFIX) 이자를 내기로 할 수 있다. 이렇게 하면 A는 변동부채의 리스크를 고정금리로 전환하고, B는 반대로 고정수익을 변동수익으로 바꾸는 효과를 본다. 스왑 자체는 중개 없이 장외(OTC)에서 체결되며, 서로의 대차대조표 상 금리구조를 바꾸는 헤지 수단으로 널리 쓰인다. 2000년대 미국 보험사들은 LTCM 사태 이후 스왑으로 장기 채권을 헤지했고, 국내 은행들도 금리 인상기에 고정–변동 스왑을 적극 활용하였다.

연/습/문/제

5-1 **액면 100원, 연 6원(6%) 이표채, 만기 4년 채권이 현재 수익률 5%에 거래된다.**

(a) 채권 가격을 구하시오.

(b) 맥컬리 듀레이션과 수정 듀레이션을 구하시오.

(c) 수익률이 6%로 상승하면 듀레이션에 따라 채권 가격은 대략 얼마가 되는지 구하시오.

5-2 **10년 후에 100원 지불해야 하는 부채가 있다. 현재 시장금리(수익률) 5%일 때, 이 부채의 현재가치는 61.39원이다. 질문에 답하시오.**

(a) 10년 만기 제로쿠폰채권을 매입해 면역화하려면 얼마를 투자해야 하나? 금리가 6%로 상승하면 자산과 부채의 현재가치를 구하시오.

(b) 듀레이션 매칭을 위해 5년과 15년 제로채권 포트폴리오를 만든다고 하자. 듀레이션을 10년으로 맞추기 위해 5년 채권을 39.18원, 15년 채권을 63.81원만큼 매수했다(합산투자 103.0원). 금리가 6%로 상승할 때 포트폴리오 자산의 현재가치와 부채의 현재가치를 계산하고, 순현재가치를 비교하시오.

■ 참고문헌

강갑생 (2019. 2. 22.). 강갑생의 바퀴와 날개. 중앙일보, https://www.joongang.co.kr/article/23392578

이영훈, 정병도, 정봉주 (2023). 공급사슬 관리 최적화: 전략과 실행. 이프레스.

Baltrušaitis, T., Ahuja, C., & Morency, L. P. (2019). Multimodal Machine Learning: A Survey and Taxonomy. *IEEE Transactions on Pattern Analysis and Machine Intelligence*, *41*(2), 423–443.

Banks, J., Carson, J. S., Nelson, B. L., & Nicol, D. M. (2009). *Discrete-Event System Simulation*(5thEd). Pearson.

Bazargan, M. (2010). *Airline Operations and Scheduling*(2ndEd). Routledge.

Bishop, C. M. (2006). *Pattern Recognition and Machine Learning*. Springer.

Bordoloi, S., Fitzsimmons, J., & Fitzsimmons, M. (2023). *Service Management: Operations, Strategy, Information Technology*(10thEd). McGraw-Hill.

Fisher, M. L. (1997). What is the right supply chain for your product? *Harvard business review*, *75*, 105–117.

Goodfellow, I., Bengio, Y., & Courville, A. (2016). *Deep Learning*. MIT Press.

Gunning, D., & Aha, D. (2019). DARPA's Explainable Artificial Intelligence (XAI) Program. *AI Magazine*, *40*(2), 44–58.

Hillier, F., & Hillier, M. (2023). *Introduction to Management Science and Business Analytics*(7thEd). McGraw-Hill.

Hyndman, R. J., & Athanasopoulos, G. (2021). *Forecasting: Principles and Practice* (3rd ed.). OTexts.

Keister, J. (2021, April 8). IBM's Weather Company Has A Path To Billions In New Revenue, Thanks To The Rise Of The Subscription Economy. Forbes. Retrieved from https://www.forbes.com/sites/johnkoetsier.

Law, A. M. (2015). *Simulation Modeling and Analysis*(5thEd). McGraw-Hill.

LeCun, Y., Bottou, L., Bengio, Y., & Haffner, P. (1998). Gradient-based learning applied to document recognition. *Proceedings of the IEEE*, *86*(11), 2278–2324.

Lee, J. (2020). *Industrial AI: Applications with Sustainable Performance*. Springer.

Lee, J., Bagheri, B., & Kao, H. A. (2015). A Cyber-Physical Systems architecture for Industry 4.0-based manufacturing systems. *Manufacturing Letters*, *3*, 18-23

National Research Council (1987). *Management of Technology: The Hidden Competitive Advantage*. Washington DC: The National Academies Press.

Perkin, N., & Abraham, P. (2017). *Building the Agile Business through Digital Transformation*. Kogan Page Ltd.

Pinedo, M. (2009). *Planning and Scheduling in Manufacturing and Services*(2ndEd). Springer.

Quiñonero-Candela, J., Sugiyama, M., Schwaighofer, A., & Lawrence, N. D. (2009). *Dataset Shift in Machine Learning*. MIT Press.

Rogers, D. L. (2016). *The Digital Transformation Handbook: Rethink Your Business for the Digital Age*. Columbia Business School Publishing.

Russell, S. J., & Norvig, P. (2021). *Artificial Intelligence: A Modern Approach*(4th ed.). Pearson.

Taha, H. A. (2017). O*perations Research: An Introduction* (10thEd). Pearson.

■ 찾아보기

[ㅇ]

[ㅈ]

저/자/약/력

권상진 연세대학교 산업공학과 교수
권순걸 연세대학교 산업공학과 교수
김영우 경상국립대학교 산업시스템공학부 교수
김창욱 연세대학교 산업공학과 교수
오경주 연세대학교 산업공학과 교수
윤현수 연세대학교 산업공학과 교수
이영훈 연세대학교 산업공학과 교수
정병도 연세대학교 산업공학과 교수
정봉주 연세대학교 산업공학과 교수
조영상 연세대학교 산업공학과 교수
지용구 연세대학교 산업공학과 교수

산업공학개론

초판발행 2026년 3월 5일 **1판 1쇄 인쇄** | 2026년 3월 10일 **1판 1쇄 발행**

지은이 권상진 권순걸 김영우 김창욱 오경주 윤현수 이영훈 정병도 정봉주 조영상 지용구
펴낸이 최용구 | 펴낸곳 도서출판 **이프레스**
주소 (04316) 서울시 용산구 원효로 89길 19 (원효로1가)
전화 02) 537-1720(영업부), 537-1721(편집부), 537-1711(팩스)
이메일 epress01@naver.com | 홈페이지 www.epress1.com
등록 2009년 12월 10일 제16-2710호
기획마케팅 최용구 장만동 최충구 송대용 | **책임편집** 석기은 황가연

ISBN 979-11-24101-04-9 93320
정가 32,000원